# 基礎から考える刑法総論

安田拓人

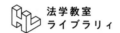
法学教室
ライブラリィ

有斐閣

# はしがき

**PREFACE**

　本書は，2021年4月から2年間，法学教室誌上（487号から510号まで）に24回連載させて頂いた「刑法総論の基礎にあるもの」と題する学生向けの解説を，新たに1章を加えてまとめたものである。

　連載に臨んだ思いは，連載最後の回の冒頭に書かせて頂いた次のようなものである。

　　最近では，学生向けの分かりやすい解説は数多く出ているが，なぜそのように考えるのか，そのように考える根拠は何か，といった問いを学生に投げかけ，一段深く考えさせる企画は意外に少なかったように思われる。司法試験レベルでも，近年では学説における見解の対立を理解させようとする工夫がみられるものの，少なくとも事例問題で，そのようなことを考えていたのでは，おそらく合格は到底覚束ないこととなるし，そもそも事例問題の解決には，そのようなことは不要であるから，学生諸君が「そこまでは付き合えない」と考えたとしても，やむを得ないところはある。しかしながら，研究者である大学教員の側がそのような問いを一切投げかけないまま，標準的な理解をあっさりと教授するにとどめるのでは，学生にとって，刑法学は輝きを失い，魅力に乏しい暗記科目となってしまうだろう。負担にはなろうが，このような問いに向き合った後は，皆さんは一段深い理解を得たのであり，それが将来的には皆さんの糧となっていくはずである。予備校ではなく，法学部や法科大学院で，刑法を学ぶことの意義はまさにそこにあるように思われるのである。これまでの連載で，このような問いを的確に投げかけることができたかは心もとないが，皆さんへの想いを改めてお伝えしておきたい。

　本書をまとめるにあたっても，この思いを読者の皆さんに改めてお伝えしておきたい。

　また，本書は，同時に，一刑法学研究者の立場から，学界に向けられたものでもある。本書には，第8章の冒頭で述べたような，次のようなメッセージが込められている。

現在の学説では，とりわけ法科大学院の発足のあたりからであろうか，「理論と実務の架橋」というスローガンのもと，判例・裁判例を分類・類型化することが，この課題に応えることであるかのように捉える向きが多く，基礎理論的検討が軽視される傾向が強まっているように思われる。しかしながら，個人的には，基礎理論的考察を欠いたまま，このような作業を積み重ねることに，どのような意味があるのかはよく分からない。理論研究者の任務は，現在の判例理論を無批判に前提としたうえで，実務家に執務マニュアルを提供することにあるのではない。例えば裁判員裁判では，難解な法律概念の本当に意味するところに立ち返った説明，法律概念に関する判断対象の簡素化，法律概念に関する当事者の主張の実質化などが求められているが，これを実現しようと思えば，やはり，正当防衛とは何か，どうしてそれが認められるのかを，本質を突いた形で端的に腑に落ちる形で説明することができなければならないのであり，それには，やはり，一度は，基礎に立ち戻って根本的に考えてみることが必要だと思われる。

　とりわけ若い世代の皆さんには，このようなスタイルの文章に触れ，今の時代でもこれもありなんだと思って頂ければ，望外の幸せである。基礎理論からの考察，原理原則論からの考察を重んじるスタイルもあってよいのではないか，沿革の検討や比較法的考察も必要に応じて日常的に取り入れていくべきではないか，結論的にも，判例を絶対視し，それを正当化できなければだめだというスタンスは，当然のものではないのではないか。

　筆者も，すでに50代半ばとなり，あと何年刑法学に実質的な意味で参画できるのか心もとないものがあるが，これからもこうした姿勢で研究に臨み，学生の皆さんにも，その成果を踏まえた問いを投げかけていきたいと思う。

　本書の基礎となっている連載にあたっては，有斐閣の菅野真吾さん（連載時は雑誌編集部）に大変お世話になった。この連載は，1回分の事前準備もない中で始まり，毎月新しいテーマを考え，まとめるというスリリングなものであり，形式的な締切りを守ることは1回もできず，そのため，菅野さんをはじめ編集部の皆さんには大変なご負担をおかけしたことを今更ではあるがお詫び申し上げたい。にもかかわらず，何とか1回も休載をせずに終えることができたのは，ひとえに菅野さんが忍耐強く，筆者を信じてお待ちくださったおかげだと心から感謝している（こうし

た編集者としてのご姿勢につき菅野真吾・法学セミナー 806 号〔2023 年〕50 頁以下参照）。

　また，有斐閣には，「研究論文じゃないんだから」という声も聞こえてきそうな連載の継続を最後までお許し頂き，なおかつ，法学教室ライブラリィシリーズの一書として刊行しないかとのお声がけまで頂いたことに対し，心からの感謝の意を表したい。

　本書をまとめるにあたっては，有斐閣京都支店の大原正樹さんに大変お世話になった。分かりやすさを高めるためのアイデアを幾つも頂いたにもかかわらず，うまくいかせなかったのは，ひとえに筆者の能力不足のゆえであり，本書の刊行がここまで遅れたのも，連載終了後燃え尽き，再び立ち上がるまでにかなり時間を要した筆者の責任である。百万遍交差点を挟んだ所で，原稿の完成を静かに辛抱強くお待ちいただいたことに，心より感謝申し上げたい。

2024 年 10 月　安田拓人

# 目次

## CONTENTS

はしがき ……………………………………………………………… i
凡例 ………………………………………………………………… xv

# 第 1 部　構成要件該当性

## 第 1 章　実行行為と因果関係 …………………………………… 002

はじめに　002
I．結果について：法益状態の不良変更としての結果　005
II．実行行為について　007
III．許されない危険の創出とその実現　008
　1．行為規範違反としての許されない危険の創出　008
　2．許されない危険　010
　3．判断基底の問題　010
　　(1) 被害者の特殊事情（010）(2) それ以外の特殊事情（012）
　4．許されない危険が結果へと実現したこと　013
　　(1) その理論的位置づけ（013）(2) 実際の判断：許されない危険の判断との重複（014）
IV．事例類型ごとの考察　015
　1．判例の分類・類型化論について　015
　2．直接的に危険が実現した場合（①の場合）について　016
　3．間接的に危険が実現した場合（②の場合）について　017
　　(1) 被害者等の行動を誘発する等の影響を与えた場合（017）(2) 結果のトリガーとなる状況を作出した場合（②のもう 1 つの場合）について（018）

## 第 2 章　遅すぎた構成要件実現（結果発生）と早すぎた構成要件実現（結果発生） …………………………… 020

はじめに　020
I．遅すぎた構成要件実現　020
　1．問題となる事例　020
　2．社会的に 1 個のエピソードとして捉えるか？　021
　3．全体を 1 個の故意行為と捉えるか？　023
　4．法的因果関係の判断　026
　5．因果関係の錯誤　027

Ⅱ．早すぎた構成要件実現　029
　　1．問題となる事例　029
　　2．わが国の判例　030
　　3．判例の基礎にある伝統的見解　032
　　4．橋爪教授の見解　033
　　5．それぞれの見解からの解決　034
　　6．具体的事案の解決　036

# 第3章　故意と錯誤(1) ……………………………… 038

　はじめに　038
　Ⅰ．故意の構成要件関連性について：罪刑法定主義の主観的保障？　039
　　1．明文の根拠はあるか？　039
　　2．実質的な根拠はあるか？　040
　Ⅱ．ここでいう構成要件について　041
　　1．従来何となく共有されてきた理解　041
　　2．故意をもっぱら責任要素とする見解の帰結としての構成要件の個別化機能の喪失　042
　　3．共通構成要件の理論　042
　　4．故意を規制する構成要件とは　044
　　5．最決平成2・2・9判時1341号157頁について　045
　Ⅲ．抽象的事実の錯誤について　046
　　1．刑法38条2項の沿革など　046
　　2．抽象的符合説　048
　　3．錯誤論と故意論との関係　048
　Ⅳ．錯誤にもかかわらず故意犯での処罰が認められる限界　051
　　1．厳格な形式的重なり合いを要求する見解　051
　　2．見せかけの構成要件要素の理論　051
　　3．保護法益・行為態様からみた実質的類似性の分析　052
　　4．近時の裁判例の検討　054
　　　（1）関税法の禁制品輸入と無許可輸入（054）　（2）窃盗と詐欺（055）

# 第4章　故意と錯誤(2) ……………………………… 057

　はじめに　057
　Ⅰ．具体的事実の錯誤　058
　　1．客体の錯誤と方法の錯誤　058
　　2．議論の沿革　058
　　3．法定的符合説の考え方　060
　　　（1）2つの考え方を区別する（060）　（2）狙った客体Aに対する故意行為とそれへのBの死の

目次 | v

　　　　　結果の帰属（060）　(3) およそ人を殺そうとする故意行為（063）
　　　4. 具体的符合説の妥当性　066
　　　　　(1) 具体的符合説の論拠（066）　(2) 具体的符合説なのに数故意犯説？（067）
　　　5. 実務における法定的符合説の現状　068
　　　　　(1) 高速道路停車事件における法定的符合説による処理の不採用（068）　(2) 量刑における考慮（069）
　　　6. 客体の錯誤と方法の錯誤の区別　070
　　　　　(1) 客体が目の前にいる場合（070）　(2) 客体が目の前にいない場合（071）
　Ⅱ．故意犯が重く処罰される根拠と構成要件該当事実の認識　072
　　　1. 故意の規範化論　072
　　　2. 間接故意論　073
　　　3. 故意犯が重く処罰される根拠と認識の必要性　075

## 第5章　不作為犯　076

　はじめに　076
　Ⅰ．不作為による殺人は刑法199条に該当するか？　078
　Ⅱ．自然的な因果力の欠如を埋め合わせようとする試み　079
　　　1. 日髙教授の先行行為説　079
　　　2. 排他的（単独）支配を要求する見解　081
　　　3. 所与の前提としての不作為と作為の同価値性　082
　Ⅲ．作為義務の基礎付けについて　083
　　　1. 自由主義社会における作為の義務付け　083
　　　2. 先行行為による危険創出　084
　　　3. 行為選択の自由の事前的保障　085
　　　4. 親は親であることの正面からの肯定　086
　　　5. 社会的期待から刑法的期待へ　088
　　　6. 親の子に対する義務に関する判例（とくに殺人罪に関するもの）　089
　　　7. 制度的基礎がない場合の作為義務について　092

## 第6章　過失犯　094

　はじめに　094
　Ⅰ．結果回避義務について　096
　　　1. その具体的設定の仕方――シンプルな結果回避が問題となる場合　096
　　　2. 許された危険　098
　　　3. 橋爪教授の見解　101
　　　4. 許された危険に必要となる規範的合意　102
　Ⅱ．予見可能性について　103
　　　1. 旧過失論・新過失論からの予見可能性の捉え方　103
　　　2. 結果回避義務との相関関係について　106

3．危険の認識可能性としての予見可能性　107
　　4．情報収集義務について　109

# 第 2 部　違法性阻却事由

## 第 7 章　違法性総論　…………………………………………………… 114

　はじめに　114
　I．結果反価値と行為反価値　115
　　1．結果発生の防止と行為の禁圧　115
　　2．行為者の主観と違法性　118
　II．行為反価値と違法性の基礎付けおよび違法性の阻却　121
　　1．他害原理とリーガルモラリズム　121
　　2．外務省秘密漏洩事件（最決昭和 53・5・31 刑集 32 巻 3 号 457 頁）　121
　　3．結果反価値論からの批判　122
　III．法秩序の統一性　125
　　1．法秩序の統一性を否定する見解　125
　　2．法秩序の統一性を肯定する見解　127

## 第 8 章　正当防衛(1)　…………………………………………………… 130

　はじめに　130
　I．どのような結論が正当化されなければならないか？　132
　　1．正当化されるべき 2 つの帰結　132
　　2．害の均衡が要件とされないこと　132
　　3．退避義務が存在しないこと　134
　II．社会全体の利益の最大化を考える見解の問題点　135
　　1．正当防衛の制限傾向について　135
　　2．補論：わが国の一般的な正当防衛の正当化根拠論について　135
　　3．優越的利益の原則との結びつき　137
　　4．その問題点　139
　III．権利行為としての正当化の試み　141
　　1．従来の議論　141
　　2．自由論モデルからの正当防衛の基礎付け　142
　　3．なお解決されるべき課題　143
　　4．坂下准教授による制限論とその問題点　143
　IV．国家の実力独占と正当防衛の関係　144
　　1．この問題を論じる意味　144
　　2．強制力誤用等の危険の回避としての国家の実力独占とその例外？　145
　　3．国家の実力独占の例外を限定的に解する見解とその批判——国家の基本権保護義務の

徹底を図る見解の妥当性　147

# 第 9 章　正当防衛(2) ……………………………………… 150

　　はじめに　150
　　Ⅰ．自招行為があった場合　151
　　　　1．意図的挑発・自招　151
　　　　2．故意的挑発・自招　153
　　　　3．正当防衛の制限がなされるための要件　154
　　Ⅱ．侵害の予期があった場合　155
　　　　1．侵害の予期があった場合に関する判例の立場──最決平成 29・4・26 まで　155
　　　　2．橋爪教授の侵害回避義務論　157
　　　　3．最決平成 29・4・26 の登場　161
　　　　4．官憲の救助を要請する義務　162
　　　　5．最決平成 29・4・26 の骨抜きの試み　164

# 第 10 章　正当防衛(3) ……………………………………… 167

　　はじめに　167
　　Ⅰ．退避義務について　168
　　Ⅱ．やむを得ずにした行為の要件に関する刑法改正作業の展開とこれに呼応する判例の動向　172
　　Ⅲ．防衛行為の必要性について　175
　　　　1．必要最小限度性は要求されるべきか？　175
　　　　2．リーディングケースはどれか？　178
　　Ⅳ．防衛行為の相当性について　179
　　　　1．例外的制限としての相当性　179
　　　　2．結果の重大性は考慮されるべきか？　180
　　　　3．被侵害法益が重大である場合　181
　　　　4．被侵害法益が軽微である場合　182
　　　　5．皆さんに是非読んで頂きたい西船橋駅事件判決　184

# 第 11 章　過剰防衛（量的過剰〔事後的過剰〕）……………………… 185

　　はじめに　185
　　Ⅰ．問題領域の画定　186
　　Ⅱ．裸の行為論としての「一連の行為」論は必要か？　188
　　Ⅲ．一連の行為を全体として把握するか分断して把握するかという二項対立は必然か？　190

Ⅳ．過剰防衛の刑の減免根拠論との関係について　193
　　Ⅴ．過剰防衛が認められるのはどこまでの段階か？　195
　　Ⅵ．一連の過剰防衛か，正当防衛＋違法行為か，正当防衛＋過剰防衛か？　197

## 第12章　誤想防衛（正当化事情の錯誤）　202

　　はじめに　202
　　Ⅰ．誤想防衛について　203
　　　1．誤想防衛の概念とその分析軸　203
　　　2．伝統的な議論の主戦場：故意・錯誤論での解決　204
　　　　（1）故意の提訴機能（違法性の意識の直接的喚起可能性）への着目（204）　（2）その問題点（207）　（3）故意犯が重く処罰される理由（208）
　　　3．違法性論での解決　209
　　　4．いわゆるブーメラン現象について　210
　　　5．正当防衛まで認め相手方にその受忍義務を認めるか？　212
　　Ⅱ．正当防衛に際しての第三者侵害と誤想防衛　213
　　Ⅲ．共同正犯と過剰防衛・誤想防衛　216

## 第13章　緊急避難　219

　　はじめに　219
　　Ⅰ．社会功利主義的な基礎付けについて　220
　　　1．優越的利益の原則とその背景にある社会功利主義的な立場　220
　　　2．その問題点　221
　　Ⅱ．社会連帯原理からの基礎付けについて　222
　　　1．社会功利主義的立場との違い　222
　　　2．その基礎付け　224
　　Ⅲ．刑法37条の緊急避難が不可罰となる根拠　225
　　Ⅳ．事例グループごとの検討　228
　　　1．生命を救うため生命を犠牲にする攻撃的緊急避難について　228
　　　2．防御的緊急避難の場合について　230
　　　3．生命危険共同体について　232

## 第14章　被害者の同意　235

　　はじめに　235
　　Ⅰ．条件関係的錯誤説（重大な錯誤説）と法益関係的錯誤説　237
　　　1．条件関係的錯誤説とその広さ　237
　　　2．法益関係的錯誤説とその狭さ　238
　　　3．法益関係的錯誤説の修正の試み　239

目次　｜　ix

Ⅱ．法益関係的錯誤説の射程内における問題解決　243
　　　1．殺人の罪　243
　　　2．住居侵入罪　244
　　　3．不同意性交等罪等　246
　Ⅲ．規範的自律の有無　248
　　　1．同意の存否の判断に続く同意の有効性の判断　248
　　　2．角膜移植事例の解決を例に　249
　　　3．強制の観点からの錯誤の重要性　250

# 第3部　責任阻却事由

## 第15章　責任能力 ………………………………… 256

　はじめに　256
　Ⅰ．責任非難の内容と責任能力概念のリンケージ　258
　Ⅱ．精神の障害について　260
　　　1．法律的病気概念について　260
　　　2．「精神の障害」要件の不要説について　261
　　　3．特別予防論からの再構成を図る見解について　262
　　　4．もう1つの法（律）的病気概念について　263
　Ⅲ．認識・制御能力について　264
　　　1．伝統的見解からの認識・制御能力論およびそれによる判例の理解　264
　　　2．佐野准教授による沿革研究　267
　　　3．近時の制御能力要件不要論について　268
　　　4．責任能力の具体的判断について　271

## 第16章　原因において自由な行為 ………………………………… 272

　はじめに　272
　Ⅰ．原因行為を問責対象行為とみる見解（alis 構成）　273
　　　1．間接正犯類似説とその問題点　273
　　　2．原因行為を問責対象行為とみる見解の純化　275
　　　3．結果行為が完全責任能力状態で行われた場合　277
　Ⅱ．結果行為を問責対象行為と見る見解　279
　　　1．自由な意思決定の実現を重視する見解（alic 構成）　279
　　　2．alis 構成としての回避可能性説　282
　Ⅲ．責任能力判断への解消？　285

## 第17章　実行行為途中からの責任能力低下 ………………………………… 287

はじめに　287
Ⅰ．事案の捉え方：行為の一体的把握と分断的把握　288
Ⅱ．問題の捉え方：早すぎた構成要件実現の問題とのパラレルな把握　290
Ⅲ．論拠としての自由な意思決定の実現とその具体的適用　293
　1．論拠としての自由な意思決定の実現　293
　2．同一の意思の発動としての一連の行為　294
　3．責任能力ある段階における完全な行為反価値の実現　295
Ⅳ．さらなる解決策　297
　1．責任能力ある段階への結果の帰属　297
　2．原因において自由な行為の理論の適用　300

# 第4部　未遂犯

## 第18章　実行の着手　304

はじめに　304
Ⅰ．実行の着手論と不能犯論との関係　305
Ⅱ．クロロホルム事件最高裁決定　307
　1．クロロホルム事件の事案と決定要旨　307
　2．クロロホルム事件決定の理論的位置付け　308
　3．クロロホルム事件決定の理論的正当化　311
Ⅲ．特殊詐欺における実行の着手　313
　1．最高裁平成30年判決とクロロホルム事件決定との関係　313
　2．着手の判断基準の具体化　314
　3．補論：手段が限定されている犯罪類型における手段行為開始の必要性の有無　316
Ⅳ．キャッシュカードのすり替え窃盗の着手について　317
　1．最高裁令和4年決定　317
　2．その検討　319
　　(1)令和4年決定と平成30年判決の論理構造の類似性（319）　(2)密接性と客観的危険性について（320）　(3)自動性・確実性基準の具体的あてはめ（321）
　3．被害者領域への介入の要否　324
Ⅳ．アポ電強盗の着手について　326

## 第19章　不能犯　328

はじめに　328
Ⅰ．わが国の判例・学説に登場する主要な考え方とその評価　329
　1．絶対的不能・相対的不能区別説　329
　　(1)わが国の判例（329）　(2)その評価（331）　(3)もう1つの可能性：オーストリアの判例（332）

2. 具体的危険説　333
　　3. 仮定的蓋然性説（修正された客観的危険説）　334
　　4. 絶対的不能・相対的不能区別説の再評価と仮定的蓋然性説の微調整　335
　　5. 具体的危険説の支持不可能性　337
　Ⅱ. 不能犯とならないために必要とされる危険の程度　339
　　1. 理論的検討　339
　　2. パスワード・暗証番号を知らない窃盗事件等の解決　340
　　3. だまされたふり作戦について　341
　Ⅲ. 客体の不能と方法の不能の事案の具体的解決　344
　　1. 客体の不能の事案　344
　　2. 方法の不能の事案　345

## 第20章　中止犯　347

　はじめに　347
　Ⅰ. 中止犯の刑の必要的減免根拠　348
　Ⅱ. 中止行為　349
　　1. 中止行為の態様とその前提としての既遂に至る危険性　349
　　2. 作為による中止（①の場合）　350
　　3. 危険性の判断基準　353
　　4. 作為による中止行為として求められるもの　354
　　5. 因果関係の要否　358
　Ⅲ. 任意性　360
　　1. 判例の状況　360
　　2. 中止犯の制度根拠論との関係　362

# 第5部　共犯

## 第21章　共同正犯――一部実行全部責任の原則の根拠　368

　はじめに　368
　Ⅰ. 共謀共同正犯否定説の行き詰まりの原因　370
　　1. 否定説における一部実行全部責任の原則　370
　　2. 否定説が頼りとする論拠　373
　Ⅱ. 共謀共同正犯を視野にいれた一部実行全部責任の原則の基礎付け　375
　　1. 個別行為説（因果的共犯論）：共犯の因果性＋重要な役割　375
　　2. 全体行為説①：全体行為＋個々の行為者との因果関係　377
　　3. 全体行為説②：全体行為＋機能的行為支配　378
　　4. 全体行為説③：全体行為＋危険増加　380
　Ⅲ. 実行共同正犯と共謀共同正犯を区別する見解　382

        1. 樋口教授の見解　382
        2. テストケースとしての最決平成 30・10・23 刑集 72 巻 5 号 471 頁　384

# 第 22 章　承継的共同正犯 …… 388

   はじめに　388
   I. 判例の状況：最高裁平成 24 年・29 年判例の登場　389
   II. 個別行為説・因果的共犯論を基軸とした従来の議論　391
   III. 全体行為説からの問題解決　394
        1. 全体行為説からの承継的共同正犯論　394
        2. 後行者のなしたことだけを根拠に限定積極説を基礎付ける見解　396
        3. 全体行為説からの帰結　398
   IV. 補論：傷害結果を生じさせる暴行への途中からの関与と刑法 207 条の同時傷害の特例　402
        1. 判例の立場　402
        2. 判例・学説の検討　404

# 第 23 章　共同正犯関係の解消 …… 406

   はじめに　406
   I. 共同正犯の一部実行全部責任の原則の基礎付けと本問題の解決の仕方　408
        1. 因果的共犯論からの因果関係遮断説と判例の基本的立場の不整合性　408
        2. 全体行為説のうち個別の因果性を要求しない見解からのアプローチ　410
        3. 全体行為説のうち個別行為と全体行為との因果性等を要求する見解からのアプローチ　412
   II. 共同正犯関係の解消の具体的展開　412
        1. 理論的出発点　412
        2. 着手前の離脱の場合　413
            (1) 共謀への加功があったにとどまる場合（413）　(2) それを超えた寄与がある場合（414）
        3. 着手後の離脱の場合　415
   III. 増加させた危険が残るものの解消が認められるべき場合　417
        1. 遮断の規範化によるアプローチ　417
        2. 別個の犯罪事実（Tat）論からのアプローチ　419
        3. 共謀の射程論からのアプローチ　420
        4. 共謀の射程論による具体的な問題解決　421

# 第 24 章　不作為による共犯 …… 424

   はじめに　424
   I. 共謀共同正犯の成否　425

Ⅱ．保障人的地位・義務　428
　　　　1．否定例　428
　　　　2．肯定例　429
　　Ⅲ．正犯・共同正犯と幇助犯の区別　431
　　　　1．片面的な不作為による関与の場合　431
　　　　　　(1) 区別のための理論（431）　(2) 事例による検証（434）
　　　　2．意思連絡ある不作為による関与の場合　437
　　Ⅳ．補論：不作為による共同正犯　437

## 第 25 章　共同正犯と違法性の判断　440

　　はじめに　440
　　Ⅰ．共同正犯関係の解消と事後的過剰防衛の交錯　440
　　　　1．最判平成 6・12・6 刑集 48 巻 8 号 509 頁の事案と判旨　440
　　　　2．従属性原理からのアプローチ　441
　　　　3．共同正犯関係の解消からのアプローチ　443
　　　　4．共謀の射程論からのアプローチ　445
　　Ⅱ．共同正犯と正当防衛・過剰防衛　446
　　　　1．急迫不正の侵害について　446
　　　　　　(1) 問題となる状況の確認（446）　(2) 最決平成 4・6・5 刑集 46 巻 4 号 245 頁の事案と決定要旨（447）　(3) 橋爪教授の見解（448）　(4) 全体行為説からの解決（449）
　　　　2．やむを得ずにした行為の要件について　453
　　　　3．誤想防衛について　456
　　　　　　(1) 単独犯の場合（456）　(2) 共同正犯の場合（458）

## 事項索引　461
## 判例索引　466

# 凡例

## EXPLANATORY NOTES

### ┃判例集等┃

| | |
|---|---|
| 刑録 | 大審院刑事判決録 |
| 刑（民）集 | 大審院・最高裁判所刑（民）事判例集 |
| 高刑集 | 高等裁判所刑事判例集 |
| 高刑特 | 高等裁判所刑事裁判特報 |
| 判特 | 高等裁判所刑事判決特報 |
| 高検速報 | 高等裁判所刑事裁判速報 |
| 東高刑時報 | 東京高等裁判所（刑事）判決時報 |
| 下刑集 | 下級裁判所刑事裁判例集 |
| 裁判所 Web | 裁判所ウェブサイト内の「裁判例情報」 |
| 刑月 | 刑事裁判月報 |
| 新聞 | 法律新聞 |
| LEX/DB | LEX/DB インターネットの文献番号 |
| LLI/DB | 判例秘書 INTERNET の判例番号 |

### ┃雑誌・ムック等┃

| | | | | |
|---|---|---|---|---|
| 刑ジャ | 刑事法ジャーナル | | 法セ | 法学セミナー |
| 刑法 | 刑法雑誌 | | 論ジュリ | 論究ジュリスト |
| 最判解 | 最高裁判所判例解説 | | 論叢 | 法学論叢 |
| 重判解 | 重要判例解説（ジュリスト臨時増刊） | | | |
| ジュリ | ジュリスト | | | |
| 曹時 | 法曹時報 | | | |
| 判時 | 判例時報 | | | |
| 判タ | 判例タイムズ | | | |
| 判評 | 判例評論（判例時報添付） | | | |
| 百選Ⅰ | 『刑法判例百選Ⅰ 総論』（有斐閣）の各版 | | | |
| 法協 | 法学協会雑誌 | | | |
| 法教 | 法学教室 | | | |
| 法時 | 法律時報 | | | |

# 第1部
# 構成要件該当性

Fundamentals of Criminal Law: General Part

# 第1章　実行行為と因果関係

CHAPTER 1

**POINT**

- 因果関係を論じる前提として，結果がどう捉えられるべきかを理解する。
- 刑法上の因果関係は，どのような危険が現実化した場合に認められるものなのかを理解する。あわせて，危険の現実化を論じる前提として，刑法がどのようなメカニズムで結果発生を防止しようとしている規範なのかを理解する。
- 被害者側に特殊事情（素因等）があった場合に，判断基底を限定する作業が不可欠かを理解する。
- 実行行為により創出された危険が結果へと直接的に実現する場合でも，間接的に実現する場合でも，決定的であるのは，介在事情を見込んでそのような実行行為が許されない危険を創出したかの判断であることを理解する。

## はじめに

　因果関係論については，従来の通説をなしていた「相当因果関係説」が勢いをなくしたのに反して，判例がとるとされる「危険の現実化説」が学説上も有力化しており，この危険の現実化説については，「客観的帰属論」と親和的だとの理解もみられる。読者の皆さんは，おおむねこのような印象を抱かれているのではないだろうか。
　では，ここでいう「相当因果関係説」「危険の現実化説」「客観的帰属論」を皆さんは簡単に説明できるだろうか。因果関係論を学ぶうえでの最初の躓きの石は，この3つの見解が本当に意味するところは何なのか，どこが同じでどこが違うのかが分かりにくいことである。

まず，相当因果関係説については，行為時に立ち，その種の結果が発生することが予測可能かを問題とするクリース流の古典的見解と，事前的な判断である「危険の創出」があったか（広義の相当性）と事後的な判断である「その実現」があったか（狭義の相当性）を問題とする，後に客観的帰属論につながった枠組みをとるエンギッシュ流の見解とがあり，この2つは別ものであることを意識するとよいだろう。教科書等では，相当因果関係説の定義として，事前的な予測判断を前面に出した説明をしながら，実際には，現実の経過に関する事後的分析を含めた説明をしているものも散見されるが，これでは相当因果関係説を理解することは難しいだろう[1]。

　前者の相当因果関係説は，行為時に立って行う，「その種の行為をやったらその種の結果が発生することが相当か」という判断でもって，すべてを解決するものである。そのため，行為後に結果への寄与度が決定的であるような事情が介入してきても，行為の危険性だけでもって因果関係の相当性が認められかねない。実際，Ｘが殺意をもってＶを高い建物の屋上から突き落としたが，地上に落ちる前にＹに射殺された場合でも，Ｘの行為とＶの死の因果関係の相当性を認める見解も存在している[2]。しかし，この事例で結果として実現したのは明らかにＹによる拳銃発射行為の危険である。それなのに，被害者を死なせかねない危険な行為をやったではないかという理由で結果の帰属を認める考え方はおかしいであろう[3]。やはり，因果関係は，個別具体的な結果をターゲットとしたうえ，介在事情が及ぼした影響の寄与度を見極めつつ，洗練された応報的正義の要請に照らして判断される必要がある。

　こうして，前者の相当因果関係説を除くと，後者の相当因果関係説，客観的帰属論，危険の現実化説は，実行行為と結果とのつながりを論じる部分においては，大枠は異ならない。これらのどの見解に立っても，因果関係が認められるためには，実行行為が結果を発生させるべき許されない危険を作り出したこ

---

1) もとより専門家の著作は別である。例えば，小林憲太郎『因果関係と客観的帰属』（弘文堂，2003年）130頁以下は，前者を「最終態様の相当性」を問う見解，後者を「因果経過の相当性」を問う見解として，明快に区別して分析されている。
2) この結論を認める見解として平野龍一『犯罪論の諸問題(上) 総論』（有斐閣，1981年）42頁。さらに，米兵ひき逃げ事件の原判決である東京高判昭和41・10・26刑集21巻8号1123頁参照。
3) 松原芳博編『刑法の判例 総論』（成文堂，2011年）6頁以下［杉本一敏］など。

と，それが結果へと実現・現実化したこと，の2つが必要となるからである。

とはいえ，客観的帰属論は，因果関係論にとどまらない射程をもっていることには注意が必要である。客観的帰属論の客観的帰属論たるゆえんは，実行行為と結果との結びつきの問題に限らず，様々な規範的考慮を施し，例えば予測可能性判断に基づく相当因果関係説からでは導けないような仕方で，結果の帰属を限定しようとするところにある[4]。

しかし，客観的帰属論は，違法性論や正犯・共犯論にまで射程の及ぶスーパーカテゴリーであり[5]，どこまでが因果関係の判断に関わるものなのかが判然とせず，その下位基準もカズイスティッシュ（個別の事例に即した性格）であるため，その全体像を捉えることは非常に難しい。それゆえ，客観的帰属論の陣営に入るよりは，因果関係論は，あくまで，実行行為と結果との結びつきの強さ・太さの検討に尽きるものと整理したうえ，因果関係の判断に必要となる規範的考慮を1つ1つ明らかにし，それをおさえていく行き方の方が，実りある成果が得られるであろう。例えば，不同意性交の被害者が自殺した場合における死亡結果が帰属されないことについては，現在では，相当因果関係説の論者からも，故意行為の介入に関する予測可能性の判断が問題なのではなく，客観的帰属論の論者がいうように，それとは別の，被害者の自己答責性ないし管轄領域の配分の問題であることは，広く理解されているように思われる。

なお，「危険の現実化説」などという「理論」「学説」は実は存在しない。危険の現実化があるというのは，因果関係があることの言い換えにすぎず，それだけでは何も語ったことにはならない。「同説」の実態は，判例を素材とした事例群の分類・類型化作業にすぎない。それゆえ，皆さんが答案に，「因果関係の判断は危険の現実化があったかによりなされるべきである」と書いたとしても，それだけでは，理論的根拠や判断基準を示したことにはならない。因果関係を論じる際には，現実化すべき危険はどういう危険でなければならないのか，どういう関係があれば危険の現実化があったと言えるのかを，理論的根拠

---

4) 山中敬一『刑法における客観的帰属の理論』（成文堂，1997年）457頁。可能であれば，この本を一度手にとって，その重さを感じつつ，目次をざっと読んでみるとよい。そうすると，以下の批判の意味も分かってもらえると思う。

5) 例えば，安達光治「因果主義の限界と客観的帰属論の意義」刑法48巻2号（2009年）232頁以下などの挙げる分析対象を参照。

でもって示す必要がある。

　いずれにせよ，因果関係論については，あまりに多くの議論の蓄積があり，これを＊＊説というくくりで整理することは極めて難しい。そこで，本書では，そうした整理を諦め，端的に，現実化すべき危険はどういう危険でなければならないのか，どういう関係があれば危険の現実化があったと言えるのかを考えるための材料を，トピック的に検討していく。

## Ⅰ．結果について：法益状態の不良変更としての結果

　ＸがＡを狙って拳銃を発射したところ，弾丸がＡに命中し，Ａが出血多量で即死した場合に，Ｘが殺人既遂罪で処罰されることには疑問の余地はない。拳銃発射は，Ａの生命に対する許されない危険を生み出すものであり，その危険が弾丸の命中による出血多量死へと実現しているからである。

　ところで，この事案につき，皆さんは「『出血死という死亡結果』との間に因果関係が認められるか」という出だしで書き始めてはいないだろうか。この事案では，そう書いても大きな問題は生じないかもしれないが，このように結果を静止画像のように捉えることは，実は理論的には適切さを欠いている。言い換えれば，因果関係を論じる際の結果概念には，もう少し動的な定義が必要なのである。

　このことを，あまりに有名な判例である大阪南港事件（最決平成2・11・20刑集44巻8号837頁）でみていこう。事案は，被告人が三重県内での暴行により被害者に内因性高血圧性橋脳出血という死因となった傷害を負わせた後，大阪南港まで被害者を運びそこに放置したところ，第三者の角材による殴打により死期が幾分早められ死亡したが，死因には変更はなかったというものである。この事案では，多くの論者が直接的な危険の実現があったと捉え，因果関係を肯定するのに対し，一部の論者は因果関係を否定しているが，そこには結果をどう捉えるかの理解の相違も大きく影響している。

　結果は，端的にいえば，法益状態の不良変更と定義されるべきである[6]。結

---

6) 伊藤渉ほか『アクチュアル刑法総論』（弘文堂，2005年）97頁以下［小林憲太郎］，鈴木左斗志「刑法における結果帰責判断の構造」学習院大学法学会雑誌38巻1号（2002年）148頁など参照。

果とは，人が死んでいるという，最終的に発生した状態そのものではない。刑法が否定的評価を下すためには，射殺の場合であれば，例えばそれまで元気であった人が，弾丸の命中により死亡させられたというように，生命法益の状態が不良変更させられていることが重要なのである[7]。

こうした不良変更を何に着目して判定するかについては，2つの着眼点がある。大阪南港事件についてみると，これを「死期」のみで考える見解からは，早められた死期での死亡結果が問題となり，それと因果関係をもつのは大阪南港での第三者の暴行だけになるから，被告人の暴行との因果関係は否定される[8]。他方，これを「死因」の惹起のみで考える見解からは，内因性高血圧性橋脳出血による死亡のみが問題となるから，被告人の暴行との因果関係だけが肯定され，第三者の暴行と結果との因果関係は否定されることになる[9]。

しかし，これらはいずれも一面的であろう[10]。当該行為が当該死亡結果を構成する重要な事情に寄与していれば，それは法益状態を不良に変更したものであり，結果の客観的帰属は肯定されるべきである。被告人の暴行は，死因となった傷害を形成しており，それにより法益状態を不良変更し，第三者の暴行は，死期を刑法上有意に早期化することにより，法益状態を不良変更したのであり，いずれについても結果との因果関係が認められるべきである。

結果は，行為との関係で，相対的に目の付け所が違ってくるのであり，1つの記述しかありえないわけではない[11]。大阪南港事件の調査官解説も，被告人の暴行と南港での暴行の双方に結果が帰属されることを示唆している[12]。また，二重轢過のような事案で，双方の行為に因果関係が認められるとの結論は，一般に承認されているが，それにはこのような結果の捉え方が必然的に前提となっているはずだと思われる。

---

[7] それゆえ，瀕死の重傷を負っている人の心臓に日本刀を突き刺し，即死させた場合でも，もちろん，こうした法益状態の不良変更は認められる。
[8] 浅田和茂『刑法総論〔第3版〕』（成文堂，2024年）149頁以下など。
[9] 髙山佳奈子「死因と因果関係」成城法学63号（2000年）178頁以下など。
[10] 橋爪隆『刑法総論の悩みどころ』（有斐閣，2020年）30頁以下の分析も参照。
[11] この限りで加藤正明「因果関係における結果の規定について(1)」論叢161巻4号（2007年）53頁。
[12] 大谷直人「判解」最判解刑事篇平成2年度238頁および244頁以下。

## Ⅱ．実行行為について

　因果関係が認められるためには，「許されない危険の創出」が必要であるが，この要件を理論的にどう整序するかについては，従来華やかであった結果反価値論と行為反価値論の対立をも後景とした学説上の対立がみられる。

　伝統的見解は，これを実行行為性の問題だとする。伝統的には，実行行為はすべての問題を解決する魔法の杖のようなものであった。大塚博士によれば，(あ)結果犯の実行行為は，所定の犯罪的結果を惹起する可能性，すなわち，その現実的危険性を含んだものであることを要するが，(い)この現実的危険性を含む行為を開始することは，同時に未遂犯の要件である実行の着手が認められることであり，(う)不能犯と区別される未遂犯の要件である具体的危険は，この現実的危険性と同じものであり，さらには，(え)正犯・共同正犯も実行行為を行ったかどうかにより決まる[13]。つまり，殺人罪のような場合には，結果惹起の現実的危険性ある行為すなわち実行行為に及べば，因果関係の起点となる行為があり，未遂が成立し，不能犯ではなく，正犯でもあるということである。

　しかし，(え)の正犯と共犯の区別は，ヒットマンに依頼した場合を教唆犯としながら，精神障害者を利用した，より不確実な場合を間接正犯とし，また構成要件的行為を分担しない共謀共同正犯を認めるべきだとすれば，現実的危険性を含んだ実行行為を行ったかとは別の問題である。次に，(う)にいう具体的危険（≠具体的危険犯にいう具体的危険）は未遂犯に限らず，可罰的な行為と不可罰的行為を画するための要件で，予備段階でも問題となりうるものであるから，実行行為の問題には限られない。また，こうした具体的危険説にいう危険は一般人からみた不安感の別称にすぎないから，そのような危険があっても，結果発生にいたる因果関係の起点となるべき許されない危険の創出が認められるかは別の事柄である。さらに(い)の実行の着手は，犯罪がどの段階まで進捗し，原則的に処罰される未遂の段階に入ったかの問題であり，(う)で論じられる具体的危険が発生したかどうかとは別の問題である[14]。

　このようにみれば，未遂犯が最低限成立するためには，不能犯ではないとい

---

13) 大塚仁『刑法概説（総論）〔第4版〕』（有斐閣，2008年）148頁以下，171頁，271頁，160頁，299頁以下。

第 1 章　実行行為と因果関係　｜　007

う意味における危険に加え，犯罪が実行の着手の段階まで進捗したことが必要であるが，結果の客観的帰属が認められるための要件としての許されない危険の創出があったかは，それに上乗せされる問題であり，それがなければ実行行為が認められず，未遂犯にならないわけではない。それゆえ，㈎も厳密には，実行行為の属性として位置づけられるものではない。殺人の場合，拳銃の引き金に手をかければ未遂であろうが，射殺という結果との関係における許されない危険の創出は引き金を引いてはじめて認められるのである[15]。

　以上のことは，監禁致死罪のような結果的加重犯の場合でも基本的には同じであり，実行行為として必要な監禁状態をもたらしうる危険性が認められるかということと，加重的結果を惹起しうるだけの許されない危険の創出があったかということはまったく別の問題である。庭に駐車した自動車のトランクに被害者を閉じ込めれば監禁の実行行為は認められ，既遂にもなるが，後ろからきた自動車に追突されてトランクの中の被害者が死亡する危険は，路上に出ない限りは認められないのである。

　以上をまとめれば，許されない危険の創出は，実行行為によりなされるものであるが，それがなければ実行行為性が認められないというものではない。

## Ⅲ．許されない危険の創出とその実現

### 1．行為規範違反としての許されない危険の創出

　では，許されない危険が創出されたとはどういうことか。結果から遡って物事を捉えていけばよいと考える見解からは，当該結果を惹起する危険が，実行行為に由来するものであったかを，事後的に判断することになろう。すでに起きた事案の解決を考えるとき（事例問題を解くときも同じ）には，こうした頭の使い方を事実上しているであろうし，たいていの場合はこれで済んでいくの

---

14) 伝統的な実行行為概念を分解し詳細な検討を試みた重要な業績として伊藤ほか・前掲注6)53頁以下［鎮目征樹］，樋口亮介「実行行為概念について」『西田典之先生献呈論文集』（有斐閣，2017年）19頁以下なども参照。
15) それまでに拳銃が暴発し，周囲の人が死傷した場合に，過失犯の実行行為による危険の創出があったかが別途問題となりうることは別論である。

かもしれない。

　しかし，許されない危険が創出されたかは，理論的には，あくまで行為の時点で考えるものである。これは，刑法という規範の，法益侵害を防止するためのメカニズムがそのような形でしか機能し得ないからである。すなわち，刑法は行為規範として，構成要件的結果を発生させかねない許されない危険を創出することを禁じることにより，ひいては結果の発生を防止しようとするものなのである。

　例えば，殺意をもって被害者に向けて拳銃の引き金を引く行為を例にとると，これには，射殺の危険だけでなく，ショックによる心臓発作による死亡の危険，さらには，重傷を負って運び込まれた病院において医療ミスで死ぬ危険など，様々なものが考えられるが，行為の段階では，この中のどれが実現するかは分からない。そこで，刑法は，これらのパッケージを許されない危険と捉え，その創出行為を禁じておくのである。この点につき，杉本教授は，「範囲設定－包摂モデル」と名付けられた見解から，禁止対象となる事象経緯群を，事前的な設定範囲として想定する作業を行っておられる[16]。

　この点，学説上は，故意作為犯において，こうした事前に防止すべき危険を特定して，これを禁じ，その違反を考えるというステップを踏むことの有用性を疑問視する見解[17]もあるが，これは有用性いかんの問題ではなく，刑法という行為規範による構成要件的結果発生の防止メカニズムを，理論モデルに反映したことの帰結であり，論理的にそうならざるを得ないものなのである。また，学説上は，事後的視点から現実の因果経過に検討を加え諸事情の総合考慮により判断するモデルと，本書のようなモデルを，いずれも偶然処罰の排除という観点のもとで統合し，併用可能なモデルと位置付ける見解もある[18]が，後者にいう危険の現実化とは，あくまで許されない危険の現実化であるから，本来的に，行為時の規範違反を前提としており，結果反価値一元論とはそもそ

---

16）杉本一敏「相当因果関係と結果回避可能性(6・完)」法研論集106号（2003年）152頁以下，かなりかみくだいた分かりやすい解説として同「因果関係・不作為犯」法教442号（2017年）12頁以下など参照。こうした考え方の紹介としてはすでに井上祐司『行為無価値と過失犯論』（成文堂，1973年）185頁以下なども参照。

17）このことを明言するものとして樋口亮介「判批」百選Ⅰ〔8版〕（2020年）29頁。

18）大関龍一「危険の現実化論の沿革と判断構造(1)～(3・完)」早稲田法学98巻2号61頁以下，98巻3号1頁以下，98巻4号1頁以下（2023年）。

も相いれない発想であることには注意を要しよう。違法性論における行為反価値論と結果反価値論の対立は，このような所にもなお顔を出してくるのである。

「範囲設定－包摂モデル」の思考方法は面倒なようで，実益もある。因果関係の錯誤の場合を考えれば，行為者が当初想定した経過と実際の経過のいずれについても許されない危険があったと考えないと，実際にたどった経過に基づく結果の帰属，および，当初想定した経過に基づく故意の双方が認められることはない。結果から遡って考える見解でも，ここで当初想定した経過に基づく故意を認めうるためには，行為の時点における許されない危険の創出を，事例事象群として考え，それらに故意が及んでいることを前提とせざるを得ないはずなのである。

## 2. 許されない危険

では，どこからが許されない危険となるのか。過失犯においては，許された危険の概念により，一定程度までの危険な行為の遂行が許容される（速度超過運転なら超過した部分だけが許されない危険となる）が，殺人罪のような因果関係が問題となるような結果犯においては，当該行為に出ること（拳銃を発射すること）＝許されない危険となるのが通例である。自動車を運転してひき殺そうとした場合，時速40 km制限だから時速40 kmまでであれば許された危険で，それによってひき殺しても大丈夫ということにはならない。それゆえ，故意犯においては，実行行為によって創出された危険の総量について，許されない危険のレベルに達しているかを判断していくことになるのが通例である。

## 3. 判断基底の問題

### (1) 被害者の特殊事情

従来支配的であった相当因果関係説の立場からは，相当性の判断に際して，基礎となる事情を限定すべきかが問題とされてきた（判断基底論）。とくに行為当時の事情に関しては，これを一般人に予見可能であったか行為者がとくに認識していた場合に限ってカウントする折衷説と，そうした限定を加えずにす

べてカウントする客観説が対立してきた[19]。

　判例は，戦後は，条件説的なフレーズでもって，被害者の特殊事情がなければ当該結果が生じなかったであろう場合でも，因果関係を肯定している[20]。他方，大審院判例の中には，相当因果関係説的なフレーズを用いたものもある[21]。例えば，大判大正14・7・3刑集4巻470頁は，被害者に軽微な創傷を加えたところ，同人は当時身体に病的変化があったため，この創傷による末梢知覚神経刺激または精神感動のため，反射的機能の静止を来たし，ショック死するに至ったという事案につき，「老衰病羸ノ身」にある者に対して当該傷害を加えた場合には，「実験法則」に照らして因果関係が認められるとしている。

　これは，古典的な相当因果関係説に忠実な発想法である。当該具体的な事案に含まれる事情をすべて考慮すれば，必ず「それは死んで当然だ」となるが，それでは無限の応報に至ってしまう。そこで，一定の事情を抽象化したうえで，その場合に結果が起きる蓋然性を考えようというのが，古典的な相当因果関係説だったからである。ここでは，そうした病変の持ち主ではなく，「老衰病羸」の者という類型において判断がなされているのである。

　そうすると，老人の中には心臓などの器官等が弱っている人がいることが十分想定されるから，健康な若者を想定した場合とは異なり，結果の発生は相当なものとなる。このような範囲に応報の範囲を限定することが，洗練された応報感情に合致するというのである。このように，許されない危険の判断に際しては，問題となった具体的事情を捨象して一般化した形でターゲットを類型化し，それに対する結果の発生確率を問う行き方は，再度見直されてよいであろう。そしてその場合には，特殊事情があることは，こうした類型化・一般化された事情に基づく相当性判断を行うことでカウント済みであり，予測可能性に基づく判断基底の限定は不要となる[22]。

---

19) もっとも，このような議論は，相当因果関係説でなくても当然に可能である。客観的帰属論者の山中博士は，認識可能な客観的危険創出という要件を立てられ，同様の議論を展開されている（山中敬一『刑法総論〔第3版〕』〔成文堂，2015年〕294頁以下）。さらに，内田幸隆＝杉本一敏『刑法総論』（有斐閣，2019年）51頁以下［杉本］，橋爪・前掲注10)15頁以下なども参照。
20) 最判昭和25・3・31刑集4巻3号469頁，最判昭和46・6・17刑集25巻4号567頁など。
21) 以下にみる判例のほか，大判大正2・9・22刑録19輯884頁。
22) 葛原力三ほか『テキストブック刑法総論』（有斐閣，2009年）60頁［葛原］。

この大審院判決は，相当因果関係を肯定しているが，このような結論自体にも妥当性が認められる。佐伯教授は，人は個性をもった個人としてそのまま保護されるべきであり，特殊な素因を考慮外に置いて考えることは，結局，当該素因を持つ人に結果回避のために自己保護義務を課すこととなって妥当でないとされており[23]，賛成されるべきである。特殊な素因の持ち主との関係では危険な行為を，そうした素因を誰も知り得なかったからという理由で許容することは，そうした者に自己保護義務を課すことに等しく，強者あるいは無神経者の論理で社会を形成することとなって正義に反するからである[24]。

　これに対し，一見してまったく健康な若者の場合などは，経験則上，そのような素因をもった者が含まれていることはごく稀であるから，軽微な危険を創出することを許容するという価値判断もありうるかもしれない。しかしながら，因果関係の判断に際して通例問題となるのは，暴行・傷害行為といった，まったく無益で反価値的な行為であるから，相手がスポーツ選手である等，類型的にみておよそそうした素因をもっていることが考えられない例外的な場合を除き，リスクを冒すことを許さず，これを冒して結果を発生させた場合には因果関係を肯定するという判断は十分に是認されるように思われる[25][26]。

　それゆえ，判例において，日常の実務的処理として，条件説的フレーズが用いられていたとしても，それは上記の判断過程をいちいち述べることが省略されているだけにすぎない可能性については，十分留意される必要があろう[27]。

## (2) それ以外の特殊事情

　問題となった事情を属性としてもつターゲットを類型化し，そこでの発生確

---

[23] 佐伯仁志『刑法総論の考え方・楽しみ方』（有斐閣，2013年）75頁以下。
[24] 大関龍一「被害者の素因の競合と危険の現実化(2・完)」早稲田法学96巻3号（2021年）65頁以下。
[25] 井上祐司『因果関係と刑事過失』（成文堂，1979年）31頁以下は，事前の合理的確認なく，社会的有用さをもたない行為により生命に対するリスクを冒すことをおよそ許容すべきでないとの価値判断を示している。さらに藤木英雄『刑法講義総論』（弘文堂，1975年）102頁。
[26] なお，このような規範的考慮を行う場合には，相当因果関係説のうち判断基底を折衷説に従って限定する立場からも，因果関係が否定される場合はほぼ考えられないであろう。
[27] この点につき大関龍一「刑法上の因果関係論に関する戦前日本の学説と大審院判例(2・完)」早稲田法学95巻4号（2020年）208頁以下も参照。

率を端的に問う行き方は，それ以外の特殊事情についても基本的には妥当するように思われる。例えば，拳銃を殺意をもって発射したところ，弾丸が外れ，地中に埋まっていた不発弾に当たって爆発させ，相手方を死亡させたような場合には，紛争地域で地雷が埋められているようなところでの行為でもない限り，当該地面は，ただの地面として類型化され，そこでこのような事態が起きる蓋然性が検討されることになる。そうすれば，この場合は，経験則上，結果発生の相当性がないとみて，結果の帰属は否定されるべきものと思われる。

　以上を総合すれば，刑法は，行為規範による禁止を通じて，結果発生を防止しようとするものであり，その禁止は一般化され類型化された事情を基礎として経験的に極めて偶然でないと言える程度の蓋然性をもって結果が発生しうる場合に妥当する。許されない危険は，こうした禁止に違反する場合に認められる。

## 4．許されない危険が結果へと実現したこと

### (1) その理論的位置づけ

　実行行為により作出された許されない危険が結果へと実現したことが確認されてはじめて因果関係が認められ，既遂犯（あるいは致死罪等の結果的加重犯）としての重い処罰が肯定されることになる。井田教授は，このことを，「行為の危険が現実の結果の発生により確証された」のだと説明され[28]，一般予防の必要性を強めるものとして理解されているようである。学説上は，とりわけ相当因果関係説の立場から，人は利用可能な経過を用いて結果を発生させようとするものだから，それだけを禁じておけばよいとし，因果経過の相当性を一般予防の必要性でもって基礎付けようとする見解も有力である[29]。しかし，一般予防というものは，あくまで事前的に，それを思いとどまらせるよう機能するものであるから，このような論証には疑問があろう[30]。許されない危険が結果へと実現したことを理由とする重い処罰は，事前の行為規範による一般

---

28) 井田良「刑法における因果関係論をめぐって」慶應法学 40 号（2018 年）5 頁。
29) 林幹人「相当因果関係と一般予防」上智法学論集 40 巻 4 号（1997 年）35 頁以下，町野朔『刑法総論』（信山社，2019 年）140 頁以下など。
30) 鈴木左斗志「因果関係の相当性について」刑法 43 巻 2 号（2004 年）241 頁以下。

予防機能が見かけ倒しにならないようにするためもあるが，より根本的には応報の原理に基づくものだと言うべきである[31]。

### (2) 実際の判断：許されない危険の判断との重複

　杉本教授のような「範囲設定－包摂モデル」的な思考法をとるときには，問題の大半は「範囲設定」すなわち，許されない危険の創出があったかの判断として整序され，危険の実現の判断は，事後的にみて実現した危険が事前に判断したものと一致するかの判断に尽きる。

　これを柔道整復師事件（最決昭和63・5・11刑集42巻5号807頁）で説明してみよう。柔道整復師である被告人が，医師にかからずたくさん汗をかいて寝ていれば治るとの不適切な助言を行い，同人を信じ切っていた被害者がその助言に頑なに従ったため，死亡するにいたったという事案であるが，ここでは，被害者の不適切な行動が死亡結果に直結していることは明らかであり，結果から遡って考える見解からは，この不適切な行動を被告人が「誘発」したかが問われ，誘発していれば，結果は行為に由来するものとして，因果関係が認められると説明されることになる。

　しかし，このような説明では，問責対象たる実行行為の危険が，後から遡って認められることになり，判断のプロセスとして非常に不自然である。本件事案で，業務上過失致死罪の実行行為性，さらには許されない危険の創出があったと言えるためには，被害者の被告人に対する「妄信」を前提としての，当該助言のもたらした危険を「最初に」論じなければならないはずである。そうでなければ，この助言は，いわば戯言として，看過されていくものなのである。

　他方，許されない危険の内容を，このように「被害者の妄信」という介在事情を取り込んで規定した以上，時が経過し，被害者が実際にそのような行動に出たときには，そのままトリガーが作動し，危険はそのまま現実化することになる。危険の現実化は，「ほら見たことか！」という事後的な確認作業にすぎず，事前の「範囲設定」の作業に重点が移っていることには留意が必要である[32]。

---

31) 山口厚ほか『理論刑法学の最前線』（岩波書店，2001年）10頁以下［佐伯仁志］。
32) 内田＝杉本・前掲注19)45頁以下［杉本］は，これを「VTRの一時停止・解答VTR」に例えて分かりやすく説明されている。

以下では，判例で問題となった事案を類型化して検討していくが，いずれの類型においても，決定的であるのは，介在事情を見込んで，そのような実行行為が許されない危険を創出したかの判断であることを予め強調しておきたい。

## IV．事例類型ごとの考察

### 1．判例の分類・類型化論について

　最近の判例の立場は，生じた結果が被告人の行為による危険が現実化したものと評価できるかにより因果関係の有無を判断するものだとされ，①介在事情が行為者の行為による危険を上回る新たな結果発生の危険を生じていない場合には因果関係が認められ，②介在事情が行為者の行為による危険を上回る新たな結果発生の危険を生じている場合には，被告人の行為による誘発・影響があれば因果関係が認められるが，介在事情が被告人の行為と独立のものであれば因果関係は認められないものとされている[33]。

　このような類型化された判断基準は，一見すると使い勝手がよく，読者の皆さんもこれに当てはめて検討を行えるよう準備しておけばよいと考えておられるかもしれない（実は，私も，法科大学院では，この類型化に従って事例が解決できればよし，というレベルでの授業を行っている）。

　もっとも，これを文字通り受けとめれば，②の類型の場合について，実行行為そのものには，結果につながる危険が「それ自体としてはない」が，介在事情の誘発等があったので，「遡って考えれば行為に由来している」と考えているようにも思われ，そうだとすれば，妥当でない。許されない危険の創出があったかは，行為規範に違反したかの問題であり，あくまで行為の時点で判断されるべきものなのである。

---

33) 前田巖「判解」最判解刑事篇平成16年度144頁以下など。さらに，前田雅英『刑法総論講義〔第8版〕』（東京大学出版会，2024年）150頁以下も参照。

## 2．直接的に危険が実現した場合（①の場合）について

　まず，①の場合としては，前述した結果の規定法を考えなければいけない大阪南港事件のほか，抜管事件が挙げられることが多い。しかし，介在事情なく，実行行為により創出された危険が結果へとそのまま実現した場合なら別であるが，判例で問題となるような事案では，そもそも①の場合だと結論づけうるのはどうしてなのかを考える必要がある。

　抜管事件を見ておこう。被告人が，割れたビール瓶で被害者を刺し，重傷を負わせた後，被害者側が治療用の管を抜いて暴れるなど，安静に努めなかったために，いったん容態が安定したにもかかわらず，死亡にいたったという，最決平成16・2・17刑集58巻2号169頁の事案である。

　ここでは，最高裁は，判文上は，行為の危険性の大きさを強調して，因果関係を認めているようにも読めるが，結論を支えているのは，行為の危険性が大きく，事実レベルでの死因に変更がなかったからということだけではないであろう。そのような理屈であれば，致命傷を負わせれば，ICUの医師が殺意をもって当該患者を救命可能であるにもかかわらず見殺しにした場合でも，行為者の行為への結果の帰属が肯定されてしまうことになりかねないからである[34]。

　まず，ここでは，被害者に法益保護義務が課されるものではないこと，また，被害者が結果を認識しつつ有責的にそのような行為に及んだものではなく，自己答責性が認められないことが，当然の前提となっていよう[35]。このいずれかが否定されるのであれば，結果の帰属は否定されるからである。

　また，実行行為がもたらした危険実現過程が，いったん収束・沈静化したような場合には，それ以降に生じた結果は実行行為に帰属されない。被害者の膝を鉄パイプで殴打し，膝を曲げられないようにした結果，被害者が後にそれが

---

34) 嶋矢貴之ほか『刑法事例の歩き方』（有斐閣，2023年）33頁［小池信太郎］は，家族等があえて放置して死亡させたような場合でも，当初の暴行との因果関係が認められてよいとされるが，不作為の介在の場合には，事実レベルでは「出血死」という死因は変わらずとも，不作為による因果関係の凌駕があったのだから，規範的には当該結果は「見殺し」へと評価替えされるべきであり，当初の行為は，その「具体的」結果とはもはや因果関係がないと考えるべきもののように思われる。

35) 後者につき例えば島田聡一郎「判批」ジュリ1310号（2006年）175頁。

原因で転倒して新たな傷害を負ったとしても，この新たな傷害は鉄パイプでの殴打という実行行為には帰属されない[36]）。いったん収束・沈静化した場合には，当初の危険の実現過程が遮断されており，危険の実現・現実化を認めることができないのである。抜管事件については，「治癒（あるいは結果発生の可能性のない程度までの回復）に至ったわけではなく，なお，結果発生に十分な因果力のある危険の継続が認められる」[37]）という評価があってこそ，因果関係が認められているのである。

　抜管事件は，①の類型だとされることが多いが，このような2つの規範的考慮が働いていることは，十分意識されてよいものと思われる。

## 3．間接的に危険が実現した場合（②の場合）について

### (1) 被害者等の行動を誘発する等の影響を与えた場合

　まずは，②の類型の典型とされる高速道路進入事件（最決平成15・7・16刑集57巻7号950頁）をみておこう。事案は，被告人らに長時間の激しく執拗な暴行を加えられた被害者が，逃げる過程で，高速道路に進入し，自動車に衝突・轢過されて死亡したというものである。ここでも，問題は，そうした逃げ方が予測可能かといった判断だけでは決まらず，被害者の高速道路進入について，自己答責性原則により被害者の答責領域において結果が発生したと評価されないことが前提になっていることを，まずは確認しておきたい。「極度の恐怖心」に支配され，「必死」に逃げようとしている被害者による「とっさ」の反応を捉えて，このような評価を下し得ないことは，あまりに当然であろう。

　この事案で被告人による介在事情の誘発等があったと言えるのは，結局は，このことと表裏一体の関係にある。厳しい言い方をすれば，本件では，他にも逃げ道はたくさんあり，途中には助けを求めることができる警察の施設もあったのに，それを素通りし，法面を登り，フェンスを越えて，さらに路側帯等に潜んでいるわけでもなく，車が高速で走っている走行車線に進入するという，自殺にも等しい逃げ方であり，その異常性は際立っているとも言えよう。しか

---

36) 山中・前掲注19)310頁。
37) 前田（巌）・前掲注33)148頁，橋爪・前掲注10)33頁。

しながら，そのような評価は，あまりに表層的である。被害者は，被告人らの長時間にわたる激しく執拗な暴行により，「このままでは殺されてしまう」というような極度の恐怖心を抱き，被告人らから逃れようと必死で逃げている中で，とっさに選択してしまったことであり，いわば「追い詰められた被害者」による行動としてみる必要がある。そうしてみると，平常心の人であれば不合理とも言える行動でも，「被告人らの暴行から逃れる方法として，著しく不自然，不相当であったとはいえない」という結論になる。そして，被告人らによる執拗で激しい暴行が，こうした恐怖心を介して危険な逃走行為を余儀なくさせる以上，当該暴行は，そうしたバリエーションを含んだ許されない危険を創出したものと評価され，高速道路への進入による死亡は，その危険の実現として評価されることになるのである[38]。

　要するに，許されない危険の創出とその実現という枠組みによる場合には，実行行為による許されない危険の創出があったかのところで，ほとんどすべてが決まる。最初の危険を「盛る」ことができるかが，勝負所なのだと言ってよい。

### (2) 結果のトリガーとなる状況を作出した場合（②のもう1つの場合）について

　こうした場合の代表は，トランク監禁事件（最決平成18・3・27刑集60巻3号382頁）である。この場合については，判文においても，(1)の場合と異なり，介在事情の誘発・影響というフレーズがみられない。後ろから来た車による追突事故は，本件路上駐車によって誘発されたものとは言いがたいから，このフレーズが出てこないことは当然である。

　そこで考えられる説明は，トランクは，事故の際にはそこがクラッシュすることにより運転者等の乗っている人を助ける構造なのであるから，トランクへの監禁は，いったん追突等があれば死亡する危険性を創出する行為であると言ってよく，追突事故はその危険のトリガーにすぎないものだというものであ

---

38) 危険の現実化が認められるには，被害者が，極度の恐怖心から，高速道路進入の危険性を現実よりも過小評価していることが必要であろう（松原・前掲注3)21頁［杉本］）。他方，被害者の選択した逃走方法の不適切さが際立っており，被害者自身の独自の判断によるものと考えられる場合には，危険の現実化が否定されることになろう（山口雅高「判解」最判解刑事篇平成15年度419頁）。

る[39]。

　そして，路上でのトランク監禁という無益で反価値的な行為を禁じるためには，追突事故は「ままあり得る事象」[40]という程度の蓋然性で足り，トリガーであるところの追突事故が実際に起きれば，その事故による危険を経路の1つとして想定して肯定された「許されない危険」の「実現」が認められると考えるのである。

　ここでも，最初の危険を「盛る」ことができるかが，勝負所となっていることは，再確認されてよいだろう。杉本教授が言われるように，「危険の現実化」の核心は，予測された経緯と現実の経緯との一致，言い換えれば，現実の経緯をたどることが行為をみてもすでに予測できたといえることにあるのである[41]。

---

[39] さらに，小林憲太郎『刑法総論の理論と実務』（判例時報社，2018年）177頁以下も参照。
[40] 多和田隆史「判解」最判解刑事篇平成18年度233頁。ヘリコプターの路上墜落の可能性では足りないものともされている。
[41] 杉本・前掲注16)法教15頁。

# 第2章 遅すぎた構成要件実現（結果発生）と早すぎた構成要件実現（結果発生）

**CHAPTER 2**

> **POINT**
>
> ・遅すぎた構成要件実現の問題では，一連の事象をどのように捉えるか，問責対象行為をどのように切り取るかが重要な問題であることを理解する。
> ・早すぎた構成要件実現の問題では，実行の着手が認められるかが，なぜ問題の解決にとって重要なのかを理解する。

## はじめに

　本章では，遅すぎた構成要件実現，および，早すぎた構成要件実現の問題を取り上げる。

　前者の問題では，一連の事象をどのように把握するか，すなわち，事象を前半と後半で分断して捉えるのか一連のエピソードとしてまとめて捉えるのか，問責対象行為をどのように切るとるのか，因果関係の判断および因果関係の錯誤についてどのように考えるかという複数の問題が関わってくる。また，後者の問題では，問題の解決が実行の着手の有無にある。なぜそのようになるのかを，一緒に考えてみたい。

## I．遅すぎた構成要件実現

### 1．問題となる事例

　遅すぎた構成要件実現の事例は，かつては，ウェーバーの概括的故意の事例と呼ばれることが多かった。その1825年のウェーバーの論文で挙げられてい

るのは，次のような事例である．すなわち，ある者が，他者の殺害に着手し，その後，彼をすでに殺してしまったと誤信し，単に犯行を隠蔽する目的で被害者を水中に投げ込んだところ，事後的に，被害者は水中ではじめて死亡したことが判明したというものである[1]．

ここでは，行為者は，被害者を殺すつもりで，首を絞めるといった第1行為に及び，実際にはまだ死んでいないにもかかわらず死んだと誤信して，犯跡隠蔽のために水中等に投げ込むといった第2行為に及んだところ，被害者はこの第2行為によって死亡していることから，被害者は行為者の想定より遅く死亡している．そのため，こうした類型は，遅すぎた構成要件実現（結果発生）と呼ばれているのである．

わが国の判例では，次のような事案が問題となっている．被告人は，夫とその先妻の子であるAを殺害することを決意し，約8，9尺（1尺は約30 cm）の細麻縄で，熟睡中のAの頸部を絞扼したところ，Aが身動きをしなくなったので，Aがすでに死亡したものと思い，犯行の発覚を防ぐ目的で，頸部の麻縄を解かずに，Aを十数町（1町は約109 m）離れた海岸砂上に運び，放置して帰宅したところ，まだ生きていたAは砂末を吸引し，頸部絞扼と砂末吸引によって死亡した（砂末吸引事件）[2]．

## 2．社会的に1個のエピソードとして捉えるか？

ここでは，まず，この第1行為から第2行為を経て結果発生に至る流れを2つに断ち切って考察するのか，ひとまとまりのものとして考察するのかが問われる．これを2つに断ち切って考察すべきだとすれば，その結論は，殺人未遂と過失致死だということになる．

浅田教授は，日本刀で連続して数回切りつけて殺害した場合は，全体として1個の行為であって，切りつける度ごとに未遂が成立すると考える必要はないが，同じ被害者であっても，1日目に切りつけて失敗し，2日目に切りつけて失敗し，3日目にようやく殺害したときは，3個の行為であって殺人未遂二罪

---

1) Von Weber, Über die verschiedenen Arten des Dolus, Neue Archiv des Criminalrechts, 7.Bd., 1825, S.577f. それ以前の論文においてOestedが挙げた例として言及されている．
2) 大判大正12・4・30刑集2巻378頁．

と殺人既遂一罪が成立するとの前提から，ウェーバーの概括的故意の事例がそのいずれに近いかが問題だとされ，結論的には，前掲の砂末吸引事件のような場合は2個の行為と考えるべきだとされている[3]。

　行為者の行為が，事実レベルでは，第1行為と第2行為の2個あることは誰しも否定していないのだから，浅田教授の見解のポイントは，シーンを前半と後半の2つに分断して考察するところにある。すなわち，前半では，第1行為の罪責だけを考え，殺意でもって絞殺しようとして失敗したのだから殺人未遂であり，これで前半はおしまいである，後半では，第2行為の罪責だけを考え，死者と誤信した被害者を溺死させたものであり過失致死である，と捉えるのである。

　確かに，（気持ちの悪い設例で恐縮であるが）首を絞めるのに全エネルギーを使い果たし，「死体」を棄てに行くだけの気力がなくなってそのまま寝てしまい，翌日の夜になってから水中に投棄したところ溺死したというようなケースであれば，社会的に1個のエピソードと捉えうるかは微妙であり，第1行為から第2行為を経て結果発生に至ったのだとの記述が成り立たず，もって第1行為による罪責と第2行為による罪責を分けて評価する方が妥当である場合は確かにありうるものと思われる。

　例えば，強盗殺人罪においては，強取の意思で相手方を殺害すれば，その後の財物取得は，時間的・場所的接着性がなくても，すべて強盗殺人で評価されるという考え方もありうるであろうが，支配的見解は，一定の時間的・場所的接着性を要求する方向にあるものと思われる[4]。このように，社会的に1個のエピソードと捉えられない場合は，因果関係はつながっていても，そこでシーンを分断し，前半の行為と後半の行為を別個独立に評価すべきだということになるのである。

　しかし，ウェーバーの事例やわが国の砂末吸引事件の事案では，第2の犯跡隠蔽行為は，第1行為に引き続いてなされており，こうした観点からみて，社会的に1個のエピソードだと捉えることにとくに支障はないように思われるのであり，前半と後半でシーンを分断し，別個の社会的エピソードと捉え，前半

---

3) 浅田和茂『刑法総論〔第3版〕』（成文堂，2024年）327頁以下。
4) 中森喜彦『刑法各論〔第4版〕』（有斐閣，2015年）130頁，西田典之（橋爪隆補訂）『刑法各論〔第7版〕』（弘文堂，2018年）185頁など。

を殺人未遂，後半を過失致死と捉えることは妥当でないように思われる[5]。

## 3．全体を1個の故意行為と捉えるか？

2でみた見解が妥当でないとすれば，第1行為から第2行為を経て結果発生に至る流れは，ひとまとまりのエピソードとして捉えることができるから，これに殺人罪を1回適用することにより評価できないかが問われる。

その際問題になるのは，問責対象たる殺人罪の構成要件該当行為を，第1行為だけだとみるのか，それとも第1行為と第2行為をセットで捉えるのか，ということである。

ウェーバーは後者の立場であった。ウェーバーは，犯罪の決意が，1個の主要結果に向けられた複数の行為を包摂しており，これにより意図された1個の犯罪が実現する場合の故意を一般的故意（Der allgemeine Dolus）または概括的故意（dolus generalis）と呼び，犯罪意思が1個の行為による1個の犯罪の実現に向けられている場合の故意である特別な故意（Der besondere Dolus）または特殊な故意（dolus specialis）と区別した。そして，こうした一般的・概括的故意の概念を認めないと，人知に反し，刑事司法の名声を危殆化するような，むやみに細かい区別（Spitzfindigkeit）に至ることになると警告し，これが適用されるべき例として，前掲の例を好例として挙げているのである[6]。

確かに，5回刺して殺そうとしたが，どの刺突行為から結果が発生したか分からなかった場合，5個の刺突行為を包摂した1個の殺意に基づく1個の実行行為が認められるのであり，5個の行為が認められて殺人未遂が5つ成立するわけではないから，その限りでは，ウェーバーの主張はおかしなことではない。しかし，この場合には，5回の刺突行為時には，いずれに時点においても殺意が存在しているのに対し，遅すぎた構成要件実現の事例では，第2行為時には殺意が失われているのであり，殺意に基づく第1行為と殺意に基づかない

---

5) 橋本正博『刑法総論』（新世社，2015年）107頁は，客観的な行為の接続性（時間的・場所的近接性と社会的牽連性）とそれを不可分の一連の事象として遂行する単純な事実上の意思とがあれば，行為が一連・一体のものと評価され，合一した実行行為が認められるとされているが，この基準は，社会的エピソードとして1個であり，1個の構成要件実現過程（Tat）と捉えうるかの基準として使われるべきであるように思われる。

6) Von Weber, a.a.O., S.565, 577f.

第2行為をまとめて1個の実行行為として把握し，そのどこから結果が発生したのでも殺人既遂だとすることはできないように思われる。

なお付言すれば，ウェーバーの（本来的な意味における）概括的故意は，単に殺意が継続していただけでは，認められない場合もあるように思われる。わが国で問題となった例としては，東京高判平成13・2・20判時1756号162頁のベランダ事件がある。事案は，次のようなものである。被告人は，マンションの部屋で，殺意をもって洋出刃包丁で妻Ａの左胸部を数回突き刺した。被告人は，刺突行為後，重傷を負ったＡが玄関から逃げ出そうとするのを捕まえて連れ戻したものの，このまま放っておいてもしばらくすれば死ぬだろうと思い，Ａに対する救護等の措置は講じないでいた。その後，Ａがベランダに飛び出し，逃げていったので被告人はその後を追いかけた。ベランダの手すり伝いに隣室へ逃げ込もうとしたＡを見た被告人は，部屋の中に連れ戻してガス中毒死させようと考え，ベランダ上で不安定な姿勢でいるＡの腕を摑もうとして手を伸ばしたところ，Ａは転落死した。東京高裁は，次のように判示し，殺人既遂罪の成立を認めた。

「被告人の犯意の内容は，刺突行為時には刺し殺そうというものであり，刺突行為後においては，自己の支配下に置いて出血死を待つ，更にはガス中毒死させるというものであり，その殺害方法は事態の進展に伴い変容しているものの，殺意としては同一といえ，刺突行為時から被害者を摑まえようとする行為の時まで殺意は継続していたものと解するのが相当である。

次に，ベランダの手すり上にいる被害者を摑まえようとする行為は，一般には暴行にとどまり，殺害行為とはいい難いが，本件においては，被告人としては，被害者を摑まえ，被告人方に連れ戻しガス中毒死させる意図であり，被害者としても，被告人に摑まえられれば死に至るのは必至と考え，転落の危険も省みず，手で振り払うなどして被告人から逃れようとしたものである。また，刺突行為から被害者を摑まえようとする行為は，一連の行為であり，被告人には具体的内容は異なるものの殺意が継続していたのである上，被害者を摑まえる行為は，ガス中毒死させるためには必要不可欠な行為であり，殺害行為の一部と解するのが相当であり，本件包丁を戻した時点で殺害行為が終了したものと解するのは相当でない。

更に，被告人の被害者を摑まえようとする行為と被害者の転落行為との間に

因果関係が存することは原判決が判示するとおりである。
　以上によれば，被告人が殺人既遂の罪責を負うのは当然である。」

　この事案では，①刺突行為→②摑みかかる行為→転落死，という流れを辿っており，①②を１個の殺人の実行行為と捉えることができるのであれば，どの段階から結果が生じたのでも，問題なく殺人既遂罪が成立するであろう。東京高裁は，②も出血死を待つもしくはガス中毒死させるという殺意に担われた行為だとし，殺人の実行行為の一部だと評価して，これを①とワンセットで１個の実行行為と評価したのだと解するのが，素直な理解であろう。すなわち，ウェーバーの（本来的な意味における）概括的故意を肯定したものと言えよう。
　奥村教授は，本判決は，具体的内容は異なるものの殺意が継続していることを基礎として，「摑みかかる行為」を「刺突行為」の後に予定したガス中毒殺の手段として必要不可欠な行為の一部と捉えて，行為の連続性を認定し，殺人の実行行為性を特定したものだと理解されたうえ，これを肯定的に評価されている[7]。
　確かに，②の行為は，①の刺殺行為と連続一体をなす刺殺行為でないことは確かであるが，失血死を待つこととの関係では，これを完成させるために不可欠な行為であるから，本件被告人が摑みかかる行為に出た意図が，失血死させることにあったのであれば，ウェーバーの（本来的な意味における）概括的故意を辛うじて肯定しうるようにも思われないではない。
　しかし，本件では，択一的に，ガス中毒死させる意図が認定されており，こちらだとすれば，②の行為は失血死させることがうまくいかなさそうであることにより新たになされた決意に基づく行為であり，①とワンセットで１個の実行行為だと見ることには無理があるように思われる。
　それゆえ，ベランダ事件において，①だけを実行行為だと捉えたとしてもなお，②の行為を，①の行為の実現過程の一部として捉えることができるとすれば，それは，隣家に逃げ込まれ，犯行が発覚し，警察に通報されては困るといった動機から連れ戻そうとした行為だと評価でき，刺殺行為が実現していく因果の流れの１コマとして位置付けることができる場合に限られるように思わ

---

[7]　奥村正雄「判批」同志社法学 60 巻 6 号（2009 年）446 頁。

れる。そして，このように捉える場合は，②の行為は，刺突行為から転落死に至る流れにおける介在事情として位置づけられるべきことになり，それ自体を実行行為と評価する必要はないし，またそれは無理であるように思われる[8]。

## 4．法的因果関係の判断

　こうして，遅すぎた構成要件実現の事例では，問責対象行為となる実行行為（構成要件該当行為）は，第1行為だけだということになる。一連の行為，1個の行為という言い方はいろいろな意味で用いられているが，最低限必要なことは，㋐自らが浅田教授のように一連の事象を分断して把握する立場にあるのかの態度決定，および，㋑これを否定した場合において，ウェーバーのように問責対象行為を第1行為と第2行為をセットにして1個の実行行為とするのか，それとも第1行為だけを問責対象行為と捉え，そこだけを実行行為（構成要件該当行為）と評価するのかの態度決定であり，この2つの問題を混同しないことである[9]。

　さて，問責対象行為を第1行為だけだと考えた場合には，第2行為は法的因果関係を判断する際の介在事情として位置づけられることになる。そして，このように捉えたときには，**第1章**で検討した以上の特別な問題はまったく生じてこない。

　当初から，犯跡隠蔽行為に出ることを計画している場合はもとより，そうでなくても，殺人を犯してしまった人が，死体を隠す行為に出ようとすることは，まったく自然な流れであるから，こうした行為が介在したことでもって，危険の現実化を否定することは妥当でないものと思われる。

　大審院も，前掲の砂末吸引事件判決で，「本来前示ノ如キ殺人ノ目的ヲ以テ為シタル行為ナキニ於テハ犯行発覚ヲ防ク目的ヲ以テスル砂上ノ放置行為モ亦発生セサリシコトハ勿論ニシテ之ヲ社会生活上ノ普通観念ニ照シ被告ノ殺害ノ

---

8) ただし，摑みかかる行為により転落死したことは，失血死させる行為あるいはガス中毒死させる行為との関係で，早すぎた構成要件実現の問題だと捉えることは可能だと思われ，本書の見解によれば，その場合には，摑みかかる行為を後の本来の実行行為との関係において実行行為の一部だと捉えたことになる。
9) 引用は控えるが，このような分析ができていない文献は本当に多い。

目的ヲ以テ為シタル行為ト〔被害者〕ノ死トノ間ニ原因結果ノ関係アルコトヲ認ムルヲ正当トスヘク被告ノ誤認ニ因リ死体遺棄ノ目的ニ出テタル行為ハ毫モ前記ノ因果関係ヲ遮断スルモノニ非サルヲ以テ被告ノ行為ハ刑法第199条ノ殺人罪ヲ構成スルモノト謂フヘク此ノ場合ニハ殺人未遂罪ト過失致死罪ノ併存ヲ認ムヘキモノニ非ス」としているが，これは，犯跡隠蔽に出る意思が事後的に生じたのであっても，「社会生活上の普通の観念」に照らしてみれば，因果関係を否定するような介在事情ではないとするものと思われる。これと同旨を説くものとして，大阪高判昭和44・5・20刑月1巻5号462頁は，殴打暴行の結果，仮死状態に陥った被害者を死亡したものと誤信し，犯跡隠蔽の目的で水中に投棄して死亡させたという傷害致死の事案につき，「およそ犯人が被害者に暴行を加え，重篤な傷害を与えた結果，被害者を仮死的状態に陥らせ，これが死亡したものと誤信して犯跡隠ぺいの目的で山林，砂中，水中等に遺棄し，よつて被害者を凍死，窒息死，溺死させるに至ることは，自然的な通常ありうべき経過であり，社会通念上相当程度ありうるものであつて，犯人の予想しえたであろうことが多いと考えられる。本件についても全くこれと同様であつて，その直接の死因は溺水吸引による窒息であるが，被告人が被害者を殴打昏倒させて失神状態に陥らせ，そのうえ失神した右被害者を死亡したものと誤信して水中に投棄し死亡させたものであるから，被告人の殴打暴行と死亡との間に刑法上因果の関係があることは明らかである」としている。いずれも，無理のない結論だと思われる。

## 5．因果関係の錯誤

　学説上は，因果関係の錯誤は，溺死させようと思って欄干から突き落とした被害者が橋げたにぶつかって死亡したという場合のように，行為者の行為としては1個の場合に問題となるとし，砂末吸引事件のような場合には，「行為者の新たな故意行為が介入するかぎり，因果関係の錯誤論を援用することはできない」とする見解も主張されている[10]。

　しかし，砂末吸引事件で新たな故意行為の介入があったと言えるか自体が疑

---

10）曽根威彦『刑法総論〔第4版〕』（弘文堂，2008年）167頁。

問であることはさておくとしても，法的因果関係は，行為者の行為が2個あり，第1行為から第2行為を経て結果が実現したとしても認められるのであり，因果関係の錯誤論において，自然の法則に従った経過と自身の行為の介在による経過とを異なって扱う理由はなさそうに思われる。

それゆえ，砂末吸引事件は，主観的には第1行為（絞扼）により窒息死させるはずだったものが，客観的には，第2行為（砂浜放置）により砂末吸引で窒息死するに至った場合であるから，因果経過に関して主観と客観の食い違いが生じていることになり，因果関係の錯誤の問題とされるべきことになる。

因果関係の錯誤につき，伝統的な見解は，「行為者の予見した因果の経過と現実の因果の経過とが相当因果関係の範囲内で符合している」ならば，結果の主観的帰属が認められるとする[11]が，これが何を言おうとしているのかはよく分からない。予見した経過と現実の経過のずれが著しい場合には結果の主観的帰属を否定するといったことなら理解できる[12]が，それらの食い違いが「相当因果関係の範囲内か」を判断することは無理であろう。結論的には，この見解によるときは，実際に結果実現に至った因果経過と行為者の想定した因果経過がそれぞれ相当因果関係の範囲内だということになるはずであり，そうだとすれば，因果関係の錯誤があるとして，結果の主観的帰属が否定されるべき場合は1つもないことになるはずである。

因果関係の錯誤論において，結論に影響が出る見解の大半は，客観的な構成要件該当性が認められるために必要な因果関係の内容よりも，主観的に認識している必要がある因果関係の内容を厳しめに考えている。

例えば，内藤博士は，「現実の因果経過において，行為者が認識した，行為の危険性を基準としたとき，その行為の危険性が具体的態様における結果の中に実現したといえること，その意味で，実行行為の危険性の結果への相当な実現についての認識があることが必要である」と論じられ[13]，井田教授は，「実行行為時に行為者が認識した事情のみを前提としたときでも，現実に起こった

---

11) 大塚仁『刑法概説（総論）〔第4版〕』（有斐閣，2008年）193頁。
12) 佐久間修『刑法総論』（成文堂，2009年）は，「実際の因果経過と行為者の主観を比較して，なお両者の隔たりが大きい場合」には結果の主観的帰属を否定されるべきだとの見解（137頁）から，砂末吸引事件では，殺人既遂を認められる（同書69頁，127頁）。
13) 内藤謙『刑法講義総論(下)Ⅰ』（有斐閣，1991年）956頁以下。

ような結果発生を事態の成り行きとして排除できないという場合であれば，その結果の発生により（行為者の視点からみたときにも）実行行為の危険性が確証されたということができるし，結果を故意的に実現させたものとみることができる」とされ，結論的にはいずれの見解も，犯跡隠蔽行為に出ることを当初から計画していた場合を除き，砂末吸引事件で故意既遂犯の成立を否定されている[14]。

　しかし，こうした見解は，妥当とは思われない。故意の認識的要素は，構成要件に該当する客観的事実の認識であるから，客観面と主観面とで問題とされる因果経過の内容が異なってはならないのである。行為者が知らなかったということを理由として，結果の故意への主観的帰属を否定することは，結論的には，相当因果関係の主観説をとるようなものであるが，それには疑問があるように思われる。

　そして，故意はあくまで行為に出る際の予測であり，実際に結果発生に至った因果経路を認識していることは故意の要件ではない。法的因果関係が認められるべき経路をたどって結果を発生させようとするつもりがなければ，そもそも故意は認められないことは確かである。致命傷に至らない程度のけがを負わせて，相手方を救急車に乗せ，救急車の事故で死亡させようというつもりであったとしても，この者には殺意は認められない。しかし，法的因果関係が認められるべき経路をたどって結果を発生させようと考えていれば，故意は認められるのであり，既遂が認められるか否かは，結果との間に法的因果関係が認められるかだけにかかっているのである。

## II．早すぎた構成要件実現

### 1．問題となる事例

　早すぎた構成要件実現の事例は，次のようなものである。行為者は，相手方Ａを絞殺しよう（第2行為）と決意し，まずＡの抵抗を排除するためクロロホルムを吸引させた（第1行為）ところ，Ａはクロロホルムの作用により死亡す

---

14) 井田良『講義刑法学・総論〔第2版〕』（有斐閣，2018年）197頁以下。

るに至った。このような事例では，行為者は，第2行為で殺人の結果を発生させようと思っていたところ，その準備のために，殺人の結果を発生させるつもりなく行った第1行為から，殺人の結果が発生したことになるが，それでも，行為者に殺人既遂罪の罪責を問うことは可能なのか，これが早すぎた構成要件実現の問題である。

## 2．わが国の判例

　わが国では，この問題は，すでに横浜地判昭和58・7・20判時1108号138頁の事案などで登場していた。横浜地裁の事案では，妻に家出された被告人が，前途を悲観し，自宅にガソリンを撒布して放火し自殺しようとしたが，その前に最後の一服をと思いタバコに火をつけようとして着火したライターの火から引火し，爆発して自宅を全焼させたことから，まさに早すぎた構成要件実現が問題となっている。横浜地裁は，現住建造物放火罪の着手を認めたうえ，「右のような経緯で引火したことにより本件の結果が生じたからといって因果関係が否定されるものではな」いとして，同罪の既遂を認めていたが，その結論に至る論理の流れは必ずしも明らかではなかった。

　この問題が本格的に議論されるようになった契機は，最決平成16・3・22刑集58巻3号187頁のクロロホルム事件決定であり，事案の概要は以下の通りである。

　被告人Xは，被告人Yから夫Aの殺害を依頼されて，これを引き受け，実行犯として甲・乙・丙の3名を仲間に加えたうえ，「実行犯3名の乗った自動車をAの運転する自動車に衝突させ，示談交渉を装ってAを犯人側の車に誘い込み，クロロホルムを使ってAを失神させた上，山形県内の最上川付近まで運び，Aの車ごと崖から川に転落させてでき死させる」という計画を立て，実行犯3名にこれを実行するよう指示した。実行犯3名は，Aを溺死させる場所を自動車で1時間以上かかる当初の予定地から近くの石巻工業港に変更した。実行犯3名は，石巻市内の路上において，計画どおり，犯人側の車をAの車に追突させたうえ，Aを犯人側の車の助手席に誘い入れた。そして，当日午後9時30分ころ，甲が，多量のクロロホルムを染み込ませたタオルをAの背後からその鼻口部に押し当て，乙もその腕を押さえるなどして，クロロホ

ルムの吸引を続けさせてＡを昏倒させた（第1行為）。実行犯3名は、Ａを約2km離れた石巻工業港まで運んだうえ、Ｘを呼び寄せ、同日午後11時30分ころＸが到着したので、Ｘおよび実行犯3名は、ぐったりとして動かないＡをＡの車の運転席に運び入れたうえ、同車を岸壁から海中に転落させて沈めた（第2行為）。もっとも、Ａの死因は特定できず、Ａは、第2行為の前の時点で、第1行為により死亡していた可能性があったが、Ｘおよび実行犯3名は、第1行為自体によってＡが死亡する可能性があるとの認識を有していなかった。最高裁は、次のように判示した。

　「実行犯3名の殺害計画は、クロロホルムを吸引させてＡを失神させた上、その失神状態を利用して、Ａを港まで運び自動車ごと海中に転落させてでき死させるというものであって、第1行為は第2行為を確実かつ容易に行うために必要不可欠なものであったといえること、第1行為に成功した場合、それ以降の殺害計画を遂行する上で障害となるような特段の事情が存しなかったと認められることや、第1行為と第2行為との間の時間的場所的近接性などに照らすと、第1行為は第2行為に密接な行為であり、実行犯3名が第1行為を開始した時点で既に殺人に至る客観的な危険性が明らかに認められるから、その時点において殺人罪の実行の着手があったものと解するのが相当である。また、実行犯3名は、クロロホルムを吸引させてＡを失神させた上自動車ごと海中に転落させるという一連の殺人行為に着手して、その目的を遂げたのであるから、たとえ、実行犯3名の認識と異なり、第2行為の前の時点でＡが第1行為により死亡していたとしても、殺人の故意に欠けるところはなく、実行犯3名については殺人既遂の共同正犯が成立するものと認められる。そして、実行犯3名は被告人両名との共謀に基づいて上記殺人行為に及んだものであるから、被告人両名もまた殺人既遂の共同正犯の罪責を負うものといわねばならない。」


　こうした判例は、担当調査官の解説によれば、予備段階から既遂の結果が発生した場合には、既遂の結果が当該犯罪の実行行為から発生したとは認められないので、早すぎた構成要件実現の問題を検討する必要はないのに対し、犯人が当該犯罪の実行に着手した後に犯人の認識よりも早い時点で既遂の結果が発生した場合には、早すぎた構成要件実現が問題となるから、早すぎた構成要件

実現の問題は，実行の着手時期の問題と連動している面があると考えたうえで，これを因果関係の錯誤の問題と位置付けるという，伝統的な通説的見解をベースにしたものであるとされている[15]。

## 3．判例の基礎にある伝統的見解

これに対して，学説では，未遂故意・既遂故意を区別し，既遂故意によってになわれた行為によって結果が発生した場合でなければ既遂犯の成立は認められないとする見解も有力である。この見解をとる論者は，多かれ少なかれ，ドイツの刑法学者ヴォルターの見解を参考にしているので，ここではそれを簡単に検討しておきたい。

ヴォルターは，着手未遂があり，客観的に帰属可能な結果発生があっただけでは，既遂処罰は正当化されないとし，故意で違法かつ有責な既遂犯の処罰根拠は，危険で（不能犯でなく）とくに強度な（終了した）保護法益に対する攻撃（未遂）に求められると考えた。すなわち，行為者は，既遂にとって必要なすべてのことを認識し，それに対して責任を負うのでなければならず，こうした最大限の未遂だけが，故意既遂犯での完全な処罰を正当化するとしたのである[16]。

しかし，ここで問われるべきであるのは，殺害結果が結果発生の現実的危険性のある第1行為（未遂犯を成立させる行為）から法的因果関係が認められる仕方で発生しているにもかかわらず，その行為によって結果を発生させることの認識がなければなぜ既遂犯での処罰が否定されるのか，であり，その際決定的であるのは，そうした異なる扱いを認めるだけの主観面での行為反価値（ないし故意責任）の違いが，形式論理のみならず，法規定によって実質的に基礎付けられるのか，であろう。

未遂犯は，既遂犯の構成要件を修正したものであるが，それは結果もしくは因果関係が欠ける場合についても，着手でもって処罰することを可能にしているにすぎず，既遂犯と異なる構成要件的行為を予定しているものだとまでは言

---

15) 平木正洋「判解」最判解刑事篇平成16年度176頁以下。

16) Jürgen Wolter, Vorsätzliche Vollendung ohne Vollendungsvorsatz und Vollendungsschuld?, FS Heinz Leferenz, 1983, S.563.

えない。また，例外的に処罰されているにすぎない予備と，主要な犯罪につき広く処罰の対象とされ，総則に規定のある未遂犯との間には，刑法上明確かつ重要な差があるが，それ以降の段階においては，例外的存在である中止犯の場合を除き，刑法上の扱いを分けるべき根拠となる規定は存在していない（中止についてもわが国の刑法は未終了未遂と終了未遂で要件を異にしたりはしていない）。それゆえ，構成要件実現の意思でもってそうした決定的段階である着手の段階を突破したことにより，完全な行為反価値（ないし故意責任）は実現されたのであり，あとは法的因果関係が認められるかの問題が残るにすぎないのである。

これに対し，佐伯教授は，早すぎた構成要件実現の問題が生じるのは単独犯の既遂犯だけではなく，予備罪や共犯でも同じだから，実行の着手論ですべてを解決することはできないとの批判を行っておられる[17]。

しかし，予備でも教唆・幇助でも，当該犯罪での完全な処罰を認めうるだけの完全な行為反価値（ないし故意責任）が認められるのはどの段階からなのかの問題は当然あるのであり，その段階を突破していれば，早すぎた構成要件実現があったこと自体は罪責に影響しないという点は，単独犯の既遂犯の場合におけるのと同様だと思われる。

## 4．橋爪教授の見解

橋爪教授は，当初は，第1行為に着手が認められるか否かの問題と早すぎた構成要件実現の問題の解決を連動させる伝統的多数を占める見解を批判的に捉えられ，「行為者の犯行計画よりも早く結果が発生した場合に故意既遂犯が成立するかという問題は，……もっぱら故意の存否という観点から検討を加えるべき問題であり，それとは無関係な未遂犯の成否に関する基準が決定的なファクターとなるというのは，問題の本質をすり替えている」とされた[18]。

これに対し，より最近では，以下のような解決策をとられている。まず，実行行為は事後的・客観的な評価に基づき，結果発生の因果的起点となる行為に

---

17) 佐伯仁志『刑法総論の考え方・楽しみ方』（有斐閣，2013年）279頁以下。
18) 橋爪隆「判批」ジュリ1321号（2006年）237頁以下。

第2章　遅すぎた構成要件実現（結果発生）と早すぎた構成要件実現（結果発生） | 033

求めるべきである。第1行為から結果が発生した場合には，第1行為が実行行為となる。しかし，第1行為で結果を発生させるという意味における実行行為性の認識は欠けている。もっとも，第1行為には，第1行為を行えばそのまま第2行為で被害者が死亡する危険性が高かったのであるから，第1行為には第2行為の直前行為としての危険性が認められ，行為者には，第2行為に密接な行為として危険性を有している第1行為の危険性の認識が認められる。こうして，第1・第2行為は密接に関連する「一連の行為」であり，第1行為に出る段階で行為者には「一連の実行行為」に出る認識が認められる。あとは，因果関係の錯誤の問題が残るだけである[19]。

## 5．それぞれの見解からの解決

　伝統的多数の見解は，実行行為を，客観面と主観面との統合体だと考える。クロロホルム事件で言えば，第1行為から第2行為を経て結果を発生させるという犯行計画・殺意にになわれた，実行の着手以降の一連の行為が，1個の実行行為として把握される。

　そのシンプルな例は，5発殴って殺そうと考え，5発殴って死亡させた場合であり，この場合には，5発の殴打が1個の殺人の実行行為として捉えられ，そのどの殴打から結果が発生したかにかかわらず，殺人既遂罪が成立する。クロロホルム事件でもこれとパラレルな処理がなされ，クロロホルムを吸引させる第1行為に着手が認められるのだから，これと海中に転落させる第2行為までが1個の実行行為と把握され，そのいずれの段階から結果が生じたとしても，殺人既遂罪の成立が肯定されることとなる。

　これに対し，橋爪教授の見解からは，結果を客観的に発生させた行為を特定することが必要となる。教授は，第1行為から結果が発生した場合を想定して議論を進めておられるが，クロロホルム事件は，実はそのような事案ではなく，第1行為から結果が生じたのか第2行為から結果が生じたのか不明な事案であったのであるから，このような議論はできないものと思われる。教授の見解によれば，クロロホルム事件では，第1行為から結果が生じた場合と第2行

---

19) 橋爪隆『刑法総論の悩みどころ』（有斐閣，2020年）193頁以下。

為から結果が生じた場合を分けて論じたうえ，その間で択一的認定を行わざるを得ないこととなろうが，クロロホルムを吸引させての殺害と海中に転落させて溺死させる殺害とでは，行為態様がまったく異なっており，そのような択一的認定が可能なのかは必ずしも明らかではないように思われる。

また，伝統的多数の見解からは，クロロホルムを吸引させて昏睡させ，石巻工業港に移動する途中で，交通事故により被害者が死亡した場合でも，着手が認められる以降の殺人の遂行過程において生じた結果であり，殺人既遂罪の成立が肯定されうるものと思われるところ，橋爪教授の見解からは，交通事故（とりわけ追突事故）に遭ったような場合には，第1行為を第2行為の準備行為・直前行為と捉えて，一連の行為の認識を認めることは困難であるように思われるが，そのような結論でよいかは問題であるように思われる。

いずれにせよ，伝統的多数の見解によるか，橋爪教授の見解によるかは，実行行為を事後的・客観的に結果を発生させた行為と捉えるか，着手が認められる以降の一連の行為を包括して1個の実行行為と捉えるかに対する態度決定が必要である。そして，繰り返しになるが，後者は，第1行為から結果が生じたのか第2行為から結果が生じたのかが不明であるクロロホルム事件のような場合には，訴因の特定等の容易さにおいて，明らかなメリットがあるように思われるのである。

他方で，早すぎた構成要件実現の問題は，着手が認められる以降の段階において問題となることは，橋爪教授も認められるに至ったことが重要である。早すぎた構成要件実現の問題の解決を着手の有無と連動させることを批判する立場からは，ピストルを構える前にピストルが暴発した場合に，殺人予備と過失致死にしかならないという伝統的多数の見解およびこれを踏まえたクロロホルム事件の調査官解説と同じ前提を確保できないのである。

そこで，橋爪教授は，ご自身の見解からも，第1行為の段階で問題となる「一連の実行行為」に出る認識（故意）を認めるためには，実行の着手が重要な判断基準になることを認められるに至っている。しかし，この「一連の実行行為」の認識の対象となる実行行為も，事後的・客観的に判断されるべきだとすれば，少なくとも，犯行計画等を踏まえて第1行為と第2行為との密接性等を判断することはできないのではないかと思われる。すなわち，実行行為を事後的・客観的に判断すべきだとして，クロロホルムを吸引させる行為を実行行

為と捉えたのであれば，それとは別に，クロロホルムを吸引させて昏睡させ石巻工業港まで移動させて溺死させるという一連の流れをワンセットにして実行行為を判断することは，「事後的・客観的に」はできないはずである。仮にできるのであれば最初から実行行為をそのように認定すればよいのであり，そうすれば客観と主観の齟齬も生じないこととなるであろう。故意の認識対象としてであれば，実行行為性の判断に際して主観を考慮してよいとできる根拠は，不確かだと言わざるを得ない。

なお付言すれば，橋爪教授の着手論は，結果としての具体的危険を要求する見解であり，判例および伝統的多数の見解が前提とするような，行為がどこまで進捗したかを判断する見解では本来ない。橋爪教授の見解によっても，行為の時点で判断されるべきはずの故意の有無を，結果としての危険がいつ高まったかという事後的・客観的に判断されるべき事項にかからせることは，理論的にはあり得ないことと思われ，少なくとも，橋爪教授の見解から，犯行計画等を考慮したクロロホルム事件決定の基準を，早すぎた構成要件実現の問題の解決において考慮することは，一貫性を欠いているように思われる。

## 6．具体的事案の解決

こうして，早すぎた構成要件実現の事案は，早すぎた結果発生をもたらした（可能性のある）行為の段階ですでに実行の着手が認められるか，により決せられることになる。着手が認められれば，行為者は，すでに完全な行為反価値（ないし故意責任）を実現したのであり，あとは法的因果関係をたどって結果が発生すれば，既遂犯の成立を妨げないというべきなのである。

わが国で問題となった事案は，いずれも着手が認められ，もって既遂犯の成立が肯定されたものばかりであるが，ドイツでは，早すぎた構成要件実現の事案で着手が否定されたものも知られている。事案は，妻を殺害しようとした被告人に関するものであり，同人の犯行計画によれば，まずは，被害者を自宅で抵抗不能の状態にした後，100 km離れた場所まで移動し，そこで書類に署名をさせてから殺害しようというものであったが，被害者は，抵抗不能にするための手段により死亡したというものである。ドイツ連邦通常裁判所は，被害者の死は予備段階から生じたものであるとして，謀殺既遂罪の成立を否定し

た[20]。このような事案では，第1行為から第2行為までには，犯行計画上も，なお重要な中間段階が残されており，自動性・確実性が否定されるということであろうと思われる[21]。

なお，筆者のような解決策は，第2行為が事後的・客観的にみれば結果を発生させる危険性がないような場合でも同様に妥当する。ドイツの判例には，次のようなものがある。被告人は，被害者に空気を注射して死亡させようとし，まず抵抗不能にすべく暴行を加える等したところ，被害者は咽頭突起を骨折し，血を吸いこんで窒息死したが，実際に注射針を刺していたとしても，2倍の空気量をもってしても被害者を死亡させるには十分でなかったであろうというものである。ドイツ連邦通常裁判所は，抵抗不能にするための暴行等は，注射と統一体を構成するがゆえに，すでに着手が認められるとし，故殺の既遂を認めている[22]。

このような事案では，わが国の判例でも不可罰の不能未遂とはならない[23]から，そうした注射行為の準備行為として相手方を抵抗不能にするための暴行には，すでに殺人の着手が認められるであろう。これにより，完全な行為反価値（ないし故意責任）は実現されたのであり，第1行為＝暴行と，それによる咽頭突起骨折からの出血とそれを吸引したことによる窒息死との間には，法的因果関係が問題なく認められるから，殺人既遂罪の成立は問題なく認められてよいであろうと思われる。

---

20) BGH NStZ 2002, 309.
21) Claus Roxin, Zur Erfolgszurechnung bei vorzeitig ausgelöstem Kausalverlauf, GA 2003, S.260 は，死をもたらした被害者への虐待と行為者が意図した殺害との間には，なお多くの中間段階，および，大きな時間的・空間的距離があったことが，予備にとどまった理由だとしているが，ここで重視されるべきは，署名の強要という，殺害に至る流れと無関係の事態が予定されていたことであろうと思われる。
22) BGH NStZ 2002, 475.
23) 最判昭和37・3・23刑集16巻3号305頁。

# 第3章　故意と錯誤(1)

CHAPTER 3

> **POINT**
>
> ・故意は「構成要件該当事実の認識」であると定義され，構成要件関連性が要求されていることを理解し，その根拠がどこにあるかを理解する。
> ・抽象的事実の錯誤では，①故意は構成要件該当事実の認識か，②構成要件とは何か，③錯誤論は故意論と異なる意義をもつか，の3つの問題への答え方が，見解の分かれ目になっていることを理解する。
> ・判例で問題となるような事案につき，どのような基準で符合を認め，故意犯の成立を肯定すべきかを理解する。

## はじめに

　故意が認められるためには，どの見解に立っても，一定の事実を認識していることは最低限必要である。本章では，それがどのような事実でなければならないのか，そのような事実の認識が認められなかった場合でも故意犯の成立は考えられるのか，の問題のうち，前者として，故意の構成要件関連性の問題，後者として，抽象的事実の錯誤の問題を取り上げる。

　もしかしたら，読者の皆さんは，どうして本章では急に沿革に立ち返った検討を行っているのかという疑問を持たれるかもしれない。しかし，たとえば**第1章**の因果関係論は条文にない概念に関する議論であるのに対し，故意・錯誤論は条文の解釈論なのであるから，後者において，条文の成り立ちを確認しておくべきことは当然の要請であり，議論はここから始められなければならないのである。

# I．故意の構成要件関連性について：
# 　　罪刑法定主義の主観的保障？

## 1．明文の根拠はあるか？

　どの教科書でも，故意は「構成要件に該当すべき事実の認識」であると書かれている。この記述だけしか書かれていないと分からないかもしれないが，これは，故意には「構成要件関連性」が必要だということである。これを簡単に述べれば，当該行為者の頭の中をのぞいたときに，そこでイメージされているものが，問題となる構成要件への該当性が認められるようなものでなければならないということである。

　もっとも，このことが明文で規定されているドイツ刑法などと異なり，わが国の刑法38条1項では，故意は「罪を犯す意思」としか書かれていないから，構成要件関連性など不必要だという理解もあり得ないではない。町野教授は，わが国の刑法においては，構成要件という言葉は講学上の用語にすぎないとの理解に立たれたうえ，「『構成要件該当性なければ刑罰なし』という罪刑法定主義を担保する概念である構成要件が……同時に故意を規制するものでなければならない必然性はない。しかも……日本刑法38条1項には，構成要件の故意規制機能を認める文言は存在しない」と説かれている[1]。しかし，構成要件論に関する包括的研究をわが国で初めて行われた小野博士によれば，構成要件の概念は，フランス法学の伝統にも由来しており，オルトランが構成事実（faits constitutifs）という語を用い，オルトランの影響を受けたボアソナードが，旧刑法の草案において，この観念を錯誤の規定に用い，旧刑法77条2項の「罪ト為ルヘキ事実ヲ知ラスシテ犯シタル者ハ其罪ヲ論セス」という規定に結実したものとされている。博士によれば，旧刑法の「罪ト為ルヘキ事実」＝ボアソナード草案の「circonstances constitutives de l'infraction」＝オルトランの「犯罪構成事実」である[2]。そして，現行刑法は，同条項につき，現行刑法38

---

[1] 町野朔「法定的符合について(上)」警察研究54巻4号（1983年）7頁および同「法定的符合について(下)」警察研究54巻5号（1983年）8頁。この記述は，最決昭和61・6・9刑集40巻4号269頁の安廣文夫「判解」最判解刑事篇昭和61年度94頁以下の叙述の出発点とされており，とくに批判的検討をしておく必要性が高い。

条1項に引き継がれた旧77「条1項ノ適用ニ過キサルヲ以テ……其必要ヲ認メス之ヲ削除シタリ」というのである[3]から，現行刑法38条1項においては，「罪となるべき事実」の認識が必要であること，これを介して，故意の構成要件関連性が必要であることは当然に前提とされているとみるべきであろう[4]。規定の由来こそドイツ法ではないものの，ドイツにおけるのと同じように故意の構成要件関連性を論じる実定法的基礎はあると言わなければならない。

## 2. 実質的な根拠はあるか？

また，実質的にみても，故意の構成要件関連性は必要と思われる。髙山教授は，これを外すことができないのは，「故意の構成要件関連性が，責任論における罪刑法定主義の要請だからである」とされ，主観面において刑罰法規の「『枠』をはみ出る表象に対しても責任を問うことは，不当である。『その罪』にあたる内容を認識していなければ『その罪』に対する責任を問うことはできない」とされ[5]，多くの支持者を獲得している[6]。

一般には，罪刑法定主義には，民主主義的要請と自由主義的要請があるとされ，それぞれ法律主義と遡及処罰の禁止に対応すると説明され，後者は，自らの行為が処罰されるかの予測ができなければ行動の自由が大幅に制約されるため，これを回避するためのものであるとされる。しかし，このような説明では，罪刑法定主義は，処罰されなければ何をしてもよいと考えるような，ならず者の自由を保障するものにすぎなくなり，不合理なものとなる。罪刑法定主義にとっては，民主主義的要請，あるいは，法治国家思想が決定的である。

こうした罪刑法定主義の民主主義的要請は，主観面においても，すなわち，

---

2) 小野清一郎『犯罪構成要件の理論』（有斐閣，1953年）4頁以下。なお，小野博士も，同書60頁で，故意の構成要件関連性を要求されている。
3) 倉富勇三郎ほか監修『増補刑法沿革綜覧』（信山社，1990年）2143頁。
4) この限りで富田山壽『日本刑法』（講法会＝清水書店，1918年）244頁以下。
5) 髙山佳奈子『故意と違法性の意識』（有斐閣，1999年）215頁。
6) 山口厚『問題探究刑法総論』（有斐閣，1998年）147頁，佐伯仁志「故意・錯誤論」山口厚ほか『理論刑法学の最前線』（岩波書店，2001年）121頁，橋爪隆『刑法総論の悩みどころ』（有斐閣，2020年）159頁など。戦前においても，すでに大場博士は，刑法38条1項を実質的には罪刑法定主義の観点から説明されていた（大場茂馬『刑法総論(下)』〔中央大学，1918年：復刻版は信山社，1994年〕706頁以下）。

故意を認める際にも妥当すると考えるべきであろう。そう考えないと，民主主義的に設定された「枠」が主観面において無視されることになり，実質的にみて罪刑法定主義に反することとなるからである。

## II．ここでいう構成要件について

### 1．従来何となく共有されてきた理解

　Iでは，「構成要件」とは何かにつきほとんど説明しないままに，故意の構成要件関連性の必要性を検討してきたので，少し分かりにくかったかもしれない。

　では，故意が構成要件該当事実の認識だというとき，あるいは，故意の構成要件関連性が必要だというときの，構成要件とは何なのか。抽象的事実の錯誤とは異なる構成要件にまたがる錯誤であると言われるときの，構成要件とは何なのか。これは，従来の見解では十分に論じてこられなかったところであるように思われる。

　小野博士は，「構成要件の理論における構成要件は，刑法各本条において規定された『罪』，すなはち特殊化された犯罪の概念である」とされ[7]，団藤博士は，犯罪の特別構成要件，あるいは簡単に構成要件と呼ばれるものの例として，「たとえば，殺人罪の構成要件は『人を殺した』……であり，窃盗罪の構成要件は『他人の財物を窃取した』……である」と説かれ[8]，大塚博士も，「構成要件……とは，刑罰法規に規定された個別的な犯罪の類型である」とされたうえで団藤博士と同じ例を挙げておられる[9]。このあたりが，従来何となく共有されてきた理解であろう。

　他方，こうした各条文で規定されているごとに，殺人罪の構成要件，窃盗罪の構成要件があるという理解をとらない見解もあることには注意が必要である。それが2・3でみる見解である。

---

[7] 小野・前掲注2)8頁。
[8] 団藤重光『刑法綱要総論〔第3版〕』（創文社，1990年）118頁。
[9] 大塚仁『刑法概説（総論）〔第4版〕』（有斐閣，2008年）118頁。

## 2. 故意をもっぱら責任要素とする見解の帰結としての構成要件の個別化機能の喪失

1でみた伝統的な見解は，「殺人罪の構成要件」を認めるが，実は，故意をもっぱら責任要素としたうえ，構成要件を違法類型だとみる見解は，「殺人罪の構成要件」を認めることができない。殺人罪，傷害致死罪，過失致死罪等は，いずれも被害者を死亡させかねない許されない危険を作り出し，もって被害者を死亡させることにより成立するもので，客観的にはまったく同じ事象であり，この区別はもっぱら主観面によるものだからである。こうした理解に拠りながらなお構成要件該当性を論じるとすれば，㋐「結果的に人を死なせた罪の構成要件」への該当性を論じ，㋑犯罪論の第3段階の責任論に至ってはじめて，殺人罪・傷害致死罪・過失致死罪等が区別されることになるはずである。それゆえ，こうした理解に拠る場合には，たとえば殺人罪の故意については，人を殺すことの認識は，構成要件該当事実の認識としては当然要求できないはずであり[10]，少なくともこうしたケースでは故意の構成要件関連性は断念されていることになろう。

なお，このような理解からは，過失犯処罰規定がない窃盗罪などについても，構成要件該当性・違法性は認めたうえ，ようやく犯罪論の第3段階の責任論に至って，不可罰という帰結を確保できることにならざるを得ず，思考経済上，大きな無駄を生じることになる。

このような帰結に違和感があるとすれば，故意は（本書の見解によれば主観的違法要素としてであるが）構成要件要素として位置づけられるべきことになる。

## 3. 共通構成要件の理論

あくまで抽象的事実の錯誤の処理との関係においてではあるが，故意の構成要件関連性を肯定し，故意論と錯誤論とは表裏一体の関係にあるとする前提か

---

[10] たとえば，浅田和茂『刑法総論〔第3版〕』（成文堂，2024年）95頁以下は，㋐を認めつつも，307頁以下では，故意が認められるために「構成要件該当事実の認識」を要求されているが，これではたとえば「殺人罪」の成立はあり得ないことになる。

ら，1のような構成要件理解をとらず，「共通構成要件」による故意規制を考える見解も有力化している。

　山口教授は，例えば占有離脱物横領罪のつもりで窃盗罪にあたる事実を実現した場合を念頭に置いて，「『他人の占有下にある他人の財物』」をも包摂する，遺失物等横領罪と窃盗罪の両者にまたがる『共通構成要件』（これは，領得意思による所有権侵害を内容とする構成要件であり，窃盗罪の構成要件とは加重減軽関係に立つ）を両者の法文解釈により導出・想定し，それが客観的にも主観的にも充たされていると解する必要がある」とされている[11]。また，これを支持される松原教授は，この見解をとる必要性として，「故意には『構成要件該当事実』の認識が必要であるとする命題を維持するためには，発生した事実と認識した事実とが同一の構成要件に包摂されなければならないことから，両事実を包摂する構成要件を理論上想定することが求められる」のだとされている[12]。

　しかしながら，A罪の構成要件とB罪の構成要件が共通構成要件Xに包摂され，それこそが故意を規制するのだとすれば，山口教授の想定されるような，A罪とB罪との加重減軽関係は消滅し，Xという同一の構成要件の中での軽重の違いにすぎなくなってしまうはずである。腕に怪我を負わせるつもりで相手方を鉄棒で殴りつけたところ，頭にあたって脳挫傷を負わせた場合，前者のつもりだったからといって，傷害罪の成立が否定されることはなく，そのことは，せいぜい量刑において考慮されるにすぎない[13]。これと同じことが，共通構成要件の理論からは生じるはずである。実際，共通構成要件の理論をとられる小池講師は，「故意論と錯誤論は表裏の関係にある。そうであるなら，錯誤論において確定された構成要件の範囲が，そのまま故意論における認識対象となるはずである」との前提から，覚醒剤輸入罪と麻薬輸入罪における共通構成要件が「身体に有害で違法な薬物類」の輸入であるなら，それに対応して，狭義の故意論においても，覚醒剤あるいは麻薬の意味の認識の下限は，「身体に有害で違法な薬物類」の認識になると結論づけられ，覚醒剤ではない

---

11) 山口厚『刑法総論〔第3版〕』（有斐閣，2016年）239頁以下。
12) 松原芳博『刑法総論〔第3版〕』（日本評論社，2022年）267頁以下。
13) 異説として齋野彦弥「徹底して具体化された故意の概念と故意の認定について」『松尾浩也先生古稀祝賀論文集(上)』（有斐閣，1998年）298頁以下，303頁以下。

と積極的に思っていた行為者についても，覚醒剤を含む「身体に有害で違法な薬物類」輸入罪の故意を認めておられる[14]。

結論から言えば，共通構成要件の理論をとるなら，小池講師の見解が最も一貫したものとなるが，その帰結は到底支持できない。故意の構成要件関連性を肯定し，故意論と錯誤論とは表裏一体の関係にあるとする前提を本気でとるのであれば，共通構成要件Xに該当する事実が客観的にも主観的にも実現したという説明になるはずであり，A罪・B罪のレベルにおいて何罪が成立するかを理論上導くことは無理である。そして，このことの帰結として，軽い方のA罪の認識しかなくても重いB罪も含んだX罪の成立を認めざるを得なくなるのであり，それぞれの構成要件ごとに法定刑を規定している法規定を無視することとなって罪刑法定主義に反するほか，認識内容より重い処罰を認めることとなって責任主義に反するのである。

## 4．故意を規制する構成要件とは

2・3の見解に反対するのであれば，やはり，故意の構成要件関連性を論じる際の構成要件としては，刑法典の罪であれば，第2編各則に規定された各犯罪の条文に記述されたものが基本的には単位とされるべきである[15]。実際にも，手段が異なっても，同じ条文で規定されていれば，例えば1項強盗罪という1個の罪が観念されるのに対し，条文が異なっていれば，偽計業務妨害罪，威力業務妨害罪という別個の罪が観念され，それぞれ，それに対応する構成要件が条文の解釈を経て導かれることになる。また，ドイツでは，麻酔剤法により違法薬物犯罪が一括して規制されているから，例えば輸入罪の構成要件も1個となろうが，わが国では，例えば覚醒剤と麻薬とは別個の法律で規制されているのだから，やはり，覚醒剤輸入罪と麻薬輸入罪は別の罪であり，それに対応して構成要件も別だということになろう。

もっとも，こうした理解に対しては，信用毀損罪と偽計業務妨害罪は同一の条文に規定されているが，別の罪ではないか，覚醒剤輸出罪と輸入罪は行為規

---

14）小池直希「故意の認識対象と符合の限界(2・完)」早稲田法学96巻1号（2020年）132頁以下。
15）佐久間修『刑法総論』（成文堂，2009年）43頁など参照。

範が同じ覚醒剤取締法13条，罰則が同じ41条で規定されていても，まったく別の犯罪類型ではないかといった疑問がただちに浮かぶであろう。それゆえ，社会通念として別類型だと解されているかを目安としつつ，もう少し厳密な検討を行う必要性は残るであろう。とはいえ，個人的な実感としては，構成要件とは何かに関しておよそ見解の一致がないのに比して，「これは＊＊罪」という各犯罪の枠の切り取り方については，研究者や実務家の間で高度の一致があるのであり，これを出発点とすることが許されてよいように思われる。

そして，わが国の刑法38条1項は，沿革的にみて，故意の構成要件関連性を前提としたものであるが，同時に，「罪を犯す意思」という文言を用いることにより，各犯罪に対応するものとして規定されているものと解されてよい。「罪を犯す意思」には，構成要件関連性と各犯罪類型との関連性が同時に規定されているとみられるのであり，このことから，わが国では，38条1項の解釈として，犯罪類型ごとに，これに対応する構成要件が分かれ，そうした構成要件による故意規制機能が働く，言い換えれば，こうした形での故意の構成要件関連性が認められると解されるべきであるように思われる。

## 5. 最決平成2・2・9判時1341号157頁について

それゆえ，覚醒剤を輸入／所持したという事案であれば，構成要件は覚醒剤輸入／所持であり，故意としてはこれに該当すべき事実の認識が必要となる。最決平成2・2・9は，覚醒剤だとの明確な認識はなく，「身体に有害で違法な薬物類」だという程度の認識しかなかった被告人につき，「覚せい罪を含む身体に有害で違法な薬物類であるとの認識があったというのであるから，覚せい剤かもしれないし，その他の身体に有害で違法な薬物かもしれないとの認識はあったことに帰することになる」として，覚醒剤輸入罪・所持罪の故意を認めている。これは，覚醒剤というものを知っている被告人につき，身体に有害で違法な薬物類という「種」の認識があれば，それをとくに除外する意思でなかった以上，覚醒剤という「類」の認識が肯定されてよいという，事実認定レベルでの経験則を述べたものであり，あくまで立証されるべきは，覚醒剤の認識であったものと理解されるべきであろう。実際，この決定を受けつつ実務上有力であるのは，「対象物から覚せい剤を除外する特別の事情」があれば，や

はり別であるとの考え方であるようである[16]。

これに対し，原田調査官は，「かりに被告人が覚せい剤という物を知らなかったが，当該物が身体に有害で違法な薬物類であると思っていた場合については，右の程度の認識があれば覚せい剤であることの故意を認めるのに十分である」とされる[17]。しかし，覚醒剤の輸入罪は（ジアセチルモルヒネの輸入と同じく）特に重く処罰されるのであり，それを基礎づける認識がないところで重い覚醒剤輸入罪の故意を認めることは到底許されない考え方であろう。最決平成2・2・9が万が一このような理解を容れるものなのであれば，断固として反対されるべきであるように思われる。

## Ⅲ．抽象的事実の錯誤について

### 1．刑法38条2項の沿革など

抽象的事実の錯誤とは，A罪の構成要件にあたるべき事実を認識して行為に及んだところB罪の構成要件にあたるべき事実を実現した場合をいう。これには，①A＜B（思っていた方が実現した方より罪が軽い場合），②A＝B（思っていたのと実現したのとが同じ重さの罪の場合），③A＞B（思っていた方が実現した方より罪が重い場合）の3つの場合がある。

この問題については，刑法38条2項の規定が存在しているが，明文上は，①A＜Bの場合のみを規定するものである。

岡田（朝）博士は，現行刑法38条2項と同一趣旨とされる旧刑法77条3項について，「刑罰加重ノ原因又ハ重キ罪様成立要素アルヲ知ラサルトキハ其重キ点ニ就テハ罪ト為ル可キ事実ヲ知ラサル者」につき，「其責任ヲ定ムルニ付テハ恰モ刑罰加重ノ原因又ハ重キ罪様成立要素ナカリシ如ク処分セサル可ラス」ということを規定したものだとされていた[18]。もしそうであれば，宮城

---

[16] 染谷武宣「薬物事犯における『薬物の認識』」植村立郎編『刑事事実認定重要判決50選(下)〔第3版〕』(立花書房，2020年) 197頁。
[17] 原田國男「判解」ジュリ958号 (1990年) 81頁。
[18] 岡田朝太郎『日本刑法論完――総則之部〔訂正増補3版〕』(有斐閣，1895年) 229頁以下。

博士が言われるように，同項の規定内容は 1 項に包含されているから，「蛇足の条文」だということになり[19]，これを根拠にして故意が認められないところに故意犯の成立を認める議論を展開する余地はないであろう。

　ところで，小野博士によれば，この規定は，旧律からきた規定であり，遠くは唐律名例の「其罪本應_重而犯時不_知者，依_凡論。本應_輕，聽_從_輕。」という規定に歴史的淵源がある[20]。このように唐律では，③の場合も規定されていたが，わが国の刑法では，一見したところでは①の場合だけが規定されていることになる。

　しかし，現行刑法制定過程では，「明治 39 年『刑法改正案』（2 編 289 条）」において 41 条として，①～③の場合をすべて含んだ規定の新設が提案されていながら，総会における審議で削除され，その際に，41 条を削除するなら旧 77 条 3 項と同様の規定を加えるべきとの提案が賛成多数で可決されたという経緯がある。政府委員・平沼騏一郎は，41 条のような規定が置かれていない理由につき，「他ノ条文ヨリ解釈ハ十分ニ付ク」から「特ニ其条文ヲ置カナカッタ」ものと答えているのである[21]。この点を最近明らかにされた薮中准教授は，「立法者としては，抽象的事実の錯誤のケースでは，上記『41 条』に規定された内容での解決を予定していたといえる」と結論づけられている[22]が，これには賛同できる。

　もっとも，こう考えたとしても，②・③の場合までが現行法の解釈としてカバーできることが明らかになっただけであり，どのような関係であれば錯誤にもかかわらず故意犯での処罰が認められてよいのかは，なお不明確のまま残さ

---

19) 宮城浩蔵『刑法正義』（講法会，1893 年〔復刻版は明治大学，1984 年〕）247 頁以下，なお，古賀廉造『刑法新論〔増補訂正 3 版〕』（東華堂本店，1899 年）400 頁以下。
20) さらに日髙義博『刑法における錯誤論の新展開』（成文堂，1991 年）14 頁以下。両者の適用範囲の違いを指摘するものとして，中村正人「清律誤殺初考」梅原郁編『中国近世の法制と社会』（京都大学人文科学研究所，1993 年）563 頁以下も参照。
21) 以上につき薮中悠「人の生死に関する錯誤と刑法 38 条 2 項」法時 91 巻 4 号（2019 年）94 頁以下。
　同改正案における 41 条は以下の通りであった。
　　犯罪事実犯人ノ信シタル所ト異ナリタル場合ニ於テハ左ノ例ニ依ル
　　　一　所犯犯人ノ信シタル所ヨリ重ク若シクハ之ト等シキトキハ其信シタル所ニ従テ処断ス
　　　二　所犯犯人ノ信シタル所ヨリ軽キトキハ其現ニ犯シタル所ニ従テ処断ス
22) 薮中・前掲注 21) 95 頁。

れている。すでに窃盗罪と占有離脱物横領罪との間で符合を認めた大判大正9・3・29刑録26輯4巻211頁があったにもかかわらず，戦前においては，これを肯定しうるかにまで言及した議論は見られず，議論は低調であったと言わざるを得ない。大正4年から大審院判事であり，後に大審院長となった泉二博士の教科書でも，一貫して岡田（朝）博士と同様の記述がなされており，大正9年の大審院判例には言及がなかった[23]。

## 2．抽象的符合説

そのような中，古くから，錯誤にもかかわらず広く故意犯の成立を肯定してきたのが，抽象的符合説である。これは，一言でまとめれば，A罪とB罪がどのような関係であっても，最低でも軽い方の故意犯の成立を肯定すべきだとする見解である。例えば，器物損壊罪にあたる事実を実現するつもりで殺人罪にあたる事実を実現したという場合には，この見解からは器物損壊罪の成立が肯定される。

しかし，この場合は，明らかに両罪の法益は異なっている。それなのに，故意犯での処罰を認めることは，30の悪いことをやるつもりで100の悪いことを実現したのだから，最低でも30で罰してよいだろうと考えるものである。これでは，故意は単なる「悪しき意思」となり，不法の質量との対応関係が完全に失われてしまうから，非常に問題だと思われる。

故意という実現意思は，やはり，特定の法益侵害を目指すものであり，その主観面での行為反価値・志向反価値は，特定の法益と関連付けられたものである。それゆえ，それとはまったく異質の法益侵害，結果反価値が実現したときには，実現意思の故意的実現が認められないように思われるのである。

## 3．錯誤論と故意論との関係

抽象的事実の錯誤の処理に関しては，すでに検討した「故意には構成要件該

---

[23] 例えば泉二新熊『改訂増補日本刑法論 全』（有斐閣，1917年）390頁，409頁以下，同『増訂刑法大要』（有斐閣，1936年）173頁以下（抽象的符合説は「構成要件該当性ヲ無視スルニ至ル」から従い得ないことも述べられている）。

当事実の認識が必要か」「構成要件とは何か」をめぐる争いが関わっており，前者を否定すると不法・責任符合説が導かれ，後者における一般的な理解を否定すると共通構成要件の理論が導かれる。

　これに加え，3つめの変数としてさらに，「錯誤論は故意論の裏返しか，それとも錯誤論には故意論とは異なる意義があるか」をめぐる争いも関わってくる。

　まず，刑法38条2項は，重い罪の故意がなければ重い罪で処断できないという当然のことを規定しただけなのであれば，抽象的事実の錯誤の解決として特別な問題はなく，実現した重い構成要件に該当すべき事実の中に，実現しようとした軽い構成要件に該当すべき事実が含まれているか，逆の場合には，実現しようとした重い罪の構成要件に対応する故意の中に，実現した軽い構成要件に該当すべき事実に対応するものが含まれているかが問題となり，両者の構成要件のまさしく「重なり合い」が認められる場合に限って，故意犯の成立が認められることになる（見解 $\alpha$）。

　これに対し，38条2項は，それなら削除しても差し支えない規定となってしまうので，存在根拠を与えるべく，積極的に，軽い構成要件での処罰を認める，処罰創設的な意義をもつ規定としていかしていこうと考える見解も有力である（見解 $\beta$）[24]。見解 $\alpha$ をとるか $\beta$ をとるかで，符合を認めうるベースラインが大きく異なってくることは，十分意識されてよいであろう。

　見解 $\alpha$ によるときは，問題は非常にすっきりとするが，他方で，当罰的な事案における処罰範囲の確保の観点から，やはり大きな問題がある。とはいえ，沿革的にも理論的にも見解 $\alpha$・$\beta$ に優劣をつけることはできないと思われるのであり，ここで可能なのは，政策的に妥当と思う方（筆者によれば見解 $\beta$）に一票を入れるという決断でしかないであろう。

　こうして，見解 $\beta$ をとろうとするのであれば，ある規定の主観的要件を別の客観的要件と組み合わせて1個の故意犯として処罰することが許される実質的根拠が提示されなければならない。この点は，中森教授が言われたように，「異なる構成要件間の錯誤に関する議論は，故意の犯罪実行があり，その罪と

---

[24] 不法・責任符合説からではあるが町野・前掲注1)5号17頁，また，規範的符合説からではあるが井田良『刑法総論の理論構造』（成文堂，2005年）99頁以下など参照。

不法内容が共通する犯罪事実が実現された場合には，認識事実が発生事実の中に現実化されたものとして，共通の不法内容に対応する罪の故意的実現を認めるためのものであり，故意論とは異なる意義・役割を持つ」と考えることが許されよう[25]。言い換えれば，故意は，特定の構成要件を実現しようとする実現意思であり，主観面での行為反価値・志向反価値をそなえたものである。これが，不法内容を共通する，異なる構成要件にあたるべき事実の中に実現されたときは，これの故意的実現が認められたものとして，軽い罪の限度での故意犯の成立が肯定されてよいということである。

そのような解釈の根拠規定としては，少なくとも1の①の場合については，やはり38条2項が考えられよう。これにより，実現した事実が該当する重い方の構成要件が，軽い方の構成要件に修正され，もって軽い構成要件の実現が認められるわけである。

他方，②・③の場合については，実現した客観的事実に対応する形で故意を修正することになる[26]。問題は，これを38条2項の延長線上で考えていくか，38条1項の解釈として行うかである。かつて筆者は，「刑法38条2項は〔①〕の場合のみを規定するが，認識事実と異なる構成要件該当事実が実現した場合に，両罪の不法内容が重なり合う限度で故意犯の成立を認めるための根拠規定として，〔②・③〕の場合にも準用されるべきであろう」と述べた[27]が，38条2項が②・③の場合にも妥当すると解することには文言上相当無理があること，②・③の場合に問題となるのは故意の修正であることから，38条1項の解釈として行う方が妥当なように思われる。

以上のような解釈によれば，①の場合には，38条2項に加え，両罪の構成要件を掲げる必要があろうが，②・③の場合には，端的に実現した方の構成要件を適用すれば足りるように思われる。

---

25) 中森喜彦「錯誤と故意」『西原春夫先生古稀祝賀論文集(1)』（成文堂，1998年）442頁以下。
26) 葛原力三「薬物の種類の認識と『抽象的事実の錯誤』」関西大学千里山法律学会創立70周年記念誌（2005年）20頁以下は，①の場合と異なり，②・③の場合は故意の認定の問題にすぎないから，ハードルは低いと考えておられるが，故意の構成要件関連性が前提となること，ここで問題となるのが単なる加重減軽類型には限られないことからすれば，そのようには言い切れず，同じ問題として解決を試みる必要があるように思われる。
27) 安田拓人「錯誤論(上)」法教273号（2003年）73頁。

## Ⅳ. 錯誤にもかかわらず故意犯での処罰が認められる限界

### 1. 厳格な形式的重なり合いを要求する見解

　抽象的事実の錯誤にもかかわらず故意犯の成立が認められるのは，見解 $a$ に立ち，もっとも厳格に考えれば，両罪が加重減軽の関係にある場合に限られることになるはずであり，占有離脱物横領罪にあたる事実を実現するつもりで窃盗罪にあたる事実を実現した場合であっても，符合が否定されることになる[28]。
　ところが，学説上は，こうした見解と出発点を同じくするように見えながら，実際には，実質的な加重減軽関係にある場合にまで，形式論理的な重なり合いが認められていることが多く，このことがこうした見解の理解を難しくしていることは否定できない。

### 2. 見せかけの構成要件要素の理論

　松宮教授は，「見せかけの構成要件要素」の理論により問題を解決されようとされる。この際，教授は，保護法益の共通性を手がかりとされ，例えば，窃盗罪と占有離脱物横領罪の場合，いずれも所有権（ないしその他の本権）を保護法益とするものであり，占有というプロテクターを破るものが窃盗罪となるが，不法領得（＝横領）は，その意思だけでも窃盗の既遂となるのだとされ，占有離脱物横領罪が窃盗罪等の所有権侵害犯罪から漏れたものを拾い上げる「受け皿構成要件」となるように解釈すべきだとされる。そして，「占有を離れた」は，占有下にある物については窃盗罪の成立可能性があることを示す限界設定要素であり，「見せかけの構成要件要素」であると位置づけられる。こうして，他人の占有下にある物を遺失物だと思って勝手に持ち出した者は，「他人の物を横領した」という占有離脱物横領罪の構成要件に該当するというのである[29]。
　確かに，同意殺人の意思で殺人を犯したような場合には，「同意を得て」と

---

28) 齋野彦弥『基本講義刑法総論』（新世社，2007 年）190 頁。
29) 松宮孝明『先端刑法総論』（日本評論社，2019 年）117 頁以下。

いう要素は見せかけの構成要件要素であり，刑法202条がおよそ殺意でもって殺害した場合，199条が相手方の意思に反して殺害した場合だとして加重減軽関係を認めるのは，同意の認識不要説に立つのであれば，理にかなった構成ではあろう。しかし，やはり，占有離脱物横領罪は，単純・業務上横領罪と加重・減軽関係にある犯罪なのであり，これを窃盗罪等の所有権侵害犯罪の受け皿構成要件と解釈することは，見せかけの構成要件要素という形式論理的操作によるのみでは苦しいように思われる。また，この見解からは，詐欺と窃盗の間で錯誤が起きた場合に，受け皿である占有離脱物横領罪の成立可能の余地が残ると思われるが，実現しようとしたA罪でも実現したB罪でもない第3の罪の成立を認めることとなる結論には疑問があろう。

## 3．保護法益・行為態様からみた実質的類似性の分析

　見解βは，見解αと異なり，構成要件が実質的に符合していればよい，言い換えれば，実質的に「似ていれば」よいと考えるものである。この際の判断基準として最も重視されているのは，保護法益の共通性であると言ってよい。
　この点につき葛原教授は，「未必の故意の吟味の後にも残る間隙は，故意の特定性と構成要件関連性を維持するためのコストとして甘受しなければならない」[30]との基本的理解から，「符合を認めるに必要な限度で『法益』の内容自体を抽象的に記述することも逆に通例よりは詳細且つ具体的に記述することも可能である。この点において既に，法益概念は厳密且つ微妙な判断を左右する規準としてはあまり適していない」，「具体的法規の保護法益を任意の広狭をもって記述することが可能である以上，その共通性は符合を発見するための規準としては機能せず，望ましいと思われる結論を説明するための概念用具に過ぎない」との，傾聴に値する，厳しい批判を行っておられる[31]。
　しかしながら，抽象的符合説あるいは保護法益の共通性を前提としない諸見解はとり得ないという限りでは，保護法益の共通性を最低限度の要請として確保することにも，重要な意義が認められてよい。どれだけ頑張っても，遺棄と

---

30) 葛原力三「日本の判例における禁止薬物の種類に関する錯誤の取り扱いについて」漢陽大学校法学論叢15輯（1998年）8頁。
31) 葛原・前掲注26)18頁以下。

死体遺棄のように法益が共通しない犯罪の組合せはあるのであり，そこで故意犯の成立を認めないとすることには，重要な意義が認められてよいように思われる。

　他方，行為態様の共通性については，構成要件が保護法益とそれに対する侵害態様を本質的な要素として形成されている以上，行為態様の重なり合いをおよそ不要とすることには，やはり躊躇を覚える。保護法益の共通性だけで符合を認めるのでは，共犯者に覚醒剤の輸出を依頼したところ，逆に輸入してしまったような場合でも，符合を認めることにならざるを得ないが，その結論には大いに違和感がある。

　もっとも，次の4(2)で詳しく述べるが，とりわけ財産犯の領域で，例えば，窃盗罪と詐欺罪について構成要件の実質的重なり合いを認めるためには，両罪が盗取と騙取という行為態様の違いにより類型化されていることからすれば，その主張を貫徹しづらいところがあることは否定できないであろう。また，甲が乙と虚偽公文書作成教唆を共謀したところ乙が公文書偽造を教唆した事案につき，甲につき公文書偽造教唆での処罰を認めた最判昭和23・10・23刑集2巻11号1386頁についても，この結論を肯定しようとすれば，「公文書を（広い意味で）偽造する罪に関する教唆行為」だという限度での共通性があればよいとでも考えるしかないように思われる。

　さらに，こうした基準が満たされても，刑法の行為規範性およびそれと表裏の関係をなす罪刑法定主義からみて，錯誤論を適用して認められる故意犯処罰が国民の予測可能性を超えることは許されないとすれば，社会通念上の共通性が認められる必要があろう。例えば，同じく身体に有害で違法な物質の使用行為であっても，シンナーと麻薬・覚醒剤などでは物質としての存在態様および使われ方が大きく異なり，社会通念として共通性に欠けると評価されるのであれば，符合は認められるべきではないようにも思われる。

　以下では，こうした基本的理解から，平成期以降で新たな問題を提起している2つの裁判例を取りあげ，ごく簡単なコメントを行う。

## 4. 近時の裁判例の検討

### (1) 関税法の禁制品輸入と無許可輸入

　最決昭和54・3・27刑集33巻2号140頁は，税関長の許可を受けないで麻薬（禁制品）を覚醒剤（当時は禁制品ではなかった）と誤認して輸入した事案につき，両罪は，「ともに通関手続を履行しないでした類似する貨物の密輸入行為を処罰の対象とする限度において，その犯罪構成要件は重なり合っている」とし，無許可輸入罪の成立を認めた。担当の岡調査官は，輸入禁制品の輸入行為を対象とする禁制品輸入罪が特別の罰則，一般輸入貨物を対象とする無許可輸入罪が一般の罰則ということができ，両罪の構成要件は，一般の罰則の限度において重なり合っていると説明している[32]。また，後の事件の安廣調査官は，この判示部分において「実質的重なり合い」という表現が用いられていないことから，両罪の構成要件は形式的にも重なり合っていると認めているのであろうとし，両罪の構成要件は軽い無許可輸入罪の限度において重なり合っていると表現してもよいことになろうとしている[33]。

　岡調査官は，薬物としての性質，外観，法規制上の類似性を重視され，大麻を覚醒剤と誤認して輸入した場合については留保を置かれていたが，安廣調査官のように，形式的重なり合いがあると捉えれば，薬物としての類似性は意味を持たないことになろう。

　こうして，東京高判平成25・8・28高刑集66巻3号13頁は，覚醒剤[34]をダイヤモンド原石だと誤解した可能性が排斥できない被告人について，「貨物に隠匿された内容物が，いずれも身体に有害な違法薬物であるか否か，物理的な形状が類似しているか否か，それを輸入することの社会的意義の同一性などといった事情は，ともに貨物の密輸犯取締規定である111条と109条の犯罪構成要件の重なり合いの判断に直接影響するものではない」として，無許可輸入罪の成立を肯定している[35]。

---

32) 岡次郎「判解」最判解刑事篇昭和54年度44頁。以下本稿ではいちいち引用箇所を示さない。
33) 安廣・前掲注1)88頁以下。
34) 関税定率法等の一部改正法（平成元年法律13号）により覚醒剤は輸入禁制品となっている。

確かに，客体となる物の存在態様は，ダイヤモンド原石と覚醒剤とでは大きく異なっているが，関税法の禁制品輸入，無許可輸入というレベルで捉えるときには，物の存在態様の違いは，それ自体としては意味を持たないであろう。この違いを重視しすぎると，同じ禁制品輸入罪であっても物の存在態様が大きく異なる物の間で錯誤が生じた場合には，故意を阻却すべきことになろうが，これには疑問があろう。

　また，構成要件として比較すれば，禁制品輸入罪はおよそわが国への持ち込みが禁じられる物の持ち込みであるのに対し，無許可輸入罪は関税を納めないで持ち込んだというものであり，申告義務との関係で両者は大きく異なるようにも思われる[36]が，いずれも「税関にだまって持ち込む」ものとしてまったく同一なのであり，その中での大小関係にすぎないと見ることが可能であるように思われる[37]。このようにみれば，この問題に関する裁判例の結論は妥当と評価されてよいものと思われる。

## (2) 窃盗と詐欺

　セルフサービスのガソリンスタンドだと思って偽札を使ってガソリンを給油したところ，実は少し離れたところで店員が給油をコントロールしていたような場合には，窃盗にあたる事実を実現する意思で詐欺にあたる事実を実現したことになる。こうした事案につき，名古屋地判平成20・12・18判例集未登載[38]は，財産の侵害を内容とする点，客体が財物である点，財物の占有を奪取する点が共通することから，1項詐欺罪と窃盗罪との構成要件的符合を認め，罰金刑が選択刑として規定されているため軽い窃盗罪の成立を肯定している。

　財産犯では，保護法益が共通する中で，構成要件がそれに対する侵害態様により区分されているのであるから，そこで符合を認める基準として行為態様の共通性を求めても，領得行為といった相当抽象度の高いレベルでの符合で我慢

---

35) さらに，トリュフ等の高級食材を輸入する意思で覚醒剤を輸入した事案につき無許可輸入罪の成立を肯定した札幌地判令和2・3・18裁判所Webも参照。
36) 金子博「判批」近畿大学法学63巻1号（2015年）70頁以下。
37) 佐藤拓磨「判批」刑ジャ40号（2014年）157頁，樋笠尭士「判批」法学新報122巻3＝4号（2015年）382頁以下。
38) 森田昌稔「不正に入手した給油カードを使用したセルフ方式のガソリンスタンドにおける給油行為の擬律が問題となった事例」研修761号（2011年）83頁以下参照。

するほかはないようにも思われる[39]。それでも，窃盗罪と器物損壊罪については，行為態様がまったく重ならないとして，符合を否定することになるから，行為態様の共通性の要求がまったく無意味だということにはならない。確かに，隠匿を教唆したところ被教唆者が窃盗に及んだような場合を想定すれば，これで符合を否定してよいかは悩ましい[40]が，財物の利用可能性を獲得する領得罪と財物を利用不能にする毀棄罪とは攻撃方向が正反対であり，これらの間で符合を認めることには，違法薬物の輸入と輸出とで符合を認めるのと同じ程度の違和感が残るように思われる。

---

39) 独自の分析から両罪の間で高度な行為態様の一致を確保する見解として山内竜太「詐欺罪と窃盗罪の構成要件的符合について」法学政治学論究125号（2020年）49頁以下。

40) 橋爪・前掲注6)171頁は，「窃盗罪は器物損壊罪の（不法領得意思に基づく）加重類型と評価できる」として，後者の罪の限度での構成要件的符合を肯定されている。

# 第4章　故意と錯誤(2)

CHAPTER 4

> **POINT**
>
> ・法定的符合説（抽象的法定符合説）には，狙った客体に対する故意行為に想定外の客体に対する結果を帰属する考え方と，およそ人を殺そうとする故意行為を想定しこれに結果を帰属する，2通りの考え方が含まれていることを理解する。
> ・法定的符合説の射程・具体的帰結を理解し，その問題点を理解する。
> ・具体的符合説（具体的法定符合説）の論拠と，その具体的帰結を理解する。
> ・客体の錯誤と方法の錯誤の区別を理解する。

## はじめに

　本章では，故意が認められるためには，どのような事実を認識していなければならないか，そのような事実の認識が認められなかった場合でも故意犯の成立は考えられるのか，の問題を，具体的事実の錯誤に関して考えてみることにしたい。この問題は論じ尽くされているようで，意外に奥が深い。これを通じて，故意とは何かを改めて考えてみたい。

　そして，ここから一歩を進め，故意が認められるためには，なぜ一定の事実を現に認識していることが必要かの問題にもふれる。従来は，故意と過失の区別というと，認識が必要であることを前提として，さらに意思的要素（認容など）が必要かという対立軸で議論が進行してきているが，ここでは，まず認識がなぜ必要なのかを確認しておくことにしたい。

## I. 具体的事実の錯誤[1]

### 1. 客体の錯誤と方法の錯誤

　具体的事実の錯誤のうち，客体の錯誤と方法の錯誤については，いわゆる法定的符合説（別名：抽象的法定符合説）によれば，いずれの場合でも実現した事実に対する故意犯の成立は否定されないのに対し，いわゆる具体的符合説（別名：具体的法定符合説）によれば，客体の錯誤の場合には実現した事実に対する故意犯の成立が否定されず，方法の錯誤の場合にはこれが否定される。しかし，客体の錯誤と方法の錯誤につき，厳密な定義を与えている議論はほとんどみられず，Aだと思って射殺したら実はBだったという場合が客体の錯誤，Aを狙った弾丸が外れてBに命中した場合が方法の錯誤だといった，客体を目にしている場合を想定した例示による状況設定から議論がスタートしているのが実情である。このことは事柄の本質上やむを得ないところがある。具体的符合説からすれば，客体の錯誤と方法の錯誤を区別するメルクマールを見出し，そこに理論的根拠を与えることこそが，ここでの問題のポイントだからである。それゆえ，差しあたりは，ここでも，このような曖昧な状況設定から議論をスタートさせることとする。

### 2. 議論の沿革

　旧刑法には，唐の律に起源をもつ，本来的な理解によれば方法の錯誤の場合に故意犯の成立を認める誤殺傷罪の規定があった[2]。ところが，佐々木准教授の研究によれば，すでにそれ以前から，誤殺傷罪の規定が客体の錯誤にも適用されるとの「誤解」が生まれ，それゆえに旧刑法では，本来「傍人」とされるべき文言が，客体の錯誤を含ませる意味で「他人」となった。その後の，明治23年草案以降の草案の起草者は，みな具体的符合説に立ち，方法の錯誤は過

---

[1] 本問題に関する特に重要な基礎的・包括的研究として佐久間修『刑法における事実の錯誤』（成文堂，1987年）。
[2] 旧刑法298条　謀殺故殺ヲ行ヒ誤テ他人ヲ殺シタル者ハ仍ホ謀故殺ヲ以テ論ス
　同304条　殴打ニ因リ誤テ他人ヲ創傷シタル者ハ仍ホ殴打創傷ノ本刑ヲ科ス

失犯だと解したうえ，誤殺傷罪を客体の錯誤に関する規定だと理解し，それでは財産犯などに適用できないことから，この規定を削除する方向に向かった。現行刑法も，これまでの草案と同様であり，誤殺傷規定は，客体の錯誤一般について故意犯を成立させるために削除され，方法の錯誤については当然に故意が阻却されるものという理解のもとに，現行刑法はできあがったのである[3]。

　これに対し，旧刑法のもとでの大審院判例は，一貫して誤殺傷規定に方法の錯誤を含めて考え，法定的符合説の結論を認めてきた[4]。他方で，方法の錯誤の事案につき，現行刑法のもとで最初に出された大判大正5・8・11刑録22輯1313頁は，現行刑法の立案に最終的に関与し，方法の錯誤は故意を阻却するとの見解に立っていた谷野博士が担当判事となってのものであり，旧刑法のもとでは旧刑法298条という特別の規定があったからこそ，方法の錯誤につき故意犯が成立するのであり，そうでない現行刑法のもとでは，故意は阻却されるとしている。

　ところが，翌年の大判大正6・12・14刑録23輯1362頁は，前年の判決の立場を連合部判決によって覆し，誤殺傷規定は注意規定であったとし，発生した結果につき傷害罪の成立を認めている。これには，大審院判事・泉二博士の影響があり，同博士は，誤殺傷罪は方法の錯誤に関する規定だと「本来的意味において正しく理解」したうえ，しかしながら，財産犯を含む方法の錯誤一般について故意犯を成立させるために，誤殺傷規定が削除されたと「誤解」していたとされる。このような沿革における奇妙なねじれが，現在の判例につながる大審院大正6年判決の淵源となっている。

　そうだとすれば，このねじれは，現行刑法の立案担当者の理解，すなわち，方法の錯誤については故意が阻却されるとする具体的符合説に立ち返ることによって，解消されるべきではないかと思われる。確かに，それ以前からのねじれはこれでは解消されないが，前提に誤解が含まれていたとしても，それが現行刑法の立法理由となっているという事実は重い。

　とはいえ，沿革を探ることにより言えるのは，ここまでであり，具体的符合説をとるべき理由も十分明らかにはなっていない。そこで以下では，まずは法

---

[3] 本節の記述についてはとくに佐々木和夫「事実の錯誤規定の沿革的考察」経済と法23号（1986年）59頁以下参照。

[4] 佐々木和夫「旧刑法下における方法の錯誤」経済と法21号（1985年）47頁以下。

定的符合説の考え方の基礎にあるものを改めて探り，それに十分な根拠があるかを再検証することにしよう。

## 3. 法定的符合説の考え方

### (1) 2つの考え方を区別する

　法定的符合説を読み解くには，当該見解において，故意ににになわれた実行行為がどのようなものとして理解されているかを捉える必要がある。（Ａを殺そうとしてＢを死亡させてしまったという方法の錯誤の場合，）1つの考え方は，あくまで実行行為は，狙ったＡに対するものであり，Ｂに対して実現した死亡結果は，このＡに対する実行行為に帰属されると考えるのに対し，もう1つの考え方は，Ａを狙った行為は「Ａを殺そうとする実行行為」ではなく「およそ人を殺そうとする実行行為」だとし，抽象化した形で捉える。

　従来は，この2つの考え方を区別することなく，法定的符合説一般に対して，当該客体に向けられた実行行為がない，故意が転用されている，法定的符合説なのに狙った客体に結果が実現した場合を区別する理由はない，といった批判がなされてきたが，これはこれら2つの考え方のうちの1つにしか妥当しない批判である。このことが，方法の錯誤論をめぐる議論のかみ合わなさの大きな原因になってきたものと思われる。

　そこで，以下では，この2つの考え方を意識的に分けて検討することにより，方法の錯誤論における議論がかみ合ったものとなるよう軌道修正を図ることにしたい[5]。

### (2) 狙った客体Ａに対する故意行為とそれへのＢの死の結果の帰属

　あくまで実行行為は，狙ったＡに対するものであり，Ｂに対して実現した死亡結果は，このＡに対する実行行為に帰属されると考える見解の典型は，イギリス法における移転された犯意（移転犯意：transferred malice）の法理であろう。泉二博士は，法定的符合説をとるにあたり，イギリス法の考え方を参

---

[5] 本書では，紙幅の関係もあり，この2つの考え方を区別しないまま議論を進めている見解を殊更に取りあげて批判することはしない。

照されていた[6]が、それは、移転された犯意の法理であったと考えられる。木村教授によれば、同法理による場合、Aを殺害する意図でAを狙ってBに当たったという方法の錯誤の場合には、行為者のAに対する殺意が法的にみてBに移転すると説明されることになる[7]。わが国で、このような見解をとられるのは、香川博士である。博士は、錯誤論の課題は、現に生じた事実との関連で、当初存在していた故意がどう流用され、どう結びつけられるかであるとされたうえ、「故意の移動（transfer）といった表現は、その意味で錯誤論の核心をついた表現である」とされる[8]。そして、方法の錯誤の場合には、「同一構成要件内であるかぎり、故意の移動を容易に認めうる」から、「発生した事実との関係で故意は阻却されない」と結論づけておられる[9]。

もっとも、これでは結論が述べられているだけであり、なぜ実現した結果に故意が転用・移動させられうるのかについては、まったく説明がない。そこで香川博士と「錯誤論の意義、法定的符合説の役割については、意見が一致している」と自認される[10]福田博士の見解を見ておこう[11]。

福田博士は、Aを狙ったが外れ弾がBに当たったという場合には、あくまでAに対する殺意によって導かれた行為（殺人行為）が存在するのだとされ、このことは、法定的符合説の適用によって変更を受けないとされる。しかし、錯誤論の適用として、この殺人罪の実行行為に、発生したBの死亡結果を帰属させることが妥当かが問題となり、構成要件的に符合する限りで、Aという1人の人を殺そうとする故意の実行行為によってBという1人の人の死の結果が実現されているので、構成要件該当性の面からみて「人を殺した」という殺人罪の構成要件が充足されたものと評価し、1個の殺人既遂罪の成立を認

---

6) 泉二新熊『改訂増補日本刑法論 全』（有斐閣、1917年）409頁は、「彼ノ英法ニ於テ甲者ヲ殺ス目的ヲ以テ毒物ヲ装置シタルニ乙者偶々之ヲ服用シテ死亡シタル場合ニ毒殺既遂ヲ以テ論スヘキモノト認ムルハ正当ナリ」とされていた。
7) 木村光江『主観的犯罪要素の研究』（東京大学出版会、1992年）127頁以下。
8) さらに、西原春夫『刑法総論』（成文堂、1977年）191頁（ただし同『刑法総論(上)〔改訂版〕』〔成文堂、1989年〕218頁では、当該記述は削除されている）、立石二六『刑法解釈学の諸問題』（成文堂、2012年）43頁以下、山本光英「いわゆる『併発事実と錯誤』に関する一考察」法学新報123巻9＝10号（2017年）659頁以下なども同旨。
9) 香川達夫『刑法講義〔総論〕〔第3版〕』（成文堂、1995年）255頁、259頁。
10) 福田平『刑法解釈学の諸問題』（有斐閣、2007年）42頁。
11) 福田平『刑法解釈学の主要問題』（有斐閣、1990年）97頁以下。以下いちいち引用箇所を示さない。

めることができるとされている。ここでは，あくまで，実行行為はAに対する殺意にになわれたAに対するものとして想定されており，そうした実行行為にBの死という結果を帰属させ，1個の殺人既遂とできるかが問題とされていることが分かる。

それゆえ，博士が，Aを狙った弾丸がAに命中して死亡させ，さらにBを死亡させた場合に，Aを殺害するという故意は完全に実現されているので，錯誤論を適用する余地はなく，Bに対しては過失致死罪が成立するとされる一方で，Aが死亡せず外れ弾がBを死亡させた場合に，Bを死亡させたことを捉えて殺人既遂罪の成立を肯定されるのは，博士の見解においては一貫したものといえよう。法定的符合説をとりながら，前者の場合にだけ具体的な故意を考えるのは一貫しないという批判は，暗黙のうちに，法定的符合説として，故意にになわれた実行行為を抽象化する立場だけをイメージしてしまっており，学説の布置図を的確に捉えたものではないように思われる。

こうした見解に対して有効なのは，以下の批判である。町野教授は，こうした見解は，故意の存在しないところに「非本来的故意」を，また，意図した客体に対する故意未遂犯が存在するにすぎないのに，それを「修正」してそれ以外の客体に対する故意既遂犯を，それぞれ「例外的処理」として擬制するものだと鋭く指摘されたうえ，「方法の錯誤の場合に行為者の認識しなかった客体に対しても故意を肯定する法定的符合説は実行行為の概念を軽視するものであり，意図した客体に対する実行行為をこちらに流用するか，それも存在しなかったときにはこれを擬制する……かして，故意既遂犯を認めようとするものである」[12]との的確な批判を加えておられた。すなわち，ここでの問題は，故意の転用・流用ではなくて，実行行為の転用・流用がなされていることなのである。

ここで考えられる反論は，Bに対する結果も，法的因果関係が認められる範囲内にある以上，当該実行行為の危険の現実化として評価可能であるから，この結果が想定していた結果と法的に等価である限りで，発生した結果に対する故意犯の成立を認めることは何ら問題ではないというものであろう。実際，「目標を意識し，因果的事象をみちびく意思」を重視する目的的行為論にたつ

---

12) 町野朔「判批」百選Ⅰ〔2版〕(1984年) 110頁以下。

ヴェルツェルはこのように考えていたし，目的的行為論者の福田博士も，錯誤論の処理の前提として相当因果関係の存在を要件とされている。

しかしながら，福田博士の見解による限り，当初の実行行為の危険は，あくまで狙った客体であるAに対するものであり，決してBに対するものではないはずである[13]。実際には，当たりそうな状況にあったわけであるから，客観的には危険は存在しているが，これは故意に設定された危険ではない。博士が「主観＝客観の全体構造をもった行為の存在構造」[14]を強調されるときには，実行行為はあくまで本来的に想定された客体（A）との関係でしか観念できないはずであり，そうした非故意的に設定された（Bに対する）危険が実現したとしても，結果の故意的実現はないのである。葛原教授が言われたように，結果が実行行為に「よって」生じたと言えるのは，当該結果が行為者が故意に創出した危険の現実化である場合に限られるのであり，故意の結果犯＝故意既遂が成立するためには，生じた結果が故意の実行行為，換言すれば故意的な危険創出から生じたものであることが必要なのである[15]。

この問題を，AとBが構成要件的に等価であるということでもって回避することもできない。A殺害とB殺害は，構成要件的評価として，明らかに別罪として評価される別個独立の事態である。殺人罪の処罰規定は，それぞれの人を他の人とは独立に保護しているのだからである。それゆえ，Aに向けられた殺人行為は，Bを侵害すべき構成要件該当行為とは別であり，その差異は構成要件的に重要なのであるから，その違いを捨象することは許されない[16]。

(3) およそ人を殺そうとする故意行為

ところで，皆さんは，法定的符合説の数故意犯説をとるにあたり，Aを狙った弾丸がBに当たった場合には，「同じ構成要件的評価を受ける事実を表象していたのであるから，行為者が発生した事実についての規範の問題……を

---

13) 平野龍一『刑法総論Ⅰ』（有斐閣，1972年）175頁以下。
14) 福田平『全訂刑法総論〔第5版〕』（有斐閣，2011年）60頁。
15) 葛原力三「打撃の錯誤と客体の錯誤の区別(2・完)」関西大学法学論集36巻2号（1986年）108頁以下。
16) 山口厚『問題探究刑法総論』（有斐閣，1998年）119頁，佐伯仁志『刑法総論の考え方・楽しみ方』（有斐閣，2013年）259頁，なお井田良『講義刑法学・総論〔第2版〕』（有斐閣，2018年）190頁以下など。

与えられていた点に変わりはなく，直接的な反規範的人格態度を認めることができる」から，Bに対する関係でも故意犯の成立が認められるといった論証[17]をしていないだろうか。しかし，これでは，福田博士のように，実行行為はAに対するものだが，想定した事実と発生した事実が構成要件的に符合するから，Bに対しても故意犯の成立を認めうるとすることはできても，数故意犯説を十分に基礎づけることはできていないであろう。実際，数故意犯説の論者はそうは考えていないように思われる。

例えば，林教授は，故意とは「罪を犯す意思」であり，人を殺すことが罪なのである以上，人を殺そうとする意思で行為したときには，故意はあるとされ，故意とは構成要件に該当する事実を実現しようとする意思なのであって，Bを殺す行為のときの意思が人を殺す意思であった以上，たとえ具体的にはAを狙う意思であったとしても，故意はあるとされている[18]。また，大谷博士も，故意の本質は，構成要件に該当する事実を実現する意思にあるから，犯罪事実を具体的に認識する必要はなく，法定の構成要件で類型化された事実の認識，例えば，「人」を殺す認識があれば足り，「Aという人」を殺す認識は不要であるとされる。大谷博士は，構成要件的評価上符合していることも根拠とされているが，その主張の眼目は，行為者がAの殺害を認識した以上は，「殺人の実行行為における客体の認識として欠けるところはない」とされるところにあろう。このことは，博士が一故意犯説を批判する中で，Aに対する故意をBについて転用する見解につき，「心理的事実としての故意概念を無視するものである」との批判をされているところからも理解できよう[19]。

こうした見解からすれば，故意にになわれた殺人の実行行為は，Aに向けられているのではなく，およそ当該攻撃の命中しうるすべての人に対して向けられている。許されない危険はおよそ人に対して創出されており，その認識もある以上，そこから法的因果関係をたどって人の死が発生すれば，概括的故意の事例におけるのと同様に，発生したすべての結果について故意犯の成立が否定される理由はまったくないことになるのである。

これに対しては，個々の構成要件要素は，やはり，個別具体的な対象を念頭

---

17) 団藤重光『刑法綱要総論〔第3版〕』（創文社，1991年）298頁。
18) 林幹人『刑法総論〔第2版〕』（東京大学出版会，2008年）255頁以下。
19) 大谷實『刑法講義総論〔新版第5版〕』（成文堂，2019年）166頁以下。

に置いて検討されるものであり，例えば，因果関係につき，およそ人を殺す行為とおよそ人が死亡する結果との間において検討されることはあり得ないのではないか，そうだとすれば，実行行為や結果，それに対応する故意も，個別具体的な対象との関係で論じられるべきではないかという疑問を提起することができよう[20]。

　また，殺人の故意は，およそ人を殺す意思ではなく，1人の人を殺す意思なのであるから，1個の故意しかないところで，2個の故意犯の成立を認めるのは不当だと思われる[21]。りんご1個を所望している人は，数個のりんごをほしがっているわけではない。

　そして，このような見解からは，故意（殺意）がおよそ人に対して存在しているとされるから，理論上は，当該拳銃の当該発射により危険にさらされるすべての人に対して，殺人未遂罪の成立が認められることになろう[22]。確かに，一故意犯説に立たれる福田博士と同様，相当因果関係の存在を前提とすることによって，符合が認められる範囲を限ろうとすることは，数故意犯説からも不可能ではないであろう。しかし，Aを狙った弾丸が左に外れ，Bを殺傷した場合に限らず，Bをかすめただけの場合でも，Bが狙いを付けた「人一般」の範囲内にある以上，これに対する殺人未遂罪の成立を否定する理由はないであろう。このことは，反対の右側にいるCについても同様であろうから，1つ間違えば命中しえたすべての人に対する未遂犯の成立を否定することはできないものと思われる。

　学生の皆さんは，法定的符合説の数故意犯説をとっておけば，事例問題の処理が最も容易になると考えておられるかもしれない。それは，簡単な試験問題では，登場人物が狙った人と外れ弾が当たった人くらいしか出てこないからである。それゆえ，外れ弾が誰かに当たったというところから方法の錯誤の問題

---

20) 葛原力三「打撃の錯誤と客体の錯誤の区別(1)」関西大学法学論集36巻1号（1986年）126頁以下。

21) 平野・前掲注13)176頁，金澤文雄「打撃の錯誤について」広島法学5巻3＝4号（1982年）45頁以下，只木誠「併発事実と錯誤について」法学新報113巻9＝10号（2007年）344頁以下など。

22) 松宮孝明『先端刑法総論』（日本評論社，2019年）122頁は，一発の銃弾で，行為者を除く全世界の人に対する殺人未遂罪が成立することになるとされるが，拳銃の射程距離を超えた人に当たる可能性はないのだから，そうは言えないように思われる。

が始まると理解しておくのは，こうした簡単な試験問題への対策としては正しいかもしれないが，実際の事案ではそうとも言えない。例えば，最判昭和53・7・28刑集32巻5号1068頁の事案（鋲打ち銃事件）は東京・新宿の歩道上におけるものであり，他にも多くの人が危険にさらされていたのであるから，もっと多くの殺人未遂罪（強盗殺人未遂罪）が成立しえたはずである。そして，そもそも未遂犯の成立には，因果関係は必要ないはずである。それゆえ，死傷させられた客体だけを取りあげ，それとの因果関係を論じた上，それに対する故意犯の成立を認めるという処理は，こうした見解の前提からは説明がつかないものであり，処罰範囲を常識的なものにするための弥縫策にすぎない。

　実際の検察実務では，外れた弾丸が当たった者に対する殺意の立証が可能な場合に，その者との関係でも殺人罪での起訴がなされるのであり，法定的符合説に立って，殺意の立証を放棄することを前提に公訴を提起することはなく，「法定的符合説は，実務的には，検察官が〔外れ弾が当たった者〕に対する殺意を立証することができず，その結果，事実認定として〔同人〕に対する殺意を認定できない場合に，これを補完する理論にすぎない」とも言われている[23]が，検察官が訴追裁量を適切に行使し，このような範囲でのみ起訴することを期待してこのような見解をとっているのだとすれば，刑法学者としては，その役割を放棄しているものと言わざるを得ない。

## 4．具体的符合説の妥当性

### (1) 具体的符合説の論拠

　このようにみれば，具体的符合説がやはり妥当とされるべきである。故意とは，因果経過の支配を内容とするものであり，故意の結果犯＝故意の既遂犯が成立するためには，結果が故意の実行行為，故意的な危険創出から生じたものであることが必要である[24]。言い換えれば，結果が，故意の実行行為によって生じたと言えるのは，当該結果が，行為者が故意的に創出した危険の現実化

---

[23] 東山太郎「打撃の錯誤における法定的符合説の役割に対する一実務家の視点」研修842号（2018年）19頁以下。

[24] 中森喜彦「錯誤論(1)」法教106号（1989年）28頁以下。

である場合に限られる[25]。

このように，故意の実行行為を認識の範囲内での危険設定として考えるならば，およそ人殺しの故意というものは，行為者の心理的事実からおよそ乖離したものであり，想定困難である。そうだとすれば，方法の錯誤の場合には，故意の転用でも認めない限り，実現した事実に対する故意犯の成立を認めることは不可能であるが，故意の転用とは，要するに結果責任を問うロジックであり，責任主義というものをまったく理解せず，故意・過失によらない責任（厳格責任〔strict liability〕など）をあっさり認める英米法圏におけるのでもなければ，主張しがたいものであろう。また，すでに述べたように，A殺しとB殺しは構成要件的評価として別であるから，想定した事実と実現した事実が同じ殺人罪に該当するという事実だけでは，構成要件的同価値性を認めることはできないのであり，それを根拠にして具体的な故意的危険創出とその実現を肯定することも，やはりできないのである。

(2) 具体的符合説なのに数故意犯説？

もしかしたら，皆さんは，故意の個数という問題に関しては，法定的符合説の数故意犯説と一故意犯説・具体的符合説が対立しているというように捉えられているかもしれない。しかし，具体的符合説は，本来的には，故意犯の成否レベルの議論であり，故意の個数は，それに付随して帰結される事柄にすぎない。それゆえ，具体的符合説からも，いわば数故意犯説的な処理を行うことは，当然に認められる[26]。

例えば，狙った相手が太ったAだと思っていたら，実際には赤ちゃんBを抱いたAだった場合[27]，あるいは，やせたCとDだった場合を考えれば，「太ったA」＝「赤ちゃんBを抱いたA」あるいは「やせたCとD」なのであるから，当該客体に対する故意的危険創出もその実現もあると言わざるを得ない。ここでは，結果が発生した客体は，「行為者の認識の範囲内」にある[28]

---

25) 葛原・前掲注15)108頁以下。
26) 鈴木左斗志「方法の錯誤について」金沢法学37巻1号（1995年）104頁以下。
27) 東京高判昭和38・6・27東高刑時報14巻6号105頁の事案は，被告人が，ねんねこを着て長男（生後10か月）を背負った母親の姿を見て母親1人だと考えたのであれば，このようなケースだと言えよう。
28) 小島透「併発事実と故意責任」香川法学28巻3＝4号（2009年）26頁以下。

第4章 故意と錯誤(2) | 067

のであり，その範囲内にある客体が想定と異なるものであった場合は，その個数が違っていたとしても，客体の錯誤であり，発生した事実の数だけ故意犯の成立が認められるべきである。

　そして，このような結論をとることと，法定的符合説の数故意犯説を批判することとは，完全に両立する。ここでは，認識された客体に対する故意の危険創出はあるのに対し，方法の錯誤の場合には，実現した客体に対する故意的な危険創出はない。この違いを重視すれば，客体を視野にいれていた場合には，その客体の個数が違っていても，実現した複数の事実について故意犯の成立を認めてよいと言えよう。目玉焼きを1つ作ろうと思って卵を割ったら，たまたま黄身が2個出てきても，その目玉焼きはその人が意識的に作り上げた料理なのである。

　このような場合には，実現した複数の事実について故意犯の成立を認め，観念的競合とせざるを得ないであろうが，只木教授が法定的符合説の数故意犯説に向けられたような，1個の故意犯のみが肯定される事例に数罪を肯定し観念的競合とすることは，観念的競合の評価機能・感銘力作用という点からすると，実態にそぐわない評価を加えて行為者を非難するものだとの批判[29]は当たらないであろう。この場合は，いずれの客体も行為者の視野の中にはあったのであり，その限りで故意の実現を認めるべき実態はあるからである。

　もっとも，量刑に際しては，小島教授が説かれるように，「行為者の有する故意責任の量がそれぞれの故意犯に分散されているという事情」を考慮した刑の量定がなされるべきであり[30]，最初から2人を狙った場合と同じように扱われてはならないように思われる。

## 5．実務における法定的符合説の現状

### (1) 高速道路停車事件における法定的符合説による処理の不採用

　実務においては，法定的符合説の数故意犯説が徹底して活用されているわけではなさそうである。例えば，因果関係論でよく取りあげられる最決平成

---

29) 只木・前掲注21)350頁以下，とくに355頁。
30) 小島・前掲注28)30頁以下。

16・10・19刑集58巻7号645頁の高速道路停車事件において，担当調査官は，「法定的符合説との関係はともかくとして，実務的感覚から言えば，本件において死傷事故の原因行為を暴行ではなく高速道路上に自動車を停止させた行為に求めて起訴するのは自然な選択である」としている[31]。しかし，停車後に相手方（A）に対する故意の暴行があり，そこから法的因果関係をたどって後続車の乗員（B）に対する死傷結果が発生しているのであるから，法定的符合説の数故意犯説からは，後続車の乗員に対する傷害ないし傷害致死罪を肯定しうるはずである[32]。こうしないのが「自然な選択」だということは，法定的符合説の数故意犯説を徹底して適用した結論には違和感があるということである[33]。

(2) 量刑における考慮

およそ人殺しの故意というものを認める法定的符合説の数故意犯説に立つのであれば，Aを狙ってAのほかにB・Cが死亡した場合について，最初からA・B・Cを狙って殺害した場合と，法的評価において区別する理由はまったくないのであり，わが国の現在の量刑水準からみれば，この行為者は死刑相当となる。すなわち，このような論理で法定的符合説の数故意犯説をとるということは，外れ弾でも何名か殺すことになれば，死刑判決が下されてよいと主張するものに等しい。

しかし，判例もそうは考えていない。実際，東京高判平成14・12・25判タ1168号306頁（中川武隆・半田靖史・岡部豪）は，Aを狙った弾丸がAを死亡させるとともに，狙っていなかったBを死亡させ，さらにCを負傷させたという事案につき，「そもそも，本件は，打撃の錯誤（方法の錯誤）の場合であり，いわゆる数故意犯説により，2個の殺人罪と1個の殺人未遂罪の成立が認められるが，B及びCに対する各殺意を主張して殺人罪及び殺人未遂罪の成立を主張せず，打撃の錯誤（方法の錯誤）の構成による殺人罪及び殺人未遂罪の成立を主張した以上，これらの罪についてその罪名どおりの各故意責任を追

---

31) 上田哲「判解」最判解刑事篇平成16年度489頁。
32) 松宮孝明「判批」判評571号（判時1934号）（2006年）44頁。
33) 東山・前掲注23)16頁以下は，実務は基本的には具体的符合説的な考え方をベースにしているとされている。

及することは許されないのではないかと考えられる。したがって，前述のとおり，周囲の参列者に弾丸が命中する可能性が相当にあったのに，これを意に介することなく，Aに対する殺害行為に出たとの点で量刑上考慮するのならともかく，B及びCに対する各殺意に基づく殺人，同未遂事実が認められることを前提とし，これを量刑上考慮すべきことをいう所論は，失当といわなければならない」と判示しているところである。

　殺意による拳銃発射に伴って生じた死傷結果であるから，純粋な過失の事案ではないという感覚が法定的符合説の出発点にあることは間違いないであろう[34]が，量刑上，具体的符合説によるのと変わらない結論になるのであれば，理論的な無理を冒してまで，ノミナルな故意犯の成立を認める必要はほとんどないように思われる。

## 6．客体の錯誤と方法の錯誤の区別

### (1) 客体が目の前にいる場合

　具体的符合説に立つ場合でも，客体の錯誤の場合には，故意は阻却されない。典型例である，目の前にBがいるのにAだと誤信していた場合で考えると，当該構成要件を実現する意思にとって重要なのは，目の前にいるまさにその「人」を狙って拳銃を発射するということであり，それによって故意的な危険の創出は認められ，それに命中した以上，行為者が特定した「人」に対して，結果がそのまま生じているのだから，錯誤を論じるべき実質に欠けている。ここでは，相手方がAかBかは，交際相手が浮気をしたと考え激昂して殺してしまったが実際にはそうではなかったという勘違いと同様に，構成要件的評価としては重要ではない。方法の錯誤の場合には，Bは認識の範囲外にいるため，それに対する故意的な危険創出がないのに対し，客体の錯誤の場合には，Bは認識の範囲内にいるため，それに対する故意的な危険創出とその実現があるというところが重要なのである。

　なお，客体の錯誤の場合につき，Bに対する殺人既遂罪が成立することには争いはないが，さらにAに対する殺人未遂罪が成立するかが問題となる。山

---

34）東山・前掲注23)22頁。

口教授は，「A」に対する故意が存在することは否定しがたいから，構成要件該当事実の存在を肯定することができれば，Aに対する犯罪（殺人未遂罪）の成立を認めることは可能であるとされている[35]。しかし，この場合は，佐伯教授が言われるように，「その人」という形で特定された客体に対する殺意だけが認められるのだから，それとは別にAに対する故意というものを想定することはできないように思われる[36]。

(2) **客体が目の前にいない場合**

よく議論の対象とされるのは，A男が毎朝出勤に使う自動車にエンジンを始動させれば爆発する爆弾を仕掛けたが，その日たまたまA男は病気で欠勤し，薬を買いに行こうとしてエンジンを始動させた妻B子が爆死したという設例である。

筆者は，かつて，客体の錯誤とは，行為者の認識を基礎とし，用いられた攻撃手段を前提とすれば，攻撃の危険が命中した客体に向けられていた場合であると述べた。そして，故意を基礎づける合理的予測と単なる思惑を区別し，上記の設例では，「行為者の認識を前提としても，用いられた攻撃手段との関わりでは，最初にエンジン〔を始動させる〕者という以上の限定は単なる思惑にすぎないから，B子の爆死は『命中』であり，故意犯で処罰されるべきである」と述べた[37]。

こうした見解に対しては，それでは，行為者には「この銃の弾が当たった人物を殺す」という故意が認定されるべきことになり，妥当でないとの批判が根強い[38]。

確かに，当該攻撃手段の効果が及ぶ範囲にいた人一般に対する故意が認められ，およそ誰が死亡したのであっても客体の錯誤として処理されるとするのは，行き過ぎであろう。しかし，この設例で想定されているのは，自動車のド

---

35) 山口厚『刑法総論〔第3版〕』（有斐閣，2016年）227頁。
36) 佐伯・前掲注16)260頁。
37) 安田拓人「錯誤論(上)」法教273号（2003年）71頁。その基礎となった見解としてギュンター・シュトラーテンヴェルト（筆者紹介）「客体に関する錯誤と行為関与」甲南法学37巻1＝2号（1996年）101頁以下も参照。
38) 葛原・前掲15)131頁以下，佐伯・前掲注16)260頁以下，樋笠堯士『刑法における故意と錯誤』（多摩大学出版会，2023年）65頁など。

アを解錠し，運転席にアクセスできる者としての，運転免許を保有している妻B子であることは，当然の前提である。それゆえ，泥棒Cが窓ガラスを割って運転席に入り込んで物色中にエンジンを始動させてしまった場合はもとより，その家の5歳の子どもDが，キーを親に無断で持ち出して運転席で遊んでいるうちに，エンジンを始動させてしまった場合には，当該客体に向けられた故意的な危険創出がなく，方法の錯誤とされるべきであるように思われる。さらにいえば，このような妻B子に対する処理は，一般に，運転免許を保有している家族の間では，車は共用されることがあるとの経験則を前提としているから，潔癖症のA男は，だらしない妻B子が車をさわることを厳禁しているものと行為者が誤信していたような場合も，方法の錯誤となりうるように思われる。すなわち，A男のみを狙っていたというだけでは，当該攻撃手段を前提とすれば，そのような限定は思惑にすぎず，客体の錯誤として，生じた結果に対する故意は否定されないが，別の客体に結果が生じる可能性が行為者の認識において排除されていた場合には，方法の錯誤として，生じた結果に対する故意が否定されることはやむを得ないように思われる。

## II．故意犯が重く処罰される根拠と構成要件該当事実の認識

### 1．故意の規範化論

　客体が目の前にいない事案において，Aを狙った攻撃がBにおいて実現した場合にも，客体の錯誤を認めうるとするのであれば，一定の行為者の認識を，単なる思惑として考慮外に置くという作業が不可欠であった。行為者自身は，A男を殺そうと思ってやっているにもかかわらず，「それはあなたの思惑・思い込みで，実際にはエンジンをかけた人を殺すことしかできないでしょ」と言って，故意犯を認めるのだからである。
　このような発想は，故意の規範化論と通じ合うところがある。そこで，故意の規範化論，さらには間接故意論を少しだけ紹介し，もって，故意犯が重く処罰される理由を，認識の有無に即して再確認してみることとしたい。
　故意の規範化論とは，要するに，行為者の認識内容（心理的事実）をそのまま捉えるのでは，結果発生の可能性に無関心であった者や結果の不発生を不合

理にも信頼した者に故意が否定されてしまい，また，他方では，結果発生を過度に恐れた小心者に故意が肯定されてしまうという不合理さが生じるため，この不合理さの解決を，規範的観点から認識内容を再評価する，あるいは，そこから距離をとることによって図ろうとする試みである。

　わが国では以前から藤木博士が，故意の規範化論的な見解を主張されていた。すなわち，博士は，認識された危険が，行為者の立場に置かれた一般人からみて，行為を止めなければならないほど許されないものであるかを問題とされていた。行為者が認識した危険の大きさは，行為者が認識した事実をもとに，「通常の思慮分別をそなえた人」を基準に判断されるべきであり，行為者が認識した構成要件該当事実実現の危険が反対動機を形成しうるだけの質をそなえているか，すなわち故意を認めるに値するかにより故意の有無を判断すべきだとされていたのである[39]。

　また最近では大庭准教授が，行為者の主観的な判断を要求しつつ，その判断の基礎にある認識の内容が客観的にみて故意を認めるに値するかという要件を取り入れることにより，妥当な解決を探ろうとされており[40]，玄教授は，構成要件実現への動機が優勢であると仮定した場合に結果回避が容易であったのかどうかが重要であり，それには，現実の回避の決断へと導く程度に重要な密度の危険を認識し，それによって結果が発生しうるということが社会一般にとっても妥当と思われたのに，当該行為をやめずに実行した場合が故意犯だと主張されている[41]。

## 2．間接故意論

　これに対し，ないものをあるものと考える見解の究極のものは，ふるくカルプツォフが主張し，近時，ヤコブスがリバイバルさせた間接故意論である。ヤコブスは，故意とは構成要件該当事実実現を回避しようとしないという法に対

---

[39] 藤木英雄『過失犯の理論』（有信堂，1969年）107頁以下。
[40] 大庭沙織「認識面における故意の規範化」法研論集141号（2012年）17頁，さらに高橋則夫ほか『理論刑法学入門』（日本評論社，2014年）166頁以下［杉本一敏］。
[41] 玄守道『刑法における未必の故意』（法律文化社，2021年）192頁以下，214頁，さらに松宮孝明『刑法総論講義〔第6版〕』（成文堂，2024年）182頁。

する不誠実な態度であるとの理解から，結果発生に無関心であった者は，結果発生の危険が意思決定にとって重要でなかった点で故意行為者と共通しているとして，故意犯で処罰しようとしている。無関心な者は，法が回避を命じている構成要件該当事実実現が当然に思い浮かぶ状況であったのに，それ以外のことに関心を向け，意思決定の際に考慮しなかった点に，法に対する不誠実さが現れているというのである[42]。ヤコブスの挙げている簡単な具体例としては，イスラム教徒がハラール食でないと知りながら食べている場合と，何が出されているかに無関心で楽しそうに食べている場合とは同様に扱われるべきであり，後者の無関心の場合に故意を阻却するのは，正当化されない顕彰事業だというのである。

　これは，一般に過失犯でやむを得ないと考えられてきたものの当罰性の高いゾーンを故意に取り込むもので，確かに，結論の不合理さは回避できるように思われるが，無関心の場合の故意犯処罰は，やはり過失行為を故意犯として処罰するものだと言わざるを得ない。要するに，これでは，構成要件該当事実実現に関心を払わないような悪しき心情だけで重い責任を負わせることになり，妥当でないのである[43]。

　大庭准教授も指摘されるように，故意の規範化論は，少なくとも現行法の解釈論としては，行為者の認識がまったくないところ（無関心事例）に故意を認めるものとしてではなく，客観的には低い危険しかないが主観的には高い危険があると判断した「過度の慎重事例」，および，客観的には高い危険がありながら主観的には低い危険だと判断した「過信事例」において，規範的判断を持ち込むことによって行為者による不合理な判断を排除しようとする試みの限度で参照されるべきであるように思われる[44]。

　このことを考慮すれば，やはり，エンジン始動事例においては，絶対にA男しか乗らないのだという想定は，不合理な判断であり，これを考慮外において故意の有無が検討されるべきであるように思われるのである。客体の錯誤と方法の錯誤の区別の問題は，一部は，この限度で，故意の規範化論によっても

---

[42] 関根徹「故意の客観化について」高岡法学18巻1＝2号（2007年）199頁以下参照。
[43] 菅沼真也子「故意の認識内容」中央大学大学院研究年報法学研究科篇40号（2010年）193頁以下も参照。
[44] 大庭・前掲注40)18頁。

基礎付けを与えられるものと思われる。

## 3. 故意犯が重く処罰される根拠と認識の必要性

　以上のように，一定の規範化を図りつつも，やはり，行為者の心理的事実としての認識がなければ故意犯が認められない理由は，改めて確認されるべきであろう。それは，裏側からの検討にはなるが，事実の錯誤には寛容でありうるが違法性の錯誤には厳格であるという，判例および支配的見解の価値判断が何に基づくものかを探ることである。そして，それは，刑法というものが，規制対象たる事実をその意味も含めて認識している者に対してのみ，禁止・命令を有効になしうるのだということである。積極的一般予防論から説明すれば，法的に誠実にならせるために，特別予防論からすれば，そのように教育することで再犯のおそれをなくならせるために，刑罰を科すことに合理性があろう。これに対し，規制対象たる事実を認識していない者には，ある意味刑法は無力だということなのである。いわば，寝ている学生，話を聞こうとしない学生に刑法を分かってもらうのはどんなに工夫しても無理だということであり，まずはたたき起こして話を聞いてもらうことから始めないといけないということなのである。

# 第5章　　　　不作為犯

CHAPTER 5

> **POINT**
>
> ・不真正不作為犯（例えば不作為の殺人罪）が，刑法199条だけを適用して処罰されることを理解するとともに，そのような前提のもとで，不作為には結果を引き起こす因果力があることが帰結されるかを理解する。
> ・作為義務を事実レベルで基礎付けようとする見解の言わんとするところを理解し，その基礎付けの仕方に問題がないかを理解する。
> ・作為義務を当為レベルで基礎付けようとする見解の言わんとするところを理解し，その基礎付けの仕方に問題がないかを理解する。
> ・制度的基礎がある場合と制度的基礎がない場合に分けて，作為義務がそれぞれどのように認められるかを理解する。

## はじめに

　手元にある比較的新しいドイツの論文集の裏表紙には，不真正不作為犯は「刑法総論における最も暗黒で最も争いのある章である」と書かれている。とりわけ，不作為犯処罰を基礎付ける作為義務の発生根拠やその範囲については，多くの論者が取り組み，多くの業績が発表されているが，各論者の依拠する方法論や分析軸がまったく異なっていて，いわば異種格闘技が展開されているような状況になってしまっている。これは学習者にとっては非常につらい状況であろう。

　そこで，本書は，一般的な解説ものとは異なり，不真正不作為犯がなぜ例外的に処罰されるべきだとされてきたのかという根本問題に立ち返り，それへのありうる応答を分析の軸として設定し，それに沿った分析に際して，事実レベルでの分析を重視するか規範的な基礎付けを重視するかという方法論的な対立

を取り扱うという手法により，この問題へのアプローチを試みることにする。

　本書の狙いは，端的に言えば，従来の有力な学説が，作為との同価値性を確保可能な具体的事実を挙げることに終始し，誰がなぜ作為を義務付けられるのか，という義務付けの問題をスルーしてきたことに反省を促すことにある。そして，作為義務が当然認められるべきであるにもかかわらず従来正面からの説明がなされてこなかった，「親であればなぜ子に対する保護義務が認められるのか」の問題にとくに関心を寄せ，具体的事実を挙げることによってではなく，これを正面から規範的に基礎付けることを試みることにしたい。

　ところで，不作為犯をどの範囲で処罰すべきかを判断するための，定まった立ち位置というべきものは，理論的に確定できる性質のものではない。平野博士は，「相互扶助を強調する協同体的な社会，あるいは社会倫理を強調する思想のもとでは，不作為犯成立の範囲は広く，相互不干渉をモットーとする個人主義的な社会，法と倫理との明確な区別を認める思想のもとでは，その範囲は狭い」とされる[1]。また，藤木博士は，「団体主義的思潮が強まると，社会的連帯性の見地から作為義務の重要性がことさらに強調され，個人主義的思潮のもとでは，不作為に対する非難は弱まる」とされたうえ，「現代は他人の災厄をそ知らぬ顔で見過ごすことを是認するほど個人主義に徹してはいないが，社会的連帯性を誇張する団体主義を排するものであることに留意すべきである」とされている[2]。筆者は，この点につき論評を加えるだけの，わが国の法共同体の現状とあるべき姿に関する洞察・見識は持ち合わせていないが，いずれにせよ，不作為犯の成立範囲は，この両極の間のどこかにそれぞれの論者の立ち位置があり，それによって妥当とする処罰範囲に広狭が生じてきうることは頭の隅にとどめておいてよい。ただし，筆者のみるところ，実の親が子どもを見殺しにした場合は処罰されるべきことは当然だとか，先行行為だけを根拠に処罰するのは行き過ぎではないか，といった多くの点において，判例・学説の間で価値判断が共有されているようにも思われるのであり，学習上は，まずは，この共有されている価値判断を体得することから出発するのがよいように思われる。

---

1) 平野龍一『刑法総論Ⅰ』（有斐閣，1972 年）155 頁。
2) 藤木英雄『刑法講義総論』（弘文堂，1975 年）135 頁。

本書では，紙幅の関係もあり，行為態様の同価値性等，さらなる問題が生じうる詐欺罪などは扱わず，主に殺人罪を念頭において議論を進めることとしたい。

## 1. 不作為による殺人は刑法199条に該当するか？

アルミン・カウフマンによれば，射殺，刺殺，毒殺といった作為は，禁止規範（「やめなさい」という規範）に違反するのに対し，授乳しないといった不作為は，命令規範（「助けなさい」という規範）に違反するところ，殺人罪の規定は禁止規範だけを予定しているから，不作為犯をこれで処罰することはできない。そこでドイツ刑法は，不真正不作為犯を総則で規定することにより，この問題を解決した[3]。これに対し，わが国の刑法では，そのような規定は存在していない。

そこで，かつて金沢博士は，不真正不作為犯の処罰は罪刑法定主義に反するとされた[4]が，圧倒的多数の見解は，不真正不作為犯の処罰は，罪刑法定主義に違反するものではないと考えている。その中でも，幾つかの考え方があり，学説上は，不作為が作為と同価値である場合に，禁止規範に違反するのだと考える見解も有力である[5]。不真正不作為犯，不作為による作為犯といった言い方は，もともとこのような考え方を基礎にしたものである。しかし，不真正不作為も，どうみても不退去罪などの真正不作為と同じく命令規範違反なのであるから，このような論理操作には，罪刑法定主義違反の疑いが濃厚に残る。それゆえ，妥当と思われるのは，199条の規定は，「人を殺した」となっており，一見すると作為犯だけを処罰しているように見えるが，実はそうではなく，「人を故意に死に至らせる」行為，すなわち，作為と不作為の両方を処罰して

---

3) ドイツ刑法13条。総則に規定を置く立法例として，さらに，オーストリア刑法2条，スイス刑法11条，イタリア刑法40条，スペイン刑法11条など。各則に規定を置く立法例として，トルコ刑法83条など。このうち，オーストリア刑法とトルコ刑法は，法律・契約・先行行為を，スイス刑法はさらに任意の危険共同体を，それぞれ作為義務の根拠として挙げている。

4) 金沢文雄「不真正不作為犯の問題性」佐伯千仭博士還暦祝賀『犯罪と刑罰(上)』（有斐閣，1968年）235頁。

5) 奥田菜津「不真正不作為犯における作為義務の根拠論」同志社法学71巻3号（2019年）1065頁以下は，こうした見解を通説と位置づけておられるようである。

いるのであり，同条には禁止規範と命令規範が併せて規定されているという理解であるように思われる[6]。

　このような解釈をとることは，同時に，不作為の因果関係の問題にも影響する。すなわち，射殺，刺殺といった作為の場合には，これが死の結果を惹起したものとして199条で処罰されるのであるから，授乳しないといった不作為を同じ199条で処罰しようとするのであれば，不作為も死の結果を惹起しているのだと考えるほかはない。これを認めないのであれば，わが国の刑法のもとで，不真正不作為犯を処罰することは許されないであろう。不作為の因果性の問題は，古くから争われているが，ドイツ刑法13条のような規定をもたないわが国の刑法典を前提としたうえで，不真正不作為犯の処罰を認めるという前提に立つのであれば，この問題はいわば強制終了的に「終わっている」と考えるほかはない。すなわち，期待された作為に出ていれば結果を確実に回避しえたであろうという関係があれば，当該不作為は結果を惹起しているのであり，この点で作為と同価値であると考える以外の選択肢は存在しないように思われるのである。

　ところが，わが国の議論では，次項でみるように，不作為には自然的な因果力がないことを何らかの形で埋め合わせなければならないという意識が非常に強いように思われる。わが国の不作為犯論の分かりにくさの1つは，わが国の刑法のもとで不真正不作為犯を処罰したければ，不作為の因果関係を認めるしかないのに，他方で，自然的な因果力の欠如に拘るという一貫性のなさにあるように思われる。

## II．自然的な因果力の欠如を埋め合わせようとする試み

### 1．日髙教授の先行行為説

　作為犯の場合，それまで元気にしていた被害者に対しピストルを発射し，命中させることにより，怪我を負わせ，出血多量により死亡させるといった形

---

6) 福田平『刑法解釈学の主要問題』（有斐閣，1990年）45頁以下，西田典之「不作為犯論」芝原邦爾ほか編『刑法理論の現代的展開総論I』（日本評論社，1988年）71頁など。

で，因果の流れを始動させ，もって結果を惹起しているといえる。これに対し，不作為犯が問題となる場合，池で子どもが溺れているのは，自分で足を滑らせたか，強風で飛ばされたか，悪い人に突き落とされたかは分からないが，いずれにせよ不作為が問題となる以前の何かが結果発生に向けた因果の流れを始動させているのであり，不作為はその流れに介入せず，結果発生に至るのを阻止していないにすぎない。

　このことを捉えて，不作為には因果力がないとし，この欠如を何か別のもので埋め合わせなければならないと考える見解も有力である。その代表は，日髙教授の先行行為説である。教授は，「不作為者には因果の流れを利用する意志はあるが，当該不作為自体に着目すると，自然的事実としてはその不作為には原因力が存在しない。つまり，当該不作為自体は原因を設定するものではない。これに対して，作為犯にあっては，作為に原因力があるから，行為者は起因の主体となる。それゆえ，不真正不作為犯がその存在構造上のギャップを乗り越えて，作為犯と構成要件的に同価値であるとされるためには，不作為者が原因を設定したと考えられる場合でなければならない」とされ，不作為者の故意・過失による先行行為が必要だとされている。「不作為者が，その不作為をなす以前に法益侵害に向かう因果の流れを自ら設定していたということが，構成要件的等価値性の判断基準となる」というのである[7]。

　しかし，これは無理なことであり，また必要でもないことであろう。この場合，因果力をもっているのが作為なのだとすれば，それをもつのは先行行為であって問題となる不作為それ自体ではないから，どう頑張っても不作為の因果力のなさを埋め合わせることはできない[8]。また，結論的に，不真正不作為犯が199条で処罰できると考えるのであれば，それはあくまで結果を惹起しているとみていることにほかならない。実際，日髙教授も，命じられた作為に出ていれば結果を回避しえたであろうという関係があれば，因果関係はあると考えておられるのである[9]。それにもかかわらず，いわば自然的・事実的なレベル

---

7) 日髙義博『不真正不作為犯の理論〔第2版〕』（慶應通信，1983年）154頁。
8) 中森喜彦「保障人説──その推移と意義」現代刑事法4巻9号（2002年）6頁は，「事前に先行行為があることによって事後の不作為と作為が存在構造上同じになるというのは論理的でない」との厳しい批判を行っておられる。さらに岩間康夫「わが国における構成要件的同価値性論」愛媛法学会雑誌18巻3号（1991年）94頁も参照。
9) 日髙・前掲注7)128頁以下。

での因果関係がないことを殊更に問題視し，それを埋め合わせなければと考える必然性はまったく存在しないように思われる[10]。

## 2．排他的（単独）支配を要求する見解

　日髙教授のような，因果力の欠如の埋め合わせという発想によらない場合でも，作為犯におけるのと同様の因果的支配を要求しようという発想は，非常に有力である。その代表的論者である西田教授は，作為犯の特徴は，行為者が自己の意思に基づいて，法益侵害の結果へと向かう因果の流れを設定したことにあるのに対し，不作為は，すでに発生している結果へと向かう因果の流れに介入せず，結果を防止しないという消極的態度であるとされ，そのような不作為が作為と同価値であるためには，不作為者が結果へと向かう因果の流れを掌中に収めていたこと，すなわち，因果経過を具体的・現実的に支配していたことが必要だとされる[11]。そして，教授は，子どもが海で溺れているとき，他に救助可能な者が多数いるときの父親につき，排他的支配を否定される[12]から，ここでは因果経過の単独支配が求められているものと考えてよいであろう[13]。
　しかし，鎮目教授が言われるように，西田教授は，不作為の因果関係としては，一定の作為がなされていれば当該結果は発生しなかったであろうという関係があれば足りるとされているのであり[14]，それにもかかわらず，自然的科学的な因果性が不作為には欠けるとし，作為との同価値性を確保するために因果の流れへの介入を，作為義務の基礎付けにあたって考慮するということには，一貫しないものがあると言わざるを得ないであろう[15]。

---

10) 西田・前掲注6)87頁。
11) 西田・前掲注6)89頁以下。
12) 西田・前掲注6)92頁。
13) 佐伯仁志「保障人的地位の発生根拠について」香川達夫博士古稀祝賀『刑事法学の課題と展望』（成文堂，1996年）110頁は，以上の点につき西田教授の見解を支持されている。ただし同『刑法総論の考え方・楽しみ方』（有斐閣，2013年）94頁も参照。
14) 西田・前掲注6)73頁以下。
15) 鎮目征樹「刑事製造物責任における不作為犯論の意義と展開」本郷法政紀要8号（1999年）349頁。

## 3. 所与の前提としての不作為と作為の同価値性

　こうして，結論的には，鎮目教授の説かれるところに賛成するべきである。すなわち，作為犯と不作為犯の構造上の差異があるとすれば，それは因果構造（因果力）の差異と規範構造の差異であるところ，前者について不作為の因果関係を肯定し，後者について，例えば 199 条は禁止規範と命令規範の双方を含むという解釈をとるのであれば，両者の差異として残るものは何もないのである[16]。

　これに対し，岩間教授は，「作為と不作為の自然的因果力の差を構成要件には禁止規範も命令規範も両方含まれているからという形式的な理由で無視するわけにはいかない」とされたうえで，「価値論的観点から作為犯と同等の可罰性を根拠づける作業は疎かにされてはなるまい」とされる[17]。また，齊藤教授も，不作為犯とは，結果との間に自然的因果性がなく，かつ，一定の作為を行わなかったことを根拠に処罰されるものであるから，不作為犯が成立するためには，①自然的因果性の欠如を埋め合わせるための要件と，②一定の作為を義務付けることを正当化するための要件の2つが必要になるとされる[18]。しかし，すでに述べたように，わが国の刑法を前提とする限り，期待された作為に出ていれば結果を確実に回避しえたであろうという関係があれば，当該不作為は結果を惹起しているのであり，この点で作為と同価値であると考える以外の選択肢は存在しないように思われる。

　それゆえ，わが国の議論が，こうした観点から作為犯との同価値性の確保に注力をしてきたことは，方向性を誤っていたと言わざるを得ないように思われる[19]。

---

16) 鎮目・前掲注 15)349 頁以下。
17) 岩間康夫「わが国における保障人的義務発生根拠の一元的説明に関する諸問題」大阪学院大学法学研究 29 巻 2 号（2003 年）10 頁。
18) 齊藤彰子「作為正犯者の犯罪行為を阻止しなかった者の刑責」名古屋大学法政論集 249 号（2013 年）25 頁，40 頁以下。

## III．作為義務の基礎付けについて

### 1．自由主義社会における作為の義務付け

　以上のように，作為義務は，不作為と作為との存在構造上および規範構造上の差異を乗り越えるために，言い換えれば，同価値性を確保するために要求される要件ではない。

　作為義務ある者の不作為だけが例外的に処罰されるべき理由は，わが国の社会が自由主義・個人主義を前提として成り立っているからである。その前提からすれば，他人の利益を積極的に侵害することは一般的に許されないが，他人の利益を守るために能動的に行為することは特別の事情がない限り命じられるべきではないのである[20)21)]。

　その背景には，作為の命令（不作為犯処罰）は作為の禁止（作為犯処罰）より，自由に対する侵害が大きいという認識がある。すなわち，射殺や刺殺といった作為を禁じても，それ以外のどのような態度に出るかは自由であり，そもそも人殺しの自由などないのであるから，この禁止はおよそ行動の自由の侵害だということにはならない。これと異なり，命令は，特定の命じられた行動への集中が求められ，それ以外の行動の選択肢がなくなってしまうため，負担が重いということである。

　これに対しては，作為義務が課せられることは，単なる自由の放棄ではなく，自分もまた被害者になる可能性がある中では，安全という利益を得ているのだから，自由主義を前提としても作為義務は肯定されるとの理解もありう

---

19) もっとも，さらに不作為につき作為との帰属構造の同一性を確保する観点からシューネマンの説く「結果原因の支配」に着目することは考えられる。この限りで山口厚「不真正不作為犯に関する覚書」小林充先生・佐藤文哉先生古稀祝賀『刑事裁判論集[上]』（判例タイムズ社，2006年）30頁以下，さらに楊秋野『過失不作為犯の帰属原理』（成文堂，2022年）92頁以下参照。ただし，シューネマンやその支持者の理解とは異なり，これでは帰属構造の同一性が確保されただけであるから，作為義務の規範的基礎付けは別途必要となろう。

20) 中森・前掲注8)4頁。

21) さらに，生田博士は，作為犯の原則性を，近代法における「自由」概念および行為原理の帰結として強調されている。大野眞義＝墨谷葵編著『要説刑法総論[2訂版]』（嵯峨野書院，1992年）136頁以下［生田勝義］。

る[22]が，これは，もう1つの対立軸である，個人主義か社会連帯主義かの選択において，後者に大きくシフトするものであり，一般的な不救助罪をもたないわが国の刑法のもとで，そのように考えてよいかにはなお慎重さが必要であるように思われる。

## 2. 先行行為による危険創出

このように自由主義社会を前提とし，不作為犯処罰には自由に対する負荷が大きいことをふまえ，それにもかかわらず不作為が処罰されてよい根拠を探究しようとする見解は有力に唱えられている。

例えば，島田教授は，自由主義社会においては，人は他人に迷惑をかけない限り（基本的に）何をすることも自由だが，自らが危険を作り出した場合には，そうした自由を部分的に犠牲にしても，自分が作り出した危険を除去し，法益を保護する義務を負うべきだとされる。もっとも，島田教授は，被害者に対する直接的な物理的危険創出が認められる場合に限らず，放置すれば法益侵害につながりうるような脆弱な被害者や危険物の管理をある一定の社会的役割についている者に委ねざるを得ず，そのような場合には，他人は，当該役割を引き受けてくれる者が法益保護のための措置を講じてくれると信頼することが許されるとの理解も併せ考慮され，ただ，自由主義社会においては，人はいかなる社会的地位を引き受けるかについての事前の選択の余地を与えられるべきだから，当該地位に自らの意思でついた場合や，意識的な引受けがあった場合にはじめて引受けによる保障人的地位を肯定すべきだとされている[23]。

また，排他的（単独）支配に加え危険創出行為を要求される佐伯教授は，危険創出行為が必要なのは，積極的に法益に危険を与える行為をしなければ処罰されることはない，という「自由主義に基礎を置く刑法の大原則」からの要請であると主張されている[24]。

---

[22] 萩野貴史「刑法における『禁止』と『命令』の自由制約の程度差」法研論集127号（2008年）136頁以下参照。

[23] 島田聡一郎「不作為犯」法教263号（2002年）116頁以下。

[24] 佐伯・前掲注13)香川古稀111頁。さらに小林憲太郎「不作為による関与」判時2249号（2015年）4頁以下も参照。

これに対して強い批判を向けられるのは，中森教授である。教授によれば，「自由主義は，個人責任・個人の自律を前提としてのみ機能しうる思想である。これに対して不作為犯は，年少者，高齢者，病者，あるいは他の理由から危険に陥った者などについて問題となる事柄である。現実の社会は，個人の自律を求めうる者だけから成っているのではなく，これらの・自らの力では危険から身を守りあるいは危険から逃れ得ない者からも構成されている。そのような者に対して，誰が，いつ，どのような援助をなすべきかが不作為犯の問題である。この問題領域を解決するのに自由主義を持ち出すことは，的を外れている」[25][26]。言い換えれば，「他人のための作為は自由主義の例外として要求されるのであり，……自由主義とは異質のものとして必要とされる他人のための行為の限界が自由主義によって画されるのは矛盾」なのである[27]。

## 3．行為選択の自由の事前的保障

　こうして，不作為犯処罰には自由に対する負荷が大きいことは，不作為犯処罰を例外的・限定的に考える理由として位置づけておくのが妥当なように思われる。

　このような方向からの1つの試みは，鎮目教授の見解である。結果との間に因果関係が認められる限り，不作為は作為と同価値であると考える鎮目教授も，不作為犯処罰には自由に対する負荷が大きいことは意識されている。そこで，鎮目教授は，主体を2段階で限定される。1段階目では，因果関係が認められる複数の者がいる場合，これらすべての者に結果回避を義務付けるのでは，あまりに過剰な国民の自由に対する制約であるとの認識から，刑法の謙抑性を考慮し，結果回避命令の名宛人を，「結果回避命令を遵守することによって負担しなければならないコストが，最も小さい行為者」「最も効率的に（低

---

25) 中森喜彦「不作為による共同正犯——2つの高裁判決」近畿大学法科大学院論集7号（2011年）128頁。
26) 吉田敏雄『不真正不作為犯の体系と構造』（成文堂，2010年）99頁以下も，他人のための作為は自由主義の例外として要求されるのであるから，不真正不作為犯の制約原理として危険創出行為の存在を要求することは適切でないとされている。
27) 中森・前掲注8)6頁。さらに岩間康夫「不真正不作為犯における先行行為の意義」高橋則夫ほか編『日髙義博先生古稀祝賀論文集(上)』（成文堂，2018年）29頁以下も参照。

コストで）結果回避措置（期待される行為）をなしうる主体」に限定される。そのうえで，2段階目で，「自由の制約の程度を禁止規範によるそれと同程度に抑制するために刑法をどのように解釈すべきか」という問題意識から，行為時に確実に剥奪される行為選択の自由を，行為時以前に保障すべきだとの結論を導かれている[28]。

しかし，2段階目で要求されている，行為選択の自由の事前保障は，必ずしも必要ないように思われる。教授は，陣痛を催した被告人が便秘による腹痛と思い便所に入っているうちに，嬰児を便槽内に産み落とし，とっさに殺意を抱いて放置し，死亡させた福岡地久留米支判昭和46・3・8判タ264号403頁の事案について，事前の選択がないとして不可罰の結論を導かれているが，結論的に不合理であり，妥当でないように思われる[29]。

## 4. 親は親であることの正面からの肯定

筆者のみるところ，このところの有力な作為義務論は，親は親であるということを正面から義務付けの根拠とすることを避け，あくまで事実レベルにおける何らかの事情でもって，作為義務を基礎付けようとしてきたように見受けられる[30]。例えば，先行行為を要求したうえで，親には性交渉あるいは妊娠の継続・出産といった先行行為があるといった主張は，こうした行き方の一例である。堀内教授は，不作為犯の要諦をなす作為義務を価値的要素あるいは心情要素に求めるのでは，不作為犯への倫理の大幅な混入を招き，不作為犯の成否を裁判官の主観に委ねることにより犯罪の成立を著しく弛緩させかねないとの前提から，作為義務を「事実的要素に還元することを志向しなければならない」と強調され，こうしてこそ，「作為義務の問題ははじめて価値観の優劣をめぐる神々の争いに巻き込まれることなく，結果無価値論の眼目である相互批判の可能性を確保することになろう」とされていた[31]。

---

28) 鎮目・前掲注15)353頁以下。
29) さらに1段階目の理論構成に対する的確な批判として島田・前掲注23)116頁。
30) この背景として結果反価値論的違法論があることを指摘するものとして野村稔編『現代法講義刑法総論〔改訂版〕』（青林書院，1997年）324頁以下［酒井安行］。
31) 堀内捷三『不作為犯論』（青林書院新社，1978年）263頁。

しかし，これは，羹に懲りて膾を吹くの類いであろう。学説がこの方向性に拘り続ける限り，何もしていない親に作為義務を認めることができない，あるいは，他に誰かがいればたとえ親であっても何もしなくてよいという，いわゆる「理論倒れ」の議論が続くだけなのである[32]。中森教授が断言されるように，「事実的事情のみによって不真正不作為犯の成立限界を画するのは無理」[33]なのである。

　もっと問題なのは，事実レベルでの説明を試みる見解においては，刑法上の義務付け・当為のレベルでの説明が欠けており[34]，作為義務は道徳的・倫理的な義務ではなく，法的・刑法的義務でなければならないという，共通の前提も確保されていないことである。例えば，堀内教授の見解では，被害者が不作為者に具体的に依存し，不作為者が事実上の保護を引き受けていれば，「なぜ作為が義務付けられるのか」は，本1冊の中で1行も述べられていない。これをあえて補充するならば，「保護の継続への排他的期待が刑法的保護を要するレベルにまで高まっている」といったこと，簡単に言えば，「いったん保護を始めた以上はやり続けよ」ということになろうが，これは，常識レベル・倫理レベルでの義務付けにとどまるであろう。このことは危険の創出等を挙げる見解でも同様であり，「自分の撒いた種は自分でなんとかせよ」という，常識レベル・倫理レベルでの義務付けしかなされていない[35]。葛原教授が言われるように，従来の議論は，「当為の側面の説明が欠けていたか，少なくともこの点にさほど大きな注意が払われていなかった」のであり，「規範理論的な説明が欠けていたために，議論が作為義務を発生させる個別的事情のカズイスティックな検討のレベルにとどまっていた」[36]と言わざるを得ないのである。

---

32) 大野＝墨谷編著・前掲注21)139頁以下［生田］は，作為義務を親子といった類型化され形式化された人間関係から導きだすと，その実態において共同体的義務を広範に取り込むことになるとの出発点から，小学1年生の息子が川に落ち溺れているのを発見した父親につき不作為の殺人罪の成立を否定されるが，どうみても結論不当であろう。
33) 中森・前掲注8)7頁。
34) 山中敬一「不作為犯論の体系的再構成」刑法36巻1号（1996年）92頁，なお奥田・前掲注5)1109頁以下も参照。
35) 酒井安行「不真正不作為犯のいわゆる因果論的構成の可能性と限界」『西原春夫先生古稀祝賀論文集(1)』（成文堂，1998年）141頁参照。
36) 葛原力三「不真正不作為犯の構造の規範論的説明の試み」刑法36巻1号（1996年）133頁，139頁。

わが国の不作為犯論を正常な軌道に乗せるためには，方法論におけるパラダイムシフトがどうしても不可欠なように思われる。

## 5．社会的期待から刑法的期待へ

こうして，「不真正不作為犯の成否を決定するについて，規範的判断を排除することは不可能」であり，作為義務の有無の判断は，「当該具体的状況下で不作為者と被害者との関係を見た場合，作為への期待が他の者ではなくもっぱら不作為者に向けられていたといいうるかどうかによる他ない」ことは確かであろう[37]。しかし，このように述べただけでは，問題はなお出発点にとどまっている。例えば，なぜ親が子に対して義務を負うのかが，積極的に基礎付けられる必要があるのである。

この点で注目されるのは，ヤコブスやパブリックの見解を参照して唱えられている，制度に着目する見解である。例えば，山下准教授は，法，特に刑法の主要な任務は，自由の保障にあるとの出発点に立たれたうえ，自由を保障するためには，他害の禁止だけでは足りず，具体的・現実的に自由を保障する制度，すなわち，積極的な介入を行う諸制度もまた必要とされるべきことを強調される[38]。また，平山教授も，自由主義社会を前提とされつつも，社会ないし国家は，ポジティヴな義務（制度）を断念できないとの認識を強く打ち出される[39]。

こうした論者に共通するのは，人は，親，公務員といった役割をになった存在であり，その役割に応じた義務を果たすことによってはじめて，自由な社会の存立が保障されるのだという洞察であろう。すなわち，他害禁止義務を自由の最低条件とする社会が成立するための前提として社会がそれを必要としていることから，ポジティヴな義務もまた自由主義社会の前提として，法的義務から排除することはできないのである。具体的に言えば，すなわち，人は少なく

---

[37] 中森喜彦「作為義務・保障義務・保障人的地位」法セ333号（1982年）51頁。
[38] 山下裕樹「親権者の『刑法的』作為義務」関西大学法学論集64巻2号（2014年）508頁以下。
[39] 平山幹子「保障人的地位について」川端博ほか編『理論刑法学の探究⑤』（成文堂，2012年）197頁。

とも生後から一定期間においてひとりでは生きていくことはできない。他害行為に出なければ何をしてもよいと言われても，およそひとりでは何もできず，家族とりわけ親子という枠組みの中でしか生を維持することすらできないのであり，親が守ってくれるというポジティヴな仕組みがあってはじめて，子は自由を獲得するまでに成長できるのである。これを親の側からみれば，子を扶養し，自律した自由な人格へと教育する義務を果たすことにより，自らも息づく自由が維持された社会の基盤が維持・強化されていくことになる。こうして，山下准教授の言葉を借りれば，「親の子に対する義務は，法の任務が自由を保障すること，そして，家族という制度は，自由を現実的に保障するために必要な制度であり，市民はこれを維持するために寄与しなければならないことから，法によって要請される『法的』義務である」[40]ということになるのである[41]。

## 6．親の子に対する義務に関する判例　（とくに殺人罪に関するもの）[42]

判例上，親子関係が存在する場合には，作為義務について具体的に検討されることなく，親の作為義務が認められており，裁判所にとって親子関係の存在は，親の作為義務の肯定へと方向付ける重要なファクターであるように思われる[43]。

親の子に対する義務をもっともクリアーに分析するためには，産み落とし直後の母親の子に対する義務付けを検討するのがよい。この関係で挙げられるべきは，東京高判昭和35・2・17下刑集2巻2号133頁である。事案は，便所で新生児を仮死分娩した被告人が，出産の事実を隠すため，嬰児を便所の板敷きに置いて新聞紙で包んだ後，水に投げ込んだというものであり，水に投げ入れられる前に嬰児はすでに死んでいたという弁護人の控訴理由に対し，高裁は，たとえ弁護人の主張のような前提があったとしても，「被告人は……嬰児が生

---

40）山下・前掲注38)511頁。
41）さらに松原芳博『刑法総論〔第3版〕』（日本評論社，2022年）104頁以下，成瀬幸典＝安田拓人編『判例トレーニング刑法総論』（信山社，2023年）26頁［齊藤彰子］も参照。
42）判例の分析に際しては，洪兆承「不作為犯における作為義務論」（2017年3月に東京大学に提出された博士学位論文・未公刊）を参考にさせて頂いた。
43）山下・前掲注38)463頁以下，467頁。

きて産れたことを認識していたのであるから，母親として，直ちに嬰児の生存のため必要，適切な保護をなすべき義務があった筈であ〔る〕」と判示し，母親である被告人に作為義務を認めている。

　洪副教授が分析されるように，東京高裁は，作為義務の根拠となる事実関係を検討せず，直接に母としての作為義務を肯定しており，出産から死亡までの時間が極めて短いことからすれば，親子関係により，母が当然に子を保護すべきだという事情以外に，作為義務の根拠となる他の事実関係を見出すことは困難な事案だと言えよう[44]。

　さらに，児童虐待の事案においても，広島高判平成17・4・19高検速報(平17)号312頁は，同居人が自分の息子Aを虐待し，ビニール袋に入れて密封状態にしたことを見たが，これを放置しAを死なせた母親に対して，「Aの親権者として，直ちに上記スポーツバッグ及びビニール袋の中からAを解放して救命すべき義務があ」ると判示し，作為義務を肯定している。この判決では，相手方の男性を危険因子と捉え，相手の短気な性格や暴力的傾向を熟知しながら次男らを連れて同棲したとか，実母・親権者でありながら性的欲望の赴くままに実子の生活圏内に危険な因子（作為正犯の男子高校生）を持ち込んだといった指摘を行う裁判例も見られる[45]中，親権者という身分から直ちに作為義務が肯定されているように見受けられる。事実レベルにおいては，そうした先行行為的事情や，他に救助を期待できる者の不存在といった事情を挙げうるにもかかわらず，親の身分のみで作為義務を認める裁判例の存在を考慮すれば，洪副教授が指摘されるように，「別の作為義務の根拠があっても，被告人が被害者の親である場合，その身分だけでも作為義務が認められるのではないか」と推測するのが無理のないところのように思われる[46]。

　そして，このような（結論的にも妥当な）判例を説明できるのは，筆者のように，親であることを端的に制度的保障として規範的に義務付けの根拠に位置

---

44) 洪・前掲注42)23頁。さらに，仙台地判平成20・1・8裁判所Webも，被告人である母親が出産した男児を殺害し，その死体を遺棄した事案につき，死因が特定できず，「作為あるいは不作為を問わず，何らかの方法により殺害した」と認定したが，不作為による殺害の可能性が含まれているにもかかわらず，作為義務の認定はなされておらず，これが争点となった形跡もない。
45) 札幌高判平成12・3・16判時1711号170頁，名古屋高判平成17・11・7高検速報(平17)号292頁。

づける見解であることは明らかであるように思われる。

　これに対し，鎮目教授は，裁判例の分析から，親子関係が存在すれば親の作為義務が認められているとまでは言えないとされ，要保護状況の発生について行為者の先行行為が寄与したこと等，他の事情とあわせて実行行為性が認定されていることに注意を促しておられる[47]。しかし，裁判例の分析からは，「実際に起きた事案ではそうであった」ということしか導くことはできないのであり，たとえ実際の事案としては問題となっていなくても，赤の他人が実子を要保護状況に陥れた場合（例えば赤の他人が実子にぶつかり実子が池に落ちて溺死しそうになった場合）を想定すれば分かるように，親に対し，先行行為がないからといって，作為義務が否定されることはあり得ないように思われる。

　次に，池田准教授は，裁判例の分析から，鎮目教授と同様に，先行行為の存在が考慮されていることのほか，親権の存在と被害児と同居して実際に養育を行っているという生活実態が相まって作為義務が基礎付けられていることを指摘されている[48]。確かに，准教授が言われるとおり，一口に親といっても多様なものがあり，親権もなく，被害児と同居すらしていないような場合に，生物学的に親であるというだけで，不作為の殺人罪等で問責されることはないように思われるが，それは実際問題として作為可能性や故意が認められないからであって，作為義務が否定されるからではないように思われる。そして，このような結論になるのは，おそらく事実レベルからの作為義務の基礎付けを図る見解からも同様であり，いわば射精責任のようなものを考えることにより，義務自体は肯定されることになるのではないかと思われる。

　なお，余談であるが，親，公務員といった保護を義務付ける制度的な基礎が明らかである場合は，そのことさえ意識していれば，学生の皆さんとしても，例えば親であるという事実を端的に述べれば，作為義務の認定としては十分で

---

[46] なお，池田直人「ドイツ不真正不作為犯論の素描」同志社法学72巻7号（2021年）901頁以下によれば，ドイツでも，「親の未成年子に対する義務が問題となる判例では，そもそも保障人的地位の発生根拠に言及しないか，言及しても行為者が被害者の親であることを端的に指摘するものが多」く，「親子の生活実態は事案の概要として言及されるにとどまるため，生活実態はあまり重視されていないと考えられる」とのことである。

[47] 鎮目征樹「不作為犯論における実務と理論の距離」佐伯仁志ほか編『刑事法の理論と実務④』（成文堂，2022年）128頁以下。

[48] 池田直人「子ども不保護事例と故意の不真正不作為犯」刑法63巻1号（2023年）90頁以下。

あろう[49]。皆さんの授業担当者が，具体的事実を挙げることにより作為義務を認定すべきだと考えている場合には，作為義務として「親であるから」とだけ書いた答案はもしかしたら低い評価が下されるかもしれないが，それは担当者との巡り合わせが悪かっただけのことであり，皆さんが「刑法を分かっていない」ということにはならないから，安心してほしい。

### 7．制度的基礎がない場合の作為義務について

これに対し，そうした制度的な基礎による事情を挙げ得ない場合には，当該事案における具体的事実を拾い上げ，それが「規範的に」作為を義務付けるべきものかを検討する必要がある。これを最決平成 17・7・4 刑集 59 巻 6 号 403 頁のシャクティ事件についてみておこう。これは，重篤な患者の親族から患者に対するシャクティ治療を依頼された者が入院中の患者を病院から運び出させたうえ，必要な医療措置を受けさせないまま放置して死亡させたという事案であり，最高裁は，「被告人は，自己の責めに帰すべき事由により患者の生命に具体的な危険を生じさせた上，患者が運び込まれたホテルにおいて，被告人を信奉する患者の親族から，重篤な患者に対する手当てを全面的にゆだねられた立場にあったものと認められる」ということを，作為義務の根拠としている。

担当調査官によれば，被害者の生命に対する具体的な危険をもたらした被告人に対し，その死亡を防ぐ責任を負わせることは，「常識的」なものであり，ホテルにおいて手当てを全面的に委ねられて以降は，被告人は被害者につき，生殺与奪の権を握った状態にあったとされており[50]，いわば，常識論レベルでの説明がなされているにとどまる。

このうち，前者の先行行為（病院から運び出させたこと）については，それだけでは作為義務の基礎付けとしては十分でないように思われる。最決平成 17・7・4 も，原審の東京高裁が，先行行為だけを根拠に作為義務を認めたのを実質的に修正し，後者の事情（適切な医療措置を受けさせないまま放置したこ

---

49) もっとも，年少の子どもであるといった，法益の脆弱さにより，親族による保護が必要とされる状況を挙げることは必要だと思われる。橋爪隆『刑法総論の悩みどころ』（有斐閣，2020 年）73 頁。
50) 藤井敏明「判解」最判解刑事篇平成 17 年度 200 頁以下。

と）をも加算していることには注意が必要である。確かに，調査官は，「双方の事情が認められる事案でなければ不作為による殺人罪が成立しない，との趣旨まで含むものと捉えることは適切でない」[51]と述べておられるが，それは後者の事情が認められるのにさらに前者の事情がなければならないとするのは過剰だとの趣旨で理解されるべきであるように思われる。

　先行行為がネガティヴに捉えられる理由は，因果的な惹起のみが刑法的帰属の根拠であるという古い時代の思想の残滓であり，事後の故意を認めることにつながること[52]，および，そもそも社会は，このような侵害の危険に対し，先行行為者だけに危険除去を任せ，第三者は手出しをしないという分業を前提としていないこと[53]，による。

　これに対し，シャクティ治療を引き受け，自らを信奉している子どもから親を託された場合には，事実レベルにおいて他者が手出しできない状態になっており，法制度的にみて，作為への排他的期待は，もっぱらこの被告人に向けられることになる。これを一般的にまとめれば，保護を必要とする病者や幼児を引き取ったような場合には，保護がその者に委ねられる一方において，他者による一般的な救助可能性が排除されることになるから，刑法上の期待は，この者に向けられてしかるべきだということなのである[54][55]。

---

51) 藤井・前掲注 50)203 頁。
52) 伊藤寧ほか『刑法教科書総論(上)』（嵯峨野書院，1992 年）186 頁［松生光正］。
53) 橋本正博「不真正不作為犯における作為義務」研修 682 号（2005 年）9 頁以下。
54) 伊藤ほか・前掲注 52)185 頁以下［松生］。
55) 塩見淳『刑法の道しるべ』（有斐閣，2015 年）42 頁以下も参照。

# 第6章　過失犯

CHAPTER 6

## POINT

- 新過失論と旧過失論の構造の違いを理解する。
- 結果回避義務の設定の仕方を理解し，併せて許された危険についても理解する。
- 予見可能性について，旧過失論からの捉え方と新過失論からの捉え方の違いを理解する。
- 予見可能性は，危険の認識可能性で足りないかにつき，議論の状況を理解する。

## はじめに

　業務上過失致死傷罪や過失運転致死傷罪のような過失犯は，予見可能性を前提として設定される結果回避義務に違反して構成要件該当結果を発生させた場合に成立する。少し前までは，このように過失犯の成立要件として結果回避義務とその違反に言及できるのは，結果回避義務を許された危険の観点を基礎として設定したうえ，結果回避義務を果たした場合に違法性を否定する新過失論だけであった。旧過失論は，構成要件該当性・違法性のレベルでは故意犯と共通の議論をしたうえ，故意・過失はあくまで責任の違いであり，故意は結果の予見であり，過失は故意の可能性，すなわち，結果の予見可能性を本質的要素として捉えるものであったからである。これに対しては，新過失論の側から，危険な行為をやって結果が発生すれば，構成要件該当の違法な行為も予見可能性も否定されないから，結果回避義務を果たした場合，言い換えれば，許された危険が実現したにすぎない場合でも過失犯が成立することとならざるを得ず，社会が麻痺してしまうとの正当な批判がなされた。
　この批判を受けて旧過失論は，いわば新過失論への急接近を図ることにな

る。これが修正旧過失論と呼ばれる見解である。平野博士は，構成要件レベルで，「実質的で許されない危険」を要求された[1]が，ここでは「許されない危険」の考え方が取り入れられていることは，その文言上も明らかである[2]。また，より最近では，旧過失論に立ちながら「結果回避義務」を設定し，その違反が結果へと実現したことをもって客観的な構成要件該当性を認める見解も有力化している[3]。

　ここまで来ると，新過失論と旧過失論との違いは，結果回避義務と予見可能性を相互に関連づけられたものとして構成要件的過失の内部に位置づけることができるか，結果回避義務とその違反だけを構成要件論に位置づけ，予見可能性（これがあくまで過失）を別途責任論で論じるかという差にとどまっており，事実認定を見据えた要件論を考えるときなどは，その差はほとんど結論に違いをもたらさないように思われる。

　しかし，結果回避義務と予見可能性の相互の関連性を確保できるかは，思いのほか重要な違いであろうと思われる。旧過失論においては，予見可能性はあくまで責任論の問題だから，構成要件論に位置づけられるべき結果回避義務とその違反は，予見可能性があるかとは無関係に論じなければならないこととなる。実際には，旧過失論の側も，予見可能性を先取りしながら，結果回避義務を考えるのであろうが，犯罪論体系に犯罪の認定を順序立て・整序する機能を持たせたいのであれば，このような分裂した思考は避けた方がよいように思われるし，後で検討するように，予見可能性と結果回避義務を相互に関連させて，必要な程度を論定していくこともできないことは決定的な違いであるように思われる。

　もう1つの違いは，情報収集義務を認めることができるかである。旧過失論の論者の中には，情報収集義務につき，これを具体的予見可能性を導くものとして位置づけ，肯定的に解する見解があるが，新過失論に立ち，予見可能性を前提とした結果回避義務という枠組みを考えるときには，情報収集義務という

---

1) 平野龍一『刑法総論Ｉ』（有斐閣，1972年）194頁。
2) 林幹人『刑法総論〔第2版〕』（東京大学出版会，2008年）280頁は，平野博士の見解はアメリカ模範刑法典の「substantial and unreasonable risk」という基準を採用したもので，許された危険の法理と基本的には同じものであるとされている。
3) 例えば，山口厚『刑法総論〔第3版〕』（有斐閣，2016年）246頁以下，橋爪隆『刑法総論の悩みどころ』（有斐閣，2020年）209頁以下など。

具体的予見可能性を欠いた場合における結果回避義務を想定することは困難となるかもしれない。この点については最後に検討する。

以下では，新過失論を基本的な出発点としながら，その骨格をなす，結果回避義務と予見可能性につき，問題となる点を取り上げて検討することにする。

## I．結果回避義務について

### 1．その具体的設定の仕方――シンプルな結果回避が問題となる場合

結果回避義務とその違反を過失の本質的要素と考える新過失論の立場は，許された危険の考え方と不可分一体のものとして展開されてきた。今日の社会では，自動車・鉄道・航空機などの高速度交通機関，電気・ガスの供給施設，鉱山，土木建設事業など，事故や災害の原因となり，危険を伴うものが数多く存在するが，だからといってこの危険を理由にしてこれらを全面的に禁じたのでは，現在の社会生活はたちどころに麻痺し，原始生活に立ち戻らざるを得なくなることから，その行為の社会的有用性を根拠に，一定の範囲内に危険を押さえ込んでいる限り，それは許された危険であり，その危険が実現しても法的に許容されなければならないという考え方がその背景にある。

しかし，許された危険が問題とならず，行為の危険全体が許されておらず，もって，シンプルに危険を回避すべきケースを考えたとき，結果回避義務がどのように設定されるのか，また，許された危険の考えを容れなければならないときに，許された危険と許されない危険とがどのように線引きされるのかについては，構造論と予見可能性論における議論の盛り上がりに比して，研究の蓄積はほとんどないのが実情であった。

そのような中，まず前者につき鋭い分析のメスを入れられたのは，樋口教授である。教授は，当該事実関係から生じる危険の内実を明らかにすることを前提としたうえで，「当該危険の防止という目的を達成する手段に対する審査という形で比例原則と義務履行の可能性という視点を採用することが望ましい」との出発点から，①当該危険の防止にいかなる措置が有効であるか，②当該措置が行為者にとって履行可能か，また，過大な負担であるかを問題とされ，③有効・履行可能・過大でない複数の措置が考えられる場合には，できるだけ軽

い負担の措置を義務付けるべく，より負担の重い措置は排除されるとの判断枠組みを示されている[4]。

　これらは一般論としては，言われてみれば当然のことを明らかにしたものであり，広く共有されてよい判断枠組みであるように思われる。まず①であるが，結果回避義務違反を問題とする場合でも，およそ何も結果回避努力をしなかった，怠けていたということ自体の反価値性ではなく，当該結果を防止しうる措置をとり得たのにとらなかったということの反価値性が問題とされるべきである以上，当該危険の防止に有効でないことを義務付けても仕方がないから，防止措置の有効性は，義務付けの前提として不可欠の要請であろう。

　②についても，古川教授が言われるように，法は不可能を強いないといういわば当たり前の観点から出発する以上，「法は，行為者にとって認識可能な，行為時に現存する危険を，行為者の身体的能力にてらして可能な限度で消滅させることまでしか要求できない」のである[5]。これに対し，過大性の判断には慎重さが求められる。樋口教授は，過大性の評価に際して，社会の意識を反映して決断することが要請される問題であることを正面から認められ，例えば，デパートにおける防火対策としてのスプリンクラー設置が注意義務の内容となるかは，他の同業者がどの程度の措置を行っているかが考慮要素になるとされている[6]が，これには疑問がありうる。

　例えば，東京地判平成13・3・28判時1763号17頁（薬害エイズ帝京大事件）は，わが国の大多数の血友病専門医が各種の事情を比較衡量した結果として血友病患者の通常の出血に対し非加熱製剤を投与していたと認定したうえ，被告人のなすべき措置については，「規範的な考察を加えて認定判断されるべきもの」であることを認めつつも，上記「実情は，当時の様々な状況を反映したものとして，軽視し得ない重みを持っていることも否定できない」との理解から，非加熱製剤投与をやめ，クリオ製剤に切り替えるべき義務への違反はな

---

[4]　樋口教授の著作は，圧倒的な質量の研究内容を非常に凝縮された文章で表現されており，読み手にとってハードルが高いが，学生の皆さんにも比較的読み通しやすい代表作として樋口亮介「注意義務の内容確定基準――比例原則に基づく義務内容の確定」『山口厚先生献呈論文集』（成文堂，2014年）195頁以下（本文に対応するのは209頁以下）を推奨したい。
[5]　古川伸彦『刑事過失論序説』（成文堂，2007年）198頁以下。
[6]　樋口・前掲注4)224頁。

第6章　過失犯　｜　097

かったと結論づけている[7]が，これはやはり不当であろう。この結論の不当性は，特別な知見を持ち合わせていた被告人の過失を，そうでない「通常の血友病専門医」の実情を考慮して否定したという過失の標準論に関わる問題にも起因している[8]が，それにしても，他の誰もやっていなかったのなら被告人もやらなくてよかったのだ，と軽々に言うことは是認できない[9]。クリオ製剤への切替えにより患者側に生じる種々の不利益と低い可能性ながら生命を失う危険性を秤にかければ，やはり生命を失う可能性を許された危険だとは言えないのだとすれば[10]，治療方針の変更，具体的には処方箋に記入する薬剤名の変更をもって，過大な負担だと言うべきではないように思われる。

　最後に③であるが，これは，このような場合には，より負担の重い措置は不要なのであるから，法は不必要なものを義務付けないというシンプルな原理に基づいて，正当化可能であるように思われる。

## 2．許された危険

　他方，結果回避義務として問題となるのは，結果回避のために一定の措置を講じたり，端的に危険な行為をやめたりすることばかりではない。一定の危険が残存してもなお，それが許された危険である場合には，その範囲内に危険をコントロールすることを条件として，当該行為の遂行は法的に許され，その危険が実現しても，過失犯の構成要件該当性は否定される[11]。

　樋口教授は，上述の危険比例性の観点が許された危険の問題と重なるとの理解に立たれている[12]が，許された危険の場合には，対立利益の調整が正面か

---

[7] この判断を高く評価されるものとして井田良『変革の時代における理論刑法学』（慶應義塾大学出版会，2007年）193頁以下。
[8] 過失の標準論についての優れた基礎的研究として松宮孝明『刑事過失論の研究〔補正版〕』（成文堂，2004年）121頁以下，本件に関する問題点の的確な指摘として松宮孝明『過失犯論の現代的課題』（成文堂，2004年）168頁以下。
[9] 的確な批判として北川佳世子「薬害エイズ3判決における刑事過失論」法教258号（2002年）46頁以下，前田雅英「判批」判評516号（判時1767号）（2002年）46頁以下。
[10] 前田・前掲注9)45頁以下。
[11] 最判平成15・1・24判時1806号157頁の黄色点滅信号事件など参照。
[12] 樋口亮介「注意義務の内容確定プロセスを基礎に置く過失犯の判断枠組み(1)」曹時69巻12号（2017年）40頁。

ら問題となりうる点において，重要な違いがあるように思われる。

すでに 1903 年に，プラハ大学の私講師であったミルジチカは，危殆化された法益の価値（人間の生命なのか財産なのか），差し迫った侵害の範囲（100 人の死か 1 人の死か），侵害の可能性の大きさをかけ算して，その積を求めたうえ，行為の目的の社会適合性の程度いかんによって，許される危険の程度が異なるという枠組みを打ち出し，「行為の目的が社会的であればあるほど，危殆化された法益の価値が小さければ小さいほど，差し迫った侵害の範囲が小さければ小さいほど，許容される侵害可能性の量は大きくなる」としていた[13]。わが国で，不破博士が，「遵守せられるべき注意の内容は，一般に其の種の行為によって追究せられる目的の法的価値の大小と其の種の行為によって生ずる法益侵害の蓋然性及びその程度の比較考量によって定まる」と論じられ[14]，井上博士が，「その種の行為によって追求される目的と侵害さるべき法益との法的価値の比照，並びにその種の行為にともなう法益侵害の蓋然性の程度及びその範囲」が利益衡量の標準となるとされている[15]のも，これと同じ方向にあると言ってよいであろう[16]。最近でも，林教授は，「注意義務違反行為の内容は，その行為のもつ具体的有用性との衡量によっても正当化されえない危険な行為」であるとされたうえ，「どの程度までの注意義務を課すかは，その具体的な状況において，どこまでの危険を許されたものとするかという考慮によって決めるべきだ」とされている[17]。

追求された目的がどのようなものであるかが，当該行為の法的性質に大きく影響することは，確かであろう[18]。救急車やパトカーが赤信号で交差点に進入してよいのは，これらの運転が高度の価値を含んだものであるからである。

---

13) August Miřička, Die Formen der Strafschuld und ihre gesetzliche Regelung, 1903, S.147ff. 井上祐司『行為無価値と過失犯論』（成文堂，1973 年）47 頁以下は，「「許された危険」の法理の中核は，法益侵害行為の裏面をなす法益維持増進としての意義を比較して行為の違法評価をする立場だといってよい。……行為の効用と危険との較量という思想は，緊急避難の思想と一面の共通性をもつが，リスクの許容性という形で論じたのは，私はチェコ刑法学者，ミルジチカが最初であると思う」とされている。
14) 不破武夫『刑事責任論』（清水弘文堂書房，1968 年）188 頁以下。
15) 井上正治『過失犯の構造』（有斐閣，1958 年）68 頁以下。
16) 議論状況の適切な概観として前田雅英「許された危険」中山研一ほか編『現代刑法講座(3)』（成文堂，1979 年）33 頁以下参照。
17) 林幹人『刑法の現代的課題』（有斐閣，1991 年）41 頁以下。
18) 前田・前掲注 16)39 頁。

もっとも，これらの見解は，目的が手段を正当化するという目的説に限りなく近づいており，目的の法的価値や達成すべき任務の重要性が，冒してよい危険の程度を決めることになる。しかし，救急車の搬送行為，通勤のための運転行為，暇つぶしにドライブする行為の有用性を具体的に算定し，これにより許される危険の程度を上げ下げするという判断枠組みは，やや安定性に欠ける[19]のであり，社会的に望ましい行為によって維持・追求される利益を，秤に載せて衡量した方が，明確な判断枠組みになるように思われる。すなわち，すでに井上博士が気づかれていたように，ここでなされるべきなのは利益衡量なのであり，社会的に望ましい行為により維持される利益と侵害される利益との比較衡量を基本に据える方が，より安定的な判断の基盤を確保でき，妥当であるように思われる[20]。

　もっとも，重要なのは，ここでの利益衡量は，緊急避難の場合とは異なり，具体的事案における害の衡量として行われるものではないということである。例えば，ロクシンは，概括的衡量（Globalabwägung）という言葉を用い，ここでは，例えば自動車の運転による危険が問題となる場合，それが暇つぶしのためのドライブだったのか，犯人を現場から逃がすための走行だったのかも問題とならないとする[21]。また，ドゥットゲも，実際上重要であるのは，いわば「無知のベール」のもとでの，すなわち，リスクをできるだけ免れることを期

---

19) 橋爪隆「過失犯(下)」法教276号（2003年）44頁。
20) そのほか，藤木英雄編著『過失犯——新旧過失論争』（学陽書房，1975年）26頁以下［藤木］は，①危害に晒される側がいわば受益者的な立場にたつものであるかどうか，②危害に晒される側においても，危害を避ける比較的容易で適切な手段があり，受益者側に一部危害防止の負担を転嫁させてもよいというような事情が認められるかどうか，③その行為に代替性があるか，かけがえのないものであるかどうか，等も考慮に入れておられる。①の考慮は，一般論としては可能と思われるが，具体的適用は相当困難と思われる。例えば，仮に原子力発電所の事故が立地地域にしか被害を及ぼさないのであれば，福島原発の事故を経験しながら地元にもたらされる巨額の経済的利益を重視してなお原発再稼働に積極的な福井県内の一部の市町のようなところについては，あるいは可能なのかもしれないが，原発に関しては，危害に晒される側がもっと広いエリアに及ぶことを考えれば，立地地域の受益をもって許された危険を語ることは到底是認されないであろう。②の考慮は，いわゆる「勝手踏切」（踏切のない線路の上を，地元住民が生活道路のように横切るもの）を渡らず遠回りでも適切に設置された踏切を渡ること等であれば，十分に是認されうる。③の考慮についても，薬害エイズ事件において，クリオ製剤があるという事情は考慮すべきであるから，当然に認められよう。
21) Claus Roxin, Strafrecht Allgemeiner Teil, Bd.1, 4.Aufl., 2006, §11, Rn.66.

待して誰もが自由の拡張に一般的に同意するという意味での,「包括的利益衡量（übergreifende Interessenabwägung）」であると述べている[22]。実際, 自動車運転を例にとれば, 制限速度は緊急車両を除けば, 道路状況等に応じて変動するものの, 運転の目的がどのようなものであったかを問わず一律に決まっており, 暇つぶしのドライブであることを理由に制限速度が下がるということはないのである。

### 3. 橋爪教授の見解

　他方, 橋爪教授は, その行為を差し控えさせることが行動の自由の重大な制約を意味するような行為は, そもそも過失実行行為としては評価すべきでないとの前提に立たれたうえ, その行為を断念することが, 行為者が法的に否認されないかたちで参加していた活動それ自体からの離脱の強制を意味するような場合に限って, 自由の重大な制約だと考えられる。こうして, 自動車運転行為などの活動を継続していくことを保証するような行為態様のうち, もっとも危険性の低い行為を遂行する行動の自由は保護されるべきであり, そうした行為から結果が発生したとしても, 過失犯として不可罰になるべきだとされるのである[23]。

　教授の見解は, これまで主張されている見解の中で, 最もクリアーな判断基準を提示するものであり, 自動車運転のような場合を想定すれば, 結論的にも穏当なものを示し得ているようにも思われる。

　しかしながら, 橋爪教授の見解は, 正当防衛に際して, 侵害から防衛するために必要最小限度の行為であれば, そこからどのような結果が発生しても許されるとする教授の見解[24]と通底するところがあるようにも思われるのであり, ここで, 法的に否認されない活動でない場合にまで, 活動の継続が無条件に前提条件とされてはならないであろう。不法行為法の分野でも, 公害事件での結果回避義務は, 状況に応じて, 操業それ自体の停止を含みうるものと解されて

---

22) Gunnar Duttge in Münchener Kommentar zum Strafgesetzbuch, Bd.1, 4.Aufl., 2020, §15, Rn.136.
23) 橋爪・前掲注19)45頁以下。
24) 橋爪隆「判批」ジュリ1154号（1999年）136頁。

いるところである[25]。

　また，教授が事業の継続性の確保を無条件に前提とされるのであれば，それも相当でないであろう。不法行為法の分野では，アメリカの1947年の判例においてハンド判事が定式化したように，行為義務を課すことによって犠牲にされる利益を重視すること[26]に対しては，当該加害者における結果回避コストの負担は，生命身体との比較衡量に際しては過大視されるべきではなく，事業の採算性に影響が出るならば，そもそも操業を開始しなければ足りるとの主張も展開されている[27]。

　例えば，原子力発電所の運転につき，刑法上，私企業が原発を運転することをふまえ，採算性を確保したかたちで事業が継続しうることを前提とした結果回避義務しか課せない等ということは，到底あり得ないことであろう。原発のように，いったん事故が起きれば，取り返しのつかない被害をもたらす巨大なリスクをはらんだプラントの運転については，刑法上，許された危険はまったく存在せず，もし本当にゼロリスクが確保できるのであれば，その場合にのみ，事業の継続が許容されうるにすぎない。それを確保していたのでは採算がとれないというのであれば[28]，事業はやめておくべきであろう。

## 4．許された危険に必要となる規範的合意

　最後に，許された危険の法理は，不正の側にあるわけでもない者に対して一定の犠牲が生じても，社会全体の利益を優先させようとする価値判断である[29]ことは否定できないため，規範レベルでの正当化がどうしても必要になる。

　ここでは，古川教授が説かれるように，社会構成員全体ないし活動参加者全

---

25) さしあたり橋本佳幸ほか『民法Ⅴ　事務管理・不当利得・不法行為〔第2版〕』（有斐閣，2020年）147頁［橋本］など。
26) いわゆるハンドの公式では，予防のために適切な注意を行う負担が，発生確率を考慮に入れた損害よりも小さい場合に，それをしなければ過失があるとされている。分かりやすい解説として樋口範雄『アメリカ不法行為法〔第2版〕』（弘文堂，2014年）72頁以下。
27) さしあたり橋本ほか・前掲注25)149頁以下［橋本］。
28) 大島堅一『原発はやっぱり割に合わない──国民からみた本当のコスト』（東洋経済新報社，2013年）。
29) 前田・前掲注16)29頁。

体のコンセンサスの存在により，危険の引受けが強制されることにより，危険を消滅させる必要性が被害者の意思に基づかず否定されるのだと考えることが許されよう。ここでは，危険の強制的な引受けがなされているのである[30]。
　また，デュットゲが言うように，許された危険における包括的衡量においては，法益保護を犠牲にした個人の行為自由の自由主義的促進と社会福祉国家的な連帯要請との緊張関係における両者の歩み寄りが重要なのであり，また，それが規範的コンセンサスに基づいてなされているところがポイントなのであるとも言えよう[31]。
　なお，許された危険が現実化した場合には，結果まで正当化されることになる。このことを，合義務的な態度を代置しても結果回避可能性が欠けるからだと説明しても，結論の言い換えにすぎないから，より実質的な説明が必要となる。そしてそれは，小林教授が説かれるように，「ひとたび刑法が危険な行為の遂行を許容した以上，たとえそれが侵害に発展したとしても，そのような事態を回避するために当該行為の遂行をあきらめるほかない場合には，刑法が矛盾した態度をとることを避けるため，許容の効果を持続させる必要がある」からだと捉えておくのが妥当と思われる[32]。

## II．予見可能性について

### 1．旧過失論・新過失論からの予見可能性の捉え方

　予見可能性については，筆者はすでに，『ひとりで学ぶ刑法』（有斐閣，2015年）において，学生の皆さん向けに，旧過失論と新過失論の対立構造をふまえたとき，それぞれから予見可能性がどのようになるかを簡単に解説している。そちらをまずは読んで頂けるとありがたいが，ここでは，それをふまえつつ，もう一歩進んだ分析を行いたい。
　旧過失論における予見可能性とは，簡単に言えば，故意の可能性である[33]。

---

30) 古川・前掲注5)234頁以下。
31) Duttge, MK § 15, Rn.136.
32) 小林憲太郎『刑法的帰責』（弘文堂，2007年）276頁以下。
33) 山口・前掲注3)252頁以下，橋爪・前掲注3)205頁以下，など。

故意犯の場合には，構成要件に該当すべき事実の認識が要件となるが，過失犯の場合は，故意の可能性，すなわち，構成要件に該当すべき事実の事前の認識可能性，すなわち，予見可能性が要件となるのである。

それゆえ，基本的には，責任非難の要件である予見可能性は，客観的な事態に対応していればいるほどよいことになり，具体的な被害者に対する結果発生の予見可能性，さらには，実際にたどった因果のプロセスの詳細に至る予見可能性まで，あった方が望ましいという方向に行きやすいことになる。しかしながら，前方不注意で自動車を運転していて，児童公園からボールを追って飛び出してきた子どもAを轢いた場合，過失運転致死傷罪の成立は十分認められうるであろうが，当該事故を回避可能な時点で，当該Aが飛び出してくることを認識し得たというようなことはおよそあり得ないであろう。また，理系の専門家でもない限り，有楽町サウナ事件（最決昭和54・11・19刑集33巻7号728頁）において「木製ベンチが漸次炭化して無焔着火する危険」，近鉄生駒トンネル事件（最決平成12・12・20刑集54巻9号1095頁）において「誘起電流が半導電層部を流れることによる炭化導電路の形成・拡大を経て，接続器に熱が加わり続けて可燃性ガスが生成され，ついにそれに火が着くというメカニズム」を予見できることはあり得ないであろう[34]が，このことが刑事責任の帰趨を決めるのだという発想は，それ自体として理解困難である。

また，旧過失論からは，予見可能性が故意とパラレルに捉えられる結果として，故意・錯誤論における議論がしばしば参照される。例えば，荷台乗車事件に関する最決平成元・3・14刑集43巻3号262頁における，問題を方法の錯誤論とパラレルに捉え，法定的符合説的に考えれば，助手席の同乗者や通行人に対する死傷結果の発生を予見できた以上，認識していない荷台の被害者に対する過失犯の成立を認めうるはずであり，具体的符合説的に考えれば，荷台の被害者に対する結果の予見可能性が要求されるといった議論，また，近鉄生駒トンネル事件における，問題を因果関係の錯誤とパラレルに捉え，法的因果関係が認められる何らかのルートでの結果発生の予見可能性があったのであれば実際の経過が異なっても過失犯の成立は認められてよいといった議論[35]は，

---

34) 実際後者の事案では，専門家にも，行為の時点では，そうした機序は知られていなかった。

まさしく予見可能性を故意とパラレルに考えているからこそ展開できるものと言えよう[36]。

これに対し，新過失論からは，予見可能性は，あくまで結果回避義務の論理的前提として位置づけられるものである。予見できないようなものはその回避を義務付けることができないということである。それゆえ，予見可能性は，危険の内実がどのようなものであり，それに対する結果回避義務としてどのようなものが設定されるかに，決定的に依存することになる。およそ結果が予見可能かといったことを，他の要素とはまったく切り離して独立に問う契機は，新過失論には存在し得ないのである。

それゆえ，荷台乗車事件であれば，被告人は，普通貨物自動車（軽四輪）を運転中，最高速度が時速 30km に指定されている道路を時速約 65km の高速度で進行し，対向車両を認めて狼狽し，事故に至ったというものであるから，ここでは，軽トラという余り安定的な高速走行に向かない車両を，制限速度の 2 倍を超える高速度で暴走していたのだから，「右のような無謀ともいうべき自動車運転をすれば人の死傷を伴ういかなる事故を惹起するかもしれない」ことになる。結果回避義務は，このようなありうる範囲の死傷事故につき設定されるものであり，そうした事故が生じうることさえ認識できれば，十分だと言える。要求される結果回避義務も，制限速度内にまで減速するというシンプルなもので，道交法上要求されている基本的な義務であり，ここまで速度を落とすことは法的には何らかの負担というべきものでもないから，予見可能性もその種の運転行為に伴う死傷事故の発生がありうるという程度で十分である。新過失論からは，おおむねこのようなプロセスで予見可能性を検討すれば足りるように思われる[37]。

近鉄生駒トンネル事件でも，結果回避義務は，付け忘れたアース板をきちんと付けるというだけのことであり，アースは，余計な電気を地中に流す装置で

---

35) 以上につき山口・前掲注 3)252 頁以下，佐伯仁志『刑法総論の考え方・楽しみ方』（有斐閣，2013 年）300 頁以下，橋爪・前掲注 3)218 頁以下，など参照。

36) 判例は新過失論を基調とするものと思われるから，安廣文夫「判解」最判解刑事篇平成元年度 86 頁が，故意・錯誤論とパラレルに考える解説を展開されていることは，当時の学説状況に照らせばやむを得ないが，現在の学説状況に照らせば完全な誤りである。

37) なお樋口亮介「注意義務の内容確定プロセスを基礎に置く過失犯の判断枠組み(2)」曹時 70 巻 1 号（2018 年）64 頁も参照。

あるから、「本来たまるべきでない電気がたまって加熱し、場合によっては発火する」ということは、十分に予見できたのであるから、これでもって刑法上の予見可能性は認められる。「　」内の事象が、どのような経過をたどって実現していくかは、結果回避にとってどうでもよいことであり、そもそもそれが予見できなければ刑法上の予見可能性がないという発想自体が理解困難だと言わざるを得ない。

## 2．結果回避義務との相関関係について

　新過失論をとれば、「予見可能性を前提として」結果回避義務が問題となるから、先行して予見可能性が判断されるべきだとの理解もありうる。実際にも、有名な京踏切事件に関する大判昭和4・4・11新聞3006号15頁は、被害者の存在を認識し得た地点を特定したうえ、その地点における結果回避義務を考え、それを果たしたとしても結果回避が不可能であったとして無罪の判決を下しているが、必ずこのような手順で検討しなければならないわけではなく、結果回避が可能であった最終地点において結果回避義務を設定する前提として予見可能性があったかを問い、これを否定するという結論もあり得たものと思われる。学生の皆さんから最も多く受ける質問は、新過失論をとったときに、どの要件から検討すればよいかというものであるが、ほとんどの事案においては、結果から遡り、回避可能性と予見可能性が揃うのはいつからいつまでなのかを確定し、その中で最も負担の軽い結果回避義務を設定できる時点での過失犯の成否を考えればよいように思われる[38)]。

　そのうえで、予見可能性の内容次第では、結果回避義務が変動することがあることには注意が必要であり、例えば、福知山線脱線事故に関する最決平成29・6・12刑集71巻5号315頁は、このことをふまえるとよく理解できる。本件では、同種カーブへのATS整備を義務付けうるか、他ならぬ本件カーブへのATS整備が義務付けられるか、の2つの問題の捉え方がある。JR西日本

---

38) 西原春夫『刑法総論(上)〔改訂版〕』(成文堂、1993年) 200頁以下、井田良『講義刑法学・総論〔第2版〕』(有斐閣、2018年) 212頁以下。さらに高橋則夫ほか『理論刑法学入門』(日本評論社、2014年) 21頁以下〔仲道祐樹〕は、こうした認定方法が行為反価値論と矛盾するものではないことを興味深い仕方で指摘されている。

管内には，同種カーブが2000箇所以上もあったことから，本件カーブだけが特に危険であったというのでない以上，それらすべてへのATS整備を一斉に義務付けうる場合に限り，結果発生は回避しうることとなる。指定弁護士は，大規模火災事故に関する最高裁判例[39]にみられるような，「いったん公式」を前提として，「運転士がひとたび大幅な速度超過をすれば脱線転覆事故が発生する」という程度の認識があれば足りると主張したが，低い可能性にも真剣に備えるべきことが法令上も明らかである火災の危険であれば，この程度の予見可能性でも義務付けにとって十分であるのに対し，運転士のブレーキが間に合わず制限速度を大幅に超過してカーブに進入する危険に備えるために，2000箇所以上に及ぶすべてのカーブに一斉にATS整備を義務付けるという大きな負担を課すことはできないとされたのである[40]。そうだとすれば，過失犯の成立を認めるためには，他ならぬ本件カーブだけがとくに脱線転覆の発生の危険性が高いと認識できたのでなければならない。そうすれば，本件カーブ1箇所のATS整備の義務付けだけで済むから，予見可能であった危険の内容に照らし，十分に義務付けを行うことができたであろう。しかし，このような予見可能性は認められなかった。これが同事件において無罪判決が下された理由であろう。このように，予見可能性の対象・程度と義務付けられる負担の大きさの相関関係も，過失犯の成否を決する大きなポイントなのである[41]。

## 3．危険の認識可能性としての予見可能性

従来，新過失論からも，旧過失論におけるのと同様に，当該具体的結果の予見可能性が要求されてきたように思われる。予見可能性・予見義務と結果回避

---

39) 例えば川治プリンスホテル事件に関する最決平成2・11・16刑集44巻8号744頁，ホテル・ニュージャパン事件に関する最決平成5・11・25刑集47巻9号242頁など。
40) 古川伸彦「判批」名古屋大学法政論集278号（2018年）290頁以下，北川佳世子「判批」百選Ⅰ〔8版〕（2020年）117頁。なお，樋口・前掲注12)14頁は，負担の重い措置であったこと自体から義務付けの適正を欠くとされるが，やはり，予見可能性の程度いかんでは，このような重い負担（場合によっては一定期間の運休を伴う）を課すことも許され得たものと思われる。
41) 同決定における小貫芳信裁判官の補足意見は，「どの程度の予見可能性があれば過失が認められるかは，個々の具体的な事実関係に応じ，問われている注意義務ないし結果回避義務との関係で相対的に判断されるべきもの」だとされている。

可能性・結果回避義務を要件として明示したのは，弥彦神社事件に関する最決昭和 42・5・25 刑集 21 巻 4 号 584 頁であった[42]が，実際に要求されているのは，「原判決認定にかかる時間的かつ地形的状況のもとで餅まき等の催しを計画実施する者として，参拝のための多数の群集の参集と，これを放置した場合の災害の発生とを予測すること」に限られており，数行後でも，「かかる災害の発生に関する予見の可能性」と表現されている。これは樋口教授が言われるように，「事実関係を基礎にした災害の可能性という危険の内実を前提にして，当該危険に対する予見可能性を問題にするもの」と言ってよいであろう[43]。

　こう考えてよい理由につき，樋口教授は，「義務履行の可能性という観点からは，回避すべき危険の予見可能性が必要であるとともに，それで足りるからである」とされている[44]が，妥当と思われる。高橋博士も，具体的予見可能性説は，過失犯を故意犯とパラレルに考えた場合の帰結であり，このパラレル性を維持できない以上，支持し得ないとされたうえ，結果発生の原因となった事実の予見を要求する西原博士らの見解を発展させ，危険状況の予見があれば，結果回避措置を義務付けてよいとの理解を示されている[45]。

　その西原博士は，結果発生の原因となった事実で，それを予見すれば通常人ならば結果回避措置をとったであろうような事実が予見可能性の対象となるとされていた[46]。また，下級審裁判例にいう「因果関係の基本的部分の予見可能性」[47]を，それを認識すれば結果を予見しうるだけの中間項と捉え，その予見可能性があれば，結果の予見可能性に置き換えることができるとする見解[48]も，これと同様の結論に至るであろう。

　すでにみたように，児童公園からボールを追った子どもが飛び出してきた場

---

42)「被告人らにこの事故に関する過失の罪責があるかどうかを，右結果の発生を予見することの可能性とその義務および右結果の発生を未然に防止することの可能性とその義務の諸点から順次考察してみる」と判示されている。
43) 樋口・前掲注 4)229 頁以下。
44) 樋口・前掲注 4)228 頁以下。
45) 高橋則夫『刑法総論〔第 5 版〕』（成文堂，2022 年）232 頁以下。
46) 西原・前掲注 38)198 頁。
47) 北大電気メス事件に関する札幌高判昭和 51・3・18 高刑集 29 巻 1 号 78 頁が最初のものであろう。
48) 前田雅英『刑法総論講義〔第 8 版〕』（東京大学出版会，2024 年）240 頁，只木誠『コンパクト刑法総論〔第 2 版〕』（新世社，2022 年）195 頁以下など。

合については，児童公園の出入り口付近を走行することの認識（可能性）さえあれば，予見可能性としては十分であるとせざるを得ない。アース銅板の付け忘れ（近鉄生駒トンネル事件）など，結果発生の原因となった事実の認識（可能性）があれば，それで十分であろう。その理由は，結果は原因から生じるものであり，結果の原因を予見ないし予見可能であれば，ひいては，結果それ自体も予見可能であると言ってよいからである。

そして，結果回避義務は，この結果の原因を防止するために設定されるものなのであるから，ここにおいて予見可能性と結果回避義務とが接合することになる。結果の原因とは，言い換えれば，結果発生の危険のことであるから，これを危険の認識（可能性）であると言ってもよいであろう。こうして，この点に関する樋口教授の見解には，賛成されてよいものと思われる。

## 4．情報収集義務について

最後に情報収集義務について，簡単にふれておきたい。前方注視義務のようなものを想定すれば，刑法上も一定の情報収集義務を考えないと，適切な処罰範囲を確保することができないことは明らかである。この点，樋口教授は，新過失論における結果の予見可能性を前提として結果回避義務を認めるという理解からすると，情報収集義務を履行して初めて結果の予見可能性が生じるのだから，情報収集義務は理解困難になるとされている[49]。

これに対し，旧過失論の側から松宮教授は，不安感・危惧感を情報収集措置を促す契機として位置づけ，そうしていれば具体的予見に到達し得た場合に予見可能性を認めるのであれば，それは具体的予見可能性説であると述べられ，この限りで情報収集義務を肯定されている[50][51]。確かに，前方注視義務などは，危険を探知する義務であり，これを果たすことにより具体的な予見可能性をもたらすものだと言ってよいであろう。

---

[49] 樋口・前掲注4)231頁。
[50] 松宮孝明『先端刑法総論』（日本評論社，2019年）142頁。
[51] 山本紘之「予見可能性における『可能性』判断」刑法55巻2号（2016年）258頁以下は，これと同様の見解に立ちつつも，危険状況の認識がある場合に限って，情報収集義務を肯定されている。

しかし，旧過失論によるときは，以上の確認で足りるかもしれないが，新過失論によるときには，情報収集義務も，あくまで結果回避義務として位置づけたうえで，かつ，情報収集義務は，それだけ果たしても結果回避には直接つながらないことをふまえた説明が試みられるべきだと思われる[52]。

この点，情報収集義務を初めて結果回避義務に位置づけられたのは，藤木博士であったと思われる[53]が，これは，具体的予見可能性は不要であり，危惧感・不安感があれば結果回避を義務付けうるとする危惧感説とセットになったものであった。このように，新過失論から情報収集義務を結果回避義務として適切に位置づけるためには，結果の予見可能性を前提とした結果回避義務の違反という定式を放棄する必要があることになるのである[54]。

樋口教授は，前方注視義務を例にとって，次のような説明をされている。

①車の前方でいかなる事故の原因が生じるか分からないという一般的・抽象的な危険性と比例させて前方を注視する義務が課される。この義務は，より具体的な危険をもたらす事情を発見することを要請するものであり，危険防止に直結するものではない。

②通行人の飛び出しなどの具体的な危険が生じた場合には，当該危険と比例する形で，クラクションを鳴らしたり，車両を停止させたりする義務が生じる[55]。

こうした①の前方注視義務は②の具体的な危険を回避する義務が後続することとワンセットになったものであり，その不履行は過失犯を直ちに基礎付けうるのであり，その履行ができない場合には，当該行為の禁止が帰結されることになろう。他方，①の前方注視義務を果たしたとしても，②の結果回避措置が奏功し得ないような場合には，①の義務を怠ったこと自体で過失犯が成立することはなく，結論として過失犯の成立は否定されることになろう。

樋口教授から，最初に自説の構想をお伺いしたときは，筆者は結果の予見可

---

[52] こうした前提からの重要な理論的貢献として，楊秋野『過失不作為犯の帰属原理』（成文堂，2022年）222頁以下参照。

[53] 藤木編著・前掲注20)31頁以下［藤木］は，新薬開発の場合を想定して，情報収集義務が「発売前における結果回避義務として要求されることになる」と明言されていた。

[54] 樋口・前掲注4)232頁は，予見可能性の対象を危険と考えれば，情報収集義務につき理論的な説明が可能になるとされている。

[55] 樋口・前掲注4)232頁。

第1部　構成要件該当性

能性を前提とした結果回避義務というテーゼに完全に縛られており，猛烈な拒絶反応を示した記憶があるが，1・3で検討したように，結果の予見可能性は厳密には要求できず，また，なくても十分なものであることを踏まえつつ，前方注視義務を手がかりに考察を深めていくにつれ，樋口教授の構想に大枠で乗ることはできるように思われてきたところである。読者の皆さんはどうであろうか。

# 第2部
# 違法性阻却事由

Fundamentals of Criminal Law: General Part

# 第7章　違法性総論

CHAPTER 7

**POINT**

・結果反価値論と行為反価値論の，それぞれの考え方の違いを理解する。
・結果反価値論と行為反価値論とで，とりわけ故意・過失の体系的位置づけが異なることを理解する。
・結果反価値論と行為反価値論とで，違法性阻却の判断の仕方が異なることを理解する。
・法秩序の統一性は認められるかに関する見解の対立を理解する。

## はじめに

　刑法総論というと，結果反価値論と行為反価値論が対立しており，これに対する態度決定なくしては刑法総論を語ることはできないという時代が長く続いた。1960 年代から 1990 年代頃までは，そうであったと言えるであろう。島田教授は，現在では，この点はなお残る一部の対立点を除けばそれほど意味をもたないし，そうした対立点もどんどん減少しているとの理解を示されている[1]。

　しかし，そうは言っても，結果反価値論と行為反価値論とでは，やはり幾つかの重要な相違が残されており[2]，それを確認しておくことには今なお学習上

---

1) 安田拓人ほか『ひとりで学ぶ刑法』（有斐閣，2015 年）4 頁［島田聡一郎］。
2) 前田雅英「許された危険」中山研一ほか編『現代刑法講座(3)』（成文堂，1979 年）36 頁は，結果反価値論と行為反価値論の対立軸を，(1)判断の対象を主観的なものとするか客観的なものとするか，(2)判断の基準を主観的なものとするか客観的なものとするか，(3)判断の基準において倫理的なものを強調するか否か，(4)判断の時点を行為時とするか結果発生後とするか（即ち事前的か事後的か），(5)違法性を義務違反に捉えるか法益侵害及びその危険を中心に考えるか等のメルクマールに分解されるべきものであるとされている。

の意義がある。そこで，Ⅰでは，それぞれの見解の基本的な発想の違いを確認するとともに，とくに主観的違法要素の位置づけにおいて両者には大きなスタンスの違いが残ることを確認しておきたい。

また，行為反価値論では，社会的相当性判断を重視し，社会的相当性を逸脱した法益侵害だけが違法なのであるとして，社会的相当性判断が処罰範囲を限定するとの理解が示される一方で，違法性阻却の判断に際しては，目的の不当さといった行為反価値的要素が，違法性阻却にストップをかけており，処罰範囲が却って拡張されている[3]。なぜこのようなことになるのか，それには妥当性が認められるのかをⅡで確認しておきたい。

最後に，Ⅲでは，法秩序の統一性の問題を取りあげ，民法と刑法の関係を素材として，民法による違法性阻却がありうるかを検討することにしたい。

## Ⅰ. 結果反価値と行為反価値 [4]

### 1. 結果発生の防止と行為の禁圧

刑法は，人の生命，身体の完全性をはじめとする法益を保護するために存在する規範である[5]。そして，刑法は，こうした法益を侵害する結果が生じることの反価値性を捉え，それを理由としてのみ違法だとの評価を下していると考えるのが，結果反価値論である。

これに対し，結果の発生という偶然の要素によって，処罰が基礎付けられるのはおかしいと考える見解も少数ながら主張されている[6]。刑法は行為のみを

---

3) 佐伯仁志『刑法総論の考え方・楽しみ方』（有斐閣，2013 年）99 頁以下，山口厚『刑法総論〔第 3 版〕』（有斐閣，2016 年）107 頁以下など参照。
4) 「反価値」とは，ドイツ語の unwert の訳であり，価値に反しているというネガティヴに捉えられるマイナスの状態を表したものである。そこで本書では「無価値」ではなく「反価値」という表現を用いている。
5) 法益論に関する最近の基礎的研究として嘉門優『法益論』（成文堂，2019 年）が重要である。法益論については，近時，その立法批判機能等に対する懐疑論が強まっている（仲道祐樹「法益論・危害原理・憲法判断」比較法学 53 巻 1 号〔2019 年〕25 頁以下およびそこで引用されている文献参照）が，しかし，それでも刑法が法益を保護するものであること自体は否定しがたいところと思われる。
6) 増田豊「人格的不法論と責任説の規範論的基礎」法律論叢 49 巻 6 号（1977 年）146 頁以下，158 頁以下。

禁止しうるのであり，結果を禁止することはできないというのである。しかし，刑法は，過失犯については，結果の発生した場合に限って処罰規定を設けており，故意犯でも器物損壊罪など比較的軽微な犯罪については，未遂犯の処罰規定はない。そして，殺人罪のような場合でも，犯罪が既遂になったか未遂にとどまったかにより，違法性の重さが格段に違ってくることは否定できない。そこで，行為反価値だけを考える見解（行為反価値一元論）も，結果を客観的処罰条件とすることによって，このことに対応しようとする[7]が，これでは，処罰されるかどうか，あるいは，重く処罰されるかどうかが，犯罪の不法内容とは無関係に決まってしまうことになって妥当でない。こうしたことから，行為反価値一元論は完全な少数説にとどまっている[8]。

ところで，結果反価値論と行為反価値論というと，何か大きな対立があるかのように見えるが，わが国の行為反価値論は，結果の反価値を，違法性を基礎付ける不可欠の要素として考慮する見解である（二元的行為反価値論）。結果が発生するかには確かに偶然的な要素があるが，しかし，およそ支配不可能な偶然の結果であれば，すでに刑法上の因果関係が否定される。したがって，ここで問題となるのは，結果を発生させてもおかしくはない行為がなされながら，偶然的事情も影響しつつ，結果が発生したのか[9]しなかったのかという偶然性だけであるから，行為反価値一元論にまで至る必然性はないのである。また，行為反価値論といっても，刑法の目的を法益の保護に求める見解も多く，これによる場合には，結果反価値論とは，その基本的なスタンスにおいて対立はないと言ってもよいであろう。

では，行為反価値論とは何か。それは，刑法は，法益を侵害する様々な原因

---

7) 増田・前掲注6)159頁以下。
8) もっともこのように言うだけでは，行為反価値と結果反価値が異質なものとして併存したままになりかねない。この問題の解決をも見据え，自由の普遍的保障という観点から，二元的行為反価値論に立って不法概念を哲学的に基礎付けようとする意欲的試みとして，飯島暢『自由の普遍的保障と哲学的刑法理論』（成文堂，2016年）第2部第1章が重要である。
9) 井田良『講義刑法学・総論〔第2版〕』（有斐閣，2018年）135頁以下は，因果関係が認められる場合とは，刑法の規範がその種の危険な行為を禁止することにより回避しようとした当の結果がまさに現実化したとき，禁止された行為に伴う危険性（刑法規範による禁止の根拠となっている行為の危険性）が結果の発生によって確証されたときであるとし，禁止対象たる行為の危険を基軸に据えつつ，結果に理論的な位置づけを与えておられる。

のうち，人の行為による場合をターゲットとし，人の意思決定に働き掛けて行為を統制することにより，法益侵害を防止しようとする行為規範なのだという発想である[10]。

違法性判断は，結果が生じたことをネガティヴに評価することに尽きているのか，それとも，こうしたメカニズムを介した法益保護を刑法の本質だとみるのか，ここが，結果反価値論をとるか，二元的行為反価値論をとるかの大きな分岐点なのである。例えば，正当防衛において対物防衛の議論を学ぶときには，このことを想起し，「違法性とは，法的に否認された状態の惹起である」（ドイツの刑法学者メッガー）として，動物や自然による法益侵害も違法だとみるのか，あくまで違法評価は人の行為についてしか下されないのかを検証してみるとよいであろう。

もっとも，行為反価値論は，違法性の基礎付けに際しては，社会的相当性が認められない法益侵害だけを違法とする点において，結果反価値論との違いがある[11]。例えば，大阪・岸和田等のだんじり祭では，だんじりから転落したり，だんじりと電柱の間に挟まれたりする等して，死亡事故が起きることもあるが，筆者の知る限り，これにより誰かが過失犯で立件されたことはない。また，ボクシングの試合では，減量したうえでの激しい殴り合いがなされるため，重い怪我をしたり，場合によっては脳等に深刻な後遺症が残ったりすることもあるが，筆者の知る限り，それでも相手の選手が立件されたことはない。こうした場合には，優越的利益を観念することもできず，死亡ないし重大な傷害に対しては同意も観念できないことからすれば，ここでの違法性がないがゆえの不可罰という結論は，まさしく，祭・スポーツであるから，としか説明できないところがある。福田博士が，「歴史的に形成された社会生活の秩序の枠内にある行態」（社会的相当行為）は，秩序ある社会生活が活気ある機能をいとなむために必要やむを得ない程度を超えていないものとして，法益を侵害したとしても違法ではないと言われる[12]のは，このことである。

---

10) 井田・前掲注9)87頁以下など参照。
11) 佐伯(仁)・前掲注3)99頁は，どのような違法論をとっても，立法者がある行為を処罰する刑罰規定を設けるかどうかの判断に際しては，社会的相当性を考慮しうるとされるが，問題は，こうした考慮を理論的に自らの体系内部に整合的に収納しうるかであるはずである。
12) 福田平『全訂刑法総論〔第5版〕』（有斐閣，2011年）144頁。

確かに，こうした枠組みでは，歴史的な社会的合意がない新しい事象や，価値観の対立が結論を分けうる事象については，適切な判断が下され得ない可能性がどうしても残る[13]。しかし，法は社会の単なる鏡ではなく，あるべき姿を提示する鑑なのであるから，社会における多様な価値観の共存を妨げないような考慮を払いつつ，熟議をベースとし論理の力を決め手とした形における社会的合意を常に目指すほかはないように思われる[14][15]。

## 2. 行為者の主観と違法性

古典的な客観的違法論をとる場合には，もともとは，「違法は客観・責任は主観」というように，判断対象がきれいに分かれていた[16]。違法性は，人の行為およびその結果というような，客観的な（外部的な）事情についての判断であり，主観的な（内心的な）事情についての判断は責任の問題だとされていたのである[17]。

しかし，こうした立場を純粋に貫くことはできない。例えば，通貨偽造罪の場合，実際に困るのは偽造通貨が使われた段階であろうが，そこまで処罰を待つことはできないため，「行使の目的」での偽造の段階まで処罰が前倒しされている。ここでは，「後で使うつもりだ」ということの悪さを加算して，言い換えれば，後に実現される不法内容を，それを目指す目的という形で主観面において先取りして加算し，もって処罰されるだけの悪さが認められるのだと考えるのである。こうした主観的違法要素の発見により，「違法は客観」というスローガンは，すっかり色あせたものになっている[18]。

---

13) 佐伯(仁)・前掲注3)101頁参照。
14) 井田良『基礎から学ぶ刑事法〔第6版補訂版〕』（有斐閣，2022年）325頁以下参照。
15) なお，大塚仁『刑法概説（総論）〔第4版〕』（有斐閣，2008年）357頁は，「いたずらに相対主義的立場に甘んずることは許されない」とされたうえ，「法的安定性の維持および社会的進運への適合」という観点から考察すべきだとされている。
16) 中山研一『刑法総論』（成文堂，1982年）239頁以下は，主観的違法要素をいっさい否定し，客観化して判断すべきことを強調する数少ない例外である。
17) 佐伯千仭『四訂刑法講義（総論）』（有斐閣，1981年）186頁以下は，1930年頃までは，客観的違法論は，主観的違法要素を認めることに必ずしも好意的ではなかったとされている。
18) 主観的違法要素に関する基礎的研究として佐伯千仭『刑法における違法性の理論』（有斐閣，1974年〔初出1937年〕）209頁以下が重要である。

結果反価値論者は，古典的な客観的違法論に依拠するから，こうした主観的違法要素の存在は，なるべく認めたくない，いわば「不都合な真実」であるため，目的犯の目的のような例外的な場合だけにとどめようとしている。そのため，不同意わいせつ罪のような伝統的に傾向犯とされてきたものも，こうした立場からは否定的に捉えられてきた[19]。

　しかし，近時最高裁は，行為者の性的意図を一律に（旧）強制わいせつ罪の成立要件とする従来の判例の立場を否定しつつも，「刑法176条にいうわいせつな行為に当たるか否かの判断を行うためには，行為そのものが持つ性的性質の有無及び程度を十分に踏まえた上で，事案によっては，当該行為が行われた際の具体的状況等の諸般の事情をも総合考慮し，社会通念に照らし，その行為に性的な意味があるといえるか否かや，その性的な意味合いの強さを個別事案に応じた具体的事実関係に基づいて判断せざるを得ないことになる。したがって，そのような個別具体的な事情の一つとして，行為者の目的等の主観的事情を判断要素として考慮すべき場合があり得ることは否定し難い」と結論づけている[20][21]。例えば，乳がん検診における触診やラッシュ時に鉄道会社の職員が乗車を促すべくお尻を押す行為は，外形上それ自体としてみれば性的意味を帯びているとは言いがたいし，医師・職員としても職務として遂行する意思で行為に及んでいれば何ら問題は生じないが，他方で，当該医師・職員が性的意図をもって行為に及んでいると分かれば，触れられている女性の側は非常な苦痛を感じるであろう。主観が法益侵害の程度を左右することは，こうした例からも自ずと明らかなように思われる。この点，担当調査官は，①行為そのものの性的性質が明確であるため，具体的状況如何にかかわらず，直ちに「わいせつな行為」に該当すると認められる場合，②当該行為の行われた際の具体的状況如何によって，当該行為が「わいせつな行為」に該当するかの判断が分かれうる場合，③行為そのものに備わる性的性質がおよそ無い，あるいは希薄であるため，具体的状況如何にかかわらず「わいせつな行為」該当性を否定すべきと

---

19) 町野朔『犯罪各論の現在』（有斐閣，1996年）277頁以下，佐伯（仁）・前掲注3）110頁以下，など参照。
20) 最大判平成29・11・29刑集71巻9号467頁。
21) この判例は「わいせつな行為」の意義に関するものであるから，改正後の不同意わいせつ罪についても，引き続き妥当するものと解される。

第7章　違法性総論　│　119

とらえられる場合に分け，②の場合にのみ主観を考慮して「わいせつな行為」該当性の判断をするものとされている[22]が，③において，主観をいったん考慮外に置いて性的性質の有無を判断されることには疑問の余地があろう。

　行為反価値論からすれば，行為は人の意思によって支えられているものであり[23]，行為者がどのようなつもりでやったのかによって違法性が変わってくるのは当然だということになる。それゆえ，故意と過失の違いは，すでに違法性を左右するものとして位置づけられることになる[24]。

　故意犯が過失犯よりも違法性が大きい理由は，客観的な危険性の違いに求めることも可能であろう[25]。因果を意識的にコントロールしている故意犯の方が，そうでない過失犯よりも危険性が高いということである。結果反価値論の論者は，客観的な危険性は故意犯でも過失犯でも変わらないと考える。確かに，後から振り返ってみれば，当該1回の結果は同じだから，そうだとも言えなくはないが，行為の時点でみれば，当ててやろうと狙いを定めている場合には当然当たる確率は上昇するはずだから，そうした確率の上昇をとらえて，故意犯のより大きい危険性を論証することは不可能ではないように思われる。

　他方，主観的な反価値性の違いで説明する場合には，法規範ないし法益に敵対する心的態度の反価値性が，過失犯より重い違法性を基礎付けるのだといった説明になる[26]。もっとも，この場合には，結果反価値論との違いは，体系的な収納法の違いだけになる。行為反価値論からは，主観面での行為反価値の大きさだというのに対し，結果反価値論者は，非難されるべき心情の悪さだと整理する[27]ということである。

　こうみると，どちらでもよいようにも思われるかもしれないが，行為反価値

---

22) 向井香津子「判解」最判解刑事篇平成29年度206頁以下。
23) 行為は主観＝客観の全体構造であると言われる。福田・前掲注12)146～147頁注3。
24) ただし，わが国の二元的行為反価値論者は，故意の本籍を責任段階に置く場合が多い（例えば大塚・前掲注15)177頁以下など）ので，そこまでドラスティックな違いにはなっていないことには注意が必要である。
25) 中義勝「故意の体系的地位」平場安治博士還暦祝賀『現代の刑事法学(上)』（有斐閣，1977年）156頁以下，伊東研祐『刑法講義総論』（日本評論社，2010年）102頁以下，川端博『刑法総論講義〔第3版〕』（成文堂，2013年）180頁以下。
26) 筆者は，危険の大きさの違いに加え，このような主観面の反価値性の違いもまた，故意犯と過失犯の違法性の重さの違いを基礎付けるものと考えている。
27) 林幹人『刑法総論〔第2版〕』（東京大学出版会，2008年）232頁。

論によるときは，故意・過失が違法要素として位置づけられる結果として，無過失の行為は違法ではなくなるのに対し，結果反価値論によるときは，違法性は認められ責任が否定されるにすぎないことになる。犯罪論は，3段の収納ボックスに例えられるが，ある要素を2段目（違法性）に収納するか3段目（責任）に収納するかは，正当防衛でも誤想防衛でも self-defense として一緒くたにしてしまうアメリカ刑法のようなものを想定するのでない限り，大きな違いであることはおさえておきたい。

## II．行為反価値と違法性の基礎付けおよび違法性の阻却

### 1．他害原理とリーガルモラリズム

　結果反価値論と行為反価値論の対立は，他害原理を重視する考え方とリーガルモラリズム的な考え方の対立と関連づけられる場合もある。結果反価値論が戦後有力になったのは，日本国憲法の価値秩序を前提とすれば，一定の価値観を法的に強制することとなりかねない，社会倫理秩序違反を違法性の本質と考える見解へのアンチテーゼとして注目を集めたという理由も大きいように思われる。

　しかしながら，欧米では，キリスト教的なモラルを体現したような処罰規定（獣姦や同性愛など）をターゲットとして，処罰を基礎付ける不法そのものについて，こうした議論がなされていた[28]のに対し，わが国ではもともと性犯罪の処罰が限定的であったこともあり，処罰を基礎付ける不法そのものをめぐっての議論は多くはなかったと言えよう。

### 2．外務省秘密漏洩事件（最決昭和 53・5・31 刑集 32 巻 3 号 457 頁）

　そこで，結果反価値論と行為反価値論の対立の主戦場は，違法性阻却の判断枠組みに関するものとなってきた。ここでは，最決昭和 53・5・31 の外務省秘密漏洩事件を取りあげ，この対立を概観しておこう。事案は，大手新聞社の男

---

28) 金沢文雄『刑法とモラル』（一粒社，1984 年）3 頁以下など参照。

性記者が外務省の女性事務官Ａと肉体関係をもった直後に秘密文書を持ち出させたという国家公務員法の秘密漏示のそそのかしであったが，最高裁は，「取材の手段・方法が贈賄，脅迫，強要等の一般の刑罰法令に触れる行為を伴う場合は勿論，その手段・方法が一般の刑罰法令に触れないものであっても，取材対象者の個人としての人格の尊厳を著しく蹂躙する等法秩序全体の精神に照らし社会観念上是認することのできない態様のものである場合にも，正当な取材活動の範囲を逸脱し違法性を帯びる」と判示し，「被告人の一連の行為を通じてみるに，被告人は，当初から秘密文書を入手するための手段として利用する意図でＡと肉体関係を持ち，同女が右関係のため被告人の依頼を拒み難い心理状態に陥ったことに乗じて秘密文書を持ち出させたが，同女を利用する必要がなくなるや，同女との右関係を消滅させてその後は同女を顧みなくなったものであって，取材対象者であるＡの個人としての人格の尊厳を著しく蹂躙したものといわざるをえず，このような被告人の取材行為は，その手段・方法において法秩序全体の精神に照らし社会観念上，到底是認することのできない不相当なものであるから，正当な取材活動の範囲を逸脱している」と結論づけた。

### 3. 結果反価値論からの批判

このような判断に対して，例えば平野博士は，「最高裁判所は，それ自体としては違法でない行為すなわちそれ自体としては，法益侵害のない行為も，その態様が反倫理的であれば違法になるということを認めた」ものであるが，「探知する行為自体が適法であるならば，その手段が違法であってもその手段行為自体に対して制裁を加えればいいのであって，手段が違法・反倫理的であるからといって探知自体も違法になるというのは，過度の行為無価値論ではなかろうか」との批判を向けられている[29]。

ここに表れている結果反価値論者の論理の特徴の第１は，違法性を基礎付けるのは結果反価値だけであるから，相手方女性の人格の尊厳を蹂躙したという理由を重視して，言い換えれば，目的や行為態様の悪辣さを指摘して，違法性

---

29) 平野龍一「判批」警察研究58巻1号（1987年）52頁, 55頁。

阻却を認めないのでは，結局は，その構成要件で守ろうとした法益（ここでは国家秘密）とは関係のないこと（ここでは女性の尊厳侵害）を根拠に処罰することになって問題だというものである[30]。

　しかし，ここでは，国家秘密を漏洩させたという構成要件的不法が認められることには疑問の余地はないのであるから，問題となっているのは，違法性の基礎付けではなく，違法性阻却が否定されるかである。すなわち，原則的に禁止規範が発動できるだけの事情はすでに備わっているのである。行為反価値論の側も，人格の尊厳を蹂躙したことでもって違法性を基礎付けようとしているわけではないことは，改めて確認されてよいことである。

　結果反価値論者の論理運びの特徴の第2は，結果反価値は優越的利益を擁護したことによって止揚されているのに，行為反価値の存在をもって違法性阻却にストップをかけるのは妥当でないとするところにある。すなわち，結果反価値論者は，ここで天秤を持ち出してきて，左の皿には侵害された利益である国家秘密，右の皿には実現された利益である報道の自由や国民の知る権利を載せる。そして，右の皿が下がった場合には，結果反価値はそれ自体として認められないことになる。そのはずなのに，行為反価値的要素を持ち出して違法性阻却を否定するということは，第1の点とも関わるが，左の皿に社会秩序を乱したとか，邪な考えでやったのだといった事情を載せているのだ，それは，構成要件に規定されていない不法内容を処罰していることになるのだ，という捉え方になるのであろう。

　しかし，これは，正当な取材活動として違法性が阻却されるかの問題を，取材により優越的利益が保護されたかという枠組みで判断すべきだという強い前提をとるからこそ成り立つ批判にすぎない。担当調査官は，「取材の自由と国家秘密の保持とは優劣のつけ難い平等の利益であり，法益衡量ということが果して可能であるかどうか疑問であり，司法判断にはなじまないのではないかとさえ思われる。そうだとすれば，手段・方法の相当性だけで判断する方がよいように思われる」[31]としているが，こうした判断枠組みからすれば，優越的利益の原則だけで，違法性阻却を乗り切ろうとするスタンスこそが，疑問視され

---

30) 町野朔『プレップ刑法〔第3版〕』（弘文堂，2004年）152頁以下，同『刑法総論』（信山社，2019年）247頁以下。
31) 堀籠幸男「判解」最判解刑事篇昭和53年度175頁。

てよいように思われる[32]。

　取材活動には，取材活動として当然遵守されるべき規範があり，それを遵守してなされた活動により得られた情報であれば，それが国家秘密を漏示させた結果になったとしても，その行為の違法性は阻却されてよいであろう。他方，そうした規範を遵守せずになされた活動は，そもそも正当な取材活動なのではないから，正当業務行為としての違法性阻却判断になじまないのである。藤木博士が，刑事司法過程におけるデュー・プロセスとの対比において，取材活動のデュー・プロセスを問題とされ，知る権利の主体である国民は，デュー・プロセスに反するような取材活動によってまで知る権利を満たすことは望まないとの理解を示され[33]，あるいは，「暴力・脅迫，その他相手方の弱点につけ込んで秘密を開示させるとか，金銭その他の利害で誘導する等通常の市民的倫理観念として是認できない卑劣な手段を用いたときは，正当な取材活動とはいえないであろう。特権を享有し得るためには，新聞記者に市民的倫理の最低限の遵守が要求されるのは当然である」[34]と述べられたのは，妥当と思われる。

　そして，許容命題（Erlaubnissatz）というものは，当然のことながらすべての要件がそろって初めて妥当するものである。結果反価値論の論者であって優越的利益の原則を妥当と考えるときでも，例えば緊急避難において，害の衡量以外の要件がみたされないとき，より大なる利益を守っているのに違法性阻却を認めないのは妥当でない，とは言わないであろう。違法性阻却にあたっては，対立する利益の相互調整が問題となる局面が多く，そこで優越的利益の原則が大きな役割を果たしうることは否定できないが，違法性阻却の可否は，それだけで決まるものではない。一連の要件がそろって初めて違法性は阻却されるのであり，その要件の検討に際して結果反価値の止揚がそれ自体としては認められるように見えても，それだけでは許容命題は発動しないのである[35]。

　こうして結論的には，福田博士が，「ただ取材の目的に利用するために全然好きでもない女と関係を結ぶというのは，相手に対する人間性の侮辱」であ

---

[32] 松宮孝明『刑法総論講義〔第6版〕』（成文堂，2024年）104頁以下は，違法性阻却の一般原理が多元的に理解されるべきことを強調されている。

[33] 藤木英雄「国家機密の探知とそそのかし罪」判評212号（判時822号）（1976年）12頁以下。

[34] 藤木英雄『刑法各論』（有斐閣，1972年）440頁。

り，「こういう形での取材行為が社会的相当性の枠を逸脱したものと評価しても，法が個人的なモラルの領域に深入りしたということにはならない」とされるところ[36]には賛同されてよいように思われる[37]。

## III．法秩序の統一性

### 1．法秩序の統一性を否定する見解

　わが国における違法性論には，大別すると2つの流れがある。1つは，前田教授が違法多元論ないし違法相対論と呼ばれるものである。教授は，違法性は法領域ごとに異なるのだとされ，刑法上の違法性は，刑罰を科すべき行為を選ぶ犯罪論の要件である以上，処罰に値する程度，適した質のものでなければならず，刑事政策的要請を十分意識して構成されなければならないのであり，これは民法で用いる違法性や行政法におけるそれとは異なるとされている[38]。

　このようなスタンスから展開されるのが，前田教授の「刑法上の所有権」である。教授は，建造物損壊罪につき，他人の建造物だと言えるためには，「他人の所有権が将来民事訴訟等において否定される可能性がないということまでは要しない」とした最決昭和61・7・18刑集40巻5号438頁を支持され，損壊罪の成否は民事上の権利の有無とは独立に判断されるべきだと主張されている[39]。また，同決定における長島裁判官の補足意見は，「民事法は，その物の所有権が誰に属するかを終局的に決することによって財産関係の法秩序の安定を図ることを目的とするのに反し，刑法は，この場合，その物に対する現実の

---

35) 偶然防衛に関してこのことを的確に指摘されるものとして佐久間修『刑法総論』（成文堂，2009年）216頁。また，同172頁は，反対説のいう「結果無価値の十分な止揚がある」との主張につき，こうした「止揚の有無」という理由付け自体が，一元的な結果反価値論を前提とした「結論の先取り」でしかないことを的確に指摘されている。
36) 芦部信喜ほか「〈座談会〉国家秘密と報道の自由」ジュリ557号（1974年）41頁［福田平発言］。
37) 逆に，平野・前掲注29)56頁が，「人格の尊厳」という人権を考えるうえで骨格をなすタームを「大仰なモラリスティックなことば」だと揶揄されるのは，到底是認できない。
38) 前田雅英『刑法総論講義〔第8版〕』（東京大学出版会，2024年）37頁以下。さらに京藤哲久「法秩序の統一性と違法判断の相対性」『平野龍一先生古稀祝賀論文集(上)』（有斐閣，1990年）217頁。
39) 前田雅英『刑法各論講義〔第7版〕』（東京大学出版会，2020年）155頁。

所有関係を保護することによって既に存在している財産関係の法秩序の破壊を防止することを目的とする」とし,「社会生活上,特定の人の所有に属すると信じて疑われない客観的な状況のもと」でこの現実の所有関係が成立するのだとされていた。

　しかし,このように考えると,刑法が損壊罪として何を保護していることになるのかは,必ずしもよく分からなくなる。1つの考え方としては,被害者側に民事上正当な権利・利益があろうがなかろうが,およそ他人の財産を不法な手段で侵害しようと試みる者を一律に処罰することによって,財産犯の行為規範が強化され,ひいては正当な権利者の保護も図られるとすることが考えられよう。刑法は,個々の法益保護よりは,規範の妥当を保護しているのだという立場[40]からは,こうした考え方が出てくるかもしれない。しかし,そうした立場からも,たとえばマネキンを拳銃で撃ったときに殺人「既遂」だとは言わないであろう。これを殺人既遂で処罰すれば,およそ人殺し行為に出ることを強力に禁じることができ,もって殺人の行為規範が強化され,みなの生命がより安全になるかもしれないにもかかわらず,そうは絶対に考えない。個々の生命侵害・危殆化とその処罰を通じた行為規範の強化でなければならないというのであろう。そうだとすれば,これは財産犯でも同じでなければならない。刑法は,法秩序の統一性を当然の前提として,民事上の利益保護を,刑罰というより強力な制裁でバックアップするものであるから,民事上保護されない不法な利益を保護することはあり得ないのである[41][42]。

---

[40] 塩見淳「違法性・違法性阻却の一般原理(下)」法教266号(2002年)102頁は,「違法性の内実を,……甲の死ではなく,社会にもたらされた,人の生命に対する安全感の動揺と捉える」立場を示されている。教授が物の他人性の問題をどう解決されるかは明らかでないが,「違法な行為の処罰は,一度は失われた法益の安全感を刑罰を通して回復させることを意味し,それは,将来の法益侵害を予防することに連なる」とされる(同所)とき,生命に対する安全感の動揺をもたらしうる限りにおいて,甲がマネキンであってはならない理由はないように思われる。

[41] 林幹人『現代の経済犯罪』(弘文堂,1989年)99頁以下,松宮孝明『刑事立法と犯罪体系』(成文堂,2003年)132頁以下。

[42] 不法原因給付と横領の問題においても,最大判昭和45・10・21民集24巻11号1560頁が,民法708条が適用される場合には,給付者は不当利得返還請求のみならず所有権に基づく返還請求もできず,所有権は反射的に被給付者に帰属すると判断して以降は,もはや物の他人性を刑法上も認め得ないのであるから,刑法上の所有権を持ち出すなどして,横領罪の成立を肯定すること(前田・前掲注39)275頁)はできないものと思われる。

このことは，違法な債務の欺罔による免脱につき利得罪の成立を認めた高裁判例についても，同じことである。例えば，名古屋高判昭和30・12・13高刑特2巻24号1276頁は，「民事上契約が無効であるか否かということと刑事上の責任の有無とはその本質を異にするものであり何等関係を有するものでなく，詐欺罪の如く他人の財産権の侵害を本質とする犯罪が処罰されるのは単に被害者の財産権の保護のみにあるのではなく，斯る違法な手段による行為は社会秩序を乱す危険があるからである。そして社会秩序を乱す点においては売淫契約の際行われた欺罔手段でも通常の取引における場合と何等異るところがない」としている。前田教授は，刑法上の詐欺罪の成否は民事上の効果とは独立に判断されるべきであるとして，これを支持される[43]が，同様の疑問があろう。民法上，当該利益が保護されないとなっている以上，法秩序が統一的に解されるべきだとの前提に立ち，刑法の財産犯規定は，民法のパワー不足を補うバックアップ規範として投入されるべきだと考える場合には，こうした見解は成立する余地はないのである。

## 2．法秩序の統一性を肯定する見解

　こうして，松宮教授が説かれるように，ある行為が違法かどうかは，法秩序全体を通じて共通でなければならない[44]。そうでないと，上述したように，刑法以外の法令が許容している行為が，刑法では違法で処罰されるという事態が起きてしまうからである。林教授が説かれたように，「国家意思は本来一個のものであるべきである以上，同一の事実について，異なる法律の目的ないし観点から，違法判断が相対的になることがあってはならないのである」[45]。
　もっとも，このことと，可罰的違法性を認めることとは，言うまでもなく当然に両立する。前田教授らの可罰的違法性論とは異なり，もともと京都の宮本英脩博士や佐伯（千）博士が主張された可罰的違法性論は，法秩序の統一性を前提にしたものであった[46]。つまり，違法かどうかは，全法秩序を通じて統

---

43) 前田・前掲注39)243頁。
44) 松宮・前掲注32)108頁以下，同・前掲注41)123頁以下。
45) 林幹人『刑法の基礎理論』（東京大学出版会，1995年）52頁。
46) 佐伯（千）・前掲注18)16頁参照。

一的になされるが，刑法で処罰されるためには，それに相応しい違法性の質と量が備わっていなければならないということなのである。

　他方，このような解釈からは，違法性が阻却される場合は，どの法による阻却事由であっても，全法秩序において違法性が阻却されるのであるから，例えば民法で違法性が否定される場合には，刑法上も違法性が否定されて不可罰となる。このことは，刑法35条が「法令による行為」を不可罰とすることによって明文化されているが，同条がなかったとしても，法秩序の統一性を根拠に同様の結論を確保することは十分に可能なのである[47]。

　これを具体例でみてみよう。1つの好例を提供するのは対物防衛であり，物に由来する攻撃が不正な侵害，すなわち違法な侵害と言えるかが問題となる。法益侵害ないしその危殆化が生じたことが違法だと考えれば，人に刺されたのでも犬にかまれたのでも，同様に結果の反価値は生じている。それゆえ対物防衛は正当防衛として認められる。これに対し，違法に振る舞う自然といったものは認められず，刑法は人の行為について違法評価を下すのだと考えれば，犬にかまれた場合は，刑法上は違法ではないから，せいぜい緊急避難による対抗だけが認められることになる。ところが，犬より価値が低い人はいないから害の衡量の要件は問題ないとしても，緊急避難には補充性の要件があるため，近くに電柱があれば登って逃げなければならず，棍棒で犬を殴りつけることは認められない。しかしこれでは，侵害を受けた側の保護に欠けることは明らかであるため，後者の立場の方が完全に分が悪い。

　そこで，この立場の論者の一部は，この場合には，物が危険源となって危難が引き起こされた場合に，その物を破壊する行為につき損害賠償義務を否定する民法720条2項の緊急避難が成立すると捉えたうえで，法秩序は統一的なものだから民法上適法なら刑法上も適法としてよいと考え[48]，刑法上の緊急避難より緩やかに違法性の阻却を認めることができると結論づけるのである。

　もう1つの好例は，二重売買と横領罪における第2の買主に関する共犯の成否である。判例をみると，①第2の買主が元の所有者に執拗に自己への譲渡を働き掛けた事案につき，横領罪の共同正犯を認めた福岡高判昭和47・11・22

---

　　[47] 京藤教授は，民法上適法なら刑法上適法であるということは，目的論的観点・考慮の結果としてそうなるだけのことだとされる（京藤・前掲注38)218頁）が，違法性阻却の局面で言われるところの「目的論的観点・考慮」の実質は明らかではないように思われる。

刑月4巻11号1803頁がある一方で、②単に情を知っていただけとみられる第2の買主については共犯の成立を否定した最判昭和31・6・26刑集10巻6号874頁が存在している。この②の結論は、民法177条の解釈として、第2の買主が単純悪意者の場合には「第三者」にあたり民法上有効に所有権を取得できると解することによって説明可能である[49]。

そのうえで、この①・②の結論を同時に確保するためには、刑法上は、第2の買主は、情を知って関与した以上共犯たりうる（共犯の構成要件に該当する）としたうえで、②の場合には民法177条の趣旨から正当化される、すなわち、法秩序の統一性により、民法により正当化されたことでもって刑法上も正当化されるのだと考える、すなわち、民法による違法性阻却を考えるのが妥当であるように思われる。

確かに、①の場合は、民法上違法である（＝背信的悪意者である）だけでなく、より限定的に、刑法上、経済取引として許されない場合をいうのだとの見解も有力であり[50]、なお検討を要するが、本書で関心の対象としている②の場合が、民法177条により、刑法上も違法性が阻却されるとの結論自体は揺るがないように思われる。

---

48) 橋田久「侵害の不正性と対物防衛」現代刑事法2巻1号（2000年）39頁以下（刑法の謙抑性をも根拠とされる）、大谷實編『法学講義刑法1総論』（悠々社、2007年）196頁［齊藤彰子］、井田・前掲注9)303頁以下、など。なお、大谷實『刑法講義総論〔新版第5版〕』（成文堂、2019年）237頁、276頁は、違法性相対論に立ちながら、民法720条2項の扱いと「統一する意味においても正当防衛に準じた扱いをするのが妥当である」とされるが、後段の帰結は違法性の統一性を認めてこそ初めて、無理なく導かれるもののように思われる。
49) 安田ほか・前掲注1)315頁［島田］。
50) 安田ほか・前掲注1)315頁［島田］。なお、今井猛嘉ほか『刑法各論〔第2版〕』（有斐閣、2013年）240頁［島田聡一郎］は、民法解釈によっては、両者が事実上一致する可能性を指摘されている。

# 第8章　正当防衛(1)

CHAPTER 8

> **POINT**
>
> ・正当防衛の正当化根拠は，①緊急避難におけるような害の均衡が要件とされないこと，②退避義務が認められないこと，の2つを説明できるものでなければならないことを理解する。
> ・正当防衛の正当化根拠論としては，優越的利益の原則によるものと，権利行為としての説明によるものがあることを理解し，そのいずれによるかにより，認められる正当防衛の範囲に違いが出てくることを理解する。
> ・正当防衛権が，国家が実力を独占する法治国家において，どのような位置づけを与えられるものかを理解する。

## はじめに

　正当防衛は，歴史をもたない[1]といわれ，古くから認められている制度である[2]が，その正当化根拠，各成立要件をめぐっては，非常に多くの議論がある。実務上ももっとも重要な違法性阻却事由であると言ってよく，判例の蓄積も非常に厚い。

　それゆえ，正当防衛にアプローチするには，その正当化根拠に立ち返りながら，妥当とされるべき成立範囲を，いわば演繹的に導き出す手法に重要性が認められることはもちろんであるが，他方で，これだけ判例の蓄積があり，判例

---

1) 「正当防衛には何らの歴史もないし，またあり得ない」(ガイプ)。
2) といっても，権利一般について正当防衛を認めるようになったのは，歴史的にはそう古くまで遡るものではなく，ドイツであれば1851年のプロイセン刑法41条においてはじめて，正当防衛の範囲が現行法と同程度にまで拡張されたにすぎない（山中敬一『刑法総論〔第3版〕』〔成文堂，2015年〕481頁）。歴史的展開について詳しくは曽根威彦『刑法における正当化の理論』（成文堂，1980年）4頁以下を参照。

理論とされるものが形成されている現状に鑑みると，これを踏まえずして展開される議論は，机上の空論となるおそれも否定できない。

　ただ，現在の学説では，とりわけ法科大学院の発足のあたりからであろうか，「理論と実務の架橋」というスローガンのもと，判例・裁判例を分類・類型化することが，この課題に応えることであるかのように捉える向きが多く，基礎理論的検討が軽視される傾向が強まっているように思われる。しかしながら，個人的には，基礎理論的考察を欠いたまま，このような作業を積み重ねることに，どのような意味があるのかはよく分からない。理論研究者の任務は，現在の判例理論を無批判に前提としたうえで，実務家に執務マニュアルを提供することにあるのではない。例えば裁判員裁判では，難解な法律概念の本当に意味するところに立ち返った説明，法律概念に関する判断対象の簡素化，法律概念に関する当事者の主張の実質化などが求められている[3]が，これを実現しようと思えば，やはり，正当防衛とは何か，どうしてそれが認められるのかを，本質を突いた端的で腑に落ちる形で説明することができなければならないのであり，それには，やはり，一度は，基礎に立ち戻って根本的に考えてみることが必要だと思われる。

　そこで，本書では，(1)本章で，まずは，正当防衛はなぜ正当化されるのかを考え，これを基礎として，(2)次章で，とりわけ侵害に先行する事情を考慮しての正当防衛の制限論を扱い，(3)**第10章**で，やむを得ずにした行為の解釈論を扱うことにする。それ以外の，侵害の不正性，防衛の意思の要否といった議論は，違法性の本質論との関係では理論的には極めて重要であるものの，正当防衛の成立範囲にはほとんど影響を及ぼさないものであり，筆者は，わが国で認められるべき，あるべき正当防衛の成立範囲を画することに最大の関心を寄せているため，これらの問題は扱わないこととさせて頂きたい。

　予め筆者の問題意識を示せば，わが国では正当防衛が限定的にしか認められないという現状に対する疑問である。正当防衛は，不正の侵害に対し正の側が防衛を行うものであり，「正は不正に譲歩する必要はない」のであるから，その正当性は基本的に論証を要しないほどであるにもかかわらず，なぜこのようなことになるのか。正当化根拠論において，すでに制限を受け入れやすい議論

---

[3]　司法研修所編『難解な法律概念と裁判員裁判』（法曹会，2009年）4頁。

が展開されていないか，侵害に先行する事情を考慮して正当防衛を制限する際に，行き過ぎた点はないか，やむを得ずにした行為の判断枠組みは，正の側を保護するにふさわしいものとなっているのか，これを3章に分けて検証していくこととしたい。

# I．どのような結論が正当化されなければならないか？

## 1．正当化されるべき2つの帰結

　正当防衛の正当化根拠論は，①緊急避難におけるような害の均衡が要件とされないこと，②退避義務が認められないこと，の2つを説明しうるものでなければならないとされている。①②は，正当防衛と緊急避難との違いを説明するコンテキストにおいて，多数の見解によって承認されているが，これを根拠付けることができるかが，正当防衛の正当化根拠論の試金石なのだという問題意識がもっと持たれてよいように思われる。その際，①については正当防衛の峻厳さを直視した問題提起が必要であるように思われる一方で，②については，その本当に意味するところを正確にふまえたうえでの再検討が必要であるように思われる。

## 2．害の均衡が要件とされないこと

　これをもう少し詳しく述べよう。まず①であるが，正当防衛は，不正の侵害に対し，正当な利益を守るためになされるものである。そのため，一般に認められている結論から出発しても，生命が侵害されそうになっている場合に限らず，重大な傷害を負わせられそうになっていたり，性的に重大な侵害を被りそうになっていたりする場合には，不正の侵害者を殺害することが，各要件を満たす限りで，許容される。言い換えれば，正当防衛の制度は，一定の場合には，不正の侵害者の生命を奪うことを，正面から認めるものであるから，正当化根拠論は，正の側に殺害の権利を保障しうるものでなければならない。
　しかし他方で，日本という国家は，相手方が犯罪者であってもその生命を奪うことに極めて慎重な態度をとっている。最高裁は，「生命は尊貴である。一

人の生命は，全地球よりも重い」[4]との理解から死刑判決を極めて謙抑的に言い渡しており，さらには，その執行は近年ではほとんど行われておらず，同制度は風前の灯となっている。欧米諸国と異なり，警察官による現場処刑（射殺）も滅多に行われない[5]。そのようなわが国において，緊急状況におけるものであるとはいえ，一私人に殺害の権利を認める刑法36条の正当防衛[6]は，わが国の法制度における異物であることは否定できないのであり，それが正当化されるためには，相当積極的かつ説得的な基礎付けがなされる必要がある。

そのような基礎付けを欠いたままでは，ともすれば，不正の侵害者が不正の侵害者であることを忘れた「相手の命も大事だから」という言説が意外なまでの説得力を持ち，このままでは，重大な性的被害に遭うのを避けるためには相手を殺害するほかない状況においても，「性的被害を甘受すれば相手の生命が助かるならそうすべきでは」という議論さえ出てきかねない。もとより，豆腐数丁を守るために不正の侵害者を殺害してよいわけではないであろうが，正の側は，重要な利益を守るためには不正の侵害者を殺害してよいのである。この結論を正当化できない正当防衛の根拠論は，筆者の理解によれば，あまりにパワー不足であるように思われる。

近時の正当防衛制限論の代表的論者である佐伯教授は，「正当防衛を広く認めることは，国家刑罰権を限定することではあるが，同時に私人の実力行使を広く許容することでもあり，単純に，正当防衛を広く許容する社会が自由で望ましい社会であると言うことはできない」との前提から，正当防衛の趣旨を明

---

4) 最大判昭和23・3・12刑集2巻3号191頁。
5) 塩盛俊明「現場射殺の正当化に関する検討」総合学術研究論集（西日本短大）4号（2014年）101頁によれば，同論文にいう現場射殺が認められたのは，これまで，瀬戸内シージャック事件（1970年），長崎バスジャック事件（1977年），三菱銀行北畠支店事件（1979年）の3件のみであるとされる。
6) 現行刑法36条は，旧刑法では314条の「殺傷に関する宥恕及び不論罪」に規定されていたにすぎなかったが，これが明治34年の草案以降，総則に規定されることになり，現行刑法に結実している。いずれにせよ，殺傷を正当化する規定から，正当防衛が出発していることを改めて想起しておきたい。わが国では，殺人罪の構成要件該当行為が正当防衛とされた例はほとんど知られていないが，もしそこに，殺意でもって人を殺す行為を正当防衛とはできないという独自の正義感覚が影響しているのだとすれば，こうした沿革が学び直されるべきである。そうした現行法の正当な理解に基づかない正義感覚を判決に反映させるのはおよそ妥当でないのであり，憲法と「法律」に拘束される裁判官の職責を見誤っているように思われる。

示した最決平成29・4・26刑集71巻4号275頁が正当防衛に積極的意義付けを与えていないとの理解を示されたうえ、「正当防衛に積極的意義付けがなされれば、その許容範囲は（論理必然ではないとしても）自ずと広がっていくように思われる」として、このことを高く評価されている[7]。このような見解の存在は、筆者からみれば、裏側からではあるが、正当防衛の積極的基礎付けの重要性を、如実に示しているように思われる。

## 3．退避義務が存在しないこと

　他方で、正当防衛の正当化根拠論は、②退避義務がないことを正当化しうるものでなければならないことも、当然の前提とされてきた。しかし、国家というものが存在し、実力を独占している状態においては、官憲の保護を求めることができるのであれば、それに委ね、私人が実力行使を制限されるべきだと考えることには、相当の理由がありうる。また、その延長線上で考えれば、私人が実力行使をすることには、ネガティヴな評価が前提となり、正当防衛が権利だとしても、退避すれば安全確実に正当な利益を守ることができるときには、正当防衛に出ることには一定の制限がかかるべきだとの見方も十分に成り立ちうる。それゆえ、正当防衛においては緊急避難におけるのとは異なり、退避義務は存在しないという命題は、それがどのような内容を意味しているのかを慎重に確認したうえ、とりわけ官憲への救助要請義務との関係を検討しておく必要があるように思われる。この問題の解明なくしては、退避義務の不存在を正当化しうる根拠論といっても、茫漠としたままであると言えよう。

　もっとも、この点は、侵害に先行する事情を考慮しての正当防衛の制限論、やむを得ずにした行為の要件の解釈論とも密接に関わるため、本章のみで完結的に論じることはできない。それゆえ、本章では、この点をペンディングにしたうえで論じることができる範囲で、正当防衛の正当化根拠論を検討していくこととしたい。

---

7）　佐伯仁志「正当防衛の新判例について」判時2357＝2358合併号（2018年）23頁。

## Ⅱ. 社会全体の利益の最大化を考える見解の問題点

### 1. 正当防衛の制限傾向について

　前田教授は，20世紀の正当防衛論の流れにつき，「正当化の範囲を制限する方向に向かっている」との見解を示される。「〔20〕世紀に入り社会の複雑化が進み，市民生活において他者を何らかの形で不正に侵害することは不可避に近くなった。そこで……その侵害に対抗するために必要であれば無制限の防衛行為を許すことに懐疑が生ずるのは当然であった。まさに，正当防衛も社会化せざるを得なかったのである」とされたうえ，こうした正当防衛の社会化に基づく制限の底流にある要請を幾つか挙げられる。その第1が，社会全体の利益の最大化の要請である。「社会全体の利益の確保・増大という観点から，なるべく防衛行為を回避させ法益の減少を少なくするという要請が働く。そこで，いかに正の確証の為であっても，自己保存のための必要最少限度の防衛に制限されるべきだということになってくる。また，いかに自己の利益を守るために必要な行為でもあまりに過大なマイナスを伴う行為は許されなくなる」と述べておられる[8]。

　本章では，まず，このような「社会全体の利益の最大化の要請」が，どのような正当防衛の正当化根拠論として立ち現れてくるかを検証し，これに批判的な検討を試みることにする。

### 2. 補論：わが国の一般的な正当防衛の正当化根拠論について

　わが国の正当防衛の正当化根拠論には，いくつかのレベルがある。1つは，いわば結論を直接導くロジックのレベルであり，社会的に相当である，優越的利益を守っている，法益侵害が否定されるといった言い方は，このレベルにおけるものである。しかし，このレベルで議論を展開しても，実りは少ないであろう。なぜなら，これは違法性が阻却されるという結論を導く論理に関する形

---

[8] 前田雅英「正当防衛に関する一考察」『団藤重光先生古稀祝賀論文集(1)』（有斐閣，1983年）334頁以下，355頁。

式的枠組みで，違法性阻却事由一般に妥当するものとして説明されるものなのであり，なぜ正当防衛は正当化されるのかについての実質を語るものではないからである。それゆえ，実質的に議論されるべきなのは，正当防衛は，襲われた人の生命・身体といった利益だけではなく，もっと別の大きな利益を守っているから許されるのだと考えるのか，それとも，正当防衛は，権利が権利としてあるために認められる権利行為だから許されると考えるのかである[9]。

　わが国の多くの見解は，いわゆる二元的構成をとり，正当防衛は，自己保存・保全の利益および法確証・法秩序の防衛の利益を守ったことによって正当化されると考えているように思われる。正当防衛に関するモノグラフィーのある代表的論者の見解でみても，曽根教授は，「緊急状況において自己の法益を保全するという，個人主義的な自己保全の利益」と，「急迫不正の侵害に対して，個人の利益を保護するための客観的生活秩序である法が現存することを確証する利益（法確証の利益）」が，正当防衛の正当化根拠であるとされ[10]，齊藤（誠）教授は，「現行刑法のみとめている正当防衛は，自己保存ということばかりではなくて，同時に，いわゆるレヒツベヴェールング（法秩序の防衛）のためにも認められているものであり，現行刑法の認めている正当防衛権をささえているプリンシプルは，『自己保存の原則』（個人保護の原則）と，いわゆる『レヒツベヴェールング』（法秩序の防衛）の原則とである」とされ[11]，山中教授も，個人保全（Individualschutz）の思想と法確証（Rechtsbewährung）の思想が，正当化根拠になっているものとされている[12]。

　これらの見解は，文字通り受け止めれば，自己保存の利益と法確証の利益が併存している場合に限り，防衛行為者側の防衛行為を許容するもののように思われるが，これには，山本准教授が的確に指摘されるように，問題がある。まず，他人の利益を守るための緊急救助は，自己保存の利益でもっては説明できない。緊急救助者は，自らが緊急状況に陥っていて，自己保存が必要な状況にあるわけではないのだから，自己保存本能に従って救助を行っているとは言い

---

9) このような問題設定をクリアーに示すものとして坂下陽輔「正当防衛権の制限に対する批判的考察(1)～(5・完)」論叢 177 巻 4 号（2015 年）以下分載がとくに重要である。
10) 曽根威彦『刑法総論〔第 4 版〕』（弘文堂，2008 年）99 頁以下。
11) 齊藤誠二『正当防衛権の根拠と展開』（多賀出版，1991 年）57 頁，同『特別講義刑法』（法学書院，1991 年）72 頁以下。
12) 山中・前掲注 2)480 頁以下。

がたいからである。また，自己保存のためには，退避する方が実効性があったようなケースでは，正当防衛は自己保全のためではなく，専ら法確証の利益のために認められることになってしまい，両方の利益があってはじめて正当防衛が正当化されると考える以上，正当防衛が否定されてしまうことになりかねない[13]のである。

加えて，こうした見解が挙げる法確証の利益も，詳細に分析すると，正当防衛の基礎付けとしては適切でない。まず，この構成は，私人による国家行為の代行という構成を採用することになるため，正当防衛が必然的に法治国家原理である比例原則に服することになり，害の均衡が要件とされないことを説明できないこととなってしまうのである[14]。

さらに，そもそも，違法な侵害によって，法秩序の経験的妥当はおよそ危殆化されることはなく，せいぜいのところ特定の法的行為規範の事実的制御力が危殆化されただけにすぎないから，正当防衛が危殆化されていない法秩序の妥当を確証するという説明は成り立たないという批判も可能であろう[15]。

## 3．優越的利益の原則との結びつき

冒頭で紹介したような「社会全体の利益の最大化の要請」と結びつきやすいのは，優越的利益の原則に依拠する場合である。例えば，曽根教授は，「正当防衛も正当化事由の1つである以上，正当化の一般原理である優越的利益の原理の支配を受ける。防衛者の側に自己保全の利益と法の確証の利益とが認められるとき，優越的利益の原理が貫徹されたものとして防衛行為は正当化される」とされ，はっきりと同原則に依拠される。教授は言われる。「自己保全の原理は正当化の個別原理の一つとして，高次の一般原理である『優越的利益の原理』に抵触しない範囲で貫徹されるのである。法益の自己保全の利益が要請されるとしても，他にこれに優越する利益が両立しえない関係で存在する場合には，その限度で自己保全の原理は後退することになる。現代社会における法

---

13) 山本和輝『正当防衛の基礎理論』（成文堂，2019年）52頁。
14) 松生光正「国家と緊急救助」竹下賢ほか編『法の理論35』（成文堂，2017年）41頁，山本・前掲注13)47頁。
15) エングレンダーの批判である。松生・前掲注14)41頁参照。

は，不正な法益といえども，正当な法益の存立を危うくしない範囲でその保全をはかろうとする。『可能的最大利益保全のための可能的最小犠牲の方法』という優越的利益説の基本的な考え方は，正当防衛においても貫徹されているのである」と。そして，教授は，ここから，侵害行為と防衛行為との一定程度の均衡性を導かれるほか，優越的利益に加算されるべき法確証の利益が，攻撃者が責任のない者の場合には後退することによって，正当防衛の制限がかかること等を導かれるのである[16]。

また，橋爪教授は，「優越的利益原理」を「2つの利益が衝突しており，しかも，両者をともに保護することが不可能な場合について，より保護の必要性の高い利益を保護するために，要保護性の劣後する利益侵害を正当化する原理」だと理解され，「この原理によって違法性を阻却するためには，①利益衝突状況の解消のためには他に方法がないこと（補充性）と，②保全利益の価値が侵害利益の価値に優越すること（利益考量）が不可欠の要素ということになる」とされる[17]。そのうえで，教授は，生命・身体にも比肩するような重要な価値である，制度的・一般的利益としての「現場に滞留する利益」を正当防衛に独自の利益として観念され，「正当防衛状況においては，被侵害者の保全利益として，生命・身体に加えて，この『現場に滞留する利益』が加算されるわけであるから，これによって侵害者の利益に対する原則的優越性を導くことができる」，「現場滞留利益の加算によって，行為者は優越した利益を保護したと評価されることになる」とされ[18]，また，この「『現場に滞留する利益』を防衛する必要があるために，なお退避行為は義務づけられないことになる」と結論付けられている[19]。その前提にあるのは，「不正の侵害者だからといって，その法益の要保護性が全面的に否定されるわけではない。その利益もやはり保護に値する利益なのである」との理解であり，「それにもかかわらず，被侵害者が何の不利益もなく，容易に侵害を回避できる状況であっても，常に侵害者の殺傷を正当防衛として正当化するというのは，『正は不正に対して譲歩する必要はない』という一般原理を貫徹させるあまり，侵害者の法益保護をあ

---

16) 曽根・前掲注10)100頁，同・前掲注2)98頁以下。
17) 橋爪隆『正当防衛論の基礎』（有斐閣，2007年）87頁。
18) 橋爪・前掲注17)75頁，88頁。
19) 橋爪・前掲注17)73頁。

まりにも後退させているように思われる」との価値判断である[20]。

## 4. その問題点

　しかしながら，このような優越的利益の原則による正当防衛の正当化によっては，正当防衛の基盤は堅固なものとはなり得ない。坂下准教授が指摘されるように，「一旦，攻撃者（＝被防衛行為者）……の法益を，法的に保護に値する利益として利益衡量の一方の秤に載せ，それと同等あるいはより高次の反対利益を他方に載せる，という思考方法を採用すると，攻撃者……の法益として，生命など比較不能とされる法益が載せられた場合に，当該行為の正当化が非常に困難なように見えてしまうという弊害を生む」[21][22]ほか，防衛行為者の側に何らかの＋$α$の利益を加算するとしても，「防衛行為によって生じる結果反価値が被防衛行為者の生命といった高度に保護されると考えられている法益の場合に，それらの利益が生命法益を凌駕できるかどうかについては，場当たり的な価値判断に至るしかなく，ともすると，生命という絶対不可侵のように思われる法益の要保護性に惑わされて，防衛行為を制限する方向に進む危険性を孕む」[23]のである[24]。

　確かに，例えば橋爪教授の見解は，判例における正当防衛の制限的傾向を前提としたうえで，これに理論的基礎付けを与えるという方向からのアプローチであるから，このような見解が有力化しても，わが国の判例における正当防衛の範囲がさらに狭まるおそれはないと考えることもあるいは可能かもしれない。しかし，例えば，防衛行為により生命が失われる結果が生じた場合は裁判

---

20) 橋爪・前掲注17)94頁。
21) 坂下陽輔「正当防衛権の制限に対する批判的考察(2)」論叢177巻6号（2015年）49頁。
22) 照沼亮介「正当防衛の構造」岡山大学法学会雑誌56巻2号（2007年）151頁も，法確証の利益や現場滞留の利益が侵害者の生命にも優越するということの説明は未だ十分であるとはいえず，結果として利益自体の不明確性が衡量の枠組み全体の明確性をも損ねることにつながっているとされている。
23) 坂下・前掲注21)51頁。
24) 葛原力三「正当防衛」法時85巻1号（2013年）12頁も，「法益衡量説を前提にすると……ことに質的過剰について過剰性の限界は低くなり，至高の法益である人命を奪う防衛行為は原則として正当化されないという結論さえ導かれうる」とされたうえ，「故意の殺人罪について正当防衛を認めた判例が殆ど見られないのは，このような意味においてであるとも言える」との指摘を行っておられる。

員裁判になるのであり，こうしたときに，裁判員に対して正当防衛という制度を説明するに際し，「相手方の生命も重要な法益なのであり，できる限り助かることが望ましい」と述べるか，「正は不正に譲歩する必要はないのであり，必要であれば，不正の侵害者を殺害することは当然認められる」と述べる[25]かは，今後，判例において正当防衛が認められていく範囲にやはり大きな影響をもたらしうるように思われる。また，裁判官を想定しても，不正の侵害者の生命も重要な法益だから，できるだけ殺さないで済むよう考えようというスタンスで各要件を検討するのでは，極論すれば，事後的客観的にみて，避ける可能性があれば，あるいは，少しでも行き過ぎがあればすべて正当防衛は否定され，正の側が犯罪者の立場に陥る結果ともなりかねない。こうした結論が，正義の要請にかなっていると考えることは，筆者には到底できない。基礎におかれるべきは，峻厳な（schneidig）性格をもった正当防衛という制度を確固たる基盤の上に置き，正の側に無用の負担を負わせず，必要な防衛あるいは救助を躊躇なく行いあるいは提供できるような，正当化根拠論でなければならない。

　また，優越的利益の原則に依拠することの問題性は，正当防衛を制限的に捉える方向に傾くという結論においてのみ生じるわけではなく，そもそもの基礎付けにおいてすでに問題がある[26]。すなわち，松生教授がパブリックの見解に依拠して指摘されるように，「法共同体が可能な限り最大量の財の存在に対し利益を有するというテーゼは，人格の独立性に基礎をおいた社会には相容れない」。なぜなら，「財の全体計算の中では，個別的人格の法益は，法共同体の全体的な財経済の純粋な収支項目となってしまい，個々の人格は効用の単なる場所，充足システムの任意に交換可能な代表，非人格的な価値最大化の道具として現れるだけになるからである」[27]。筆者は，緊急避難の正当化にあたっても，このような優越的利益の原則を単純に適用することは，社会全体としての

---

25) 和田真ほか「正当防衛について(上)」判タ1365号（2012年）49頁は，正当防衛が認められる根拠についての説明案として，「正は不正に譲歩する必要はない」というフレーズを取り入れておられ，支持されるべきものと思われる。なお，このベルナーに遡るフレーズに関する詳細な検討として，山本・前掲注13)81頁以下が興味深い。
26) 髙山佳奈子「正当防衛論(上)」法教267号（2002年）82頁は，補充性も害の衡量も要求しない正当防衛は，比較衡量という考え方には根本的になじまないとされている。
27) 松生・前掲注14)45頁。より詳しくは同「緊急状態による正当化」関西大学法学研究所研究叢書50冊『例外状態と法に関する諸問題』（2014年）62頁以下。

功利を考えるもので妥当でないと考えているが，ましてや，不正・対・正の関係を扱う正当防衛の正当化に際しては，このような発想が入りうる余地はないように思われる[28]。

## III．権利行為としての正当化の試み[29]

### 1．従来の議論

　従来の議論の中で，被侵害者の利益の「質的な優越性」をもっとも明確に強調されるのは，山口教授の見解である。教授は，侵害回避義務に反対され，「そのような義務を認めると，それによって法益は確かに守られることにはなるが，……『不正な侵害』者に被侵害者よりも優越した地位を認めることになる。なぜなら，被侵害者は，侵害者に屈して，自分の行動を制限する必要があることになってしまうからである。このような事態を容認することは，不正な侵害を『不正』と評価し，それ自体が許されないものであると法的に扱うことと矛盾するといえよう。……こうして，『不正な侵害』に対して，被侵害者の『正当な利益』が優越することが認められ，確保されなければならない。……量的ではなく，いわば質的な優位性・優越性が被侵害者に認められなくてはならないといえよう」と述べられている[30]。

　これはもとより妥当であると思われるが，ここで示されているのは正義感覚であって，なぜ正当防衛という形で被侵害者が場合によっては不正の侵害者を殺害することまで許容されるのかの理論的基礎付けではないようにも思われる。そこで，以下では，自由論モデルと自称する論者による，正当防衛の権利

---

28) さらに森永真綱「緊急避難論からみた侵害回避義務論」刑法59巻1号（2020年）9頁以下も参照。

29) 正当防衛権を憲法上の基本的人権と捉える見解として生田勝義『行為原理と刑事違法論』（信山社，2002年）265頁以下（憲法12条を根拠とされる）。さらに吉田敏雄『刑法理論の基礎〔第3版〕』（成文堂，2013年）157頁は，「正当防衛権は基本的人権である」とされたうえ，「国が個人から防衛権能を剥奪したり，ごく狭い範囲でしかかかる権能を認めないなら，それは自由主義に立脚する法治国とは相容れない」という見解を好意的に紹介されている。

30) 山口厚『刑法総論〔第3版〕』（有斐閣，2016年）118頁。さらに同『犯罪論の基底と展開』（成文堂，2023年）107頁，118頁も参照。

行為としての基礎付けを簡単に紹介し，コメントを加えることとしたい。

## 2. 自由論モデルからの正当防衛の基礎付け

坂下准教授は，自由論モデルとネーミングされる見解を以下のように展開されている。

自由論モデルの出発点を成すのは，刑法の任務は「すべての者が自己の人生を自己の洞察に従って送ることができる」ようにすることである，という理解である。そして，個々人の自律的生を可能にするためには，十分な予測可能性が不可欠である。予測可能性を確保するために，法は，個々人に自由領域を配分してその中では自由に行動することを許容し，さらに他者からの干渉や他者救助の要請から解放されることとしている。すべての者にかかる自由領域を配分するために，その反面として自己答責性の側面が現れ，すべての者は，他者への干渉を行ってはならず，自己の領域への損害は他者に転嫁せずに自己で負担しなければならない，という帰結が導かれる。

このような理解を前提とすると，他者の法領域で創出された自己の法領域への危難は，当該他者の負担で除去されるべきものと評価され，正当防衛は，当該他者の除去義務を防衛者が代わりに行使しているだけであり，当該他者の法領域への干渉を含まないことになる。ゆえに，正当防衛の適法性は当然となる。そして，当該危難が攻撃者の負担で解消されるべきものである以上，防衛される法益と防衛行為によって侵害される法益との衡量は不要であり，防衛権の範囲は，必要性の基準によってのみ限界づけられうることとなる[31)32)]。

筆者は，この構想を，「他者の自由領域に介入した不正な侵害に対抗する正当防衛の権利行為性を，ドイツ法との比較法的検討を丹念に行うことを通じて説得的に論証することに成功」したものと，高く評価している[33)]。

---

31) 坂下陽輔「正当防衛権の制限に対する批判的考察(3)」論叢178巻2号（2015年）80頁以下。本文は，坂下准教授による博士学位論文からの要約に基づいており，京都大学学術情報リポジトリ KURENAI 紅にて一般に公表されている。
32) 同様の基礎付けを試みる見解としてさらに山本・前掲注13)217頁以下。
33) こうした自由論モデルに対する批判として，松原芳博「正当防衛論の現在」山口厚ほか編『実務と理論の架橋』（成文堂，2023年）701頁を参照。

## 3. なお解決されるべき課題

しかしながら，坂下准教授が基本的に依拠されるドイツの刑法学者パブリックは，このような正当防衛を基礎付ける議論を展開しているだけではなく，他方において，正当防衛の制限を行う論理をも展開している。すなわち，市民は，具体的現実的に自由である状態を維持するコストを支払うことを義務付けられるのであり，それは国家的に組織化された法の貫徹の優位を尊重しなければならないという形で表れ，このことが正当防衛の補充的性格を導くとされる。また，一方の市民が公共の代表者として他方の市民に配慮しなければならないという形でも表れ，このことが，攻撃者の態度が法共同体に対する攻撃者の協働義務の無視だとみられない場合や，防衛される法益と侵害される法益の間に著しい不均衡がある場合における正当防衛の制限が導かれるとされる[34]。

正当防衛は，侵害者と被侵害者の法的関係性によって基礎付けられうるかもしれないが，この両者は，実力を独占した国家・法秩序の中に存在しているものであるから，そのことによって，侵害者と被侵害者の法的関係性によりいわば無制限なものとして基礎付けられえたはずの正当防衛権に，一定の制約がかかるのではないかという点がなお詰められるべきであるように思われる[35]。松生教授が，正当防衛を権利行為として捉える考え方は，「正当防衛の例外的性質をむしろ見失わせる。……正当防衛の一般的な権利性を主張することは，一般的に他者の侵害を許容することになる。まさにこれは自然状態であり，そこに法はない」[36]との批判を行っておられるのは，この限度で理解可能であるように思われる。

## 4. 坂下准教授による制限論とその問題点

そこで坂下准教授は，近時，自力救済の許容による弊害，すなわち，錯誤リスクと社会平和秩序危殆化リスクを可能な限りで排除すべきだという観点から

---

34) 山本・前掲注13)76頁以下参照。
35) なお飯島暢『自由の普遍的保障と哲学的刑法理論』(成文堂，2016年) 158頁以下の指摘も参照。
36) 松生・前掲注14)56頁。

の正当防衛制限論を追加されている。すなわち，第1に，自力救済を許容すると，侵害の存否に関してのみならず，対抗行為の必要最小限度性に関しても，錯誤が生じるリスクがあり，対抗行為が致命的有形力による場合には，その錯誤は取り返しがつかない結果を生ぜしめるため，急迫性が認められる程度の不正の質を当該侵害が有するとしても，なお一定の制限を付する必要性がある。また，第2に，自力救済の実行それ自体が，暴力的風潮を高めて社会平和を危殆化しうるのであれば，その程度は対抗行為の重大性によって変動しうるはずであり，相対的に反価値性が低い侵害に対する致命的有形力による対抗行為の行使は，さらなる暴力的事態の作出・拡大であり，むしろ暴力的風潮を高め，社会平和秩序を危殆化する，というのである[37]。

　これに対し，松原教授は，適切にも，第1の論拠につき，これでは錯誤リスクが存在しない事例における正当防衛の制限が正当化できないし，錯誤のリスクそのものは，誤想防衛による処理で足り，制度としての正当防衛の範囲を変動させることを要するほどのものではないとの批判を行っておられる[38]。また，第2の論拠については，正の側による対抗行為につき，暴力的風潮を高め，社会平和秩序を危殆化するという評価を加えることは，それを奨励されるべき権利行為として正当視する前提と合っていないように思われる。

## Ⅳ．国家の実力独占と正当防衛の関係

### 1．この問題を論じる意味

　Ⅱでみたように前田教授は，正当防衛の社会化に基づく制限を論じられ，その底流に様々な要請があるとされたが，その第2として，「法制度の整備に伴い，紛争処理をできる限り私人の手から公的機関に移すべきだとの要請も存する。そこで，相当性の内実として回避義務が頭をもたげてくる」とされた[39]。また，近時，最高裁も，【刑法36条は，急迫不正の侵害という緊急状況の下で

---

37) 坂下陽輔「防衛行為の相当性及び退避義務・侵害回避義務に関する考察(4・完)」法学86巻1＝2号（2022年）71頁以下。
38) 松原・前掲注33)706頁。
39) 前田・前掲注8)355頁。

公的機関による法的保護を求めることが期待できないときに，侵害を排除するための私人による対抗行為を例外的に許容したものである】との理解を示している[40]。このフレーズ自体は，どの本にでも書いてあることかもしれないが，最高裁は，侵害に先行する事情を考慮しての正当防衛の制限の可否は，「前記のような刑法36条の趣旨に照らし許容されるものとはいえない場合」に当たるかによって決するべきであるとしている。ところが，担当調査官は，【　】のフレーズの意味，刑法36条の趣旨がどのようなものであるかは，一言も説明をしていない[41]。

　このフレーズは，誰もが合意できる内容でありながら，正当防衛を極めて限定的なものと捉える見解から，その例外的性格をさほど強調しない見解まで，様々な理解を許すものとなっているように思われる。そこで，本章では，まずは，国家の実力独占と正当防衛の関係について，少し検討を加えることにしたい。

## 2．強制力誤用等の危険の回避としての国家の実力独占とその例外？

　法治国家においては，正当な権利者であっても，権利の実現のために実力を行使することは禁止されている。その理由として挙げられるのは，私人による強制力誤用等の危険を回避すべきだというものである。例えば，エングレンダーによれば，強制が錯誤により誤った人に向けられ，あるいは，不適切な範囲で行われる危険は，防衛のための訓練を受けていない行為者の場合には，警察官のように特別な教育を受けた者が行うよりも著しく大きいため，このような危険を可能な限り抑えるためには，国家が実力を独占することに合目的性があるのであり，危険防御のための国家的実力の準備ができていれば，そのような独占によって，被攻撃者の利益保護にも影響は生じないとされる[42]。また，井田教授も，私人に実力行使を認めると，「たとえば，権利実現のためと称して過剰な行為が行われたり，対立がエスカレートする結果となったり，勘違い

---

40）前掲の最決平成29・4・26。
41）中尾佳久「判解」最判解刑事篇平成29年度95頁以下。
42）松生・前掲注14)52頁以下の紹介が詳細である。

第8章　正当防衛(1)　｜　145

のため相手方に取り返しのつかない被害を与えたりすることが起こりうる」と述べておられる[43]。

　しかし、このように、私人の実力行使を非常にネガティヴに捉えることは、正当防衛を過度に限定する危険性を孕んでおり、緊急状態における被侵害者の利益保護という絶対的要請が揺らぐ場面を生じさせかねない。例えば、エングレンダーは、国家による防御措置が失敗する危険があるだけでは足りず、その危険が私人による防衛行為が失敗する危険より大きくなければ正当防衛は成立しないといった限定を加えているが、これでは、いずれの措置が奏功するかに関する不確実な判断に私人の防衛行為の可否が依存することになり、そのリスクを防衛行為者側に負わせることとなって妥当でない[44]。

　人が自然状態を脱し、国家を樹立して実力を独占させたのは、とりわけ弱者を想定すれば分かるように、その方がより実効的に自らの権利・利益を守ることができるからだと考えるべきであり、強制力が誤用等されることをおそれたことが主たる理由だと解するべきではないように思われる。

　では、正当防衛は、国家が実力を独占していることには正当性があるとの理解のもとで、どのように位置づけられるのか。この点、ビツィレキスによれば、正当防衛権は、本来的な国家権限が、違法な侵害の防衛のために、市民に委譲されたものだと捉えられることになる。しかし、正当防衛としての私人による実力行使が国家により委譲された権限なのだとすれば、国家が直接実力行使を行う場合におけるのと同様に比例原則による制約がかかるはずであり、この制約がかからない、言い換えれば、国家的強制権限よりいわば拡張された権利である正当防衛権が、国家権限から派生したと考えることは困難なように思われる[45]。それゆえ、ここでは、「委任された国家が個人を保護することができない場合には、自己の法益を自らの力で守る権利が自己防衛権として復活する」といった説明[46]がより妥当であるように思われる。

---

43) 井田良『講義刑法学・総論〔第2版〕』（有斐閣、2018年）291頁。
44) エングレンダーの見解の紹介も含め松生・前掲注14)63頁以下参照。
45) ビツィレキスの見解の紹介も含め松生・前掲注14)49頁以下、山本・前掲注13)213頁以下参照。
46) 例えば大塚裕史「侵害の『急迫性』要件の意義と射程」判時2357＝2358合併号（2018年）15頁。

## 3. 国家の実力独占の例外を限定的に解する見解とその批判
―― 国家の基本権保護義務の徹底を図る見解の妥当性

　法治国家においては，私人による実力行使は原則的に禁じられ，正当防衛は，国家による救済が間に合わないときに，その例外として位置づけられるという限りでは見解の一致があるにもかかわらず，論者により正当防衛が認められるべきとされる範囲に違いが生じてくる理由としては，緊急状況における正当な利益保護というものを，どこまで重視するかというスタンスの違いも大きく与っているように思われる。

　例えば，宿谷教授は，「社会契約においては，個人がその実力行使を制限されている状況において，その利益を侵害されることがあり得ることが，すでに織り込み済み」であるとされ，法システムが個人の保護をなし得ない場合に，「自然状態よろしく私人が好き勝手に実力行使をすることによって，より自然状態的な状況へと回帰させることは法秩序にとっても，また個人にとっても，好ましくない」とされる[47]。確かに，教授が言われるように，「法システムが，いついかなる場合にも個人の利益喪失を防止するなどということは，事実上不可能」であるが，その場合には，国家は，法益保護を諦めるのではなく，正当防衛の行使を許すことによる法益保護をなお諦めるべきではないのであり，侵害を座視して被害を甘受することが社会契約において織り込み済みであるとは筆者には思われない。

　むしろ，藤木博士が説かれるように，国家による法益保護に必ずしも十分な法制度的裏付けがない現状においては，正当防衛による法益保護にはより積極的な位置付けが与えられてしかるべきではないかと思われる。藤木博士は言われる。「私人の生活の自由を幅広く認めるたて前上，警察力が，市民生活のすみずみにまで常時及ぶことは否定され，警察の権限，とくに犯罪の事前防止のために，犯罪が成立するより以前の，単に罪を犯すおそれがあるだけの段階で，直接人身に強制力を加える行政警察措置は極度に制限され，かつて戦前，行政執行法において認められていた公安を害するおそれある者に対する予防検

---

47）宿谷晃弘「正当防衛の基本原理と退避義務に関する一考察(2・完)」法研論集 125 号（2008年）189 頁。

束の制度は，完全に否定されている。犯罪の防止のための国家機関，とりわけ警察機関の活動は，私人の側の積極的な協力を欠いてはその機能を十分に遂行することはできない。差し迫った侵害に当面して官憲の保護を求めるいとまのないこともすくなくない。かような場合，不正に対抗して私人が実力で侵害を排除することは，私人の侵しがたい権利に属するというべきであり，また市民自身が法秩序の保全に積極的に協力する社会的に有用性の大きいものということができ，いずれの見地からも，正当と認むべきである」[48]と。

　こうして注目されるべきは，正当防衛を「個人と国家との権限の分配」の問題だと理解されたうえで，国家の基本権保護義務に正当防衛の根拠を求められる高橋博士の見解である。博士の見解は，以下のようなものである。国家は権力装置を独占した結果，市民の安全を保護する義務を負っており，それを果たし得ない緊急状況においては，正当防衛権を市民に保障しなければならず，それをしなければ，市民が侵害されることを国家が放置したことになり，保護義務への違反になる。このような違反をおかす国家には正当性を認めることはできないから，正当防衛権の保障があってはじめて国家の正当性が肯定される。こうした保護義務が認められる結果，防衛者は，国家に対して有する自己の自由・権利への保護を要求することができる，言い換えれば，侵害に抵抗する権利を有するのである[49]。

　このような博士の見解は，緊急状況という例外的状況における正当防衛という緊急権を，なおも国家の基本権保護義務という通常性の枠内で説明しうるものであり，国家の実力独占と，その例外である正当防衛を，同一の基礎の上に置くものであって，優れた構成であるように思われる。

　もっとも，高橋博士のような構成によるときには，国家は，被侵害者の重要な利益を保護する義務を果たすために，侵害者の利益の保護を断念するという対称性が，もっともドラスティックに表現されることになるから，侵害者の利益もまた「正当な利益」だと考える論者には，受け入れがたい響きがあろう。しかし，どのように論じたとしても，緊急状況下という例外状態において，国家が正当防衛による殺人を正当化するということは，いわば不作為による殺人

---

48) 藤木英雄『刑法講義総論』（弘文堂，1975 年）161 頁。
49) 髙橋則夫「『急迫性』の判断構造」研修 837 号（2018 年）4 頁以下，同「正当防衛の規範論的構造」『日髙義博先生古稀祝賀論文集(上)』（成文堂，2018 年）203 頁以下。

を自ら行っていることに等しいのである[50]。国家は，正当な利益を保護するという，憲法上の義務を果たすために，不正の侵害者の利益保護を断念しなければならない。正当防衛が，国家の実力独占の例外として許容されるのは，まさに緊急状況という例外状態においては，正当防衛を許容することによってしか基本権保護義務を果たすことができないからである。このように見れば，正当防衛は，緊急状況下において例外的に認められるべきものだとしても，これを，国家が正当な利益を十分に保護できているかという観点を離れて限定的に解釈することはやはり許されないように思われる。

---

50) それゆえ，国家が生命保護を無条件に絶対視しているというような主張は，正当防衛制度の存在を忘れたものであり，およそ成り立たないものである。もっとも，ここから死刑制度や現場処刑のようなものを一足飛びに正当化しうるかはまた別論であろう。

# 第9章　　正当防衛(2)

CHAPTER 9

**POINT**

- 意図的挑発の事案で，正当防衛が制限されるべきことを理解する。
- 故意的挑発の事案で，正当防衛が制限される根拠や要件を理解する。
- 侵害の予期＋αの事案で，正当防衛が制限される根拠や要件を理解する。
- 侵害回避義務論およびこれを踏まえた近時の最高裁判例の内容を理解するとともに，その問題点を理解する。

## はじめに

　正当防衛は，重要な利益を守るためには不正の側である侵害者を殺害することまで許容されるという峻厳性をもったものであり，正が不正に譲歩する必要はないことが当然の前提となる。ただ，これは，夜道で暴漢に不意に襲われたような，不正・対・正の関係がはっきりしている場合を念頭に置いたものであり，その意味では，正当化根拠論は正当防衛の理念型のもとで，もっともよく妥当する。

　しかしながら，急迫不正の侵害に対して反撃を行っているという局面だけを切り取れば，このような正当防衛の外観があったとしても，それに先行する事情を考慮すれば，不正・対・正の構図が崩れ，そのまま正当防衛を肯定することに疑問が生じる場合はありうる。

　学説では，主にドイツの議論を参照しながら，自招侵害論を展開してきた[1]のに対し，判例では，主に，侵害の予期＋αがある場合における正当防衛の制

---

1) 基礎的研究として山中敬一『正当防衛の限界』（成文堂，1985年）96頁以下，齊藤誠二『正当防衛権の根拠と展開』（多賀出版，1991年）197頁以下が重要である。

限論が展開されてきた。これらは，別々に，その相互関係を意識せずに展開されてきた議論であり，うまく整理することは難しいが，それぞれが想定している事例からすれば，両者は一部が交錯する2つの円のような関係に立つと理解しておくのが妥当であろう。そして，近時，最高裁は，平成20年に，前者の類型に位置づけられるべき事案につき正当防衛の制限を否定する判断を下すにいたり，また，後者の類型につき，平成29年に新たな判断枠組みを打ち出すにいたっている[2]。

こうした問題状況を分析するにあたり，本章では，正当防衛権の制限に批判的な検討を行うという観点から，まずは，一定の場合に正当防衛が制限されるべきことにほとんど異論をみない自招防衛の場合から検討を始め，正当防衛が制限される範囲を画する視座を獲得したうえで，予期＋$a$の場合につき，正当防衛が制限されるべき自招防衛と等価な場合であれば正当防衛の制限は許容されてよいとのスタンスから，検討を行う。その際には，これより広く制限を許容する侵害回避義務論，この発想を大幅に取り込んだと思われる平成29年の新判例を批判的に検討し，事前の官憲への救助要請義務の存否にもふれることとする。紙幅の関係上，学説についての網羅的検討は断念し，判例の理解に資する範囲で，あるいは，その批判的検討に資する範囲で参照するにとどめることとさせて頂きたい。

## I．自招行為があった場合

### 1．意図的挑発・自招

前述の通り，正当防衛は，あくまで正の側が不正の侵害に対して防衛行為を行うものであるところ，侵害に先行する事情を考慮すれば，この不正・対・正の構図が崩れ，もって，反撃者に正当防衛を認めるのが妥当でない場合は十分に考えられる。その典型が，相手が攻撃してくれば，周到に準備された攻撃を，これに対する防衛行為の形をとって行い，もって相手をやっつけようと意

---

2) 最決平成20・5・20刑集62巻6号1786頁および最決平成29・4・26刑集71巻4号275頁。

図し，相手方の侵害を招く場合，すなわち，意図的挑発・自招の場合である。

確かに，浅田教授らが言われるように，被挑発者は，挑発に乗って挑発者を攻撃してよいわけではないのであるから，挑発に応じるという自己答責的決断が介在したことを重視し，もって挑発行為をなしたことを理由とした正当防衛の制限に否定的な態度をとることは考えられなくはない[3]。しかし，ここでそのまま正当防衛を認めることは，挑発者が，衝突状況を作り出したことについての共同責任があることを捉え損ねたものであると言わざるを得ないであろう。挑発に応じてはならないことは，挑発に応じてなされた行為の処罰によって対応されるべきことであるが，これと同時に，挑発に応じて侵害がなされることが挑発行為の危険の実現とみられる場合には，やはり最終的になされた反撃行為までを一連の事象として捉え，権利の濫用として正当防衛の成立を否定するという結論が妥当なように思われる。

こうして，まずは，意図的挑発の場合には，正当防衛状況は，まさに意図された形で挑発行為により自招されたものであり，不正・対・不正の関係が現出していることには，疑問の余地はないであろう[4]。もっとも，自招行為には，様々なものがありうるのであり，①暴行や脅迫等の犯罪に当たる行為から，②侮辱に当たらないレベルの嘲笑，面罵，喧嘩への挑発・誘導，さらには，③単なる非礼や不愛想な態度といったものまでが含まれうる。後に挙げた例になればなるほど，挑発が奏功する蓋然性が低下していき，それと同時に，にもかかわらず相手方が挑発に応じたとすれば，相手方の帰責性も増加していくようにも思われる。連続的な行為群のどこで線引きをすべきかは非常に難しい問題であるが，やはり正当防衛による対抗が許されるような不正の侵害に当たるようなものかどうかによるのが妥当であろう。正当防衛による対抗が許されないということは，法秩序はその挑発に耐え切ることを求めているということになるからである。

---

3) 浅田和茂『刑法総論〔第3版〕』（成文堂，2024年）241頁以下，井上宜裕「自招侵害論再考」『川端博先生古稀記念論文集(上)』（成文堂，2014年）114頁など。

4) もっとも，実務上は，この類型は，予期＋αの場合として，従来は積極的加害意思論によりカバーされてきたものであり，自招侵害論により解決されるべき類型とは見られておらず，もって，この流れでは登場してこないものである。

## 2. 故意的挑発・自招

　意図的挑発という概念が，自招により生じた衝突状況における防衛行為の形をとった攻撃まで含めた「意図」を問題としているのに対し，故意的挑発ないし過失的挑発において，故意・過失がどの点にまで及んでいるものと想定されているのかについては，見解の一致がない。それゆえ，ここでは，まずは，自招行為が故意になされたのか過失によりなされたのかにより分類を試み，後の経過に対する主観面は，別途論じるということにしたい。

　さて，注2) で掲げた最決平成20・5・20は，不正の侵害により自ら侵害を招いたとして正当防衛を否定したが，挑発者の主観には言及していない。もとより，この不正の侵害は，故意の暴行であるという事実関係は当然の前提であるから，事案としては故意的挑発にあたろう。担当調査官は，これにつき，「少なくとも本件のように，自招行為という不正な行為と侵害行為という不正な行為との間に〔侵害行為が被告人の暴行に触発された，その直後における近接した場所での一連，一体の事態であるというような〕非常に密接な関係がある場合は，被告人が自ら不法な相互闘争状況を招いたといえるのであり，このような場合は，正対不正の関係ともいうべき正当防衛を基礎付ける前提を基本的に欠いた，不正対不正の状況にほかならない」との評価を下している[5]。

　このように，不正の侵害を，少なくとも故意のものに限定しておくことには，十分な意味がある。駅ですれ違いざまに肩がぶつかることはあるが，これに怒った相手方が暴行を加えてきたときに，過失的自招行為があったとして正当防衛が否定され，あるいは，これを捉えて過失犯で処罰されるべきだとすれば[6]，それが行き過ぎであることは明らかであろう。人は多かれ少なかれ，他者に迷惑をかけずしては生きていけないのであり，これを受けた相手方においては，少なくとも故意に基づかない侵害に対しては，注意にとどめる等，直ちに正当防衛として反撃をしないことが法的に期待されてよいものと思われる。理論的に言えば，この場合には，過失的な侵害に対して釣り合わないような動機により，暴行等の反撃を加えたことで，侵害者の答責性が過失自招者の答責

---

[5] 三浦透「判解」最判解刑事篇平成20年度434頁。
[6] 原因において違法な行為の理論によれば，反撃行為が正当化されても，原因行為に過失が認められれば過失犯で処罰されることになる。

性を凌駕しており，過失行為者は，衝突状況を招いたことへの寄与度の小ささゆえに，正当防衛を行うことを否定されえないものと思われる。

## 3. 正当防衛の制限がなされるための要件

　最決平成20・5・20が正当防衛を否定するにあたり指摘したのは，a)相手方に対する暴行があったこと，b)相手方による攻撃は，被告人の暴行に触発された，その直後における近接した場所での一連，一体の事態であること，c)相手方の攻撃が被告人の暴行の程度を大きく超えるものではないこと，である。
　a)については，自招行為の性質がどうでなければならないかの問題であり，意図的挑発の場合とで異なるものではないから，暴行には限られず，正当防衛による対抗が可能な不正な侵害であれば，含められるべきであろう。b)については，これがなければ，挑発に基づく攻撃があったと評価できない以上，不可欠の要件である。山中教授は，相手方の攻撃が，挑発行為の，攻撃誘発に対する危険性の範囲内にあることが必要だとの前提から，それには，挑発と攻撃が，一定の時間的連続性においてまた場所的接近性において発生することが予定されているとされたうえ，挑発行為の後，その場はこともなく収まったが，その後，再び路上で偶然に出会い，被挑発者が攻撃してきたという場合には，挑発を理由に正当防衛が制限されるべきでないものとされている[7]が，妥当と思われる。c)についても，相手方の攻撃が，挑発行為のもつ攻撃誘発に対する危険性の実現といえるためには，一定の比例性を保っているべきことは当然に必要であるから，大きな異論はないものと思われる[8]。
　これに対し，最決平成20・5・20は，後の経過に対する主観面について言及していない。担当調査官は，「本決定が……客観的事実を挙げるにとどめ，侵害の予期やその可能性について全く触れていないことは，やはり押さえておかなければならない」とされたうえ，「そもそも本件のような事案においては，被告人の〔相手方による〕侵害行為に対する主観的状態のいかんにかかわらず，正当防衛は許されないともいえるのではなかろうか」とされている[9]。

---

[7]　山中・前掲注1)302頁以下，さらに橋田久「判批」名古屋大学法政論集244号（2012年）137頁以下。
[8]　反対：橋田・前掲注7)140頁以下。

学説上は，例えば侵害回避義務論の論者からは，少なくとも相手方の侵害を予見しえたことが要求されている[10]が，このことは必ずしも必要ないように思われる。すなわち，正当防衛による対抗を受けても仕方がない不正の侵害により相手方の侵害を自招した場合，そこに現出しているのは不正・対・不正の構図であり，これに対する正当防衛は，許容されえない。そして，この判断は，当該一連の事象が自招されたものとの評価が成り立つかにのみ依存するのであり，それには，挑発行為が，相手方の侵害を招くだけの危険を含んでおり，相手方が侵害に及んだことがその危険の実現だと言えれば足りる。それがよいことかは別として，経験則上，そんな風に殴られたら殴り返して当然だ，ということが言えるのであれば，挑発行為の危険の実現はあり，当該事象は自招行為によって性格付けられた不正・対・不正の事態だと評価されてよいように思われる[11]。このようにみれば，相手方の侵害についての主観面にふれていない最決平成20・5・20は，主観面の認定をできるだけ回避したいという実務的要請の現れにすぎないものとしてネガティヴに捉えられる必要はなく，理論的にみても必要十分な要件を示したものと理解されてよいように思われる。

## II．侵害の予期があった場合

### 1．侵害の予期があった場合に関する判例の立場
　　　──最決平成29・4・26まで

　従来の判例は，不正の侵害者からの侵害を予期していたとしても，そのことからただちには正当防衛の制限は導かれない[12][13]が，＋αの事情がある場合には，侵害の急迫性が否定されるとして，正当防衛（さらには過剰防衛）の成

---

9) 三浦・前掲注5)433頁。
10) 佐伯仁志『刑法総論の考え方・楽しみ方』（有斐閣，2013年）158頁。また，橋爪隆「判批」平成20年度重判解（ジュリ1376号）175頁は，侵害の招致を十分に予測しうる客観的状況があった限りで，同決定を是認されている。
11) 東京高判平成8・2・7判時1568号145頁は，相手方の「反撃は，自ら違法に招いたもので通常予想される範囲内にとどまる」との指摘を行っているが，これは相手方の侵害が自招行為に客観的に帰属されるものであることを述べているものと解すれば足りよう。
12) 最判昭和46・11・16刑集25巻8号996頁，最決昭和52・7・21刑集31巻4号747頁。
13) 嶋矢貴之「刑法学の出発点としての条文」法教451号（2018年）27頁以下の指摘も参照。

立を否定してきた。すなわち，急迫性は，侵害が差し迫っており，あるいは，現在しているという客観的・事実的判断だけではなく，正当防衛を認めるべき前提状況にあるかを問題とする規範的判断がなされるべき要件とされてきたことになる。

　注2) で掲げた最決平成29・4・26にいたるまで，判例の展開に大きな影響を与えていたのは，注12) で掲げた最決昭和52・7・21であった。事案は，極左暴力集団である中核派の学生である被告人（複数）が，集会を開こうとして会場を設営中，対立抗争関係にある同じく極左暴力集団である革マル派の学生らの攻撃を予期して鉄パイプ等を準備し，1回目の同派学生の攻撃を実力で撃退した後，再度の攻撃のあることを予期してバリケードを築いていたところ，実際に攻撃してきた革マル派の学生に対し，鉄パイプで突くなどして応戦したことで，凶器準備集合罪および暴力行為等処罰法1条違反（共同暴行）に問われたというものであった。最高裁は，「刑法36条が正当防衛について侵害の急迫性を要件としているのは，予期された侵害を避けるべき義務を課する趣旨ではないから，当然又はほとんど確実に侵害が予期されたとしても，そのことからただちに侵害の急迫性が失われるわけではない」としつつも[14]，「同条が侵害の急迫性を要件としている趣旨から考えて，単に予期された侵害を避けなかったというにとどまらず，その機会を利用し積極的に相手に対して加害行為をする意思で侵害に臨んだときは，もはや侵害の急迫性の要件を充たさない」と結論付けたのである。これは，積極的加害意思論として，以後の判例に大きな影響を及ぼすこととなった。

　担当調査官の香城元判事の解説は，「このような場合，本人の加害行為は，その意思が相手からの侵害の予期に触発されて生じたものである点を除くと，通常の暴行，傷害，殺人などの加害行為とすこしも異なるところはない」とするだけの分かりにくいもので，理論的根拠として権利濫用論と原因において違法な行為の理論を掲げる等[15]，およそ理論的には理解困難なものであった[16]。

---

14) 最判昭和46・11・16も，「侵害があらかじめ予期されていたものであるとしても，そのことからただちに急迫性を失うものと解すべきではない」としていた。
15) 香城敏麿「判解」最判解刑事昭和52年度247頁。
16) 塩見淳『刑法の道しるべ』（有斐閣，2015年）47頁は，「反撃行為だけを見れば『防衛』の範疇に入るのに，なぜ正当防衛の成立が制約されるのかが論じられているとすれば，反撃は『通常の加害行為』だとの回答はかみ合っていない」と批判されている。

他方,同元判事による別の論文では,「相手の侵害を事前に避けることができたのに,積極的加害をする意思で敢えて相手の侵害に臨み,加害行為に出た場合」につき,「この場合には,たとえ当の時点においては侵害が急迫しているように見えても,それは積極的加害の意思があったために行為者が敢えてこれを受け入れた結果であるから,行為者にその結果を甘受させるべき」である,あるいは,「この場合には,相手の侵害を予期しながら,官憲の保護を求めず,又は相手の侵害を招かないよう行動を自制することなしに,敢えて侵害を受け入れ,その機会を利用して積極的に加害をするのであるから,その侵害は,行為者にとって予定通りのもの」であるとの説明がなされている[17]。こちらも,理論的には,複数の論拠が未整理のまま列挙されており,ただちには理解が困難であるが,後に橋爪教授によって侵害回避義務論として展開されることとなる議論の萌芽が含まれていることは注目に値しよう[18]。

いずれにせよ,予期+積極的加害意思=急迫性否定,という枠組みは,判例理論として確固たるものとなっていった。この場合は,すでに指摘されているように,Ⅰでみた意図的挑発の場合と一致しており[19],理論的には,意図的挑発につき述べたような論拠によって,正当防衛の制限が否定されてよいことになろう。判例が正当防衛を制限するのが,この範囲に限られているのであれば,正の側を犯罪者扱いするものではなく,不正・対・不正の関係が現出していることが明らかな場合に,当然のこととして正当防衛が否定されているにすぎないから,こうした判例理論は支持されてよいように思われる。

## 2. 橋爪教授の侵害回避義務論

他方で,筆者もそうだが,腕力に自信がなければ,襲撃されそうになった場合には,ダッシュで逃げるのが,身を守るための最善の方策であろう。襲撃の予告でもあったような場合には,取り合ってくれるかどうかはわからなくても,最寄りの警察署に相談し,できれば警護を,それが無理でもせめて警官に

---

17) 香城敏麿「正当防衛における急迫性」小林充=香城編『刑事事実認定(上)』(判例タイムズ社,1992年) 262頁以下。
18) さらに同元判事が関与された大阪高判昭和56・1・20刑月13巻1=2号6頁も参照。
19) 佐伯・前掲注10)156頁,山口厚『犯罪論の基底と展開』(成文堂,2023年) 100頁など。

よる巡回を増やしてくれるよう，必死に頼むのではないだろうか。

　そこで，論者によっては，こうしたふつうの人がとるであろう行動パターンを前提とすれば，侵害が予期されていた場合には，警察に救助を求めたり，逃げたりするのが自然であり，そうしないのは，正当防衛状況を利用して，相手方を侵害しようとする，よからぬ企みでもあるのではないかとして，こちらを不正の側だとみる発想が出てくることになる。前章でみたように，不正の侵害者の利益もできるだけ助かるべきだと考える発想がこれに加わると，なおさら，事前に衝突を回避せよという方向に議論が向かうことになる。それが，橋爪教授を代表とする侵害回避義務論である[20]。

　橋爪教授によれば，「侵害回避義務論の中核的内容は，行為者が事前に侵害を回避すべき状況，すなわち行為者が侵害を事前に回避することが期待可能な状況であったにもかかわらず，侵害を回避することなく侵害が現実化した場合について，侵害の急迫性（正当防衛状況性）を否定するという点にある」[21]。

　その根底にあるのが，「正当防衛状況においても，不正の侵害者の法益の要保護性が完全に否定されるわけではないから，侵害者・被侵害者の要保護性のある利益が衝突していることになる。とすれば，正当防衛においても，基本的には緊急避難同様に，利益衝突状況の合理的な解消が究極的な目的とされている」，「このような『利益衝突の合理的解消』という観点を強調すれば，そもそも侵害が現実化する以前の段階において，利益衝突を回避する行為を要求する余地が生まれる」，「事前の回避行為を義務づければ，それによって対立利益の両者がともに擁護できるわけであるから，社会全体の利益状態は一層向上することになり，まさしく『合理的』な解決ということができる」との発想である。このように正当防衛を緊急避難の延長線上で考え，どちらの利益も助かるに越したことはないとの発想から正当防衛論を組み立てるのであれば，侵害回避義務論に到達することはある意味自然なことである。

　とはいえ，このような侵害回避義務論が，最決昭和52・7・21にみられるよ

---

20) 研究者によるものとしてさらに，佐伯仁志「正当防衛と退避義務」小林充先生・佐藤文哉先生古稀祝賀『刑事裁判論集(上)』（判例タイムズ社，2006年）104頁以下がとくに重要である。

21) 橋爪隆「正当防衛論の課題」佐伯仁志ほか編集代表『刑事法の理論と実務①』（成文堂，2019年）163頁。

うな，どうみても極左暴力集団どうしの抗争とみられるような，不正・対・不正の関係が現出している場合だけをターゲットとし，その説明の仕方を変えているだけなのであれば，特段問題とするには当たらないであろう。

しかしながら，この議論では，教授の違法性論における主観的要素をできるだけ排除して考える基本的スタンスとの関係で，正当防衛の成立が制限される範囲を限定するための中核的概念である積極的加害意思の意義が軽視されている。教授は，「それはまさしく，侵害を予期しながらも，それを回避しようともせずにあえて相手に向かっていく際に認められうる意思」であるとされ，積極的加害意思とは予期された侵害を「避けられるのに避けなかった，逃げられるのに逃げなかったという場合に，行為者に事実上生じうる意思にすぎ」ないとの見解を好意的に引用されている[22]。これを別の角度からみれば，教授の見解においては，利益衝突状態を呼び込み，それを反撃＝攻撃の機会として利用しようという，意図的な手段・目的関係のもとでの利用意思という積極的加害意思の実態が見失われ，単なる侵害に臨むときの「心構え」にすぎず，対抗行為の客観的態様に直接的な影響を及ぼさない，法益侵害性の評価とまったく無関係な心情要素にすぎないものとして[23]，その意義が切り下げられているのである。

これにより，判例によれば，侵害の予期＋積極的加害意思＝急迫性否定，であったものが，侵害の予期＋回避義務違反＝急迫性否定，にまで拡張されることになる[24]。「侵害を事前に回避する可能性を根拠付けるのは侵害の予期であり，積極的加害意思の存否はこれと全く無関係である」とし[25]，侵害の十分な予期があれば，「特段の負担」がない限り[26]，侵害は事前に回避すべきであ

---

22) 橋爪隆『正当防衛論の基礎』（有斐閣，2007 年）151 頁注 70。
23) 橋爪・前掲注 22)235 頁以下。
24) 佐藤文哉「正当防衛における退避可能性について」『西原春夫先生古稀祝賀論文集(1)』（成文堂，1998 年）244 頁は，予期＋回避義務違反だけで，「予期した緊急事態を自ら現実化させたもの」だとの評価を下される。これを支持するものとして，佐伯・前掲注 20)118 頁以下。また，木崎峻輔「平成 29 年決定以降の裁判例における侵害の急迫性の意義及び機能」中央学院大学法学論叢 33 巻 2 号（2020 年）35 頁は，「現在の裁判実務は，凶器の準備や回避可能な侵害を回避しなかったことといった，個々の事案の態様に応じた被侵害者の暴力的闘争を志向する態度を総合的に考慮し，被侵害者の反撃行為を単なる犯罪行為として扱うべき場合に急迫性を否定している」と捉えられるが，予期＋侵害回避義務違反＝暴力的闘争を志向する態度，とする価値判断は妥当とは思われない。
25) 橋爪・前掲注 22)235 頁。

り，にもかかわらずそれを回避せず侵害に臨めば急迫性が否定されるという枠組み[27]が，最決昭和52・7・21の示した枠組みとは別物になっていることは明らかであると思われる。

　予期した侵害に対し積極的加害意思でもってこれに臨む場合には，それは侵害をいわば引き寄せ，自らの反撃＝攻撃の手段の機会として利用しているのであり，このことによりこの者は不正の側に移行する。それゆえ，積極的加害意思論の限度で，正当防衛が制限されることには，十分な根拠がある[28]。

　これに対し，侵害を予期しながら回避しなかったというだけで，その者を不正の側に移し替え，回避義務違反をとらえて犯罪者扱いすることは，到底是認できない。最決昭和52・7・21が述べたように，人は予期された侵害を避けるべき義務はないのであり，一連の事態を起動したのは，不正の侵害者の側である。侵害回避義務論とは，要するに，正の側にある者を，この不正の侵害者の利益を保護するための保障人的地位に一方的に立たせ，その不作為をもって犯罪者扱いするという，大変な議論なのである[29]。ここでは，積極的加害意思という主観的要素を，客観的な利益状況で説明し直したというだけにはおよそとどまらない，不正と正の線引きにおける大きな価値判断の転換がなされており，本来的に正の側にある者を犯罪者の立場に陥れる，大きな落とし穴が掘られたことになる[30][31]。

---

26）この点を過大な要求であると批判するものとして塩見・前掲注16)51頁。
27）橋爪・前掲注21)163頁以下。
28）山口・前掲注19)114頁以下。
29）照沼亮介「侵害に先行する事情と正当防衛の限界」筑波ロー・ジャーナル9号（2011年）130頁，同「急迫性の判断と侵害に先行する事情」刑法50巻2号（2011年）276頁。
30）井田良「正当防衛をめぐる議論の現状」季刊刑事弁護96号（2018年）13頁以下は，侵害回避義務論が，単に「主観的意思の強調から客観的事情の類型化へ」という方法論上の主張にすぎないものではなく，積極的加害意思を基準とする判例理論と比べて正当防衛状況をより広く限定する理論として主張されたことを，クリアーに指摘されている。
31）三代川邦夫「正当防衛の海域」立教法学97号（2018年）137頁は，橋爪教授の見解において，「被侵害者は，不正の侵害から逃げ惑うべきいわれはない」という考慮と「正当防衛が正当化されるといっても，かかる法益衝突状態が法的に望ましいということは決してない」という考慮との相克があるところ，後者を重視するあまり，前者の考慮が抜け落ちていることを的確に指摘されている。さらに橋田久「反撃準備行為を理由とする正当防衛権の制限について」名古屋大学法政論集287号（2020年）16頁以下の批判も参照。

## 3. 最決平成 29・4・26 の登場

　こうした侵害回避義務論が有力化する中[32]，最高裁は，侵害を予期していた場合における正当防衛の制限につき，新たな判断枠組みを打ち出した。「刑法 36 条は，急迫不正の侵害という緊急状況の下で公的機関による法的保護を求めることが期待できないときに，侵害を排除するための私人による対抗行為を例外的に許容したものである。したがって，行為者が侵害を予期した上で対抗行為に及んだ場合，侵害の急迫性の要件については，侵害を予期していたことから，直ちにこれが失われると解すべきではなく……，対抗行為に先行する事情を含めた行為全般の状況に照らして検討すべきである。具体的には，事案に応じ，行為者と相手方との従前の関係，予期された侵害の内容，侵害の予期の程度，侵害回避の容易性，侵害場所に出向く必要性，侵害場所にとどまる相当性，対抗行為の準備の状況（特に，凶器の準備の有無や準備した凶器の性状等），実際の侵害行為の内容と予期された侵害との異同，行為者が侵害に臨んだ状況及びその際の意思内容等を考慮し，行為者がその機会を利用し積極的に相手方に対して加害行為をする意思で侵害に臨んだとき……など，前記のような刑法 36 条の趣旨に照らし許容されるものとはいえない場合には，侵害の急迫性の要件を充たさないものというべきである」というのである。

　橋爪教授は，「本決定は侵害回避義務論を正面から採用するものでないものの，侵害の急迫性の判断において，侵害回避義務論の問題意識を大幅に受け入れていることは否定できない」ものとされている[33]。同決定が「侵害回避の容易性，侵害場所に出向く必要性，侵害場所にとどまる相当性」を考慮ファクターとして明示しているところ[34]，従来の判例が述べてきたような，予期は侵害回避義務を導くものではないとのフレーズが消えているところからみて，

---

32) 影響力が大きいとみられる実務家における侵害回避義務論の主張者ないし支持者として，佐藤・前掲注 24)242 頁以下，栃木力「正当防衛における『急迫性』」植村立郎編『刑事事実認定重要判決 50 選〔上〕』（立花書房，2020 年）52 頁以下など。侵害回避義務論に親和的な判断を示した裁判例として，東京高判平成 21・10・8 判タ 1388 号 370 頁など。これに対し，中川博之「正当防衛の認定」木谷明編著『刑事事実認定の基本問題〔第 3 版〕』（成文堂，2015 年）は，適切にも，回避「義務」を認める明文規定をもたない法制下でこれを認めることができる法的根拠は何か，侵害回避義務を認めることに消極的な判示をしてきた従来の判例との整合性をどう考えるかにつき，疑問を提起されていた。

33) 橋爪・前掲注 21)157 頁。

この評価は妥当なものと思われる。

　このような判例が打ち出された背景事情の1つとして，担当調査官は，「積極的加害意思が認められなければ侵害の急迫性は否定されない」との誤った理解のもとで審理が行われている場合があるのではないかとの懸念があったとの指摘をされている[35]。しかしながら，「もともと急迫性に関する前記判例理論は，喧嘩闘争や私闘と同視すべく，初めから違法というべきものを正当防衛から排除するための理論」であったこと[36]，言い換えれば，不正・対・不正と明らかに言える場合を切り出すための枠組みであったことには，十分な留意が必要である。確かに，不正・対・不正の関係になる場合は，Iでみた自招侵害のような場合もあれば，暴力団の一連の相互闘争中の1シーンであるような場合もあり[37]，積極的加害意思がなければ正当防衛は制限されないと考えるべきでないことは明らかであるが，このように，明らかに不正・対・不正の場合を切り出すという問題意識を忘れ，侵害回避義務の懈怠＝不正，とするような捉え方に移行すべきものとは到底思われない。

## 4．官憲の救助を要請する義務

　最決平成29・4・26は，正当防衛の制度趣旨として，「公的機関による法的保護を求めることが期待できないときに，侵害を排除するための私人による対抗行為を例外的に許容したもの」だとの理解を示したうえ，このような「刑法36条の趣旨」から，侵害回避義務論に親和的な枠組みを打ち出したものと思われる。そして，同決定は，あてはめにおいて，「自宅にとどまって警察の援助を受けることが容易であったにもかかわらず」と述べ，考慮ファクターとして掲げられている「侵害回避の容易性」においては，官憲への救助要請義務が

---

34) 侵害回避義務論をとられる佐伯教授は，同決定がこれらのファクターを侵害の急迫性の判断要素として認めたことは，「重要な意義を有している」とされる。佐伯仁志「正当防衛の新判例について」判時2357＝2358合併号（2018年）21頁以下。
35) 中尾佳久「判解」最判解刑事篇平成29年度110頁。
36) 的場純男＝川本清厳「自招侵害と正当防衛」大塚仁＝佐藤文哉編『新実例刑法［総論］』（青林書院，2001年）111頁以下では，この指摘に続けて，積極的加害意思論につき「道具立てがいささか大げさで，小回りが利きにくい嫌いもないではない」との指摘をされている。
37) そうした例として例えば大阪高判平成13・1・30判時1745号150頁。

あるのかも問題となりうることを述べている。それゆえ，侵害に先立つ段階で，官憲への救助要請義務がかかるのかにつき，簡単にみておきたい。

まず確認されるべきことは，筆者のようなただの一般市民が，身の危険を感じて警察に相談したとしても，おそらく大したことは何もしてもらえないであろうということである。松宮教授は，桶川ストーカー殺人事件と神戸大学院生リンチ殺人事件を挙げ，保護を求めても警察が確実に守ってくれる保証はないことを指摘されている[38]が，同感である。警察が来てくれても，2010年11月4日の秋田・弁護士殺人事件におけるように，臨場した警察官が犯人と被害者を取り違え，被害者を取り押さえたため，犯人が殺害を敢行できてしまったような場合さえある。本気で，官憲への救助要請義務を論じるのであれば，救助を要請していれば，確実な保護が受けられ，無傷で助かったであろうことが合理的な疑いを超えて確実に証明できなければならないが，果たしてそのような証明が可能な事案がどれだけあるのかは実際問題として疑問である。にもかかわらず，安易に「警察に救助を求めることなく」と摘示して，要請義務に反したことをネガティヴに捉え，これを積極的攻撃的意思の徴表とみて，ただちに正当防衛の制限を導くのは，完全な誤りである[39]。

理論的にみても，山本准教授が説かれるように，事前の官憲への救助要請義務を認めることは，被攻撃者が自己の行動の自由について，（将来の）攻撃者に主導権を与えることになってしまう。すなわち，他者の権利領域への介入を行っていないため，本来的には自らの権利領域内で自由に行動できるはずの防衛者が，事前に侵害を予期しているという理由から，攻撃者による「不正」の侵害が現実化しないように配慮し，自らの行動を変更しなりればならないという意味での自由の制約を受けることになってしまうが，被攻撃者が，今まさに自らを侵害しようとする攻撃者に対して配慮をしなければならない理由はないのである[40][41]。

---

[38] 松宮孝明『先端刑法総論』（日本評論社，2019年）76頁以下。さらに山本和輝「正当防衛状況の前段階における公的救助要請義務の是非」刑法59巻1号（2020年）57頁以下も参照。

[39] 照沼・前掲注29)筑波132頁以下は，正当にも，行政による救済が遅きに失したことで犯罪被害の拡大がもたらされたと評されることも増えつつあるわが国の現状では，むしろ，自己の利益を守る権利を国家が制度的に保障しているという関係を明確にするような解釈こそが好ましいとの指摘をなされている。

## 5. 最決平成 29・4・26 の骨抜きの試み

同決定の担当調査官は,「本決定は, 急迫性を否定する範囲を拡大して正当防衛の成立範囲を狭める方向性を示すようなものではないことに留意すべきである」とされる[42]が, これまで検討したところに照らせば, 同決定は, 正当防衛のさらなる制限に大きく舵を切ったということになるように思われる[43]。それゆえこの記述は, 判例の自己理解としても完全に誤っており, また客観的にも妥当でない。

同決定を前にして, 正当防衛の範囲を狭めないためには, 同決定の判示内容は, 以下のように構成ないし解釈し直される必要があろう[44]。

まずは, 刑法 36 条の趣旨については, 前章で述べたように, 国家は憲法上の法益保護義務を果たすべく, 自らが法益を十分に保護できない緊急事態においては, 正当防衛・緊急救助を認め, 不正な侵害者の法益保護を断念することにより, 正の側に立つ被侵害者の利益保護を図らなければならない。最決平成 29・4・26 の説く制度趣旨は, このような意味で限定的に読み込まれるべきであり, 官憲による救助を事前に要請する義務を要求したものと解されてはならない。

侵害の予期が侵害回避義務を導かないことは改めて確認されるべきであり, この点で重視されるべきは, 侵害の予期があっても「そのことからただちに急

---

40) 山本和輝『正当防衛の基礎理論』(成文堂, 2019 年) 230 頁以下。さらに橋田・前掲注 31)37 頁の批判も参照。

41) なお, ドイツの連邦通常裁判所は,「正当防衛の規定の適用可能性は, 被攻撃者が退避する, あるいは, 警察が介入できるよう事前に配慮することにより, 攻撃から自らの身を守ることができたであろうということによって排除されるわけではない」としている (BGH NStZ 1995, 177)。

42) 中尾・前掲注 35)112 頁。

43) もっとも,「〈座談会〉正当防衛の成否は何で決まるのか」季刊刑事弁護 96 号 (2018 年) 48 頁 [遠藤邦彦発言] は, 最決昭和 52・7・21 の背景に「緊急行為としての要保護性がない場合は急迫性が認められなくなるという考え方」があるとする前提から,「目的と手段の直接的な連関性は必須の要素ではなく, 範疇が広がっていくようなところがあ」り,「その後の下級審は, そこに着目して積極的加害意思を広げていった」とされたうえ,「平成 29 年決定は, 昭和 52 年決定の延長線上にある」との理解を示されている。

44) 同決定の読み方として三代川邦夫「正当防衛に関する最決平成 29 年 4 月 26 日 (刑集 71 巻 4 号 275 頁) について」学習院法務研究 13 号 (2019 年) 187 頁以下は示唆に富むものである。

迫性を失うものと解すべきではない」とした注12)で掲げた最判昭和46・11・16ではなく，その理由として，「刑法36条が正当防衛について侵害の急迫性を要件としているのは，予期された侵害を避けるべき義務を課する趣旨ではない」とした最決昭和52・7・21である。最決平成29・4・26は，これの参照を避けることにより，侵害回避義務論にシフトしたが，妥当でない。

　個々の考慮ファクターは，積極的加害意思があった場合を典型として，不正・対・不正の関係が現出している場合を切り出すための着眼点となりうる限りでは考慮されてよいが，侵害回避義務違反があったかを判断するために入れられているファクターは考慮外に置かれるべきである。それゆえ，「侵害回避の容易性，侵害場所に出向く必要性，侵害場所にとどまる相当性」は，まさしく侵害回避義務論を前提としたものであるから，削除されるべきである。

　これに対し，それ以外の考慮ファクターは，従来，積極的加害意思を推認するために考慮されてきた客観的事情であるから，維持されてよい[45]。

　もっとも，侵害の予期については，最決平成29・4・26は，従来要求されてきた，侵害の十分な予期を要求せず，予期の程度に応じて，設定される義務の内容を変えていこうという発想に舵を切ったように思われる[46]。従来，裁判実務家の間でも，「ある程度の予期」から「確実な予期」までの間にも程度の異なる予期の段階が想定されることからすると，「予期」と「積極的加害意思」のそれぞれの程度を相関させ，さらに相手の侵害の性質，程度と対比衡量する中で，全体として正当防衛状況が認められるものかどうかを考えていくべきであるとの見解がみられた[47]が，同決定はこの方向性を支持したことになる。

　これに対し，最判昭和59・1・30刑集38巻1号185頁は，侵害の予期を否定することにより，積極的加害意思論を適用せず，過剰防衛を認めた事案であるが，担当調査官は，「昭和52年判例がそこで予定している予期は，十分な予期，すなわち，相手の攻撃の内容を十分予想し且つその攻撃が確実なものと予期している場合を指しているものと，解してよいのではなかろうか」とされて

---

45) 最決平成29・4・26が，侵害現実化後の対抗行為の内容・態様をも考慮した点についての興味深い提言として，坂下陽輔「防衛行為の相当性及び退避義務・侵害回避義務に関する考察(4・完)」法学86巻1=2号（2022年）84頁参照。
46) 中尾・前掲注35)114頁。
47) 安廣文夫「判解」最判解刑事篇昭和60年度151頁以下，中川・前掲注32)140頁，など。

いた[48]）。また，裁判実務家においても，侵害回避義務論の立場からではあるが，「侵害の回避義務を認めるためには，侵害の出現を確実に予期していることが必要である」とされ[49]，あるいは，「急迫性を否定することは行為者に回避義務を課すことであり，その分だけ行動の自由を制約することになるから，確実な予期もないのに回避義務を課すことには疑問がある」とされていた[50]ところである。

　この点は，侵害の確実な予期を要求すべきであろう。橋爪教授が言われるように，「自分が何か行動する前に，自分の行動が発端となって他人の侵害を誘発するおそれがないかを常に慎重に吟味しなければいけないというのは，行為者にとって過度な負担となる」のである[51]から，侵害の確実な予期を前提としたうえでの積極的加害意思等の $+\alpha$ の事情の検討がなされるべきである[52]。

　最後に，積極的加害意思がある場合が例示されていることは，これが侵害回避義務違反の認められる最も程度の高い場合であり，さらに低い場合も認められるものとの意味合いを含んだものと解されるべきではなく，これが不正・対・不正の関係が現出する典型的場面であり，これと等価な場合に限って正当防衛の制限が認められるべき基準点を示したものとして理解されるべきである[53]。

---

48) 松浦繁「判解」最判解刑事篇昭和 59 年度 44 頁。
49) 佐藤・前掲注 24)243 頁。
50) 栃木・前掲注 32)54 頁。
51) 橋爪・前掲注 22)309 頁。
52) 坂下陽輔「判批」判評 711 号（判時 2362 号）（2018 年）27 頁による読み解き方も参照。
53) 嶋矢・前掲注 13)31 頁も参照。

# 第10章　正当防衛(3)

CHAPTER 10

> **POINT**
>
> ・正当防衛に退避義務が課されないことを，その根拠を含めて理解する。
> ・立案担当者の理解と異なり，着物泥棒を殺害することは，もはややむを得ずにした行為とは評価できないことを理解する。
> ・必要最小限度性を要求する見解の根拠とその具体的帰結，および，その問題点を理解する。
> ・法益保全のために必要な行為であれば，どのような行為でも相当と評価されるべきではないことを理解し，その際の判断のポイントを理解する。

## はじめに

　本章では，正当防衛の検討の最後として，やむを得ずにした行為の要件につき検討を行う。この要件は，不正の侵害に直面した正の側を，正当防衛として不可罰とするか，過剰防衛として犯罪者扱いするかを決する，最後にして最大の関門である。

　この検討に際し，筆者が最初に紹介しておきたいのは，以下の内田博士の文章である。

　「正当防衛は『勝者の論理』であるといわざるをえないようである。悪に対する正の論理に加えて，力の論理が必要だといわざるをえないからである。いかに刑法に習熟したところで，力がなければ『正当防衛の実』を挙げることはできないのである。……かくして，正当防衛は，必然的に『過剰性』を伴うことになる。まったく同等の力で対抗し合ったならば，正当防衛の問題にはなり

えないのである。正しく強い者が，勝って，はじめて正当防衛が問題となるのである。殺人・傷害致死が正当防衛のゆえに無罪とされるということは，右のような実体論理の刑法的承認にほかならないものであるということを直視する必要があろう。

したがってまた，過剰防衛とは，誰がみても『行き過ぎ』だといえる場合に限られるべきことになる。しかし，不正の侵害者が死亡し，目撃者等がいないような場合には，『誰がみても行き過ぎ』といえるかどうか自体が，判然としないはずである。生き残った被告人に対して，事後的に冷静な裁判官が，『行き過ぎ』ときめつける可能性が強いことを懸念せざるをえない。さらにまた，力の弱い善良な市民が，いったん正当防衛に出たならば，『誰がみても行き過ぎ』といえるほどに強く反撃しない限り，返り討ちになる可能性があることにも意を払う必要があろう。」[1]

筆者が言わんとすることは，実はおおむね以上に尽きている。以下では，判断枠組みや基準の検討にも努めるが，率直に言えば，こうした内田博士のような基本思想を欠いたままでは，どれだけ精緻な判断枠組みや基準を立てたとしても，仏作って魂入れずになってしまい，これを用いる裁判官において，不正の侵害に見舞われた正の側を容易に犯罪者に仕立てあげる結論が導かれてしまうことになる。研究者も，判断枠組みや基準の精緻化に努めるばかりではなく，折に触れて上記のような箴言を実務家に対して述べる必要があるように思われる。そこで，本章では，大枠において内田博士の説かれるような方向性を示すことに主眼を置いて，議論を進めることとしたい。

## I. 退避義務について

正当防衛には，退避義務は課されないというのが，現行刑法36条のもとでの従来の一般的な理解であると言えよう。このことは，特段の論証を要しないかのように，結論だけが断定的に書かれているものも相当数みられる。

しかし，退避することに何らの負担もなく，かつ，安全を確保しつつ退避可能である場合に，それでも防衛行為が「必要」だとすることには，やはりしっ

---

1) 内田文昭「正当防衛か過剰防衛か」判タ545号（1985年）43頁。

かりとした正当化を試みておく必要があると思われる。実際，一定の場合に退避義務を課そうとする見解も主張されているのであるから，なおさらその必要性は高い。

　やむを得ずにした行為の要件として，退避義務が要求されるとするのは旧刑法314条のもとでの支配的な理解であったようである[2]が，現行刑法のもとでも，例えば大場博士は，侵害を容易に回避でき，それが不名誉不面目にあたらない限りでとの条件つきながら，退避義務を認められていた[3][4]。

　また，勝本博士は，やむを得ずにしたとは，防衛行為が必要やむを得ずにしたものであるということ，すなわち，「被侵害者ニ於テ主観的防衛スルコトヲ要スヘク余儀ナクセラレタリト認ムヘキ一般客観的ノ事情アルコトヲ要スルノ義ニ解スヘキモノ」だとの理解から，「第一ニハ公力ノ保護ヲ受クルノ遑ナク又ハ逃避スルコト能ハサリシト云フカ如ク侵害ノ避クヘカラサリシコトヲ要」するとされていた[5]。これは，おそらく，やむを得ずにした行為の要件を，防衛行為に出るほかはない，心理的に強制された状態として解するものであり，いわば，正当防衛を責任阻却事由に寄せて解釈するもののように思われる。確かに，語義としては，そうした解釈は可能ではあろう。そして，正当防衛は，確かに，のっぴきならない緊急状況において，やむにやまれぬ精神状態に追い込まれてやったものであるという側面も否定できない[6]。しかしながら，正当防衛は，そうした状況下・精神状態での行為に権利行為としての性格を持たせたものであり，単なる責任阻却事由ではない。それゆえ，他に選択肢がない精

---

2) 米田泰邦「正当防衛と反撃回避義務」平場安治博士還暦祝賀『現代の刑事法学(上)』（有斐閣，1977年）208頁によれば，旧刑法における「已ムコトヲ得サルニ出テ」たの要件では，退避義務，公的救助を求める義務を尽くしたうえでの補充性が求められていたようである。さらに，大越義久『刑法解釈の展開』（信山社，1992年）10頁以下，川端博『正当防衛権の再生』（成文堂，1998年）158頁以下も参照。そこではフランス刑法学の影響が指摘されている。
3) 大場茂馬『刑法総論(下)』（中央大学，1918年）550頁以下。脚注では，ドイツのライヒ裁判所の判例，ベーリング，ブーリの見解を同旨のものとして挙げておられる。これと同旨の戦後の見解として例えば佐伯千仭『四訂刑法講義（総論）』（有斐閣，1981年）203頁。
4) また，宮本英脩『刑法学粋』（弘文堂，1935年）238頁は，大場博士と同様の理解から急迫性を否定され，こうした場合の防衛は「現代社会観念ノ許ササル所ナリ」とされていた。
5) 勝本勘三郎『刑法要論総則』（明治大学＝有斐閣書房，1913年）244頁以下。
6) この限りで大越・前掲注2)10頁以下も参照。

神状態に追い込まれたことは不要である。他の方法で侵害から逃れられる場合に防衛行為に出るのは権利の濫用だという見方もあり得ないではないが，権利というものは，それを行使する以外に選択肢がない場合にしか成立していないものではあり得ないであろう。また，公的救助を求める可能性や退避の可能性でもって，そうした精神状態にはなかったと考えることも，博士の立場からは必ずしも一貫していないように思われる[7]。

より最近の退避義務肯定説として，最もよく言及されるのは，佐藤元判事および佐伯（仁）教授のものであるが，ここでは，このうち後者を取り上げ，批判的検討を試みることとしたい[8]。

佐伯教授は，アメリカ法を参照して，特に生命に危険の高い防衛行為に出ざるを得ない場合についての退避義務に理論的な基礎付けを与えられた。教授は，①正は不正に譲歩する必要はないという標語は，正当防衛が認められた結果であり，その原理から正当防衛の範囲が決まるわけではない，②法確証の利益は生命の利益を上回るものではない，③正当防衛の根拠を侵害者の法益の要保護性の欠如に求めるとしても，正当防衛に必要な限度で保護が否定されるにすぎず，ここではまさに防衛行為が必要かが問題なのだから，それでは説明ができない，④退避義務を否定することで守られている利益は，生命の価値に優先するものではない，⑤退避しないことにより守られる体面（社会的名誉）や自尊心（名誉感情）は，生命・身体に重大な危険のある防衛行為を認める根拠とはなり得ない，との指摘をなされている[9]。これらの指摘はいずれも妥当であり，①から⑤で指摘されている前提のいずれかを論拠とするだけでは，退避義務否定説はなお根拠薄弱だと言わざるを得ない。そのうえで，佐伯教授は，

---

7) 勝本勘三郎「正当防衛及ヒ緊急状態ニ就テ」京都法学会雑誌 7 巻 5 号（1912 年）51 頁は，主観的に迫られたことは必要ないとする反対説や，立法の存在に押された記述をなされているように思われる。

8) 佐藤文哉「正当防衛における退避可能性について」『西原春夫先生古稀祝賀論文集(1)』（成文堂，1998 年）248 頁以下では，まず何より退避義務を肯定するのかしないのかがはっきりしない。退避すれば双方の利益が守られるからそれは法秩序の望むところだとされながら，他方では退避義務を原則として否定し，法確証の利益まで肯定することは，明らかに矛盾であろう。退避義務を否定した文章の直後で再び，双方に法益侵害がなく正当防衛状況が解消されることが望ましいと述べるに至っては，この文章が，理論的な観点からの論評に値しないことを明瞭に示している。

9) 佐伯仁志「正当防衛と退避義務」小林充先生・佐藤文哉先生古稀祝賀『刑事裁判論集(上)』（判例タイムズ社，2006 年）102 頁以下。

予期なくあるいは侵害回避義務なく正当防衛状況が出現した場合でも，「安全確実に退避できるのであれば，生命に対する危険の高い防衛行為は行使できず，被侵害者は侵害から退避しなければならないと解すべきである」と結論づけられるのである[10]。

　しかしながら，山口教授が鋭く指摘されるように，佐伯教授の見解は，不正の侵害者の生命保護を重視する結果，被侵害者が重要な利益を侵害されそうになっている場合には退避が義務づけられ，軽微な利益を侵害されそうになっている場合には退避が義務づけられないという，一種の評価矛盾を承認する結果となっているように思われる[11]。

　そして，この点を措くとしても，やはり正当防衛に関して退避義務を承認することはできない。宮川教授が論じられるように，「被侵害者に何ら帰責性がないにもかかわらず，被侵害者に対して不正な侵害からの退避という譲歩を許容すると，結論的には，不正が正よりも優先することになる。……特別な事情がないにもかかわらず，被侵害者に侵害から退避する義務を課し，被侵害者の救済は事後の（刑事・民事の）裁判手続きに全面的に任すべきであるとするならば，正当防衛制度の存在根拠は失われることになる」からである[12]。退避義務を肯定するということは，不正の侵害者に，正当防衛による反撃を恐れることなく，一定の行動，さらには退避へと追い立てることを認めることになるが，正の側が逃げ回ることを余儀なくされ，行動の自由等が侵害されることは正当化できない[13]。

　正当防衛は，緊急状態においてなされるものである。刑法は，行為規範として，他者を侵害する行為に出ないよう，刑罰という制裁を背景に，人の意思に働きかけ，抑止を図ろうとするシステムである。これは，理念的には，利害得失を冷静に事前に計算しうる，合理的・答責的人間を想定してのことである。これに対し，正当防衛は，追い込まれた精神状態における，本能的な瞬時の判

---

10) 佐伯（仁）・前掲注9)105頁。
11) 山口厚『犯罪論の基底と展開』（成文堂，2023年）112頁以下。
12) 宮川基「防衛行為と退避義務」東北学院法学65号（2006年）68頁。
13) Friedrich Nowakowski, in Wiener Kommentar zum Strafgesetzbuch, §3, Rn.10. 吉田敏雄『刑法理論の基礎〔第3版〕』（成文堂，2013年）99頁も，被侵害者に退避義務があるとすれば，支配権を築こうとするならず者が穏やかな市民を追い立てることができることになろうとして，退避義務はないとされている。

断から、とっさになされる反射的行動である場合が本来想定されているのであり、このようなとっさの行動に出た者に対し、事後的観点から、冷静な状況把握や合理的判断をなしうる非現実的な人間像を前提として、退避もできたのではないか等と批判的な分析を行うのは、やはり妥当でないように思われる。

　宮川教授が、佐伯教授に対し、「被侵害者に対して自己の重要な法益に対して不正の侵害が急迫している場合に、退避義務の有無を冷静に検討するように要求すること」を疑問視され[14]、宿谷教授が、「反撃行為として生命・身体への重大な危険を有するものとなるかどうかを判断しなければならないというのは、一般市民に対する要求としては、過剰なもののように思われる」と批判される[15]のは、至極妥当である。ここで、佐伯教授が、退避義務の有無の判断を、本当に「緊急状況における被侵害者の心理状況も考慮して」行うべきだとされるのであれば[16]、実際問題として、抗争慣れした暴力団員[17]や、凶器でもっての侵害を意に介さずいとも簡単に撃退できてしまう格闘家のような場合でもなければ、退避義務がかかる例は想定しがたいし、してはならないように思われる。このようにみれば、「なぜ逃げなかったのか」を問いただそうとするスタンスそのものが、緊急状態に置かれた正の側の利益状況および精神状態を顧みない不当なものであり、正の側を犯罪者の側に陥れる、非常に危険なトラップなのだと思われる。

## II．やむを得ずにした行為の要件に関する刑法改正作業の展開とこれに呼応する判例の動向

　現行刑法36条1項は、「やむを得ずにした」行為であることを、要件としている[18]が、この要件に関しては、必要性・相当性の見出しのもと、極めて多

---

14) 宮川・前掲注12)34頁。
15) 宿谷晃弘「正当防衛の基本原理と退避義務に関する一考察(2・完)」早稲田大学大学院法研論集125号（2008年）197頁。
16) 佐伯(仁)・前掲注9)105頁、同『刑法総論の考え方・楽しみ方』（有斐閣、2013年）152頁以下。
17) 佐伯(仁)・前掲注16)考え方・楽しみ方141頁以下が、補充性を要求した裁判例として挙げておられる3つのうち2つは、侵害者・被侵害者双方が暴力団員である事案のように思われる。

様な議論がなされていて，相互にどのような関係にあるのか，分かりにくくなっている。そこで，まずは，現行刑法制定作業時から現在に至るまでの，議論の展開を簡単に確認しておくこととしたい。

　まず，現行刑法のもととなった明治35年刑法改正案の帝国議会における審議において，石渡敏一政府委員は，「不正ノ侵害ト防衛権ト釣合フト云フコトヲ必シモ必要ト認メナイ，防衛ニ必要ナル手段ハ総テ法律カ之ヲ必要ナル手段トシテ不論罪トスル」のだとの理解に立っており，奥山政敬委員の質問に対し，着物泥棒につき，「必要ノ場合カアツタナラ随分殺シテモ已ムヲ得ヌカト思」うと答弁している。これは，やむを得ずにした行為の要件を，必要性だけで判断する立場をとるものであろう[19]。そして，山中博士によれば，「〔やむを得ずにした行為〕の解釈として『必要性』と解し，法益の均衡を要件としないとする見解は，むしろ，大正期の終りまでは，少なくとも通説だったようである」[20]。

　ところが，大正15年の臨時法制審議会決議における「刑法改正ノ綱領」23項では，「防衛行為……ニ付テハ其要件タル行為ノ必要性ヲ行為ノ相当性トスル規程ヲ設クルコト」という方針が示された。この綱領は，1918年のスイス刑法草案32条，オーストリア刑法1922年対案22条2項およびドイツ刑法1925年草案21条の影響を受けたものだとされている[21]。内藤博士は，「改正綱領が正当防衛の要件として『行為ノ相当性』を強調したことじたいは，その後の刑法改正事業のうえに大きな影響をおよぼしただけではなく……，さらに，判例・学説のその後の展開のうえにも，つよく反映したといえるようにおもわれる」と述べられる[22]が，実際，事態はそのように進展しているように思われる。

　まず，昭和2年の刑法改正予備草案は，18条で正当防衛を定義しつつそれ

---

18) 現行刑法制定時から平成8年までは，「已ムコトヲ得サルニ出テタ」と規定されていたが，意味内容は同じであるため，すべて「やむを得ずにした行為」の要件として読み替えて紹介・検討を行う。
19) もっとも，ここで「必要性」がどのような意味で理解されているのかは，必ずしも明らかではないことには，注意を要しよう。
20) 山中敬一『正当防衛の限界』（成文堂，1985年）250頁。
21) 山中・前掲注20)251頁以下。
22) 内藤謙『刑法改正と犯罪論(下)』（有斐閣，1976年）573頁以下。

が罪とならないことを規定したうえ，21条で，同条の規定は，「行為カ其ノ際ニ於ケル情況ニ照シ相当ナリト認メラルル場合ニ非サレハ之ヲ適用セス」とした。18条の定義では，やむを得ずにした行為の要件が削除されており，また，21条における相当性の要件は，正当防衛の成立範囲を制限するものとして把握されていることが分かる。続く昭和6年に総則篇が発表された刑法改正仮案は，予備草案18条と21条を統一し，仮案は，相当性を端的に正当防衛の要件とした。他方，戦後の昭和36年に公表された改正刑法準備草案13条では，再び，「やむを得ないでした行為」という表現に戻り，相当性の要件はとくに規定されていないが，理由書によれば，「相当性の要件を特に表現しなかったのは，それは『やむを得ない』という要件のうちに必要性ばかりでなく相当性も含まれていると解するからであり，相当性を特に加えて表示することによって，防衛行為を困難にするのはよくないと考えたからである」とされている。そして，改正刑法草案13条は，これとまったく同一の規定となっている。

判例も，すでに大判大正15・5・28大審院判例拾遺1巻刑53頁は，「〔侵害者〕ノ攻撃ニ対シ事情ニ適応シタル方法ニ依リテノミ防衛ヲ為ササルヘカラス蓋シ被告ノ防衛行為カ其事情ニ従ヘハ適当ナラストスルトキハ被告カ〔侵害者〕ノ攻撃ニ対シ自己ヲ防衛スル為メ已ムコトヲ得サルニ出テタルモノト云フコト能ハサレハナリ」とし，大判昭和2・12・20法律学説判例評論全集17巻刑法18頁も，「其ノ防衛行為タルヤ固ヨリ無制限ニ許容セラルヘキニ非ス自ラ一定ノ限度アリテ客観的ニ視テ適正妥当ノモノタラサル可カラス是レ近時正当防衛ニ於ケル防衛行為ノ必要性ニ代ヘテ適当性カ主張セラルル所以ナリトス」としていた。

こうしてみると，制定当時は，やむを得ずにした行為とは，防衛に必要な行為のことを意味していたが，その後，相当性の要件が外付けで付加され，ついには，やむを得ずにした行為の要件の中に含まれているとする要件論が改正案として登場するに至ったことが分かる。このようにみると，現在において，現行法の立案担当者の説明だけを頼りに，やむを得ずにした行為の要件が必要性だけを意味するものと解し，着物1枚を盗ろうとする泥棒を撃退するためには殺害してもよいとする解釈をとることは，相当困難なように思われる。平場博士は，仮案の規定に言及されたうえ，「かつては不正侵害に対して権利を守るのは義務であり，それにより侵害側に如何程の損害を発生しようとも差支ない

との思想が有力であつたが，今日においては加害者の側の法益も亦必ずしもすべて法的保護の外に立たされているものではなく，正，不正の対立である以上不正者側でより多くの害を被るも公平上やむを得ないが，全体としての観察上，攻撃側が不均衡な害を受けるのは，これ亦法上是認し難い法関係だとの思想が，かかる相当性の要件を主張せしめ，現行刑法上も正当防御の不文の要件として学者間に主張せられるに至つている。立法も亦現在における学的水準を反映して，必要性の外相当性を規定すべきであろう」[23]とされていたところである。

　それゆえ，現行刑法36条1項の解釈としては，必要性に加え相当性もまた要件となると考えるのが妥当と思われる。もっとも，こうした沿革をたどるとき，そこで必要性，相当性というときに，何が意味されていたのかは，必ずしも明らかではない。ここから得られる知見は，着物泥棒を殺す以外に防衛手段がなかったとしても，それは相当性の観点から，もはや許されないのではないかという形で，立案担当者が想定していたラインよりは，正当防衛の成立が是認される範囲が縮小してきているということだけである。

## III．防衛行為の必要性について

### 1．必要最小限度性は要求されるべきか？

　それでは必要性が認められるとはどういうことであろうか。まず，Iで確認したように，正当防衛においては，退避したり第三者の救助を求めたりすることは要求されないから，当該防衛行為に出ることが唯一の手段であったということまでは必要ない。必要性とは，侵害からの防衛のために必要であれば認められる。別の言い方をすれば，退避等は，自らの法益を守るための行動ではあるが，不正な侵害からの防衛のための行為ではないから，それに必要な行為だとは認められないのである。

　それを前提として考えると，防衛のために必要な行為は，侵害を，直ちにか

---

[23] 平場安治「立法問題としての違法阻却原因」法務省刑事局『刑法改正に関する意見書集』（刑法基本法令改正資料1号）（1958年）26頁。

つ最終的に終了させることが、確実に期待される手段でなければならない。不正な侵害者に生じる害に配慮し、それを下回る不十分な防衛行為を行うことにより、何らかのリスクにさらされることは、当然一切要求されてはならない。防衛行為の必要性というときに、最低限度共有されるべき内容は、以上のようなものである。

　しかしながら、この次が問題である。やむを得ずにした行為、あるいは、防衛行為の必要性というときには、防衛行為が相対的に最小限度のものであることを要するのではないか、という問題が生じるのである。

　最判昭和44・12・4刑集23巻12号1573頁は、「刑法36条1項にいう『已ムコトヲ得サルニ出テタル行為』とは、急迫不正の侵害に対する反撃行為が、自己または他人の権利を防衛する手段として必要最小限度のものであること、すなわち反撃行為が侵害に対する防衛手段として相当性を有するものであることを意味する」と判示している。

　学説上も、この判決の前段のフレーズを支持し、必要最小限度性を要求する見解が多い。例えば、中森教授は、「必要性を要件とする限りは、当該行為が防衛のために必要最小限度のものであることが要求されるのは語義上も当然である」「ほかにより穏やかな手段がある場合に、実際に執られた防衛手段が必要であったとは言えない」とされる[24]。また、橋爪教授は、「利益衡量の視点を原則的に不要としつつ、防衛行為者が必要最小限度の防衛手段を講じたか否かという観点から、防衛行為の正当化の限界を画するべきであろう」とされ、必要最小限度性が要求されるのは、「侵害者の法益といえども、その侵害をもっとも軽微なものにとどめる必要があるからである」とされている[25]。さらに、山口教授も、「侵害排除のために必要不可欠な反撃行為、すなわち、侵害を回避・退避することなく、防衛するために必要最小限度の法益侵害行為であれば、いかなる法益侵害行為であっても許されるというのが基本的な考え方になる。そうでなければ、法益侵害を回避するためにそれから退避することが要求されることになってしまい、『正は不正に譲歩する必要がない』という正当防衛の基本思想に反する事態を容認することになり妥当でないからである」

---

24) 中森喜彦「防衛行為の相当、過剰、その認識」町野朔先生古稀記念『刑事法・医事法の新たな展開(上)』(信山社、2014年) 141頁。
25) 橋爪隆『正当防衛論の基礎』(有斐閣、2007年) 354頁、356頁。

とされている[26]。

　このような必要性＝必要最小限度性と考える見解は，そうした手段からどのような結果が生じても，よほどの例外的な事態でなければ正当化されるべきだという主張とセットになっている限りで，正の側の保護に資する側面が確かにあることは否定できず，その限りで大いに魅力的に感じられる。

　しかしながら，実際には，事後的客観的に冷静かつ厳格に考察すれば，どのような事案でもそれより穏やかな手段はほとんどの場合に必ず想定しうるから，このような見解から正当防衛を認めることは，実は容易ではない。急迫不正の侵害を受け，追い込まれた精神状態にあり，状況認識も確かではない状態でのとっさの判断であることを考慮することには，理論刑法学者であれば，正当防衛を違法性阻却事由と解する前提との関係で，相当の躊躇いが生じることが，正の側を適切に保護する解釈論の展開をどうしても妨げてしまうのである。

　このようにみれば，必要性を最小限度性の意味でいったん捉えたうえで，窮迫状況にある行為者の精神状態を斟酌しようという枠組みは，非常に危ういものであり，不正の侵害を受けた正の側に十全の保護を与えようと試みる，筆者の立場からは，とりえない[27]。

　実は，最判昭和44・12・4の調査官解説も，必要最小限度性にはふれておらず，被告人の行為が「一種の反射的動作にすぎなかった」ことをまずもって指摘し，具体的な行為態様を指摘して，「社会通念上当然性，妥当性を認められるとき」にあたると認定してよかった場合であり，結論として，「反撃行為が防衛行為として相当性を有するかどうかによって，正当防衛の成否を決すべきであるとする」のが「本判決の結論」だとされている[28]。最判昭和44・12・4の判示を，必要最小限度性の要件に引き付けて理解するのは，控えた方がよいように思われる[29]。

---

26) 山口厚『刑法総論〔第3版〕』（有斐閣，2016年）137頁。
27) こうして，「やむを得ずにした行為」という語は，それしか他に方法がないという意味合いをもっているため，正当防衛の要件を表す言葉としては，適切でないと言えよう。
28) 海老原震一「判解」最判解刑事篇昭和44年度455頁以下。
29) 中谷瑾子「判批」法学研究45巻9号（1972年）144頁。

## 2. リーディングケースはどれか？

　この関係で注目に値するのは，最判平成元・11・13 刑集 43 巻 10 号 823 頁およびその調査官解説である。最高裁は，被告人の示凶器脅迫行為につき，「その行為をもって防衛手段としての相当性の範囲を超えたものということはできない」と判示し，最判昭和 44・12・4 のいう必要最小限度性にはふれていない。これにつき担当調査官は，「44 年判決が判示した『防衛する手段として必要最小限度のものであること』を余り強調し過ぎると，正当防衛の成立範囲を不当に狭く限定することになりかねない。特に，正当防衛においては緊急避難の場合のような補充の原則は要求されておらず，また，防衛行為が不正な侵害行為に対するとっさの場合の自己保存行為であることを考えると，44 年判決の趣旨も，防衛行為が，侵害行為に対する反撃行為として考えられる種々の方法の中で妥当なものであったと認められれば足り，厳格な意味での必要最小限度の手段までをも要求したものではないと理解するべきものと思われる」とされている[30]。同解説もいうように，最判昭和 44・12・4 の事案でも，「被告人としては，〔侵害者〕からねじあげられている左手を手前に強く引くとか，横に振るとかして，〔侵害者〕の攻撃を排除することもできたのではないかと思われる」のであり[31]，こういった指摘は，後付けであれば，ほとんどどのような事案についても言えてしまうであろう。それで正当防衛が否定されるというのでは，正当防衛は存立しえない。

　平野博士は言われる。「防衛行為はとっさの場合に行なわれることであるから，事後に冷静に考えれば，もっといい方法があったといえる場合も多い。したがって，この点を厳格に解すると，正当防衛はほとんど認められなくなってしまう。したがって，その防衛行為が，相当といえる範囲のものである場合には，最善のものでなくとも正当防衛を認むべきである」[32]，と。また，藤木博士も言われる。「切迫した事態において咄嗟の判断でする行為に対して，厳しい条件を課し，少しでも行き過ぎがあれば正当防衛にならないとするのは，法

---

30) 川口宰護「判解」最判解刑事篇平成元年度 344 頁。
31) 川口・前掲注 30)344 頁以下注 18。
32) 平野龍一『刑法総論 II』(有斐閣, 1975 年) 239 頁。さらに同「判批」警察研究 42 巻 7 号 (1971 年) 115 頁以下も参照。

秩序保全のための市民の協力の意欲を害し，正当防衛が市民の自己防衛の権利として認められた趣旨を没却し，被害者を加害者と取り違える誤りを犯すことになる。合理的な一線としては，防衛者を顕著な危険にさらすことなく比較的容易にとることのできる有効性のある最小限の措置と認められるものは，相当な行為と認めるべきである」[33]，と。

それゆえ，最判昭和44・12・4においても，厳格な意味での必要最小限度性までは要求されていなかったと解するのが妥当なように思われる[34]。必要最小限度性にとくに触れなかった最判平成元・11・3は，このように最判昭和44・12・4のフレーズがもたらす必要最小限度性を要求しているのではないかとの印象を払底し，実質的に修正を図る理解に基づいて出来上がっていることには十分留意が必要だと思われる。こうして，やむを得ずにした行為の解釈に関する現在の判例理論は，最判平成元・11・3であるのであり，判例によっても厳格な意味での必要最小限度性は不要であるとされていると理解されるべきだと思われ，また，理論的にもこれが支持されるべきであるように思われる[35]。

## IV. 防衛行為の相当性について

### 1. 例外的制限としての相当性

筆者の見解は，防衛のための「やむを得ない」行為とは，より軽微な手段があるかも含め，他に方法があるかどうかを問わず，ともかく「法益」保全の観点からして「必要」な行為であればよいが，誰が見ても不相当といえる行為をも許すべきいわれはないから，その限度で「相当性」の要請が入り込んでくるとされる内田博士の見解[36]を是とするものである。

---

33) 藤木英雄『刑法講義総論』（弘文堂，1975年）170頁。
34) 平野・前掲注32）刑法総論Ⅱ240頁は，本件は，まさに必要最小限ではないが，相当性を有する場合であったのであるとされている。
35) 必要最小限度性を不要とする見解として，さらに伊藤渉ほか『アクチュアル刑法総論』（弘文堂，2005年）190頁〔成瀬幸典〕，林幹人『刑法総論〔第2版〕』（東京大学出版会，2008年）193頁，只木誠『コンパクト刑法総論〔第2版〕』（新世社，2022年）120頁以下，など。

古い地裁の裁判例には,「何人をして被告人の地位に在らしむるも必ずや防衛の已むべからざるを感じ被告人の右行為の如き程度の方法を採るを必要とするを明らかなる」ことを理由として,やむを得ずにしたものと認めた例がある[37]が,誰かが行き過ぎだと思えばだめだというのではなく,内田博士が説かれるように,誰がみても行き過ぎだという場合に限って例外とするという観点を大切にすべきだと思われる。

## 2. 結果の重大性は考慮されるべきか？

平野博士は,かつて,「わが国の判例は,従来,他によりよい防衛方法があれば,ただちに,正当防衛を否定して過剰防衛とし,いわば,過剰防衛に逃避する傾向がないではなかった。侵害されようとした法益よりも,重い結果が生じたときは,とくにそうである」との指摘をなされた[38]が,その懸念は,今なお根強く残存している。

例えば,最判平成9・6・16刑集51巻5号435頁の事案は,アパートの共同トイレで小用中に,侵害者から鉄パイプで頭部を1回殴打されたところから始まる一連の流れの中で,さらに鉄パイプで殴打しようと追いかけてきた侵害者が,手すりの外側に勢い余って上半身を前のめりに乗り出した姿勢になっていたところを,被告人において,左足を持ち上げ,手すりの外側に追い落とし,約4 m下のコンクリート道路上に転落させたというものであったが,最高裁は,「〔侵害者〕の被告人に対する不正の侵害は,鉄パイプでその頭部を1回殴打した上,引き続きそれで殴り掛かろうとしたというものであり,同人が手すりに上半身を乗り出した時点では,その攻撃力はかなり減弱していたといわなければならず,他方,被告人の同人に対する暴行のうち,その片足を持ち上げて約4メートル下のコンクリート道路上に転落させた行為は,一歩間違えば同人の死亡の結果すら発生しかねない危険なものであったことに照らすと,鉄パイプで同人の頭部を1回殴打した行為を含む被告人の一連の暴行は,全体とし

---

36) 内田文昭『刑法Ⅰ(総論)〔改訂版〕』(青林書院,1986年) 195頁以下。
37) 京都地判大正10・12・19新聞1928号10頁。
38) 平野・前掲注32)刑法総論Ⅱ239頁以下。さらに中義勝『講述犯罪総論』(有斐閣,1980年) 136頁以下も参照。

て防衛のためにやむを得ない程度を超えたものであったといわざるを得ない」
と結論づけている。そして，本判決の調査官解説は，「過剰防衛の結論が出さ
れるについては，被告人が相手方を約4メートル下のコンクリート道路上に転
落させた行為の危険性が殊に重視されたものと思われる」としている[39]。

しかし，鉄パイプで執拗に頭部を殴打され，あるいは，されそうになってい
る者として，侵害を確実に防止する効果が期待できる，ベランダから転落させ
る行為に出ることは，当該侵害者が，勢い余ってベランダから落ちかかってお
り，しかも，鉄パイプを離さず，旺盛な加害意欲を示していたという状況から
みれば，適切なものであると思われる。しばしば，判例は「武器対等の原則」
に従い，侵害者より強力な手段で反撃した場合に過剰防衛とする傾向があると
の指摘もみられる[40]が，本件は，侵害者が鉄パイプで殴打してきているのに
対し，被侵害者の側は素手であった。侵害者が間もなく態勢を立て直し，被侵
害者が逃げても追いついたであろうという認定までされている状況で，この被
侵害者に当該措置を許容しない判断は是認できない[41]。不正な侵害者の生命
保護を図ろうとするあまり，被害者を加害者と取り違えた，明らかな不当判決
の1つと言えよう。

## 3．被侵害法益が重大である場合

生命に対する危険，重大な身体傷害の危険，さらには，性的自由に対する危
険がある場合は，とりわけ被侵害者の側の手厚い保護を完全なものとするため
の解釈が求められる。

佐伯教授は，アメリカ法を参考にされて，「生命に対する危険の高い侵害は，
生命侵害，重大な身体傷害，強姦などの重大な法益侵害から身を守るためにの
み認められる」と解すべきことを提言されている[42]。筆者は，こうした重大
な利益が侵害されそうになっている場合には，侵害者の生命を侵害する結果が

---

39) 飯田喜信「判解」最判解刑事篇平成9年度98頁。
40) 大越・前掲注2)46頁以下。
41) 必要最小限度の手段であれば，そこからどのような結果が生じても，原則として許容され
るべきだとする立場からではあるが，結論同旨のものとして橋爪隆「判批」ジュリ1154
号（1999年）136頁，高山佳奈子「正当防衛論(下)」法教268号（2003年）67頁参照。

第10章　正当防衛(3) | 181

生じたとしても，正当化されるのは当然だと考えるものである。佐伯教授は，反撃により生命を侵害しそうになっている場合につき，原則として退避義務を認められるから，こうした正当防衛が認められる範囲は極めて限られる結果となるが，教授が説かれるように，こうした重大な法益が侵害されそうになっている場合は，生命侵害でも釣り合うとの価値判断が成り立つのであれば，その価値判断を，結論にまで一貫して適用し，正当防衛をそのまま認めるべきであろう。こうした重要な利益が侵害されそうになっている場合に，侵害者の生命を侵害したことをネガティヴに捉え，正当防衛を認めない判断は，是認できないように思われる。

　他方，いかに価値が高いものであれ，例えば財産を守るために，侵害者を死亡させることまで是認できるかは，やはり慎重な検討が求められてよいであろう。とはいえ，財産といっても，「僅々豆腐数丁の財産的利益」でしかない場合もあろうが，大金持ちの10万円と貧窮し所持金10万円しかない者の10万円とでは盗られた場合の痛手はまったく異なり，後者においては生存の危機に至りかねないであろうし，悪徳高利貸しからやっとの思いで借りた返済資金の入った当該バッグを奪われたのでは，自らの経営する会社は倒産してしまい，残された借金のために死の瀬戸際にまで追い込まれるというような場合も十分考えられる。それゆえ，財産といっても，それを失うことで，生存を脅かされるような場合には，そうした事態にならないために相応の強度の防衛行為に及ぶことが許容されてよく，その結果，不正の侵害者の打ちどころが悪く，死亡する結果が生じたとしても，やむを得ないものと判断されるべきであるように思われる。

### 4．被侵害法益が軽微である場合

　他方で，身体の安全が害される危険といっても，かすり傷を負う危険でしかない場合もありえ，それなのにいきなり殺害するような防衛行為がなされれば，それも行き過ぎであることは明らかであろう。

---

42）佐伯（仁）・前掲注9）107頁以下。模範刑法典では，致命的威力の行使は，「死亡，重大な侵害傷害，誘拐，又は威力もしくは脅迫による強制性交から自己を防衛するため」に限定されている。

この点で参考になるのは，オーストリア刑法3条1項第2文の規定である。そこでは，「被侵害者に単に些細な不利益が差し迫っているだけであり，防衛行為が，とりわけ防御に必要な侵害者の侵害の重大さのゆえに，不適切であることが明白である場合」には，正当化されないことが規定されている。つまり，オーストリア刑法では，軽微な侵害が問題となっている場合に限り，それ以外の場合には登場しない，財の衡量を取り入れ，不適切とされる防衛行為を権利の濫用だと考えているのである[43]。コンメンタールを見る限りでは，侵害の軽微性の基準として，傷害に関しては，全治3日以内の傷害がこれにあたるとするノヴァコフスキーの見解が支持されているようであり，財産に関しては，73ユーロ（＝1000〔旧〕シリング）以下説，100ユーロ以下説，250ユーロ以下説，1000ユーロ以下説があるようである[44]。

　そして，レヴッシュは，不利益の些細さの明白性につき，誰でも，容易に一見して認識可能であることを要求する見解を支持し，これが欠ければ，原則に戻って峻厳な正当防衛が可能になるとしている[45]。また，関連して，スイス刑法のコンメンタールでも，財の衡量に関して，「この結果ははっきりしたものでなければならず，素早い判断を強いられる状況における行為者にとって容易に認識可能でなければならない。それゆえ，財の状況に関する衡量については，余りに高度な要求が立てられてはならない。……被侵害者の圧迫された状況，侵害者が被侵害者の権利を彼の法益の不尊重により危うくしているのだという事情を考慮に入れて，要求を立てなければならない」[46]とされている。

　こうしたオーストリア刑法等の行き方は，被侵害法益の軽微性を結果基準により画しつつ，他方で，明白性の要件により，行為者の精神状態や認識可能性への配慮を行うことで，実質的には，行為の時点で一般人に容易に認識しえた事情を基礎として，あくまで行為としてどこまでを許容するかの指針を立てるという方向をとる行為基準説と同様の内容を確保しうる，極めて巧妙なものであり，相応の評価に値するように思われる。

---

43) Einhard Steininger, in Salzburger Kommentar zum Strafgesetzbuch, §3, Rn.91.
44) Peter Lewisch, in Wiener Kommentar zum Strafgesetzbuch, 2.Aufl., §3, Rn.139f.
45) Lewisch, WK, §3, Rn.142.
46) Marcel Alexander Niggli/Calola Göhlich, Basler Kommentar Strafrecht I, 4.Aufl., Art.15, Rn.34.

## 5．皆さんに是非読んで頂きたい西船橋駅事件判決

　以上のような筆者の立場からみて，やや古くなったものの，今なお最も輝きを放っているのは，西船橋駅事件判決（千葉地判昭和62・9・17判時1256号3頁〔渡邉一弘・小久保孝雄・井上薫〕）である。事案は，酔っ払いの男性（体育大学卒の体育教師）に執拗に絡まれ，胸部等もつかまれるに至った女性ダンサーが，同人を突き飛ばしたところ，同人が線路上に転落し，駅に入ってきた列車とホームとの間に挟まれて死亡したという傷害致死の事案であったが，千葉地裁は，正当防衛を認めている。

　そこに示された価値判断は，筆者の見るところでは，やむを得ずにした行為の要件に関するどのような論説よりも価値が高い。この事案で無罪判決を出すには，逃げたり助けを求めたりすればよかったのではないか，押した力が強すぎたのではないか，死なせるのは行き過ぎではなかったのか，といった論点について，反対の見解，言い換えれば，正の側を犯罪者に仕立て上げる悪魔のささやきを１つ１つ丁寧につぶしていく必要があるが，同判決は，この困難な作業を見事にやり遂げており，敬服に値する。とくに法曹を志望する学生の皆さんは，ぜひ全文をコピーして読み，その判文に現れている正義感覚を体得して頂きたい[47]。逆に，この判決が納得できないような皆さん[48]には，個人的には，刑事の裁判官にはなって頂きたくないのが，正直なところである。

---

47) ただし照沼亮介「正当防衛の構造」岡山大学法学会雑誌56巻2号（2007年）187頁以下注70が指摘されるように，本判決が，退避する場合の「屈辱」「くやしさ，みじめさ」について言及している点だけは，やや行き過ぎのように思われる。

48) 学説では，町野朔『プレップ刑法〔第3版〕』（弘文堂，2004年）166頁以下，松原芳博『刑法総論〔第3版〕』（日本評論社，2022年）179頁以下，浅田和茂『刑法総論〔第3版〕』（成文堂，2024年）239頁などが，結果反価値論からの，相当性判断に関する事後判断説からの論理的帰結として，同判決の結論に反対する。しかし，本来的には，同判決こそは，これに反対せざるを得ない自らの理論の再検討を図る契機となりうるものである。実際，結果反価値論者の相当数は，必要最小限度性を要求する見解にシフトすることにより，同判決の結論を肯定している。髙山・前掲注41)68頁，山口・前掲注26)138頁など参照。

# 第11章 過剰防衛（量的過剰〔事後的過剰〕）

CHAPTER 11

> **POINT**
>
> ・量的過剰（事後的過剰）が問題となる場面，すなわち，いつ侵害が終了するのかを理解する。
> ・判例の基礎にあると思われる全体的把握を行う見解の言わんとするところを理解し，その問題点を理解する。
> ・量的過剰（事後的過剰）の処理の仕方と刑の減免根拠論との関係を理解する。
> ・侵害現在時の反撃につき正当防衛，侵害終了後の追撃につき過剰防衛を認める余地がないかを理解する。

## はじめに

　刑法総論のテーマには，論じ尽くされているように見えて，まだまだ議論の余地が残されているものが少なくない。本章で取り上げる量的過剰（このワードは分かりにくいので以下本書では事後的過剰という）については，最決平成20・6・25刑集62巻6号1859頁および最決平成21・2・24刑集63巻2号1頁の登場を受け，にわかに学界におけるホットなテーマとなり，本当に多くの論文が生み出された。そこでは，まさに多様な問題意識から，多様な解決策が提案されており，学生の皆さんにとっては，非常に分かりにくい状況になってしまっている。

　そこで，本章では，いくつかの分析軸を設定し，それをめぐってなされている議論を紹介・検討するというスタイルをとることにより，議論の見通しを少しでもよくしようと試みている。それが成功しているかは心もとないが，いずれにしても，この問題の焦点は，いわゆる「一連の行為」論にあるわけではない。わが国の議論は，この「一連の行為」論の隆盛により，方向性がずれてき

ているように思われる。本書が，そうした議論状況の軌道修正に寄与できるとすれば，望外の幸せである。

## I. 問題領域の画定

　事後的過剰とは，急迫不正の侵害に対する反撃行為に及んだ者が，侵害が終了した後にもなお，反撃を継続した場合につき，過剰防衛を認めうるかの問題である。典型的には，侵害現在時の反撃行為をそれだけ取り出してみれば正当防衛にあたる場合において，事後的になお反撃に及んだ場合が想定されている。

　それゆえ，事後的過剰の概念は，必然的に，侵害の終了を前提とすることになる。従来は，この侵害の終了は，侵害が現在するかの判断におけるのと同様に，事後的客観的な見地からなされるものと考えられてきたように思われる。

　ところが，近時，東京高判平成27・7・15判時2301号137頁は，被告人が，Aから羽交い絞めにされたうえ，顔面等を手拳で殴打されたことから，Aの顔面を手拳で殴打し，さらに同人の頭部を足で強く踏みつけた事案につき，踏み付け行為の時点では「事後的に見れば，被害者は被告人の顔面殴打行為により攻撃能力は失われていた」としつつも，「正当防衛にあたるかどうかは，その行為がなされた時点での状況により判断すべきものである。……倒れ込む直前においては，被害者は，被告人に対し，執ような攻撃を加えていたことからすると，被告人の顔面殴打行為により，前屈みになって倒れたとしても，すぐに体勢を立て直して攻撃してくることが予想される状況にあったとみるのが経験則に適ったものである」としたうえ，「被告人は被害者が完全に倒れ込んだのを確認してから踏み付け行為に及んだものではなく，倒れ込む途中の段階で踏み付け行為に及んだものであるから，被告人の顔面殴打行為と踏み付け行為は，倒れ込む前の被害者の攻撃に対する，ごくわずかな時間でなされた断絶のない一連一体の反撃行為とみるべきである」とし，結論的には正当防衛を認めている。

　このような結論を認めうるかは，①「正当防衛にあたるかどうかは，その行為がなされた時点での状況により判断すべきもの」と考えるか，すなわち，侵害の終了の判断に際して事前判断を認めるか，②踏み付け行為を「倒れ込む前

の被害者の攻撃に対する，ごくわずかな時間でなされた断絶のない一連一体の反撃行為とみるべき」か，すなわち，侵害に対応する反撃行為を捉えるときに一定の時間的幅をもって考えるか，を検討してみる必要がある。

　①を認めるのは，ドイツの刑法学者エルプである。エルプは，およそ侵害が急迫しているかの判断は事後的判断によるべきだとしながら，ここでは被侵害者に不利な形での違法性判断の事態に反した逆転を回避することが必要だとの理解から，侵害の終了の判断に際しては客観的（すなわち思慮ある観察者の立場からの）事前判断によるべきだとする。ここでの被侵害者は現実の攻撃の被害者であり，攻撃の時間的次元に関わる不明確さは侵害者の不利益に考慮されてよい。この者は自らの違法な行為の結果として，こうした状況の不明確さをもたらしたのだからである[1]。このような判断は，一般人が正当防衛状況にあると誤信したであろう場合でも正当防衛を認める藤木博士のような見解[2]とは明確に一線を画したものであり，あくまで，侵害の終了における判断基準の変更にすぎないものであるから，例えば広島高判昭和35・6・9高刑集13巻5号399頁が急迫不正の侵害を誤想した事案につき故意を否定していることとも両立しうるものである。

　坂下准教授も，実質的にはこのことを認められる。准教授は，人は防衛行為を行う際に，侵害者が一般人に認識不可能な形で攻撃意図を突如放棄したり途中で攻撃能力を失ったりした場合でも，それに応じて分断的に意思決定をするのではなく，ある程度幅をもった形で行為せざるを得ないから，正当防衛と誤想防衛に分断して評価するのは実態に反しているとされ，攻撃終了について判断が困難な状況における錯誤リスクは，侵害者が急迫不正の侵害により作出したものである以上，侵害者に負担させても不合理ではないとの理解を示されている[3]。ここで，この「時間的幅のある侵害」を一般人の目から判断するというのであれば，結論的には，准教授の見解とエルプの見解は同じことになろう。

　他方で，坂下准教授の見解は，一般人の目からみれば侵害行為が終了していても，被侵害者の側で侵害の終了を特に認識していない限り，正当防衛をなお

---

1) Volker Erb, in Münchener Kommentar zum Strafgesetzbuch, 4.Aufl., §32, Rn.104.
2) 藤木英雄『刑法講義総論』（弘文堂，1975年）172頁。
3) 坂下陽輔「判批」立命館法学365号（2016年）374頁以下。

肯定しうるというものであり[4]、この限りでエルプの見解よりもさらに正当防衛を認める時間的範囲を拡張するものであると言えよう。しかし、最決平成20・6・25 も述べるように、行為者が侵害の終了を十分に認識して追撃に及んだ場合には、もはや事後的過剰防衛も認められないはずであるから、准教授の見解によれば、事後的過剰のゾーンは消えてなくなることになろう。こうして、一般人の目からみれば侵害が終了している場合は、もはやいかなる意味でも正当防衛の前提状況を欠いており、正当防衛は成立しないが、侵害の終了を十分に認識しないで、すでに行われた侵害に対応する意思でもってなおも反撃に及ぶ限りで、せいぜい過剰防衛の成立可能性が残るだけだと解されるべきであるように思われる。

　もっともさらに、②についてみると、侵害が現在し終了しかけているときにおける反撃を想定すると、反撃は事柄の性質上侵害より後になされるのだから、最後の侵害行為に対する反撃が、すでに侵害が終わった段階でなされることは十分に考えられるところ、これをもってすでに正当防衛ではなく、せいぜい過剰防衛にしかならないとするのは、事態に即したもの（sachgerecht）ではないであろう。東京高裁が、踏み付け行為を「倒れ込む前の被害者の攻撃に対する、ごくわずかな時間でなされた断絶のない一連一体の反撃行為とみるべき」だとしたのは、このような趣旨においても理解可能であり、もとよりそれは妥当なものと思われるが、このような処理が可能なのは、最後の侵害に対応する一撃に限られるべきもののように思われ、それ以降は事後的過剰として捉えられるべきであるように思われる。

　以上をまとめると、事後的過剰は、事前判断によっても侵害が終了し、侵害に対する「ごくわずかな時間でなされた断絶のない一連一体の反撃行為」とみられるものが終了した段階以降において、なおも反撃行為が継続した場合に問題となるものと考えるのがよいように思われる。

## II．裸の行為論としての「一連の行為」論は必要か？

　平成 20 年代の 2 つの最高裁判例を受けて、学説上盛り上がりを見せたのは、

---

4）坂下・前掲注3)378頁。

いわゆる「一連の行為」論である。その嚆矢となったのは，それ以前から主張されていた永井元判事の見解である。同判事は，短時間のうちに連続的に推移し，社会的には1つのエピソードとして存在する事態については，全体的評価をする手法が相当であるとされ，構成要件該当性や違法性阻却事由の有無等を判断するに際しては，まず判断の対象となる「1個の行為」の内容を確定すべきであり，それが確定した後に，当該「1個の行為」全体について構成要件該当性や違法性阻却事由の有無等を判断すべきものであるとされる[5]。同様に成瀬教授も，「ある行為が刑法的評価の対象となる契機は，その行為の社会的意味における有害性にあるという点で，犯罪とは社会関連的な事象であり，犯罪の成否が問題となる行為の意味づけや行為の特定も，まずは，前刑法的な社会的観点から行われる必要がある。したがって，一連の行為を全体として刑法的評価の対象とするためには，当該一連の行為が，社会的意味において，全体として一個のものと評価される事実的基盤を有していなければならない」とされる[6]。

こうした「一連の行為」は，明らかに，刑法的評価の対象を，社会的にみてひとまとまりの事象であるかという観点から，切り分けるものである。そして，永井元判事は，このように確定された一連の行為が，その範囲を維持したまま，構成要件該当性や違法性の判断対象となるのだというニュアンスまで込めておられるように思われる[7]。

しかし，同元判事の見解においても成瀬教授の見解においても，このような視点は貫かれてはいない。永井元判事は，これに続けて，「量的過剰防衛の場合に即していえば，急迫不正の侵害に対する反撃が一連の行為であって刑法上『一個の行為』とみられるものであれば，そのような『一個の行為』全体について構成要件該当性や違法性阻却事由の有無を判断すべきことは，理の当然である」とされる[8]。また，成瀬教授も，「次に，それが，ある刑法的問題に関して要求される法的実体を備えているか否かを検討する必要がある」とされ，

---

5) 永井敏雄「量的過剰防衛」龍岡資晃編『現代裁判法大系(30)』(新日本法規出版，1999年) 134頁以下。
6) 成瀬幸典「量的過剰に関する一考察(2・完)」法学75巻6号 (2012年) 772頁以下。
7) 高橋則夫ほか『理論刑法学入門』(日本評論社，2014年) 83頁以下〔仲道祐樹〕は，犯罪論の各段階で行為の範囲が変わりうるとの理解から，これに反対されている。

第11章　過剰防衛（量的過剰〔事後的過剰〕）

「第二行為時点における防衛行為的性格の継続が認められなければ、過剰防衛の成否判断において、全体を一個の行為（防衛行為）として扱い、36条2項を適用することはできない」とされているのである[9]。

このようにみると、少なくとも両論者において、社会的にみて一連の行為と評価されるという事実は、過剰防衛の成否という観点から分断して捉えるべきだとされる場合には、意味をまったくもたないことになる。結局は、過剰防衛を認めうるだけの実態が、事後的過剰部分に認められるかだけが決定的なのである。最決平成20・6・25においても、そのようになっており、侵害現在時の第1暴行と侵害終了後の第2暴行が「時間的、場所的には連続しているものの、〔被害者〕による侵害の継続性及び〔被告人〕の防衛の意思の有無という点で、明らかに性質を異に」するため、第2暴行が分断され、単なる違法行為として処理されているのである。時間的・場所的連続性があれば、これは通例、社会的には1つのエピソードとして捉えられるべきことを意味しようが、にもかかわらず、「防衛の意思」がなければ第2暴行が分断して捉えられていることには、注意が必要である。成瀬教授は、犯罪論体系のある段階で全体的考察の要件を満たさないと判断された場合、当該事案は「本来的に」分析的考察に依拠して処理すべき事案であるとの最終的判断がなされたことを意味し、量的過剰事案においては、第1行為・第2行為それぞれが、社会的意味での行為の把握段階から、個別的に刑法的評価の対象とされることになるとされる[10]。しかし、このように言われるのであれば、なおさら、最初の前刑法的にみた社会的観点からの行為の一体的把握には、まったく意味がないことになるように思われる。

## III. 一連の行為を全体として把握するか分断して把握するかという二項対立は必然か？

IIでみた論者に限らず、一連の行為論を重視する論者の傾向として、最決平

---

8) 永井・前掲注5)135頁。これを支持するものとして松田俊哉「判解」最判解刑事篇平成20年度502頁以下。
9) 成瀬・前掲注6)773頁。
10) 成瀬・前掲注6)773頁以下。

成20・6・25のように，事後的過剰部分に防衛行為としての性格が認められなければ，その部分を分断して単なる犯罪行為として処罰する一方で，そうでない限りは，一連の行為につき構成要件該当性判断を一回的に行い，違法性判断等もその全体について行われなければならないとの，強い前提がみられるように思われる[11]。

永井元判事によれば，この背景には，正当防衛から事後的過剰に推移した場合に，これを分断して考察すると，前段の行為は不可罰だから犯行に至る経緯にすぎないものとして後段の行為についてだけ刑事責任を問うことになるが，短時間のうちに連続的に推移し，社会的には１つのエピソードとして存在する事態の取扱い方としては違和感がありうること，行為を分断して捉える場合には，重い結果がどの段階から生じたか分からないときに，その重い結果を処罰に反映させることができないことになり，不当であるとの価値判断がある[12]。

しかしながら，この価値判断自体が，すでに問われなければならない。平成20年までの議論においては，反撃が次第にエスカレートし，事後的過剰部分から重大な結果が発生したような場合が想定されていた。そのため，一連の行為として過剰防衛の成立が認められることには，それなりのメリットがあり，その限りで，侵害現在時の反撃はそれ自体としてみれば正当防衛なのではないか，という問題の意義は，相対的に小さく，重視されてこなかったように思われる。しかしながら，平成20年代の２つの最高裁判例の事案では，第１暴行からすでに重大な結果が生じたことが明らかとなっている。それゆえ，仮に最決平成20・6・25の事案で，防衛の意思の継続が認められたとしても，これを全体として過剰防衛とするだけでは，侵害現在時の反撃がそれ自体としては正当防衛であり，傷害致死の結果はそれ自体としては正当化され，せいぜい傷害罪しか成立しえないのではないかがまさに問われるべきなのである。そして，侵害現在時の行為がそれ自体としてみればやむを得ずにした行為の要件を満たす場合には，ここは正当防衛として正当化されるべきではないかという問題は，次第に反撃がエスカレートしていった事案や，同種の反撃行為が反復継続された事案においても，同じように論じられなければならないのである。

---

11) 構成要件段階での一体的把握をしながら，違法性段階での行為の分断を認める論者においても，この限りでは同じであるように思われる。
12) 永井・前掲注5)134頁。これを支持するものとして，松田・前掲注8)503頁以下。

第11章　過剰防衛（量的過剰〔事後的過剰〕）　｜　191

永井元判事は,「同質で同程度の反撃が継続的に加えられた事案においては, 重い結果がどの段階で生じたか分からないという事態は, 通常入手可能な証拠の性質からみて, たまたま偶然的な事情によって稀に生じるのではなく, 構造的に生じやすいものである。分析的な手法には, 立証の実際という手続法的な側面でも検討を要する問題がある」とされている[13]が, これを認めることは, 疑わしきは被告人の不利益に, 正当防衛行為から生じた可能性のある結果についても違法行為として処罰すべきだということを正面から肯定するものであり, 到底是認できないもののように思われる。

　一連の行為論に参加している論者は, ともすれば, このような行為の全体的把握か分断的把握かという二項対立に陥り, 侵害現在時の反撃行為は, それ自体としてみれば正当防衛なのだから, そこは不可罰として扱うべきではないかという問題意識が欠如しているように思われる。

　髙橋教授が的確に指摘されるように,「量的過剰防衛を肯定する場合には, 急迫不正の侵害終了後になされた行為をなお終了前の急迫不正の侵害に対する防衛行為として理解するために, 急迫不正の侵害終了前後の事態を一連の防衛事象として理解することができなければならない。その点で, 一連の事態を全体的に評価することは不可欠である」が,「このこと自体は, 急迫不正の侵害終了前後にまたがる複数の行為を1個の防衛行為と見ることができるかという問題とは区別して考えることが可能」なのである[14]。実際, 同教授が指摘されるように, 侵害現在時には脅迫により反撃していた者が, 侵害終了後に暴行による反撃に転じた場合には, 構成要件的には別個に評価されるほかないであろうが, 暴行行為時にまで防衛事象的性格が認められれば, 事後的過剰部分も過剰防衛と認められるべきであろう[15]。このように, どの段階にまで過剰防衛が認められるかの問題と, 侵害現在時の行為と侵害終了後の行為を分けて捉えるかの問題は, まったく別個独立の問題なのである。

---

13) 永井・前掲注5)134頁。
14) 髙橋直哉「複数の反撃行為と過剰防衛の成否」駿河台法学26巻2号(2013年)50頁以下。
15) 髙橋・前掲注14)55頁以下。

## IV．過剰防衛の刑の減免根拠論との関係について

　事後的過剰を認めうるかの問題は，過剰防衛の刑の減免根拠論とは関係ないとする理解も散見されるが，結論的には妥当でない。

　確かに，もっぱら違法性減少を考える見解＝事後的過剰防衛否定，責任減少をも考える見解＝事後的過剰防衛肯定，という対立図式はもはや必然ではなくなっている。もっぱら違法性減少を考える見解からは，急迫不正の侵害に対する法益保全効果による違法性減少に過剰防衛における刑の減免の可能性の根拠があるとの理解から，侵害終了後の行為にはそのような違法性減少の前提は認められないとして，事後的過剰が否定されることが多い[16]のに対し，責任減少をも考える見解からは，これが肯定されるという対立図式がみられた。ところが，山口教授が，「侵害終了前の行為と終了後の行為との連続的一体性」があれば，その全体としての防衛行為について，（責任の減少に加え）違法性の減少を認めることは可能であるとされる[17]に至って，このような対立図式は揺らいだのであり，この限りにおいては，確かに，刑の減免根拠論は，事後的過剰を認めうるかの結論には必ずしも影響しないものと言えるかもしれない[18]。

　しかしながら，刑の減免根拠論は，事後的過剰の扱いにとって，決定的な影響力をなお持ちうるように思われる。山口教授は，最決平成20・6・25の事案において，第2暴行の時点でなお防衛意思が継続していたとした場合につき，第1暴行による傷害致死罪に正当防衛を認めたうえで，さらに第2暴行による傷害罪につき過剰防衛を認めうるものとされ，「両者を一体的に捉えて量的過剰防衛を認める場合，傷害致死に対応する違法性の減少を認めることになる。その結果，傷害致死罪ではなく，傷害罪として過剰防衛の成立を肯定すべきではないであろうか」と述べておられる[19]。しかし，これは違法性減少を重視

---

[16] 比較的最近のものとして町野朔『刑法総論』（信山社，2019年）289頁，山本輝之「量的過剰防衛についての覚書」研修761号（2011年）17頁以下など。

[17] 山口厚「正当防衛と過剰防衛」刑ジャ15号（2009年）56頁以下。さらに，小野晃正「防衛行為の個数について」阪大法学60巻6号（2011年）1128頁は，防衛意思に支配された反撃と攻撃終了直後にした追撃の間に緊密な時間的関係を要求することで，両行為間に違法減少ないし責任減少が承継され，防衛行為の一体性が担保されると論じられる。

[18] 山口教授の見解に対する批判として，佐伯仁志『刑法総論の考え方・楽しみ方』（有斐閣，2013年）175頁，橋爪隆『刑法総論の悩みどころ』（有斐閣，2020年）113頁。

[19] 山口・前掲注17)57頁。

する見解からは説明困難であるように思われる。松原教授が的確に指摘されているように、「第1暴行によって惹起された法益侵害に対応する」違法性の減少は、全体として傷害致死罪の構成要件に該当する一連の行為の罪責を傷害罪に縮減することによってすでに評価され尽くしており、重ねて傷害罪の刑を減免する効果までは有しえないのである[20]。言い換えれば、違法性減少説からは、違法性減少のパワーは、傷害終了後の行為まで含めた一連の行為に少しずつ分けて全体として違法性減少を認めるか、侵害現在時の反撃行為を完全に正当化するかのいずれかの分しかないのであり、両方を同時にやれるだけのパワーはないのである。

　こうして、侵害現在時の反撃を正当防衛として正当化しつつ、事後的過剰部分になおも過剰防衛を認めることができるためには、責任減少を重視する減免根拠論をとらなければならないことになる。

　この点に関する筆者の年来の主張は以下のようなものである[21]。侵害終了後の追撃行為は、もはや正当な利益を守るための行為としては無意味であるが、これが不正の侵害に対して正当な利益を守る過程で生じた行きすぎである限りで、事後的過剰部分にも防衛事象的性格が認められる。そして、この防衛事象的性格が認められるがゆえにこそ、事後的過剰防衛についても、過剰避難などと比べて期待可能性の判断が緩やかに行われるべきなのである。こうして事後的過剰防衛については、侵害行為時の反撃行為がそれ自体として正当だと判断されるにもかかわらず、事後的過剰部分と一体的に捉えられることにより、事後的に違法とされてしまう事態を避けることを何より重視すれば、違法性の減少を考慮して過剰防衛としての刑の減免を認めることはできないが、防衛事象的性格を考慮して、期待可能性の判断をより緩やかに行うべきだとの前提のもとで、責任の減少を考慮して過剰防衛としての刑の減免を認めるのが妥当だと思われる[22]。

　なお、橋爪教授は、責任減少説の立場から心理的動揺が継続している限りで

---

[20] 松原芳博「いわゆる量的過剰防衛について」長井圓先生古稀記念『刑事法学の未来』（信山社、2017年）55頁。

[21] ドイツ語文献を参照して書いたものでやや読みにくいかもしれないが、安田拓人「事後的過剰防衛について」『立石二六先生古稀祝賀論文集』（成文堂、2010年）239頁以下を、ぜひ一読して頂きたい。

[22] 安田拓人「過剰防衛の判断と侵害終了後の事情」刑法50巻2号（2011年）294頁。

責任減少の継続を認め，量的過剰を肯定する見解を念頭に置いて，これは，①そもそも 36 条 2 項が適用できるかという問題と，②具体的事件について刑を減軽・免除すべきか否かの判断の次元を混同した議論であると批判されたうえ，「あくまでも防衛行為としての性質が認められることが（責任減少説からも）36 条 2 項の適用の不可欠の前提なのである」とされている[23]。

確かに，教授が言われるように，責任減少説が，心理的動揺があれば過剰防衛を認めてよいとする見解だとすれば，それは妥当でない。佐伯教授も指摘されるように，「急迫不正の存在とこれに対応した行為がなければ刑法 36 条 2 項の適用が認められないのは，根拠論の如何に関わらず，当然の前提なのであ」り，「責任減少説の立場からも，量的過剰防衛を認めるためには，『防衛事象的性格』の継続が必要」なのである[24]。

そして，筆者の見解のポイントは，過剰防衛に固有の責任減少を認める前提として，まさに，この「防衛事象的性格」を刑の減免根拠論の中に位置づけ，事後的過剰部分に防衛事象的性格が認められる限りで，過剰防衛に固有の責任減少が認められるとするところにあるのである[25]。それゆえ，少なくとも筆者の見解においては，過剰防衛の刑の減免根拠を構成する「防衛事象的性格」の有無が，事後的過剰防衛を認めうるかの範囲を画することとなっており，まさに両者が連動することになっているのである。ここは筆者が最も考えに考え，結果としてうまくいったと自負しているところである。

## V．過剰防衛が認められるのはどこまでの段階か？

IVでの検討の結果，事後的過剰防衛の刑の減免根拠は責任の減少に求められるが，恐怖・驚愕といった精神状態の存在だけでは，過剰防衛に固有の期待可能性の減少は認められない。他方で，刑法 36 条 2 項の効果は，あくまで刑の任意的減免にすぎないから，当該具体的事案において刑を減免すべき責任の減

---

23) 橋爪・前掲注 18)114 頁。
24) 佐伯・前掲注 18)165 頁，170 頁。
25) にもかかわらず，たとえば日和田哲史「防衛行為の一体性について」上智法学論集 55 巻 2 号（2011 年）44 頁は，筆者の見解を，心理的圧迫状態があれば足りるとする見解と同視され，批判の対象とされており，残念である。

少がなくても，事後的過剰を過剰防衛と評価すること自体は妨げられない。それゆえ，事後的過剰の限界は，第一義的には，事後的過剰部分から防衛事象的性格がなお失われていないかによって画されるべきだと思われる。

　わが国の裁判例を再検討してみると，そこでは，侵害現在時における反撃行為につき防衛の意思が認められ，侵害終了後の追撃行為時にもこれを覆す事情が認められない限りで，事後的過剰部分も防衛の意思に基づくものとして，防衛事象的性格が肯定されていると考えるのが，事態に即したものだと思われる。

　まず，事後的過剰防衛を肯定したリーディングケースである最判昭和34・2・5刑集13巻1号1頁であるが，これは，1審が，侵害終了後も甚だしく恐怖，驚愕，興奮かつ狼狽した余り，すでに危険が去ったことの認識を欠いたという事実認定に基づき盗犯防止法の誤想防衛を認めていたところ，原判決がこの事実認定そのものは維持したうえで，法令適用の誤りだけを問題として，一連の行為を全体として過剰防衛としたのを是認したものと解されるので，興奮状態が継続していたこと，および，侵害の終了を認識していなかったことが前提とされているものと思われる。

　他方，事後的過剰防衛を否定した代表的判例である最決平成20・6・25では，両暴行が，侵害者による侵害の継続性および被告人の防衛の意思の有無という点で，明らかに性質を異にしていることが重視されている。これは，行為者が侵害の終了をはっきりと認識し，防衛の意思が失われたことから，時間的・場所的連続性が認められるにもかかわらず事後的過剰防衛が否定されたもので，極めて注目に値する判断である。下級審でも同様の判断が蓄積されており，例えば，津地判平成5・4・28判タ819号201頁では，侵害終了後の段階において被告人自身も被害者が直ちに攻撃してくる気配がないことを認識していたことは明らかだとの理由が挙げられている。

　こうしたわが国の判例の立場は，事後的過剰部分に防衛事象的性格が認められるべきだとする筆者の立場とも基本的に一致しており，支持されてよいものと思われる。事後的過剰部分につき防衛事象的性格が認められるためには，当初の不正の侵害に対応する意思，すなわち防衛の意思に起動された行為としての性格が，事後的過剰部分においてもなお維持されていれば十分だと思われるからである。

　もっとも，防衛の意思を，急迫不正の侵害を同時的なものとして認識し，こ

れに対応する意思だと捉えてしまうと，侵害が終了している以上，防衛の意思などありえないのでないか，という疑問は生じうるであろう。佐藤教授は，おそらくこのような理解に立ち，侵害の終了を認識していた場合には，防衛の意思がないから量的過剰はおよそ認められず，侵害の終了を認識していなかった場合は，誤想防衛行為または誤想過剰防衛行為になり，一般に説かれているような量的過剰は否定するのが妥当であると結論づけておられる[26]。

しかし，教授の見解は，すでになされた侵害に対応しようとする意思（いわば防衛意思）と，すでに終了した侵害を認識してなお行為を行おうとする意思（いわば加害意思）が，併存している状況の存在を最初から否定するものであり，賛同できない。事後的過剰は，まさにこのようなゾーンを扱おうとするものである。ここで重要なのは，事後的過剰部分に正当防衛の成立要件としての防衛の意思が認められるかではなく，防衛の意思に担われ防衛行為として開始された行為が，そうした意思に基づく行為としての同一性・連続性という意味での防衛事象的性格を維持しているかということだから，こうした批判は妥当しないものと思われる。それゆえ，最決平成 20・6・25 がいう「防衛の意思」とは，急迫不正の侵害を同時的なものとして認識し，これに対応する意思なのではなく，すでに行われ（終了した）攻撃に対応しようとする意思がなお維持継続されている状態[27]，逆に言えば，侵害の十分な認識によって完全に打ち消されているわけではない状態だと理解されるべきであるように思われる。

## VI. 一連の過剰防衛か，正当防衛＋違法行為か，正当防衛＋過剰防衛か？

Vで検討したように，事後的過剰部分に防衛事象的性格が認められる場合については，侵害現在時の反撃行為から事後的過剰部分までを一連の過剰防衛と捉える理解が，従来は支配的であった。

---

26) 佐藤拓磨「量的過剰について」法学研究 84 巻 9 号（2011 年）199 頁，202 頁。
27) 佐伯・前掲注 18)169 頁注 23 は，量的過剰で問題となっている「防衛の意思」は，通常の意味での防衛の意思とはズレがあると指摘されたうえ，侵害の終了を認識している場合とそうでない場合に分け，後者は誤想防衛の類型であるとされる一方で，前者につき，「防衛の意思で始まった防衛行為が同一の動機で継続している」という意味であると指摘されている。

第 11 章　過剰防衛（量的過剰〔事後的過剰〕） | 197

これに対しては，事後的過剰（量的過剰）を肯定する前提に立ちつつ，一定の場合には，正当防衛＋違法行為となる場合を認めるべきだとする見解も主張されている。最決平成20・6・25の事案では，「防衛の意思」の継続が認められなかったために，侵害現在時の傷害致死行為に正当防衛が成立し，侵害終了後の傷害行為はただの違法行為として評価されたが，もし「防衛の意思」の継続が認められていれば，一連の過剰防衛となり，傷害致死罪についても不可罰ではなくなり，それ自体としてみれば正当防衛にあたることは，せいぜい量刑上考慮されるにとどまったものと思われる。

橋爪教授は，正当にもこうした結論を不当だとされ，「量的過剰として一体的評価をすることが，かえって被告人の不利益をもたらすという事態は，本来の趣旨に真っ向から反するものであり，看過しがたいものであろう。このような場合については，たとえ量的過剰として一体的評価が可能な事案であっても，第1暴行・第2暴行を分断して評価する可能性を認めるべきである」とされる。しかしながら，教授は，「第1暴行と第2暴行を切り離すのであれば，もはや第2暴行それ自体を防衛行為として評価することはでき」ず，「分断的な評価を行う以上，36条2項は適用できず，完全な犯罪としての傷害罪が成立することになろう」とされている[28]。

しかし，これは以前の著作における，36条2項を適用するためには違法性の減少が不可欠の要素であるとする，現在はとられておられないはずの見解[29]を引きずったもののように思われる。すでにみたように，違法性減少説だからこそ，侵害現在時の行為に正当防衛を認めつつ，侵害終了後の行為に過剰防衛を認めることには，困難が生じるのであり，防衛事象的性格の継続を前提とした責任減少があれば事後的過剰防衛を認めうるとする見解からは，そのような困難は生じない。量的過剰として一体的評価が可能な実体を認めつつ，事後的過剰部分に完全な処罰を認めるのは，妥当でないように思われる。また，侵害現在時の反撃行為が，それ自体としてみれば正当防衛にあたる場合は，そこを処罰対象とすべきではないのではないか，ということは，トータル

---

28) 橋爪・前掲注18)117頁以下，本文で引用した個所は119頁。
29) 橋爪隆「防衛行為の一体性について」『三井誠先生古稀祝賀論文集』（有斐閣，2012年）97頁以下では，違法性減少を不可欠とされていたが，橋爪・前掲注18)113頁では，そのようなお立場を修正されている。

でみた結論が，行為者に有利か不利かとは関係なく問題とされるべき事柄であるように思われる。

このようにみれば，侵害現在時の反撃行為に正当防衛を認めつつ，さらに事後的過剰部分につき過剰防衛を認める筆者の年来の主張が，やはり妥当とされるべきであるように思われる[30)31)]。

このような処理は，大判大正14・12・15新聞2524号5頁にもみられたものであり，実務とおよそ無縁のものでもない。すなわち，同判決は，相手方から出刃包丁で攻撃された被告人が，もみ合いの末，出刃包丁を奪い取って相手方の胸部に突き刺した（第1暴行）ところ，相手方は「其の現場より逃走し同人の暴行は全熄み最早防衛の必要を見ざるに至りたるに拘らず」，後を追い，さらに出刃包丁で胸部を刺突し（第2暴行），両暴行が相まって相手方を死亡させた事案について，「判示前段の所為〔第1暴行〕は刑法第36条第1項に該当するものなるを以て之を罰すべきものにあらず。其の後段の所為〔第2暴行〕は……同法第36条第2項に所謂防衛の程度を超へたる行為なるを以て同条項を適用」するとしたのである。また，旧刑法316条の規定は，松原教授が指摘されるように，必ずしも侵害継続中の反撃行為との一体性を要求することなく，狭義の量的過剰防衛を承認したものと理解でき，現行刑法は，これを否定する趣旨で立案されたものとは解されないこと[32)]からみても，こうした筆者の解釈には，十分な理由があるように思われる。

これに対し，髙橋教授は，最初から重い結果が生じることを認識して複数の行為を行う場合，および，一連の行為が密着しているため，事実上，各行為間に任意の中断の生ずる可能性が最初から乏しいような場合にも一連の行為を1個の行為と評価すべきであると主張されている[33)]。これは，一連の行為が全体として過剰な結果をもたらす場合のうち，全体的評価により一連の過剰防衛

---

30) 同旨の見解として，松原芳博編『刑法の判例 総論』（成文堂, 2011年）88頁［井上宜裕］，松原・前掲注20)57頁。
31) 佐伯・前掲注18)174頁以下は，「第1暴行と第2暴行が，その状況・態様において大きく変化している場合」に限って同旨になるようにも解されるが，「いったん正当化された行為が事後的事情によって違法とされることが不当であるのは，〔第1行為から〕生じた結果の重さには関係がないはずであ」るとされ，事後的事情による遡及的な違法評価を絶対的に不当とされるところからみれば，そのような限定なく，同旨になるようにも思われる。
32) 松原・前掲注20)59頁。

として処理すべき場合を切り分ける視点として，傾聴に値するものであろう。

しかし，やはり，侵害現在時の反撃行為をそれ自体としてみれば，なお正当防衛たりうる場合には，筆者の見解に従って処理するのが妥当であり，それを含めて違法視することは妥当でないように思われる。また，最初から過剰結果が生じることを認識しつつあえて反撃に及んでいる場合には，判例上は，防衛の意思が否定され，むしろ，一連の行為が全体として，ただの犯罪行為として扱われることになるようにも思われる。

また，後者について，教授は，「この場合には，行為の意思決定は実質的に1個であると見ることができるし，行為を抑制することが困難な状況にあるためいつ過剰な結果が生じてもおかしくないという意味で最初から行き過ぎた法益侵害が生ずる危険性のある行為を行っていると考えることができよう」とされている[34]。しかし，このような評価が，「最初から」可能な事案がどれだけあるのかは不明であり，事後的・回顧的に考察してこのような評価を下すのだとすれば，それは事後的事情によってそれ自体は正当防衛となるべき行為を違法視することにほかならないように思われる。

最後に，筆者のような見解から，侵害現在時の反撃行為の存在が不可欠となるかは，1個の問題となる。松原教授は，侵害現在時の反撃行為が示凶器脅迫，侵害終了後の行為が傷害であった場合のように，侵害終了前後で該当する構成要件が異なる場合でも，過剰防衛の成立は妨げられないこと，侵害現在時の行為が脅迫罪にあたらない程度の脅迫であるなど構成要件に該当しない行為であった場合でも，侵害終了後の行為に過剰防衛の成立を肯定することは可能であることを理由に，侵害終了後にはじめて対抗措置に及んだ場合においても，過剰防衛の成立可能性を肯定すべきだとされている[35]。また，高橋教授も，侵害現在時には退避・回避行動に終始しており，侵害終了後に反撃に出た場合につき，侵害現在時に反撃行為が行われていたかにかかわらず，侵害終了前後を通じて防衛の意思の継続を認めることは可能であること，反撃が先行する場合に比べて攻撃性は小さいことを理由に，「量的過剰防衛の成否にとって重要

---

33) 髙橋・前掲注 14)57 頁以下。後者の場合につき，さらに日和田・前掲注 25)65 頁以下も参照。
34) 髙橋・前掲注 14)57 頁。
35) 松原・前掲注 20)59 頁以下。

なことは，侵害終了前後の事態を一連の防衛事象としてみることができるかどうかであり，侵害終了前後にまたがって 1 個の防衛行為が認められるかどうかではない」と結論づけておられる[36]）。

　確かに，両教授が示された論拠には，十分な説得力があり，最初から，侵害終了後にはじめて反撃に及んだ場合に，過剰防衛を認める余地を否定する必要まではないようにも思われる。しかしながら，やはり，事後的過剰部分に防衛事象的性格を肯定しやすいのは，侵害現在時における防衛行為の延長線上において「勢い余って」なされた場合であることは明らかであり，そうでない場合に，具体的事案において事後的過剰部分に防衛事象的性格を肯定しうるかについては，極めて慎重な検討が必要であるように思われる。

36）髙橋・前掲注 14）51 頁以下。

# 第12章　誤想防衛（正当化事情の錯誤）

CHAPTER 12

> **POINT**
>
> ・誤想防衛は故意犯として処罰されるべきか，この場合に故意犯の重い処罰を基礎付ける事情が認められるかを理解する。
> ・いわゆるブーメラン現象について，それが生じる理由と解決策を理解する。
> ・正当防衛に際しての第三者侵害の問題を誤想防衛として解決する見解のポイントを理解する。

## はじめに

　本章は，誤想防衛を扱う。この問題領域については，議論がすでに出尽くしている感があり，新たな展開はほとんど望めないようにも思われるが，しかし，基礎から刑法総論を考えるという観点からは，改めて確認しておきたいポイントがいくつも含まれている。

　従来の一般的な解説は，○○説の紹介・検討というスタイルをとり，1つ1つの見解に即して，こうしたポイントを検討していることから，この問題の基礎にあるものがやや見通しにくくなっているように思われる。そこで，ここでは，この問題領域において見解が分かれるポイントとなっているところをまずはしっかりと見据え，その基礎にある考え方をしっかりと提示することに力を入れたいと考えている。

　実は，この問題領域における実益のある議論というのは，そこまでであり，そこさえしっかり捉えることができていれば，あとは，それぞれの犯罪論体系に従って，問題を整序していけばよいだけのことである。犯罪論体系という名の収納ボックスを3段にするか2段にするか，どの引き出しに問題を収納するかは，問題の本質にはあまり影響しないことである。もちろんここでも見解は

激しく対立しているが，ここにあまり力を入れすぎると，刑法総論はとたんに輝きを失いかねない。ここでも，いくらかはこの問題にふれているが，それはまったくふれないと問題が犯罪論体系において整序されないままになってしまうからであり，それが刑法の基礎にあるものを探究することに資すると思ってやっているわけではないことは，あらかじめお断りしておきたい。

## I．誤想防衛について

### 1．誤想防衛の概念とその分析軸

　誤想防衛とは，要するに，頭の中では正当防衛になっているが，客観的にはそうでない場合である。正当化事情の錯誤の一類型であり，これにあたることに争いのない典型例は，急迫不正の侵害がないのにあると誤想し，それが実際にあったとすればやむを得ずにしたものと評価されるような行為に及んだ場合である。

　これに対し，急迫不正の侵害があり，これに対して客観的には過剰な行為に及んだが，過剰性を基礎付ける事実を認識していなかったような場合には，急迫不正の侵害に対し過剰な行為に及んだという点を捉えれば過剰防衛の側面を含んでいる[1]が，頭の中では正当防衛になっている場合という限りで，誤想防衛の一類型であると整理することは可能である。ここでは，この側面に着目して，この類型についても誤想防衛に含めて論じることにしたい[2]。

　誤想防衛（を典型とする正当化事情の錯誤）の問題を解決するに際して，決定

---

1) 最近でも，立石二六『刑法総論〔第4版〕』（成文堂，2015年）228頁以下は，この場合は誤想防衛ではなく過剰防衛であるとされ，防衛行為の誤認は情状問題として処理すべきだと強調されている。それは，教授が，急迫不正の侵害の有無は，正当防衛になるか否かを左右する問題であるから，正当防衛を構成する事実中もっとも本質的なものであると解されることによるものと思われる。同『刑法解釈学の諸問題』（成文堂，2012年）69頁以下。

2) 下級審裁判例においても，この類型もまた，誤想防衛として処理されているところである。盛岡地一関支判昭和36・3・15下刑集3巻3=4号252頁，大阪地判平成23・7・22判タ1359号251頁など。これらの裁判例では，無罪判決になっているので問題は表面化していないが，故意犯の成立が否定され過失犯が問題となる場合には，過剰防衛の余地を認めるべきであろう。

第12章　誤想防衛（正当化事情の錯誤）　|　203

的に重要であるのは，構成要件該当事実と正当化事情を同じ性質のものとみるかどうか，また，体系論として構成要件と違法性の関係をどう考えるかの問題である。そして，他方では，それぞれの論者における故意の体系的地位が，理論構成にも大きく影響を及ぼしている。後者の問題は，本来的には，引き出しへの収納（犯罪論体系への整序）の仕方の問題にすぎない部分も大きいが，こちらでの引き出しの建付けが，前者の本質的問題の解決に遡って影響をしているように思われる場合もあるので，注意が必要である。

## 2．伝統的な議論の主戦場：故意・錯誤論での解決

### (1) 故意の提訴機能（違法性の意識の直接的喚起可能性）への着目

　誤想防衛については，故意犯での処罰が認められるべきかを重点として，議論が展開してきたと言える。判例の立場は，必ずしもその理論構成が明らかではないほか，無過失を要件とするかについても必ずしも一様ではないものの，誤想防衛の場合には故意が阻却されるとするものだと思われる[3]。

　伝統的には，故意犯が重く処罰される理由は，故意のもつ提訴機能，言い換えれば，違法性の意識を直接的に呼び起こす可能性に求められてきた。それがあることにより，直接的な反規範的態度，ひいては重い責任が認められるというのである。例えば，団藤博士は，「故意において，行為者の反規範的人格態度がもっとも明白にみとめられる。……故意では，行為者は犯罪事実を知っているのであり，規範の問題（「人を殺してよいか」など）が具体的に与えられている。したがって，行為者の規範に対する人格態度は直接的である」とされる[4]。また，大谷博士も，「故意が……過失から区別される根拠は，行為者が当該の行為について，『その行為は法律上許されているか』ということを検討する機会，すなわち，規範の問題を具体的に与えられているのに，敢えて犯罪事実を実現した点にある」とされている[5]。両博士とも，故意を抱いた者に，

---

[3] 広島高判昭和35・6・9高刑集13巻5号399頁は，正当化事情を消極的構成要件要素とし，その錯誤は構成要件的故意を阻却するとする，消極的構成要件要素の理論に拠っているように思われるが，それ以外の裁判例では，理論構成は明らかではない。
[4] 団藤重光『刑法綱要総論〔第3版〕』（創文社，1990年）291頁以下。
[5] 大谷實『刑法講義総論〔新版第5版〕』（成文堂，2019年）148頁以下。

規範の問題が具体的に与えられているか，言い換えれば，違法性の意識が直接的に喚起可能であったかを問題とされていることは明らかであろう。

問題はその先である。勉強の進んでいる皆さんであれば，団藤博士がとられるような多数説を構成する見解と大谷博士がとられる厳格責任説とでは，誤想防衛につきまったく異なる結論に至ることをよくご存じであろう。前者からは故意犯での処罰が否定され，後者からはこれが肯定される。

厳格責任説の立場からは，構成要件的故意がありさえすれば，正当化事情の錯誤にもかかわらず，そうした提訴機能が肯定される。例えば，福田博士は，「違法性阻却事由についての錯誤のばあい，行為者は，構成要件に該当する事実を認識していたのであって，行為者は，構成要件該当の法益侵害を認識・認容して実現したものであり，行為者の行為意思は，構成要件該当の結果惹起に向けられており，このばあい，行為者は，彼の当該行為が禁じられているかどうかの問題に直面しており，ただ，違法性阻却事由の錯誤のために，あやまって許されると信じたものであるから，このばあいを，行為者の行為意思が，構成要件該当の結果惹起ではなくして，刑法上重要でない結果に向けられている過失犯に組み入れることは，実質的に妥当でなかろう」とされている[6]。

しかし，中博士が言われるように，「彼の全表象から帰結されるべき規範意識はまさしく適法性の意識でありえても，いささかも不法の意識ないしその可能性ではありえない」ように思われる[7]。中博士は，「責任非難の対象としての事実的故意は，その表象内容からすくなくとも違法性の意識を可能とするような『提訴機能』（Appellfunktion）を具備するものでなければならぬということになる」との前提から，「誤想防衛として故意が阻却される場合とは，その誤想意思内容をそのまま客観化すれば正当防衛となる場合のことであって，意思内容において正当防衛の意思と全く同一」である，「このような表象からは行為者は適法性の意識に達することはあっても，これから，直接，自分の行為の違法性を意識すべき手がかりを与えられているとはなしえ」ないとされたうえ，「事実的故意が重要なのは，決してそのこと自体に理由があるわけではなく，これがすくなくとも違法性を意識すべき可能的前提をなしているという

---

6) 福田平『全訂刑法総論〔第5版〕』（有斐閣，2011年）213頁以下。引用箇所は214頁。
7) 中義勝『誤想防衛論』（有斐閣，1971年）15頁。

点に理由があると解すべきであ〔る〕から，正当防衛や誤想防衛の意思はこの点の資格に欠けるところがあり，したがってこれを事実的故意とよぶわけにはいかない」と結論付けておられる[8]。

この評価自体は，非常に説得的であるように思われる。もっとも，中博士ご自身は，故意犯が重く処罰される理由を，故意行為が過失行為に比して法益侵害を発生させる蓋然性が高いことに求められている[9]。葛原教授が指摘されるように，「このような意味での主観的不法要素を，単に法によって認された結果を志向する意思，ないしは正当化前提の単なる認識が消去し得るかについては疑問」[10]があろう。

この点，団藤博士の見解においてはそうした齟齬はない。もっとも，その処理の仕方が問題である。博士は，「構成要件に該当する事実は，特別の事情——違法性阻却原由たる事実——がないかぎり，違法性を帯びる……。これに照応して，構成要件該当事実以外の違法性を基礎づける事実の表象も消極的な形で，故意の成立要件となる。すなわち，行為者が違法性阻却原由たる事実を表象すれば，故意の成立が阻却されることになるのである。……誤想防衛，誤想避難などがこれである。これは構成要件該当事実の錯誤とおなじく，事実の錯誤であり，故意の成立を阻却する」とされている[11]。大塚博士も，責任故意の概念を認める立場から，第1に，「行為者が，自己の行為には，違法性を基礎づける事実も備わっていると認識・予見することである」が，これは「犯罪事実を表象・認容して行為に出るときは，通常，その違法性を基礎づける事実に関しても表象・認容があったものといってよい」とされる。他方，「違法性阻却事由である事実が存在しないのに，行為者が錯誤によって，それが存在すると誤信して行為した場合には，……責任故意の成立は阻却されるであろう」，「責任故意の要件である違法性に関する事実の表象が欠ける場合にほかならないから，……責任故意を阻却するものと解する」とされる。こうして，「違法性に関する事実の表象は，いわば消極的な意味において，責任故意

---

8) 中義勝『講述犯罪総論』（有斐閣，1980年）92頁以下，137頁以下。
9) 中義勝「故意の体系的地位」平場安治先生還暦祝賀『現代の刑事法学(上)』（有斐閣，1977年）156頁。
10) 葛原力三「消極的構成要件要素の理論」中義勝先生古稀祝賀『刑法理論の探求』（成文堂，1992年）85頁。
11) 団藤・前掲注4)308頁。

の要件となるのである」とされるのである[12]。

## (2) その問題点

　しかし，正当化事情の認識が，「故意の消極的要件」だとする整序は，非常に微妙であるように思われる。確かに，人は通常，「正当防衛を基礎付ける事情がない」と思いながら人を殺傷するわけではないであろうから，この認識を故意の積極的要件とすることはできない。そこで，「消極的」な要件だと整序されているわけであるが，それなら，直截に，正当化事情を積極的に誤信した場合にはじめて故意の提訴機能が欠け，もって故意犯の重い責任を問うべき実質に欠けると表現すべきであり，錯誤により故意が欠けるという表現は，やや正確さを欠いているように思われる。例えば，殺人罪の場合，人を殺すという事実が構成要件該当事実であるから，人を熊だと勘違いして撃った場合には，人の認識が欠け，故意が否定される。しかし，正当化事情の錯誤の場合には，錯誤の対象は故意の認識対象たる事実ではないのである[13]。

　また，そもそも故意犯の重い処罰を，違法性の意識を直接的に呼び起こす可能性に求めることにも，疑問の余地がある。髙山教授は，適切にも，以下のような批判を加えておられる。すなわち，㈠重い責任は具体的に違法性の意識が喚起され得た場合に問われるが，事実的故意は，それのみでは反対動機形成可能性を終局的に保障するものではなく，通常の提訴機能だけでは本件の重い責任を基礎付けられない，㈡具体的な違法性の意識の可能性を問題とする前に，違法性の意識を「通常」可能とする事実的故意の存在を確定する必要はない，事実的故意と違法性の意識をともに反対動機に関わる要素としながら，事実的故意を積極的責任要素とし，違法性の意識の可能性の不存在が責任阻却事由であるとすることは不可能である，とされるのである[14]。こうした批判には十分な理由がある[15]のであり，故意には，違法性の意識の可能性を直接呼び起こす機能とは別の，固有の反価値性が認められなければならない。

---

12) 大塚仁『刑法概説（総論）〔第4版〕』（有斐閣，2008年）458頁以下。
13) これは，消極的構成要件要素の理論によったとしてもそうである。葛原・前掲注10)82頁は，正当化事由を「消極的要素」として構成要件に包含させ，その認識があるときには，すでに構成要件的故意が欠けるとするのが，消極的構成要件要素の理論だと説明されている。
14) 髙山佳奈子『故意と違法性の意識』（有斐閣，1999年）60頁以下。

第12章　誤想防衛（正当化事情の錯誤）　| 207

(3) 故意犯が重く処罰される理由

　それでは，それは何であろうか。

　この点，髙山教授ご自身は，「行為者に内面化された犯罪的事実を『反社会的心情』ないし『法益をないがしろにする心情』と捉え，責任の基礎とする」考え方をとられ，この場合には「刑罰による再社会化の必要性」が過失の場合よりも高いことによって説明される[16]。しかし，原則的な責任を，特別予防の必要性によって基礎付けるのは新派的であり，教授が説かれるような，認識した不法の重さに責任の量が比例するという関係は，認識した不法の重さに特別予防の必要性が比例するという，必ずしも実態と合わない前提から出発するのでない限りは確保できないように思われる[17]。

　他方，林教授は，法益の侵害・危険を認識していることによる，その行為を思いとどまることの容易さにも言及されているが，「故意は法益の敵視であり，過失は法益の軽視である。ここに，故意の方がより責任が重い根拠がある」とされている[18]。また，伊東教授は，「構成要件的結果の惹起を禁じる行為規範（の禁止命令又は作為命令）に意識的に反する場合の類型が故意犯構成要件であり，不注意の結果として行為規範にいわば非意識的に反することとなってしまった場合の類型が過失犯構成要件といい得る。両者は，行為に現れた行為者の主観的な状態・態度の相違に基づく区別である」と説かれている[19]。

　筆者は，誤想防衛ないし正当化事情の錯誤の処理との関係においては，基本的にこのような区別の仕方が妥当であると考えている[20]。もっとも，両教授は，故意と過失の区別につき蓋然性説・認識説を支持されており，法益ないし規範に敵対するような反価値的決断という意思的要素に，自らの故意論におけ

---

15) もっとも，髙山佳奈子「故意の概念」西田典之＝山口厚編『刑法の争点〔第3版〕』（有斐閣，2000年）59頁が，「違法性を阻却する事実の誤信が故意，したがって責任を阻却するのも当然である」とされるくだりは，前述のような問題を含むように思われる。
16) 髙山・前掲注14)121頁以下。
17) 特殊な事情を背景になされた殺人と，習癖に基づく万引きや痴漢・盗撮を比べれば，後者の方が再犯可能性は高く，特別予防の必要性も高いはずである。
18) 林幹人『刑法総論〔第2版〕』（東京大学出版会，2008年）232頁。
19) 伊東研祐『刑法講義総論』（日本評論社，2010年）102頁。
20) 一般的には，故意犯の方が過失犯よりも，結果実現の危険性が高いこともまた，故意犯が重く処罰される理由として考慮しうると思われるが，すでにみたように，この部分は誤想防衛により否定されることはないであろう。

る正当な位置付けを与えられていない。故意と過失との質的差異を担保するのは、まさしく法益ないし規範に敵対的な反価値的決断という意思的要素であり、誤想防衛の場合にはまさにこれが否定されるのだ、と言わなければならない。

## 3. 違法性論での解決

　繰り返しになるが、誤想防衛の場合に、故意が阻却されるという見解は妥当でない。故意はまずもって何かを認識することであるが、正当化事情の不存在は故意の認識対象ではない。そうではなくて、正当化事情を認識した場合に、例外的に故意が阻却されるということが言いたいのかもしれないが、故意の認識対象となる事実に関して錯誤があるから故意が阻却されるのであり、そうでないものに関して錯誤があっても故意は阻却されない。

　それゆえ、否定されるのは、故意そのものではなくて、故意犯として重く処罰されるべき実質であるというべきである。違法性の意識の直接的な喚起機能がないとする伝統的見解は、まさしくこのことを述べたものであり、故意そのものが阻却されると表現するのではなく、そのことゆえに故意犯として処罰すべき実質に欠けると表現すべきであったように思われる。

　そして、故意を主観的違法要素と解する筆者の立場からすれば、故意＝法益ないし規範に敵対的な反価値的決断があれば、主観面での行為反価値が基礎付けられるが、他方で、正当化事情の錯誤の場合には、故意の実質であるところの、法益ないし規範敵対的態度が中和され、もって、主観面における行為反価値が否定されることとなるのである。

　こうした理解に対して、葛原教授は、「故意犯として処罰するに足りるだけの不法内容を有しない意思が主観的不法要素として構成要件的故意であり得るとすることが既に概念矛盾」だとの批判を向けられている[21]。しかし、構成要件的故意の認識対象でない事実を錯誤しても、故意そのものはやはり否定されないのであり、「故意犯として処罰するに足りるだけの不法内容」を、正当化事情の錯誤を理由にして否定する処理の方が端的でありかつ明快であるよう

---

21) 葛原・前掲注10)78頁。

に思われる。

## 4. いわゆるブーメラン現象について

　こうして筆者の見解によれば，結論的には，誤想防衛の場合には，主観面での行為反価値が否定されることにより，違法性が阻却される。一般人からみても当該誤信が回避し得なかった場合には，過失犯の違法性も否定され，行為は完全に正当となり，これに対する正当防衛もできないことになる[22]。

　こうした見解は，すでに相当数の論者により主張されている[23]が，過失犯処罰をどうするかにつき，若干の見解の相違がみられる。川端博士は，「構成要件的故意・過失の区別をみとめるかぎり，故意不法が阻却される以上，過失不法の残存はみとめるべきでない」とされ，そのまま不可罰とされる[24]。確かに，構成要件的故意を認めながら，故意不法を阻却し，過失不法を認めるのでは，構成要件的故意が過失の内実しかない場合を含むことになり，類型化要素としての機能に問題を含むことになるようにも思われる。また，構成要件的過失から再検討するのでは，「故意犯の構成要件に該当する行為が過失犯の構成要件にも該当することになり，構成要件はおよそ過失犯と故意犯とを類別する機能を有しないことになる」ようにも思われる。実際，川端博士は，「構成要件該当性の段階で存在するとされた構成要件的故意が，事実的前提の錯誤によって『事後的に』否定されたのち，あらためて過失犯の成否を問題にするのは，構成要件的故意をみとめるかぎり，妥当でない」，「このような『ブーメラン現象』をみとめるのは構成要件の類別機能を否定することになる」とされている[25]。

　しかし他方で，博士の見解は，こうしたブーメラン現象の回避を最優先するあまり，正当化事情の回避可能な錯誤を不問に付するという割り切りを必然的に伴っており，可罰性評価として不十分であるように思われる。

---

[22] 橋田久「正当化事情の錯誤に基く行為の違法性について」名城法学 67 巻 1 号（2017 年）15 頁。
[23] 以下で紹介する見解のほか，中森喜彦「錯誤論（3・完）」法教 108 号（1989 年）43 頁など。
[24] 川端博『刑法総論講義〔第 3 版〕』（成文堂，2013 年）403 頁以下。
[25] 川端・前掲注 24)398 頁以下。

ここで考えられる解決策の1つは，構成要件的故意を認めたうえで，過失不法を認め，過失犯処罰を肯定するというものである[26]が，これに対しては，葛原教授による適切な批判がなされている。すなわち，「犯罪を類型的に記述する法規定と法定刑とが分断され得ることを認めることは，この場合には行為者の有利に作用するものの，実態は過失犯である行為を故意犯の規定によって処罰することになるから，思考方法自体としては類推禁止に抵触する」[27]。

　そこで，残るのは，故意不法が阻却された後，ふたたび構成要件に戻って，過失犯の構成要件該当性を検討するというものである。言い換えれば，正当化事情に関する過失を考える見解だということになろう[28]。これに対して，橋田教授は，(あ)「構成要件に立返っても再び構成要件的故意が肯定されるため，その不存在を前提とする構成要件的過失の検討，肯定には辿り着かない」[29]，(い)「正当化事情の存在を誤信したことについての不注意を構成要件段階で検討することも，体系的に不可能」との批判を向けられている[30]。

　しかし，(あ)については，誤想防衛の場合，構成要件的故意を認める理由となっているのは，①反撃行為により相手方を侵害した行為であるところ，ここでは，②事前に相手の様子をよく観察していなかったという事情はカウントされていない。正当化事情の錯誤が問題となる場合，①に関する構成要件的故意を認めたことによっては，②に関する過失があることは排除されないのである。それゆえ，②に関して改めて構成要件的過失を検討することは可能であるし，逆にそうしないと，松澤教授が言われるように，構成要件該当性の確認されていない行為を処罰する点で問題が生じるように思われる[31]。

　また(い)については，過失犯においては，正当化されるべき結果に関する回避義務はないことからも分かるように，構成要件的過失を考えるにあたり正当化

---

[26] 橋田・前掲注22)305頁以下。故意責任を否定する立場から，例えば，中村邦義「正当化事情の錯誤についての管見」産大法学52巻1号（2018年）25頁以下。
[27] 葛原・前掲注10)78頁以下。さらに鈴木彰雄『刑法論集』（中央大学出版部，2020年）118頁。
[28] 故意責任を否定する立場から例えば佐久間修『刑法総論』（成文堂，2009年）304頁。
[29] 同様の批判としてすでに井田良『講義刑法学・総論〔第2版〕』（有斐閣，2018年）383頁注15。
[30] 橋田・前掲注22)305頁。
[31] 松澤伸「いわゆる『ブーメラン現象』と犯罪論体系」『川端博先生古稀記念論文集(上)』（成文堂，2014年）302頁以下。

事情をカウントすべき場合は存在するように思われる。

## 5. 正当防衛まで認め相手方にその受忍義務を認めるか？

それでは，正当防衛そのものまで認めることは可能か。筆者は，不正の侵害に見舞われた正の側の保護を重視する立場から，正当防衛・過剰防衛について論じてきた。そのような筆者の立場からすれば，もう一歩を進め，藤木博士のように正当防衛を認めてはどうかという考え方もあり得よう。

藤木博士は，急迫不正の侵害あるいは防衛行為の相当性に関し，客観的な実在ではなく，行為者の合理的な確信を要求する，アメリカの模範刑法典のような立場を是とされる。その背景にあるのは，「権利の行使にあたり，権利行使の要件ありと確信したことが合理的であると認められる場合であっても，その確信が事実と相違することは，とくに正当防衛を行うような切迫した事情の下では，例外的ではあるまい。それにもかかわらず，客観的事実として急迫不正の侵害がなかったという場合には一切正当防衛が認められず，当該行為は違法である，というのでは，法が権利行使を認めた趣旨はいちじるしく害されることになる」[32]し，「もし，私人が切迫した危険を避けるためにやむをえないと信じてした侵害排除行為につき，実は，その前提たる不正侵害がなかった場合は違法である，とされるのでは，市民に，不正に対抗することを躊躇させ，かかわりあいを恐れて，社会的不正を見逃す気風を招き，間接的に不正者を援助する結果を招きやすい」[33]との価値判断である。

藤木博士の見解は，基本的に妥当と思われるが，しかし，「正当防衛の拡張的適用の一例」「正当防衛の一種」と言われる意味が問題である。これが，相手方，すなわち，誤想された不正の侵害者に対し，受忍義務を認めるものだとすれば，行き過ぎであろう。橋田教授が説かれるように，「錯誤を理由とする正当化は事前判断に基くものであり，事後的に見れば相手方の法益の保護相当性は否定されない」のである[34]。

筆者のような解決は，責任レベルでの故意を否定する多数説と異なり，違法

---

32) 藤木英雄「誤想防衛と違法性の阻却」法協89巻7号（1972年）769頁。
33) 藤木英雄『刑法講義総論』（弘文堂，1975年）173頁。
34) 橋田・前掲注22)298頁。

性を阻却することにより，誤想防衛に基づく行為に対する正当防衛による反撃を許さないこととし，藤木博士のような衡量をいれることに成功するとともに，正当防衛そのものは否定することにより，誤想防衛に基づく行為の相手方に緊急避難による対抗を認めることによって，一定の保護を図ろうとするものであり，妥当な落としどころを確保し得ているものと思われる。

なお，上でみたような橋田教授の指摘が直に妥当するのは，相手方の侵害を誤想した場合に限られ，急迫不正の侵害に対して対抗するにあたり，過剰性を基礎付ける事実を認識しなかった場合については，同じ誤想防衛として整序したとしても，自ずとその評価は異なってくると考えることも不可能ではない。この錯誤を惹起したのは，不正の侵害者なのであるから，その過剰性を基礎付ける事実を認識せずに行われた過剰な反撃についても受忍義務を負うべきだと考えることもできるかもしれない。この場合は，不正・対・正の関係における正の側の保護が問題なのである。しかしながら，行き過ぎがあったことは事実であり，その限りで相手方の要保護性は否定されないように思われるから，この場合もやはり，主観面での行為反価値を否定し，違法性の阻却を認め，正当防衛による対抗を認めないものとするにとどめ，不正の侵害者に緊急避難による対抗の余地は残すべきであるように思われる。

## II．正当防衛に際しての第三者侵害と誤想防衛

正当防衛に際して，反撃が予想外の第三者に及んだ場合に，これをどう処理するかについては，正当防衛を認める見解，緊急避難を認める見解のほかに，誤想防衛（の一種）として処理する見解が主張されている[35)36)]。

このうち誤想防衛（の一種）として処理する見解は，反撃が予想外の第三者に及んだ場合につき方法の錯誤に関する法定的符合説に立ち，故意犯の成立を

---

35) 先駆的な包括的研究として佐久間修『刑法における事実の錯誤』（成文堂，1987年）332頁以下がある。
36) 大阪高判平成14・9・4判タ1114号293頁は，緊急救助を行うつもりで不正の侵害が向けられた者に傷害を負わせた事案につき，「〔被告人〕が主観的には正当防衛だと認識して行為している以上，〔当該〕行為については，故意非難を向け得る主観的事情は存在しないというべきであるから，いわゆる誤想防衛の一種として，過失責任を問い得ることは格別，故意責任を肯定することはできない」と判示している。

認めることが前提となっているから，筆者のように具体的符合説に立つ場合には，そもそも登場しようがないものである。しかし，判例・多数説である法定的符合説に立っているかもしれない皆さんのために，一言だけ説明をしておきたい。

　この見解をとられる佐久間教授は，「行為者における意思内容に着目するかぎり，そこには，狭義の誤想防衛の場合と同様，故意に相当すべき反規範的人格態度は存しない」，「行為者の内心においては，当該行為はまさに『防衛』に外ならず，その意味において，行為者は違法な事実の認識を欠き，責任要素としての故意の要件を欠如していたといわざるをえない」とされ[37]，前田教授も，「〔無関係の第三者〕の存在を意識していない場合には主観的には，正当防衛の認識で行為している以上，故意非難は問い得ない」とされ，誤想防衛として扱われる[38]。

　これに対して，平野博士は，AがBに斬りかかり，これを見たXがBを防衛するためAの脚をねらって射ったところ，Bの脚にあたったという場合を想定されたうえ，「抽象的法定符合説の結論としてBに対して傷害の故意を認めるということは，Bを傷つけることを知りながら射ったのと同じにとりあつかえということであろう。そうだとすれば，誤想防衛にはならず，傷害罪の成立を認めざるをえないのではなかろうか」とされている[39]。

　しかし，橋爪教授が指摘されるように，法定的符合説（抽象的法定符合説）は，「認識事実と客観的事実が符合する限度で構成要件的故意を認める見解にすぎず，（認識していなかった）Bに対する侵害結果を認識・予見していたと擬制する論理ではない」のだから，最初からBに対して故意があった場合には，誤想防衛になり得ないのと同様だとは言えないように思われる[40]。

　他方，山中博士は，「構成要件的故意の違法性の意識の提訴機能を強調するならば，第三者に対する事実的故意の肯定は責任故意の存在を推定しているはずである。攻撃者に対する責任故意の否定が，第三者に対するそれの否定にも

---

[37] 佐久間・前掲注35)371頁。
[38] 前田雅英『刑法総論講義〔第8版〕』（東京大学出版会，2024年）332頁以下。引用箇所は332頁。
[39] 平野龍一『犯罪論の諸問題(上) 総論』（有斐閣，1981年）77頁。
[40] 橋爪隆『刑法総論の悩みどころ』（有斐閣，2020年）143頁以下。引用箇所は144頁。

つながるわけではない」とされ[41]，齊藤教授は，「典型的な誤想防衛と主観的には同様の状況にあったというためには，〔侵害者〕に対する正当防衛の認識を〔第三者〕にも転用し，〔第三者〕に対する関係でも，主観的には正当防衛の認識で，客観的には違法な結果を生じさせたと評価するしか方法はない」が，「〔第三者〕に対する関係で故意犯の成立が否定されるためには，防衛の認識が，現に〔第三者〕に向けられていたことが必要であり，〔侵害者〕に対する正当防衛の認識を〔第三者〕にも転用するという構成は取り得ない」とされている[42]。

　こうした批判は，法定的符合説のロジックにより第三者にも構成要件的故意を認めたうえで，その提訴機能を否定するためには，現に第三者に防衛の認識が向けられていたのでなければならないとの理解に基づいているように思われる。しかし，鈴木教授が鋭く指摘されるように，こうした場合には，「厳格責任説を採用しない法定的符合説の立場からは，そもそも故意処罰を認める根拠に欠けるので，その及ぶ範囲を決めるための基準が登場する余地もない」のである[43]。すなわち，不正の侵害者Aとの関係では，防衛行為者は正当防衛にあたり，違法性が阻却されることになりうるが，そうした事実を認識している限りで，一般的な見解によれば責任レベルでの故意が阻却される。法定的符合説のロジックには2通りのものがあるところ[44]，故意の転用を考えるロジックからしても，Aに対する（責任）故意が阻却される以上，転用されるべき（責任）故意はないし，およそ人殺しの故意を考えるロジックからしても，この場合は，正当防衛にあたるべき事実を認識しているから，およそ正当防衛にあたるべき人殺しの意思しかなく，故意非難を向けうる心理状態にはない。それゆえ，法定的符合説の立場から，誤想防衛説をとることには十分な理由があるように思われる。

---

41) 山中敬一『刑法総論〔第3版〕』（成文堂，2015年）507頁。
42) 齊藤彰子「防衛行為により第三者を死亡させた場合の取扱い」金沢法学47巻1号（2004年）342頁。
43) 鈴木左斗志「判批」百選Ⅰ〔8版〕（2020年）59頁。6版から一貫した記述が維持されている。
44) 本書**第4章**参照。

## III．共同正犯と過剰防衛・誤想防衛

　急迫不正の侵害に対して，共謀のうえ共同して反撃行為に及んだ場合において，共同正犯者の一部が過剰な反撃に及んだ場合には，一部実行全部責任の原則により，全体として過剰防衛となり，過剰な反撃に及んでいない者についても過剰防衛となる[45]。

　これと異なり，皆さんの中には，最決平成4・6・5刑集46巻4号245頁が「共同正犯が成立する場合における過剰防衛の成否は，共同正犯者の各人につきそれぞれその要件を満たすかどうかを検討して決するべき」だとしているのだから，このような場合にも，当該共同者の反撃行為が過剰になっていないかを判断すればよい（見解＊）と考えている人もいるかもしれない。しかし，この最決平成4・6・5は，過剰防衛の効果の連帯を否定する文脈でこのように述べているにすぎず，共同正犯者の一部が過剰な反撃行為に及んだ場合において残余の者がどう扱われるかについてまで射程に含んだ判示ではないように思われる。

　こうした見解＊は，共同正犯が全部責任を負う理由につき，自らの行為が構成要件該当結果と因果関係に立つことを理由にしているように思われる。しかし，実行共同正犯であったとしても，直接実行部分だけを取り上げたのでは，全部責任は出てこない。この前提からも，反撃者がA，B，Cの3人いるとすれば，Aは，Aの直接実行だけではなく，B・Cの実行部分についても間接的な責任を負うと考えなければ，全体責任は基礎付けられないはずなのである。そうだとすれば，共同正犯においては，「行為」として扱われるのは，あくまで自分自身が行った行為のみであり，他の共同正犯者の行為は，一種の因果経過，結果であると考えたとしても，それも含めて過剰性が判断されざるを得ないこととなるはずなのである[46]。なお，筆者としては，絶対に無理だと思うが，百歩譲って，こうした見解＊が成り立ちうると仮定した場合でも，Aの反撃行為がやむを得ずにした行為と言えるかは，当然，B・Cがどれだけの反撃行為をしているかとの相関関係において判断されざるを得ないはずであり，

---

[45] 島田聡一郎「判批」刑ジャ5号（2006年）124頁以下も参照。
[46] 井田良ほか『刑法事例演習教材〔第3版〕』（有斐閣，2020年）79頁以下は，おそらくこのような理解に基づく解説だと思われる。

あたかもAが1対1の関係で不正の侵害者に向き合っているかのように判断するのは，完全な誤りであろう。そうだとすれば，見解＊によるとしても，やってよい限界は，A・B・Cの3人の力を加算した総量として判断されるべきであり，Aのやってよい行為は，やってよい総量からB・Cのやった分を差し引いた分であり，それを超えれば過剰だと考えるべきであるように思われる。もっとも，共同正犯としての防衛行為がやむを得ずにした行為と言えるかの判断に際しては，緊急状況において，他の共同行為者がどれだけのことをやっているかを冷静に見極めながら，自らの力加減を調整することには困難があるから，その限界は，その限りで緩やかに判断されざるを得ないものと思われる。

これに対し，筆者の見解からは，共同正犯が一部実行全部責任を負うのは，全体行為（Gesamttat）への寄与が根拠であり[47]，そうだとすれば，全体行為が過剰だと評価される以上，それに関与したAないしCは，一部実行全部責任の原則により，すべて過剰防衛だと解するのが妥当である[48]。

このことを前提として，次に問題となるのは，こうした過剰性を基礎付ける事実を認識していなかった者については，頭の中は正当防衛のつもりなのだから，多数の見解からは故意が阻却されるのではないか，筆者の立場からは，主観面における行為反価値が欠け正当化されるのではないかということである。

東京地判平成14・11・21判時1823号156頁は，Xの長男Aが酩酊のうえ次男Bに暴力をふるい，これをたしなめたXに対しても暴力を加えようとしたので，X，長女Y，Bの3人でAを5～10分くらい押さえ続けたところ，BがAの後頸部を強く押さえつけていたため，Aが窒息死するにいたったが，X，Yは，BがAの後頸部を強く押さえつけていることに気づいていなかったという事案につき，「急迫不正の侵害に対して反撃行為を行った場合，客観的には，それが防衛行為の相当性の範囲を逸脱して過剰防衛とみられる場合であっても，その行為者において，相当性判断の基礎となる事実，すなわち，過剰性を基礎づける事実に関し錯誤があり，その認識に従えば相当性の範囲を逸脱していないときには，誤想防衛の一場合として，行為者に対し，生じた結果

---

47) 橋本正博『刑法総論』（新世社，2015年）253頁以下など。
48) 結論同旨：高橋則夫『刑法総論〔第5版〕』（成文堂，2022年）520頁注68。

についての故意責任を問うことはできない。そして，複数の者が，そのような反撃行為を共同して行った場合，相当性判断の基礎となる事実の認識の有無は，各人について個別に判断すべきものと解されるから，そのうちの一人の反撃行為が，防衛行為の相当性の範囲を逸脱したものであり，そのような反撃行為により生じた結果につき，客観的には，共同して反撃行為を行った他の者の行為との間の因果関係を否定し得ない場合であっても，共同して反撃行為を行った者において，相当性判断の基礎となる事実に関し錯誤があり，その認識に従えば相当性の範囲を逸脱していないときには，誤想防衛の一場合として，その者に対し，生じた結果についての故意責任を問うことはできない」とし，傷害致死罪につき無罪としている[49]。

　この結論は，責任要素としての故意を否定する立場からは，責任判断の個別性を理由に，問題なく認められると思われるが，主観面での行為反価値が否定されるとする筆者のような見解からも，そのような違法要素は共同正犯者間での相対化を認めうることから，支持できるように思われる[50]。

---

49) 本判決に対しては，検察側から控訴がなされたが，東京高判平成15・8・8無罪事例集9集241頁により棄却され，確定している。
50) 齊藤彰子「判批」成瀬幸典＝安田拓人編『判例プラクティス刑法Ⅰ　総論〔第2版〕』（信山社，2020年）386頁。

# 第13章　緊急避難

CHAPTER 13

> **POINT**
>
> ・緊急避難の正当化根拠として，優越的利益の原則による場合には，さらにその背後に社会功利主義的な基礎付けがあることを理解し，その問題点を理解する。
> ・もう1つの正当化根拠としての社会連帯原理について，その考え方のポイントを理解する。
> ・生命を救うために生命を犠牲にする攻撃的緊急避難が正当化されるかについて理解する。
> ・防御的緊急避難について，その正当化根拠とその帰結を理解する。
> ・生命危険共同体について，問題となる場合およびその解決策について理解する。

## はじめに

　刑法37条の定める緊急避難ほど，これに臨む論者のスタンスの違いが激しい制度はないように思われる。1つの考え方によれば，これは緊急事態における利益調整の仕方として合理的なラインを示したものであり，積極的に活用されるべき規定だということになるのに対し，もう1つの考え方によれば，刑法37条は，文字通り適用したのでは行き過ぎであり，解釈により限定される必要のある，問題を含んだ規定だということになる。

　筆者は，すでに，『大コンメンタール刑法』で，刑法37条の緊急避難が不可罰となる理由や条文に即した要件解釈については概観を行っている[1]ので，こ

---

1) 大塚仁ほか編『大コンメンタール刑法(2)〔第3版〕』（青林書院，2016年）682頁以下〔安田拓人〕。

こでは，これに屋上屋を架すことを避け，緊急避難の基礎にある考え方の対立軸を明確に描き出すことに集中したい。

　この作業は，緊急避難が不可罰となる理由を根底から支える礎石となるものを明らかにするという意味で重要であるだけではなく，緊急避難として他者の生命を奪うことが許されるかといった，重要なテーマについても，理論的に根拠付けられた答えを出すことを可能にするという意味でも重要である。

## I．社会功利主義的な基礎付けについて

### 1．優越的利益の原則とその背景にある社会功利主義的な立場

　刑法37条の緊急避難を違法性阻却事由だと考える（あるいはその部分があると考える）見解の多くは，優越的利益の原則をその基礎としている。しかし，緊急避難の場合に犠牲になるのは，より小さいものとはいえ，正当な利益なのであるから，なぜそれを犠牲にしてよいのかがさらに問われなければならない。

　それでは，どうして優越的利益を守った場合には，劣後する正当な利益を犠牲にしても，正当化されるのか。このことを，社会功利主義の観点から説明する試みは，平野博士に始まるものと思われる[2]。平野博士は，生命を犠牲にする緊急避難でも違法性が阻却される場合がありうるとの徹底した立場から，「他人の生命は絶対であり，これを他の目的とくに利己的な目的のために犠牲にしてはいけない，というのは，あるいは社会倫理の要請であるかもしれない。しかし，わが法は，法益が同じである場合は緊急避難として処罰しないとしている。……法益の均衡を要求している現行法は，違法阻却を認めたとするほかあるまい。……それは違法性について，現行法が，いわば社会倫理という情緒的なもので考えず，かなりドライな法益衡量の立場いいかえると社会功利主義的な立場をとっているということでもある」とされた[3]。

---

[2] 森永真綱「日本の緊急避難論における『社会功利主義』について」法政研究85巻3＝4号（2019年）1397頁以下は，このような理解から，平野博士の見解の詳細な検討を行っている。
[3] 平野龍一「刑法の基礎⑬」法セ133号（1967年）28頁。

同様に西田教授も，刑法37条は，守ろうとした利益（保全利益）が生じた害（侵害利益）と同等，または，それ以上のときは罰しないが，それは，100の利益が失われようとする場合，50の利益を犠牲にしても，差し引き50の利益が守られる方が社会全体の観点からは有用であるという社会功利主義的観点から違法阻却を認めるものといえよう，とされている[4]。

## 2．その問題点

こうした功利主義的な基礎付けに対し，最も的確かつ分かりやすい批判を加えている見解として，ドイツの刑法学者・法哲学者ノイマンのものがある。ノイマンは，こうした見解は，個々人の利益を，集合的な全体的利益の差し引き計算のファクターとしかみていない点で問題があり，個々人に法的立場を認め，これと競合する他者の利益による脅威からこれを原則的に保護しようとしている法秩序の立場と合わないと批判する。

すなわち，ノイマンによれば，功利主義的立場は，主観的権利を軽視している。利益の持ち主は，利益を保有しているだけではなく，主観的権利を有しているのであり，このことは，その所持者が，利益衡量に巻き込まれることから解放しているはずである。刑法は，財を保護しているのではなく，一般的な法的ルールに従った財の分配を保護しているはずであるところ，功利主義によれば，こうした分配は暫定的なものであり，彼に保護された個人的利益が全体利益の最大化に資する限りで，という条件つきでしか保護されないことになってしまうというのである[5]。これは，権利というものの本質を突いた指摘であろう。わが国で，滝川博士が，「大利益を救うことは権利行為であるから，併し小利益の防衛を違法行為と見ねばならないとゆうのは独断である。少くとも現在の法律秩序の拠って立つところの社会思想に矛盾する。これが是認せられるとすれば，個人の権利保護は跡形もなく消失する」とされた[6]のは，おそらく

---

4) 西田典之（橋爪隆補訂）『刑法総論〔第3版〕』（弘文堂，2019年）147頁。
5) Ulfrid Neumann, Die rechtethische Begründung des "rechtfertigenden Notstands", in Andreas von Hirsch usw. (Hrsg.), Solidarität im Strafrecht, 2013, S.161ff. 同様の指摘として松生光正「緊急状態による正当化」例外状態と法研究班『例外状態と法に関する諸問題』（関西大学法学研究所，2014年）63頁。

こうしたことを言おうとされたものだと思われる。

　ノイマンは，さらに，こうした構想は，社会を身体と捉え，個人をその身体の構成要素と捉える社会モデルを基礎として考える場合にのみ，説得的であるにすぎないとも批判している。このモデルは，人間の尊厳を憲法的に保護し，この尊厳をあらゆる個人の尊厳として理解する国家の人間像とは合わない，言い換えれば，個人は，全体に奉仕する構成員ではなく，それ自体として価値ある存在だと捉えられなければならないというのである[7]。このことも，妥当な指摘と思われる。個人の利益が，社会の最大利益に資する限りでしか存在を認められず，社会という1個の身体の構成要素として，差し引き計算のために差し出されてよいという発想は，全体主義的国家においては言えても，わが国のように，個人の尊厳を最大限重視する憲法秩序のもとでは到底主張できないものと思われる[8]。

## II．社会連帯原理からの基礎付けについて

### 1．社会功利主義的立場との違い

　佐伯教授は，「緊急避難も，社会全体の利益の観点から，優越的（均衡的）利益が存在する場合に違法性阻却を認めたものと解すべき」だとの立場から，「学説では，違法性阻却の根拠を，社会全体の利益という社会の側の観点からではなく，社会連帯の義務という個人の側から説明しようとする見解も有力であるが，なぜ社会連帯が必要かといえば，それは社会全体の利益のためであるから，あまり違いはない」とされている[9]。同様に，吉田教授も，「個人主義的観点からは，避難行為によって被害を蒙る者は，無関与者であるにもかかわらず，その犠牲になるべきだということの根拠は連帯（Solidarität）に求められる」とされたうえ，「正当化緊急避難の超個人主義的観点と個人主義的観点

---

6) 滝川幸辰（団藤重光ほか編）『滝川幸辰刑法著作集』（世界思想社，1981年〔初出1947年〕）146頁。
7) Neumann, a.a.O., S.163. さらに森永真綱「緊急避難論からみた侵害回避義務論」刑法59巻1号（2020年）9頁以下も参照。
8) 松生・前掲注5)62頁。
9) 佐伯仁志『刑法総論の考え方・楽しみ方』（有斐閣，2013年）181頁。

からの基礎付けは相補的関係にあり、優越的利益の原則は超個人的・集団主義的観点からも個人主義的観点からも導出されうる」と結論付けておられる[10]。

確かに、わが国には、「『利益衡量』の観点は、避難行為の際限のない拡大を防ぐ為と、全法秩序の基礎に存在する社会倫理規範に基づき共同社会の構成員には社会連帯義務があるという考えから、避難行為の相手方に受忍義務を課す為に導入された」と説く見解[11]や、優越的利益の原則により正当化されるべき結論を、危難を転嫁された者の側から説明する際に、「危難を転嫁された第三者に社会的連帯の観点からの侵害の受忍を求める」のだと説明するだけの見解もある[12]から、佐伯教授らの理解は、わが国の議論状況だけを見れば、当たっているとも言いうる[13]。しかし、ドイツ語圏の議論状況をも的確に踏まえるならば、これらの基礎付けは、その出発点においてもその帰結においても、まったく異なるものであり、このような過度の相対化は、議論の深化を妨げるものと思われる[14]。

ノイマンは、自招危難につき正当化を認めるかという問いを、社会功利主義的な立場からは全体利益の最大化だけが決定的である以上は肯定するしかないのに対し、社会連帯主義的な立場からは、自招を理由に連帯を拒絶するということがありうる点で、結論的にも違いが出てきうることを指摘している[15]。こうした違いを軽視することは妥当でないであろう。

さらに言えば、一般に、暴走するトロッコによる5人の轢死を避けるために橋の上から隣にいた人を突き飛ばして轢死させるような行為、あるいは、1人の生命を救うために同意なく他者の腎臓を1個摘出するような行為は、緊急避

---

10) 吉田敏雄『刑法理論の基礎〔第3版〕』(成文堂、2013年) 276頁以下。
11) 大嶋一泰『刑法総論講義』(信山社、2004年) 233頁。また、同「刑法に於ける防衛的緊急避難について」アルテスリベラレス (岩手大学人文社会科学部紀要) 102号 (2018年) 194頁は、「社会共同体の構成員の相互的な連帯性に基づいて、その利害関係の調整が図られなければならない。その際の解決の基準として優越的利益の原則が機能することになる」、「両者の原則は、常に一体の形で密接に関連して機能する」と説かれている。
12) 奥村正雄「緊急避難の法的性格をめぐる問題」同志社法学56巻6号 (2005年) 2097頁以下は、このようなもののように思われる。
13) こうした相対化を疑問視する立場から、こうした理解を示されるものとして、森永真綱「緊急避難論における社会連帯義務(1)」姫路法学46号 (2007年) 4頁。
14) 小林憲太郎「違法性とその阻却」千葉大学法学論集23巻1号 (2008年) 5頁以下は、こうした分析を「あまりにも安易にすぎ」るものとされている。
15) Neumann, a.a.O., S.165.

難としても許容され得ないものと考えられているが，社会功利主義的な立場からは，社会全体としては前者の事例であれば5人の生命，後者の事例であれば1人の命が助かる方が大きな利益であることは明らかであり，緊急避難を制限するには，その前提と異なるロジックを持ち込むほかはなく[16]，理論の一貫性を保持し得ないことになろう。

## 2．その基礎付け

坂下准教授は，自由論モデルを出発点とされ，刑法の任務を，すべての者が自己の人生を自己の洞察に従って送ることができるようにすることであるとの出発点から，そのためには，すべての者は自身の法領域の完全性が他者によって尊重されることを信頼できるのでなければならないと説かれる。このような理解からは，個々人は，他者による介入，他者による救助要請から解放され，その反面として，他者への介入の禁止と他者に負担を転嫁することの禁止が要求される結果として，攻撃的緊急避難は，自己の法領域に偶然生じた，他者の法領域に帰属され得ない危難を，他者に転嫁するという構造をもつため，自己答責性の原理から否定されることになるのが原則となる。他方で，そうはいっても，他者の尊重の観点だけでは，自律的生を送ることを可能にする条件が充足されないのであり，いわばインフラ的な枠条件を整備することが，自律的生を保護するために要請される。そのような自律的生の現実化のための条件として認められるのが，攻撃的緊急避難だというのである[17]。

それでは，こうした条件整備が緊急避難という法制度にまで高められる理由はなにか。ここでよくみられるのは，ロールズの正義論に依拠し，緊急避難という法制度を，契約的に基礎付ける試みである。無知のヴェールのもとでは，原初状態にあるすべての登場人物は，自身が将来危難状態に陥った際に，第三者を犠牲にして危殆化された自身の法益を救助しうることになるのか，自身が

---

[16] 森永・前掲注7)10頁以下。なお，永井紹裕「緊急避難の制約根拠について(2)」早稲田大学大学院法研論集152号（2014年）268頁以下の論証は，こうした試みとして注目に値する。

[17] 坂下陽輔「正当防衛権の制限に対する批判的考察(3)」論叢178巻2号（2015年）80頁以下。

被転嫁者となり犠牲になることから免れたいと願うことになるのかを知ることはできないが，すべての者は両方の可能性を考慮しなければならないとすれば，特に重大な法益に可能な限り広範な保護を与える一方で，被転嫁者に生じる負担は著しく価値の低い利益の犠牲だけに限られるという結論に，すべての関係者は合意するであろう。このような一種の保険のような連帯関係が生じることとなるが，しかし，現代の大規模な社会では，受忍義務を拒絶しつつ，他者に受忍を求めるという，緊急状況におけるフリーライダーを防止するために，こうした連帯関係はあらかじめ法化されなければならない。それが，緊急避難の制度だと考えるのである[18)19)]。

現段階の筆者には，これを上回る説得力ある理論的基礎付けを正当化緊急避難に与えることはできない。それゆえ，以下ではこれを前提に議論を進めることにしたい[20)]。

## III．刑法 37 条の緊急避難が不可罰となる根拠

社会連帯原理を基礎に考えると，刑法 37 条が文字通り適用された場合に，

---

18) 邦語文献としては，薛智仁（只木誠監訳・林優貴訳）「正当化緊急避難と連帯原則」比較法雑誌 53 巻 3 号（2019 年）180 頁以下が，ドイツ語圏において蓄積された議論を的確に踏まえたうえで，議論を展開されている。さらにこれに批判的な立場からではあるが詳細な紹介として松生・前掲注 5) 63 頁以下。

19) わが国でこうした立場を明確に採用されるものとして松原芳博『刑法総論〔第 3 版〕』（日本評論社，2022 年）202 頁が重要である。もっとも，同「正当防衛論の現在」山口厚ほか編『実務と理論の架橋』（成文堂，2023 年）702 頁以下が，この発想を正当防衛の正当化にも用いられるのは，妥当とは思われない。不意に危難が降りかかる緊急避難におけるのとは異なり，自らが不正な侵害に及んだ場合に強烈な反撃を受けないよう保険をかけておくという決断が，合理的なものだとは思われないからである。

20) 深町晋也『緊急避難の理論とアクチュアリティ』（弘文堂，2018 年）154 頁は，連帯モデル・保険モデルを含めたドイツで提唱されているモデルは，あくまでもドイツ刑法 34 条が「著しく優越」という利益衡量の枠組みを設定しているからこそ主張されているものだとされるが，「かなり割り切った」規定だとも言われる（平野龍一『刑法総論 II』〔有斐閣，1975 年〕230 頁）わが国の刑法 37 条の規定を，疑いを許さない当然の前提としたうえで，これに基礎理論的根拠の不確かな後知恵的な理由付けを述べること（深町・前掲 120 頁以下参照）が，刑法学研究者の役割だとは思われない。しっかりした基礎理論から説明がつかず，攻撃的緊急避難の場合に文字通り適用すれば明らかに不当な結論になる刑法 37 条のような規定は，歴史の検証に耐えられず，いずれ改正を余儀なくされるはずだと思われる。その意味で，わが国の緊急避難の正当化根拠論は，半ば立法論となることを宿命づけられている。

すべて正当化されると考えることは，およそ不可能である。個々人の自律的生を可能とするためには，十分な予測可能性が必要であり，その予測可能性を確保するために，法は，個々人に自由領域を配分してその中では自由に行動することを許容し，さらに他者からの干渉や他者救助の要請から解放されることとしているのであり，すべての者にこうした自由領域を配分するために，その反面として，自己答責性の側面が現れ，他者への干渉をせず，自己の法領域への損害は他者に転嫁せずに自己で負担するという帰結が導かれる。このように相互に他者の法領域を尊重することが，各人による自律的生を可能にするための不可欠の前提条件なのである[21]。

　しかし，そうだとしても，責任阻却事由説にしか至り得ないわけでもないであろう。責任阻却事由説をとられる植松博士は，「緊急避難を論ずるにつき，絶対に看過してはならないのは，避難行為においては，結局，行為者は自己に降りかかった災厄を他に転ずるものであるということである。……自己の責任または不運によって危難に直面した者を保護するよりは，なんらの理由なくしてその危難を転嫁されようとする第三者をこそ，いっそう厚く保護すべきである」と強調されている[22]。しかし，森永准教授が言われるように，責任阻却事由説は，個人主義を強調しすぎであり，生命を守るために第三者の財物を犠牲にしたにすぎないような場合を考えると，結論においても妥当でないように思われる[23]。

　もっともここで，この結論を正当化するために，優越的利益の原則を部分的にでも取り入れることは控えるべきであろう。優越的利益の原則は，大きな利益のために小さな利益を犠牲にする場合に，なおその差だけの利益が残ることを是認する点においてまったく商人的であり，結局において強者の権利の讃美に帰着するとの滝川博士らの批判[24]を招くこととなるほか，これを一貫すれば，生命を救うための他者の臓器摘出を正当化せざるを得ないことになるとい

---

21) 坂下・前掲注17)81頁以下参照。
22) 植松正『再訂刑法概論Ⅰ　総論』（勁草書房，1974年）213頁。
23) Masatsuna Morinaga, Die Begründung der Straflosigkeit des Notstandes im japanishen Strafrecht, in Mona/Seelmann（Hrsg.）, Grenzen des rechtfertigenden Notstands, 2006, S.71.
24) 滝川（団藤ほか編）・前掲注6)146頁，森下忠『緊急避難の研究』（有斐閣，1960年）177頁以下。

う問題が生じる[25]からである。それゆえ,滝川博士と同じフレーズでもって同内容を力説される森下博士が,「量的にいちじるしく大きい差は本質的かつ明白な価値の差を生じさせる」との理由で,例外的に正当化を肯定されること[26]は,理論的には徹底したものとは言い難いように思われる。

　この関係で検討しておく必要があるのは井田教授の見解である。井田教授は,個人主義,自由モデルといった根本まで立ち返った検討はされていないものの,「被侵害者側の利益は完全に保護に値するものである一方で,行為者側の利益についてみると,迫り来る危難は『ふりかかった運命』なのであり,原則としてはこれを甘受する(か,第三者に損害を転嫁することなく回避する)ことが要求されるはずのものなのである」との正当な認識から出発される。ところが,これに続けて,「行為者側に損害転嫁を許容し被侵害者側に損害転嫁の甘受を納得させるためには,少なくとも行為者側の法益の価値が侵害法益のそれを『著しく優越する』ものであること……が必要だというべきであろう」とされるのである[27]。しかし,森永准教授が言われるように,これでは,結論が示されているだけであり,他者の自由領域に介入してよい理由,言い換えれば,被害者が法益侵害を甘受しなければならない理由は示されていないと言わざるを得ないであろう[28]。

　もっとも,井田教授の見解においては,優越的利益の観点は,正当化を支える原理ではなく,損害転嫁の甘受を納得させるための前提要件であると位置付けられているようにも思われ,そうだとすれば,その限りで支持することができよう。すなわち,ノイマンが説くように,これを社会的連帯義務(受忍義務)が課せられる前提要件として捉え,他者の利益が自己のそれに本質的に優越する場合には,自己の利益を状況的に後退させよとの連帯命令が出ると考えるのである[29]。

　こうして導かれる結論は,優越的利益を守った場合に正当化を,それ以外の場合には免責を認める二分説と,一見したところ類似しているかのように見え

---

25) Morinaga, a.a.O., S.72f. これに対し,こうした臓器摘出の場合に違法性阻却事由としての緊急避難を認める,およそ受け入れがたい見解として深町・前掲注20)154頁以下。
26) 森下・前掲注24)212頁以下。引用箇所は215頁。
27) 井田良『変革の時代における理論刑法学』(慶應義塾大学出版会,2007年)136頁以下。
28) Morinaga, a.a.O., S.78.
29) Neumann, a.a.O., S.164f.

るが，前者は，自由モデルを前提とした社会連帯原理を基礎に置いている点で異なっているほか，優越が必要な程度においても，両者は異なってくる。すなわち，優越的利益の原則の基礎にある社会功利主義からすれば，少しでも多くの利益が守られればよいから，少しでも優越していれば正当化が認められるのに対し，社会連帯原理を基礎に考える場合には，いったん自らが犠牲となる側に回ったとしても，自律的生を全うするために必要なインフラとして，相互にその犠牲を保証し合える程度のものでなければならないから，生命や重要な身体利益を守るために財産を犠牲にするといったような，本当に著しい優越がある場合でなければ，正当化は認められないように思われるのである[30)31)]。

　ドイツの刑法学者フリッシュも，「適度な保険という理性的なもの」を基礎として連帯義務を考える立場から，このような義務付けは，犠牲になるのが，代替可能で修復可能な財であり，その犠牲が損害賠償で補塡可能であるとき，そして，その犠牲によって価値の高い財の喪失や重大な侵害が避けられうるときに，とりわけ理性的なものとなりうるとしている[32)]が，妥当な線引きを示すものと思われる。

## IV．事例グループごとの検討

### 1．生命を救うため生命を犠牲にする攻撃的緊急避難について

　社会連帯義務から緊急避難を基礎付ける場合には，無関係の第三者の生命を犠牲にして危難を免れる行為は，許容されないこととなる。ノイマンは，より

---

30) 山口厚『問題探究刑法総論』（有斐閣，1998年）103頁は，侵害の受忍を要請する「社会連帯」の観点が，それが一旦導入された以上，なぜ「著しい法益の優越」の場合に限られるのかという疑問を提出されるが，それは，社会連帯義務の基礎をなす保険契約的な合意が成立しうるのが，そうした場合に限られるからであるとの応答をなすことができよう。

31) 飯島暢「緊急避難のカント主義的な基礎づけの可能性」法政研究85巻3＝4号（2019年）1178頁以下は，害の均衡性の要件を自由論的に1つの規範的要件として説明できなければ，緊急避難が異質な要素を内包した法制度になってしまうとの問題意識から，「単なるむき出しの財状況の比較ではなく，生命・身体に代表される自律的な人格性の維持に関する生得的な財の保障に収斂する形での財状況の比較として解釈」することを提唱されている。

32) ヴォルフガング・フリッシュ（永井紹裕紹介）「法の諸原理の表れとしての緊急避難の諸規制」早稲田法学89巻2号（2014年）164頁。

多数の生命を救うために１人またはより少数の生命を犠牲にする場合を念頭に置いて，「連帯原理を基礎とすれば，この問題には，明快で論理的に必然的な答えが得られる。連帯の結びつきは，個々の市民の間でしか存在しないため，複数の市民の生命が，個々の生命の価値を凌駕する全体価値へと合算されることはありえない」という[33]。

　これに対し，橋田教授は，結論的に，人格の手段化禁止の観点から生命・対・生命のような場合については相当性要件において制限をかけられるものの，連帯義務により緊急避難を基礎付ける立場から，利益同価値の場合を含めて違法性阻却一元説をとられる[34]。しかし，これは，連帯義務論の意義に誤解を生じさせるもので，強く否定しておく必要があるように思われる。橋田教授は，「被害者も，いつ自らが危険に遭遇するかもしれないため，危険にさらされた者のために自らの法益を犠牲にする連帯を拒むことは許されない」とされる[35]が，こうした保険契約的発想が成り立つのは，自らの大きな利益が助かることを期待して，小さな利益を犠牲に供する限りにおいてでしかない。100の法益を守るためには，100の法益を犠牲にしてもよいと考えるような，およそ合理的計算のできない者は，この世には存在しない。ましてや，自らの生命が助かるならば，自らの生命を犠牲に供してよいというようなことは，文字にすればすぐ分かるように，論理的に成り立っていない。橋田教授は，相当性要件の解釈として結果的にはこの結論をとられないが，このような重要な帰結が，連帯義務論という正当化根拠論において確保されていないのは，重大な欠陥である。

　こうして，下り坂を自走し始めた無人列車がそのまま進行すれば駅のホームにいる100名の人が犠牲になるのを避けるため転轍機を切り替え5名の作業員を轢死させるような場合，機材の故障により制御を失い1000人がいる高層ビルに突入しそうになっている乗員乗客100名の航空機を撃墜するような場合も，緊急避難としての正当化は困難だと思われる。

　これに対し，永井講師は，行為功利主義的な考え方からの利益衡量を前提とされながら，生命侵害や重大な利益侵害の正当化は，大きな犠牲を被害者に課

---

33) Neumann, a.a.O., S.169f.
34) 葛原力三ほか『テキストブック刑法総論』（有斐閣，2009年）152頁以下［橋田久］。
35) 葛原ほか・前掲注34)153頁［橋田］。

すものであるため，義務論的観点が登場し，生命侵害を伴う避難行為は正当化されないとされつつも，こうした禁止の貫徹により，多くの人間の命が失われてしまい，かえって生命侵害等を禁止した趣旨を没却してしまう場合には，通常どおり行為功利主義的観点で判断が下されることになるとの見解を示されている[36]。

　心情的には，この見解の示す結論には魅かれるところがないわけではないが，しかし，いくら多数の生命を救うためとはいえ，他の生命を犠牲にする形での社会連帯などありえないというラインを一歩でも後退させると，自由主義の基盤は根底から掘り崩され，全体主義国家への道が開かれることになる懸念がぬぐえないように思われる。小林教授が，「法が全体のために人を殺してよいとするのは，政治過程に対して憲法が設けた防御線を逸脱する。つまりそういう立法は社会契約の最低限度の内容をも侵すものであるから，すでに憲法によって禁止される」と説かれるところ[37]は，妥当なものと思われる。

## 2．防御的緊急避難の場合について

　危難が避難行為を向けられる者自身から生じた場合における緊急避難は，防御的緊急避難と呼ばれる。

　自由論モデルを基礎に考えると，他者の法領域で創出された自己の法領域への危難は，当該他者が中立化し，除去する義務を負うものと評価されるため，防御的緊急避難は，当該他者の中立化・除去義務を代行しているだけだということになり，なんら当該他者の法領域への干渉を意味しないことになる。このことから，防御的緊急避難が許容されるのは，いわば当然のこととなり，危険源を除去するために必要な行為はすべて正当化されることになりうる[38]。

　ここで生じる問題は，無過失で生じた危難についても，こうした防御的緊急避難が認められるかである。どういう事例を想定するかも問題であるが，まずは，Aの飼い犬BがXに襲いかかった場合で考えてみよう。これは一般に対物防衛として議論されているものである。この危難は，危険源保有者（飼い主

---

36) 永井・前掲注16)268頁以下。
37) 小林・前掲注14)28頁。
38) 坂下・前掲注17)82頁。

A）の負担で解消されるべきであろうか，すなわち，防御的緊急避難は認められるべきであろうか。

　飼い主に過失がないということは，法秩序の要請を充足した振る舞いをしているということであり，それにもかかわらず，法秩序が当該法益の保護要請を（少なくとも部分的に）認めないことは矛盾だと考えることも可能である[39]が，坂下准教授が説かれるように，無過失で足りると考えてよいであろう。准教授によれば，個々人に自由な法領域を保障する根拠が，他者からの介入を免れ，かつ他者を救助する要求からも免れさせることにより，十分な予測可能性を与え，十全な自己実現を可能にする点にあるのだとすれば，当該危険源に介入する権限を有していない者は，当該危険源から危険が生じないことを信頼できるのでなければならず，当該危険源管理に過失があったかに関わらず，危険除去の負担は危険源保有者にあるとされなければならない。無過失だといっても，犬を飼うという決定をする際には，危険が生じうることを考慮できたはずであり，そのことをも考慮して，自己の法領域を別の形で組織化することもできたのに対し，他者は，どうしようもないわけだから，法領域保有者はやはり他者より危難に近いこととなるというのである[40]。吉田教授が，「許された，しかし，危険な活動から利益を得る者は，そこから生ずる不利益をむしろ無関与者よりも負わねばならない」とされるのも，これと同様の価値判断を示されるものであろうと思われる[41]。

　防御的緊急避難は，生命を犠牲にする場合であっても，許容されてよいように思われる。その典型は，いわゆる登山家事例（ザイル事例）であり，1本のザイルでつながれた登山家AとBのうち，下方にいたBが足を滑らせ，その重みでザイルが切れそうになり，2人とも滑落死しそうになったため，Aがたまらず，自分の下でザイルを切断し，Bを滑落死させたというものである。ここでは，橋田教授が言われるように，ある者から他者に対する危険が切迫しているときには，他者に対する侵害権限がないのであれば，他者に対する危険を除去しなければならないのであり，他者はその危険を甘受する理由はないのだから，その他者の避難行為によって危険源となった者に損害が与えられたとし

---

39）こうした見解としてホイヤーのものがある。
40）坂下・前掲注17)82頁以下。
41）吉田・前掲注10)291頁。

ても，それはもともと自己の領域から発生した危険であるから，被害者の手段化による危険の転嫁が行われたわけではなく，正当とされるべきなのである[42]。あるいは，小林教授のように，そうした行為を正当化する余地を否定するときには，「対等な人格の尊重を超えて，むしろ特定の人格に他を踏み潰して己を押しとおす一種の特権を与えることになり，そもそも人格の手段化禁止を謳った趣旨に反してしまう」と言ってもよいであろう。「防御的緊急避難は人格の手段化禁止を免れる」[43]のである。

### 3. 生命危険共同体について

　ここで検討されるべきは，一定の範囲の人々の生命に対してそれぞれ等しい死の危険が迫っている状況である（真正の危険共同体）。具体例としては，講壇事例ではあるが，A・B・Cの3人が乗った気球の揚力が弱くなり，3人の重量を支えきれなくなって海に墜落する危険が生じたので，A・BがCを海に突き落として，自らの生命の危険を回避したという気球事例，あるいは，5名からなる洞窟探検隊が落石のため洞窟に閉じ込められ，食料がなかったので，くじで選ばれた1人を殺してその肉を食べることとし，くじで選ばれた1人が殺されたというフラーの洞窟探検家事例などがよく知られている。
　ここでは，多数の生命を救うために少数の生命が犠牲にされており，生命の「量」の衡量が問題となっている点に特徴がある。平場博士は，「自らに降りかかって来た危難は自らの生活範囲で処理すべきであり，その故に無関係の他人に損害を加えるのを正当視すべき理由はない」との（正当な）理解に立たれつつ，「多数法益が，その内いずれかの法益を犠牲にしなければ救済されず，そのまま放っておけば全法益が失われる関係にあるばあい……には，放置しておけば喪失したであろう法益を救助したという意味で，即ち全体の喪失の代わりに部分の喪失に止めたということによって『より小なる悪』の原則……の適用がある」とされる[44]。

---

42) 橋田久「生命危険共同体について」産大法学30巻3＝4号（1997年）662頁以下。
43) 小林・前掲注14)30頁以下。
44) 平場安治『刑法における行為概念の研究』（有信堂，1961年）155頁以下。とくに158頁注2。

確かに，ここで避難行為を違法だとみることは，全員が死に向かうことを，法が義務付けていることになりかねないのであり，直感的にも，全員が助からないよりは1人でも助かった方が望ましい結論であるようにも思われないではない。

　ロールズを基礎にした契約論的基礎付けから社会連帯原理を説くスイスの刑法学者コニンクスは，すでにAとBが1枚の板につかまっているパターンのカルネアデスの板事例を想定して，このような事例では，正当化が認められると考える。コニンクスの論証は，以下の通りである[45]。原初状態のように，自身がどのような立場になるか不確実な状況では，一番悪い状態に置かれる者の立場が一番良くなるような状況が選択されるが，一番悪い状態にある者の状態の改善の余地がない場合には，その次に悪い状態にある者の状態を良くするような状況が選択されるとの前提に立ったうえで，この事例では，誰かを犠牲にして少なくとも1人が生き残るという状況が全員死ぬよりもより良い状況であり，あらゆる者に生き延びるチャンスがある危険共同体では，誰かが殺されることで誰かが生き残ることは，それによってあらゆる者に生き延びるチャンスが与えられるがゆえに，正当化されると論じるのである。

　しかし，小林教授が言われるように，このような類型は，ただ単に同じような運命に苛まされる人たちが一堂に会しているという，いわば現象面における特徴にすぎず，（人格の手段化禁止という）カント主義的要請を規律する原理にとって規範的に重要な側面は見出しがたいようにも思われる[46]。

　そして，原則に立ち返って考えると，ここでの避難行為はやはり違法だとせざるを得ないように思われる。すなわち，橋田教授が説かれるように，適法説は，危険共同体内部の生命を一括して捉えて，一部の構成員を犠牲にする行為を，全構成員の生命に対する危険を回避するための，より危険の小さな代替行為と捉えるものであろうが，危険共同体内の生命は，個々が独立した法益主体なのであり，同一の危険にさらされているという事情のみをもって，共同体内の生命をまとめて「全体」として捉え，1つの統一的な主体を想定するというわけにはいかないのである[47]。

---

45) コニンクスの見解の分かりやすい紹介として永井・前掲注16)258頁以下参照。
46) 小林・前掲注14)47頁。
47) 橋田・前掲注42)651頁以下，670頁。

また，コニンクスのような結論を確保するためには，やはり，利他的な同意を与えるかが問われなければならないところ，これは消極に解されるべきであるように思われる。すなわち，無知のヴェールのもとでの個人は，誰かを犠牲にしてそのほかの者が助かるルールの制定には賛同するが，あらゆる者に生き延びる可能性があるがゆえに，具体的に犠牲にされることには同意しないはずなのである[48]。

---

48) こうしたドイツの刑法学者ツィマーマンの見解の分かりやすい紹介として永井・前掲注16)260頁以下参照。

# 第14章　被害者の同意

CHAPTER 14

> **POINT**
>
> ・錯誤に基づく同意の問題における，条件関係的錯誤説と法益関係的錯誤説の言わんとするところを理解し，それぞれの問題点を理解する。
> ・法益関係的錯誤説によると，具体的事案においてどのような解決が得られるかを理解する。
> ・猛獣射殺事例や角膜移植事例等において，どのような解決がなされるべきかを理解する。

## はじめに

　個人的法益に対する罪において被害者の同意があった場合には，生命を侵害し危殆化する行為が問題となっている場合を除き，構成要件該当性が否定されるか違法性が阻却されるかはともかくとして，不可罰となりうることが認められている。

　しかしながら，どのような状態をもって被害者の同意があったとみるかは，非常に困難な問題である。十分な同意能力の存在を当然の前提として，問題となる行為に関わるすべての事情を正確に把握しており，他者からのいかなる働きかけも圧力も加えられていない状態であれば，間違いなく同意が認められるであろうが，このような同意は現実問題として存在しないであろう。

　性的行為に対する同意を分かりやすく説明するために，紅茶の例が用いられることがある。紅茶をすすめ，相手がどうしようか迷っていれば，紅茶を出さなくてもよいし，出した紅茶を飲もうとしなかったら，無理やり飲ませてはいけない，要らないと言われれば紅茶を出すのはやめるべきだ，という内容である。ここに書かれている内容自体は，完全に正しいと思われるが，これだけで同意の有無が完結的に判断できるとするのは，過度の単純化であろう。本当は

コーヒーが飲みたかったんだけど，せっかく出してくれたんだから，とか，本当は飲みたくもないけど相手の気分を害さないように，とかいう理由で，表面上は笑顔でその紅茶を飲んだ場合，このことは真意に合致しているとは言えないであろうが，だからといって，紅茶の提供を相手方の意思に反したものと評価し，サンクションを科すというのでは，およそ社会は成り立っていかないであろう。

では，同意があるという状態は，どのように把握できるのだろうか。まったく別の問題であるが，責任能力があるという状態は，言葉の上では定義し説明できるが，実際の判断は，精神の障害により認識・制御能力に問題が生じていないかという形で，裏側から判断されることになり，そうした問題が生じていない限り，刑法上は完全責任能力があるものと扱われる。被害者の同意も，これと同様であり，言葉の上では定義し説明できるが，実際の判断は，強制や欺罔などによる影響を受けていないかという形で，裏側から判断されることになり，そうした影響を受けていない限り，刑法上は完全な同意があったものとして扱われることにならざるを得ない。

もっとも，責任能力に関しても，精神の障害が一定の影響を及ぼした事案では，認識・制御能力に一定の影響があったことが量刑上考慮されるべきではないかが問題となる[1]。同意についても，自律的な決定があったかどうかは，一定のところでクリアカットできるものではなく，完全な同意から不同意までは連続的なものなのであるから，とりわけ強制があった場合については，そのことを反映した法規定に変えていくことも検討されてよいように思われる。例えば，不同意性交等罪では「同意しない意思を形成し，表明し若しくは全うすることが困難な状態」にあたるかという一律の判断が求められているが，8号の場合において，父親と小学校の担任教師，小学校の担任教師と塾・クラブの指導者では，相手方の子供との関係性において，支配力に違いがありうる。それゆえ，不同意意思の形成・表明・全うの困難化をもたらす強制等が生じる状況を程度ごとに類型化し，その程度に応じた法定刑を設定していくという方向も考えられるように思われる[2]。

---

1) 安田拓人「精神の障害が一定の影響を及ぼした事案における量刑判断のあり方に関する序論的考察」論叢 182 巻 1 = 2 = 3 号（2017 年）160 頁以下参照。

しかし，これは立法論になるので，ここでは，強制と並ぶもう1つの類型である錯誤に基づく同意を取り上げ，検討を行うことにする。この問題は，いわゆる条件関係的錯誤説・対・法益関係的錯誤説という対立軸で捉えられてきたが，現在の議論状況では，法益関係的錯誤の内実そのものが一義的でなくなってきており，事例によってはこの議論の射程が及ばないものだという整理もなされる等，議論が錯綜している状況にある。そして，この問題に関する文献を検討しようとしても，筆者の能力不足のゆえか，論旨がつかめず，最後まで読み通すことが困難なものも少なくない。

　そうしたことから，筆者も，これまでの講義では，混沌とした議論状況を明快に整理できないままであったが，そのような中で出会ったのが，現在の議論状況を明快に整理・分析する菊地准教授の一連の研究であり，そのおかげで筆者もこの問題につき一定の見通しを持てたように思う。そこで，本章では，こうした最先端の研究成果も踏まえつつ，法益関係的錯誤説の内実，その役割，その射程外となるゾーンでの議論状況をなるべく分かりやすく伝えることに主眼を置くこととしたい。

## I．条件関係的錯誤説（重大な錯誤説）と法益関係的錯誤説

### 1．条件関係的錯誤説とその広さ

　京都大学の学園祭（11月祭）の名物の1つに，おから投げがあった。穴の開いたボードから学生が顔を出しており，客はお金を払っておからの玉を投げ，学生に当てるという企画である。客が学生Aを狙っておからの玉を命中させた場合，Aがこれに同意していなければ暴行罪になろうが，Aは料金の支払を条件として，これに同意しているため，客が料金を支払えば暴行罪の成立は問題なく否定される。それでは，客が料金を支払う意思がないのにあるかのように偽って，おから投げを申し込み，Aの顔を狙って命中させた場合，刑法上はどうなるのだろうか。

---

2) 菊地一樹「刑法における性的自律の保護(2・完)」法研論集159号（2016年）160頁も参照。

伝統的な見解である条件関係的錯誤説によれば，Aは客に料金を支払う意思がないことを知ったならば，おから投げに同意しなかったであろうから，この行為は真意に反しており，同意は無効となる。判例も，例えば，偽装心中の事案において，後から自分も死ぬと欺いて女性を自殺させた男性Xにつき，「被害者は，Xの欺罔の結果Xの追死を予期して死を決意したものであり，その決意は真意に添わない重大な瑕疵ある意思であることが明らかである」とし，「Xの所為は通常の殺人罪に該当する」としており³⁾，基本的には，この見解に立っているものと考えられている。

　しかしながら，塩谷教授も言われるように，「生命や身体という一身専属的法益の保護は，交換価値として保護されるのではなく，自己目的としてそのもの自体を保護するということでなければならない」⁴⁾ように思われる。この限りで，条件関係的錯誤説には，疑問があろう。

## 2．法益関係的錯誤説とその狭さ

　これに対し，有力化しているのは，法益関係的錯誤説である。これは，ドイツの刑法学者アルツトが提唱したものであり，わが国ではとりわけ佐伯教授の論文のインパクトにより，広がりを見せたものである⁵⁾。教授は，「刑法が罪刑法定主義に基づいて各構成要件にそれぞれの保護法益を相互に区別して規定している趣旨は，法益侵害に対する被害者の承諾を考えるうえでも……尊重されるべきである」，「ある構成要件の保護法益と無関係な利益についての欺罔行為を，被害者の承諾を無効にすることを通じて当該構成要件で処罰するならば，……実質的には当該法益を錯誤が関係する別の法益に変換することになるか，あるいは，欺罔から自由であるという意思活動の自由一般を保護すること

---

3) 最判昭和33・11・21刑集12巻15号3519頁。
4) 塩谷毅「被害者の同意と錯誤理論」刑法43巻1号（2003年）132頁。
5) 佐伯仁志「被害者の錯誤について」神戸法学年報1号（1985年）51頁以下。小林憲太郎『刑法総論の理論と実務』（判例時報社，2018年）197頁も，この論文を「わが国における同説の普及にきわめて重要な役割を果たした文献」だとされている。分かりやすく論旨明快に書くことの重要性を否応なく理解させてくれる論文だと言えよう。なお，同説の紹介自体は山中敬一「被害者の同意における意思の欠缺」関西大学法学論集33巻3=4=5合併号（1983年）950頁以下が先行している。

になってしまう」とされた。この見解によれば，偽装心中の事案では，被害者の生命放棄に対する同意は有効であり，自殺関与罪の限度で処罰されるべきことになる[6]。

こうした法益関係的錯誤説の本質は，アルツトの静的な法益観だとされる。アルツトによれば，刑法は原則として，特定の静的に捉えられた法益を保護しており，刑法が関心を寄せるのは存立の保護のみである。それゆえ，刑法上重要な意味を持ち，同意を無効とするような錯誤は，保護される財の存立に関する錯誤のみであり，法益主体が当該財を喪失するかどうかさえ正確に認識していれば，刑法上その同意は有効なものとみなされることになるのである。

しかしながら，こうした静的な法益観を前提として，被害者が法益を喪失するかを認識していたかだけを問題とする立場からは妥当な結論が導きだせない，という理解が急速に広まっている。例えば，「あなたの飼っている猛獣が逃げ出して人を襲おうとしている」と欺罔されて，猛獣の飼い主が猛獣の射殺に同意した場合（猛獣射殺事例），あるいは，母親が医師から「あなたの角膜を移植しなければあなたの子供は失明してしまう」と欺罔されて，母親が自身の角膜の摘出に同意したが，摘出された角膜は破棄されてしまった場合（角膜移植事例）には，同意をした者は，自身が何を喪失するかについては認識しているため，法益関係的錯誤はないが，この結論は妥当ではないように思われるからである[7]。

## 3．法益関係的錯誤説の修正の試み

菊地准教授によれば，2でみたような，根底にある静的な法益観の問題性に起因し，法益関係的錯誤説による適正な処罰範囲の確保が困難であるという事

---

6) 佐伯・前掲注5)57頁以下，69頁以下。なお，同稿では，学園祭のモグラ叩きの出し物を素材にして議論への導入を図られており，筆者もこれにあやかっている。
7) 以上につき菊地一樹「法益関係的錯誤概念の拡張に対する批判的検討」法研論集156号（2015年）110頁以下。そこでは，このことからドイツでは「法益関係的錯誤説が勢いを失った」との評価がなされている。同様に，ドイツの学説状況につき，「その後，議論が深まるにつれ，批判が強まった結果，同説への純粋な支持はほとんど見受けられなくなった」との評価を示すものとして野村和彦「法益関係的錯誤説に対する批判」慶應法学37号（2017年）187頁以下。

第14章 被害者の同意 | 239

実が露呈したのに対して，わが国では，法益関係的錯誤という看板は保持しつつ，その背後で，根底にある法益観を修正・変更し，同説から妥当な結論を導く努力が行われてきたとされる。

法益関係的錯誤説を堅持しつつ，法益関係的錯誤の概念を柔軟に適用することにより，緊急状態の錯誤事例への対応を図る見解としては，㈠「法益の相対的価値」に関する錯誤を法益関係的錯誤に含めることで，緊急状態の錯誤を法益関係的錯誤だとする見解，さらには，㈡「法益処分の自由」を法益の構成要素に取り込むことで，法益関係性の概念を拡張し，法益関係的錯誤の射程を広くとらえる見解の2つのパターンがある[8]。

㈠の見解として，例えば，松原教授は，猛獣射殺事例では，飼い主の認識した状況が現実に存在したとすれば，猛獣の殺傷は正当防衛または緊急避難として正当化されるため，飼い主はそれを受忍せざるを得ないので，実際にそうした状況にあったとすれば，猛獣の要保護性は，防衛に必要な限度で低減し，あるいは，保全法益との関係で制限されるがゆえに，法益主体が正当化事情の錯誤に陥っている場合には，法益の相対的な価値を正しく認識していなかった点を捉えて，法益関係的錯誤と解することができるとされている[9]。さらに，西田教授は，こうした正当化事由が適用される猛獣射殺事例に加え，角膜移植事例でも，法益関係的錯誤により同意は無効になるとされる。この事例でも，母親は，子供の目の完全性の方が優越し，自分の角膜の価値が低いものであると考えたのだから，法益の価値についての錯誤があり，その錯誤に基づいて得られた同意は法益関係的錯誤として無効になるとされるのである[10]。

以上のような㈠の見解のうち，角膜移植事例で法益関係的錯誤を認める西田教授の見解は，このような発想を貫けば，相対的価値の錯誤が認められる範囲が際限なく広がるという問題があろう。菊地准教授が説かれるように，例えば，偽装心中の事案でも，当該女性は，主観的には，被告人男性と心中することに価値を見出し，そのこととの関係で，自らの生命の相対的な価値を低く評

---

[8] 以上につき菊地・前掲注7)110頁以下。同様の分析を行うものとしてさらに石居圭「法益関係的錯誤説の意義と限界」法学研究論集51号（2019年）179頁以下も参照。
[9] 松原芳博『刑法総論〔第3版〕』（日本評論社，2022年）152頁以下。なお，松原教授は，飼い犬事例として説明されているので，猛獣に置き換えて紹介している。
[10] 西田典之（橋爪隆補訂）『刑法総論〔第3版〕』（弘文堂，2019年）206頁以下。

価しているということもでき，そうだとすると，ここでも法益関係的錯誤があると言わざるを得ないこととなりかねないが，これは明らかに法益関係的錯誤説の出発点と合わないように思われるのである[11]。

　それを措くとしても，こうした事例を法益関係的錯誤説により解決するのが妥当なのかには，疑問がありうる。松原教授は，猛獣射殺事例を説明する中で，「飼主の選択可能性の欠如」にも言及されており[12]，実際には，こちらが決定的であり，法益関係的錯誤説はこれでも解決できるというだけの位置付けになっているようにも思われる。そうだとすれば，菊地准教授が説かれるように，松原教授において，この場合に同意の有効性が否定される根拠として決定的なのは，相対的価値の錯誤それ自体よりは，むしろ選択可能性が欠如していたこと，それゆえに飼い主の自由な自己決定が認められないことにあると評価すべきように思われる。

　そのうえで，菊地准教授は，猛獣射殺事例においても角膜移植事例においても，問われているのは，いかなる動機の錯誤が法益主体の自由な自己決定あるいは法益処分の自由を損ない，法益を放棄することの同意を無効とするかという問題であり，この問題を直截に議論する方がより実態に即しているとされ，処分の自由を含むことのない静的な法益観を前提に形成された法益関係的錯誤説は，こうした問題を扱うのにふさわしくないと結論付けておられる[13]。

　こうみれば，(い)の見解が妥当でないことは，すでに明らかである。山口教授は，猛獣射殺事例を念頭において，「その事情が実際に存在すれば，同意がなくても正当防衛（見解によっては緊急避難）……により法益を侵害することができる。その限りで，法益主体は法益侵害を甘受せざるをえない立場にあり，この場合には，当該法益は，いずれにせよ法的に侵害可能だという意味で客観的な保護価値を失っているといえる。このような事情について欺かれた法益主体は同意した事態の法益侵害性の内容について錯誤に陥っており，したがって，実際に生じた法益侵害について同意は存在しないと理解されることになる」とされる[14]。

---

11) 菊地・前掲注7)113頁以下。
12) 松原・前掲注9)152頁。
13) 以上につき菊地・前掲注7)115頁以下。
14) 山口厚『刑法総論〔第3版〕』（有斐閣，2016年）171頁。

これに対し，角膜移植事例では，基本的には，「緊急状態があると欺いて同意を得た場合，客観的には存在して〔い〕ない緊急状態の脅威を示すことによって同意が得られており，本来制約されていない自由を人為的に制約して同意を得たのであるから，同意に至る過程が強要による場合と同様に評価されるのである。この意味で，緊急状態を欺いて同意を得た場合には，その過程の評価によって，同意は自由でないとされ，同意の有効性は否定されることになる」とされながらも，併せて，「緊急状態を欺くことで，法益の構成要素である法益処分の自由が害されたことを理由に，……『法益関係的錯誤』を認め，有効な同意の存在を否定することも可能であろう」とされている[15]。ここで注目されるのは，当該法益を処分する自由はまさに法益の構成要素であり，それに関する錯誤は法益関係的錯誤だとされ[16]，結論的には，「重大な瑕疵」によって同意を無効とする判例の立場（条件関係的錯誤説）にも理由があるとされる点であろう[17]。

　菊地准教授が説かれるように，ここで真に問題とされるべきであるのは，法益処分の自由をどこまで保護する必要があるかであるが，この問題を法益関係的錯誤概念の内部に取り込むのでは，「法益関係的錯誤説の自殺行為」だということになろう[18]。すなわち，法益関係的錯誤説は，静的な法益観を前提とし，法益の存立の保護を考える見解と本来的には整合的なのであり，交換価値や処分の自由の保護は，その射程外だったはずだからである。

　そうすると，法益関係的錯誤は，本来的な狭い意味で用い，法益関係的錯誤がなくても，法益処分の自由が害されたと評価できる場合に，それをどこまで刑法上保護の対象とするかを論じる，菊地准教授のような方法論[19]の方が妥当なようにも思われないではない。しかしながら，菊地准教授のように，法益関係的錯誤説をアルツのいう静的な法益観と結びついたものと整理しつつ，

---

15) 山口・前掲注14)167頁以下。
16) 山口厚『犯罪論の基底と展開』（成文堂，2023年）49頁以下では，「法益処分の理由・動機は，法益処分の目的にかかわるものであり，法益処分の自由の前提事実にかかわるものである。したがって，それらについての錯誤は，法益処分の自由に関係するものとして，法益処分の自由が法益の構成要素をなすという見地から，『法益関係的錯誤』ということができるであろうか」とされていた。
17) 山口・前掲注14)171頁以下。
18) 菊地・前掲注7)118頁以下。
19) 菊地・前掲注7)119頁。

さらに法益処分の自由を第2段階で検討するのは、第1段階と第2段階とで前提とする法益観が異なってしまうこととなり、理論の一貫性に問題が生じうるようにも思われる。そうだとすれば、森永准教授のように、第1段階における法益関係的錯誤説につき、法益関係的錯誤があれば同意は無効（不存在）となるという意味だけをもたせた形で、法益主体が法益侵害について正しく認識しているかどうかをまず問うという論じ方が、最も明快なように思われる[20]。

## II．法益関係的錯誤説の射程内における問題解決

### 1．殺人の罪

　法益関係的錯誤説からすれば、生命を放棄していることを認識していれば、法益関係的錯誤は存在しないのが原則であるが、これに限らず、余命の長さを偽って、殺害に対する同意を得、あるいは、自殺をさせた場合の取扱いについても、法益関係的錯誤説の射程内での解決が可能であるように思われる。

　佐伯教授は、この場合の被害者は死ぬこと自体については錯誤なく承諾しているが、「殺人罪の保護法益である生命とは、抽象的に有か無かのものではなく、具体的な量的広がりを持ったもの」であるとして、法益関係的錯誤を認められる[21]。これに対し、林（美）教授は、「残りの生命についての欺罔・錯誤を法益関係的欺罔・錯誤とすることは、同一人物の中ではあっても生命のあいだに差を認めることであり、さらに第三者（他人）の生命についても同様の差を認めることに繋がりかねない」との警戒感を示されている[22]。しかし、山口教授が言われるように、ここでは、異なった人の間での余命の長短による区別・差別が問題となっているわけではなく、差別禁止という規範的要請は妥当しないため、法益関係性を肯定し、法益関係的錯誤を認めるのがよいように思われる[23]。

---

20) 森永真綱「被害者の承諾における欺罔・錯誤(1)」関西大学法学論集52巻3号（2002年）721頁以下。
21) 佐伯・前掲注5)67頁。
22) 林美月子「錯誤に基づく同意」内藤謙先生古稀祝賀『刑事法学の現代的状況』（有斐閣、1994年）45頁。

より本質的なのは，佐藤（陽）教授の批判である。佐藤教授は，法益関係的錯誤説は法益という規範的なものを基準として，錯誤に基づく承諾の有効性を判断する見解であり，余命 1 日の者も余命 100 年の者も，殺人の法益としては同じ価値を有すると考えるべきであるから，余命の錯誤に法益関係的錯誤はないと論じられる[24]。

　しかしながら，余命いくばくもない者の殺害と余命 50 年の者の殺害とでは，量刑が違ってくるように，刑法上も生命の量的差異は重要性を持つのであり，「生命が余命にかかわらず絶対的な価値を有するもの」だということは，余命が短いから殺してよいとか，余命が短いから余命の長い他者の犠牲にされてもよいとかいう言説を断固拒絶すべきだという限りで妥当すべきもののように思われる。余命の錯誤の場合は，木の球を足の上に落とすことに同意していた者に対し，鉄の球を落とした場合，その程度の法益侵害に対する同意はそもそも存在しないこととなる[25]のと，結論的には同様であり，法益関係的錯誤が認められるべきである。

## 2．住居侵入罪

　住居侵入罪の保護法益は，判例・通説によれば，住居権であり，誰を立ち入らせるかに関する決定の権利を保護するものである。佐伯教授は，「誰を住居内へ入れ誰を入れないかについて決定する権利を保護法益と考えるならば，ある人物を住居内へ入れるということについて承諾していれば，それ以外の事情についての錯誤は法益関係的錯誤ではない。従って，他人を夫と誤信して立入を許可した場合には，法益関係的錯誤であり，錯誤に基づく許可は無効である。これに対して，ある人物の属性，目的に錯誤がある場合，例えばセールスマンだと思って家へ入れたら強盗だったという場合には，特定の人を家へ入れること自体には錯誤なく承諾しているので，承諾は有効ということになる」と

---

23) 山口厚「法益侵害と法益主体の意思」同編『クローズアップ刑法各論』（成文堂，2007 年）14 頁。さらに武藤眞朗「法益関係的錯誤説と法益の要保護性」『野村稔先生古稀祝賀論文集』（成文堂，2015 年）48 頁以下。
24) 佐藤陽子『被害者の承諾』（成文堂，2011 年）210 頁。さらに塩谷毅『被害者の承諾と自己答責性』（法律文化社，2004 年）11 頁，41 頁など。
25) 斉藤誠二『特別講義刑法』（法学書院，1991 年）111 頁など。

論じられた[26]。

　もっとも、これが住居権説＋法益関係的錯誤説からの唯一の結論ではないであろう。まず、佐伯教授による同一性判断の方法（人格の同一性にとって最も重要な属性はその人の「顔」であるとするもの）[27]については、塩見教授から、「人は名前や外観だけでなく職業や趣味、人間関係等々によっても同定される。人の同一性の判断資料として人の属性は重要なのであって、住居侵入罪を否定するためにこれを排除するのは、人の意思の有効性を判断する方法としては不適切」だとの批判が向けられている[28]。

　より問題だと思われるのは、佐伯教授の見解によったのでは、住居侵入罪があまりにすかすかの犯罪になってしまうことである。そこで和田教授は、住居等は「外部とは区別されたその内部で有意味な行為を行うための領域としての社会的機能をも有しており、単に内部に立ち入られないことだけでなく、何らかの積極的な目的のために他人を立ち入らせることにも、一般に合理的な価値が認められるものである」との前提から、「意思に基づき一定の目的実現のために他人を立ち入らせることも、保護が目指されるべきであろう」とされたうえ、「特定人や、特定の客観的属性を有する者だけが内部にいる状態を作出・維持することを主たる目的として立入りが許諾された場合、当該特定人以外の者、当該客観的属性を有しない者の立入りは、侵入に該当すると解すべきである」とされる。そして、例として、偽の会員証を示して会員制ラウンジに、女装して女湯に、それぞれ立ち入ったような場合は、侵入罪が成立すると結論付けられる一方で、特定の目的（主観的属性）に関する錯誤だけで処罰を認めることは、「結局真意を保護することになりかねず、妥当でない」とされる[29]。

　しかし、筆者には、女湯に男性がいない状態を確保するための立入りの可否決定は保護されるが、住居内に強盗がいない状態を確保するための立入りの可否決定は保護されないとする理由は、十分には理解できない。

　この点は、あるいは、小林教授が言われるように、立入りの可否決定として保護されるのは、会員証の所持、女性の身体的特徴という、外見上判断可能な

---

26) 佐伯・前掲注5)96頁。さらに林(美)・前掲注22)42頁以下など。
27) 佐伯・前掲注5)97頁。
28) 塩見淳『刑法の道しるべ』（有斐閣、2015年）69頁以下。
29) 和田俊憲「住居侵入罪」法教287号（2004年）60頁。

第14章　被害者の同意　│　245

属性の錯誤として把握可能な範囲に限られるべきだということなのかもしれない[30]。しかし，住居権説をとるということは，住居侵入罪を住居権者の意思侵害罪として把握するということである。それなのに，「真意を保護すること」に慎重であるべきだという価値判断を下すことには，必ずしも十分な根拠はないように思われる。住居権説は，住居等の内部を住居権者の思うような状態に設定・維持するために，それにふさわしくない者の立入りを拒絶する権利を保護するものである。それゆえ，強盗の意思を秘して立入りの許諾を得たとしても，その同意は法益関係的錯誤に基づくものであり，無効となる。

判例の立場[31]は，条件関係的錯誤説の帰結として説明されるのが一般的であるが，筆者には，この結論は住居権の内容を豊かにすることにより，法益関係的錯誤説からも導き出しうるものと思われる。

## 3．不同意性交等罪等

不同意性交等罪等は，相手方を不同意意思の形成・表明・全うが困難な状態にさせ，または，その状態に乗じた場合のほか，176条2項・177条2項では，錯誤に陥らせ，または，錯誤に陥っている被害者を利用する場合にも，成立が認められる。

改正前は，このゾーンは，準強制性交等罪や準強制わいせつ罪における抗拒不能該当性の問題として扱われており，裁判例で抗拒不能が認められた事案としては，①被害者が，カーテンに遮られて見えないため治療行為が行われているものと誤信しているのに乗じ，産婦人科医が治療を装って性交を行った場合，②女性が暗さと眠気のために行為者を情夫と誤信して拒まないのに乗じて性交を行った場合，③プロダクション取締役が，モデルになるためには全裸になって写真撮影されることも必要であると誤信させ，モデル志願の相手方を全裸にして体にさわった場合，などが知られていた[32]。

---

30) 小林憲太郎『刑法的帰責』（弘文堂，2007年）236頁注29。さらに伊藤渉ほか『アクチュアル刑法各論』（弘文堂，2007年）107頁以下［齊藤彰子］も参照。

31) 最判昭和23・5・20刑集2巻5号489頁，最大判昭和24・7・22刑集3巻8号1363頁。

32) 順に，①東京地判昭和38・3・16下刑集5巻3＝4号244頁，②仙台高判昭和32・4・18刑集10巻6号491頁，③東京高判昭和56・1・27刑月13巻1＝2号50頁。

このうち，法益関係的錯誤説により解決されるべきなのは，①と②である[33]。①では，欺罔により，被害者による確認が行われず，その結果として，被害者は男性器挿入行為そのものを認識していない。それゆえ，ここでは法益侵害の認識がそもそもなく，同意は不存在となるのである。また，②では，行為者が誰なのかが決定的な問題となる。性的自己決定の自由は，誰と性的関係をもつかを決める自由でもある。例えば不特定多数人との性的行為を前提とした特殊なパーティーに参加し，誰でもいいから来て，と思ったような場合であれば格別，通例，性的同意は，相手方を限定してなされるものであるから，この点の錯誤は法益関係的錯誤であり，同意は不存在となる。例えば，目隠しをした女優との性的行為に際して男優が入れ替わるようなアダルトビデオの企画において，当該女優からそうしたシナリオについて包括的な同意を得ていない場合は，入れ替わった男優に対する同意は存在しないから，欺罔および目隠しにより錯誤の回避が著しく困難だったとすれば，不同意性交等罪が成立しうる。改正後の2項は，法益関係的錯誤説からも，無理なく説明可能である。

　これに対し，③は，当該性的行為と対価関係に立つ利益について偽ったものであり，改正後は，176条1項8号・177条1項8号に該当するかの問題となるのであり，理論的には，法益関係的錯誤の射程外の，被害者の自由な意思決定があったかの問題として位置づけられる。

　難しいのは，2で述べたように，住居侵入罪において，侵入者の属性を広く考慮する立場に立った場合，本罪においても，加害者のフリーターが年収2000万円あると欺いたとか，美男が整形手術を経ているのに自然なルックスであると欺いたとかいった場合でも，性的同意が無効になると考えざるを得ないのかという問題である。いずれも，受けいれる相手方の属性に関する錯誤だという限りでは共通していると考えれば，このような捉え方にも一定の理由はあろう。しかし，住居侵入罪においては，あくまで，住居権という法益に照らして確保されるべき住居内での状態との関わりでチェックされるべき内容が問題であった。それゆえ，本罪では，性的自己決定権という法益に照らして確保されるべき，性的行為の内容との関わりでのチェックしかできないと考えるべきであろう。そうだとすれば，177条の不同意性交等罪においては，まさしく

---

33) 佐伯・前掲注5)90頁以下。

男性器等の挿入が同意なくなされないことこそが決定的であるから，その点に同意がある以上，それを超えた恣意的な選好を刑罰でもって保護する理由はない[34]。これは，住居侵入罪において，面白い話を期待して招き入れた友人に，愚痴話ばかり聞かされたからといって，同罪が成立しないのと同じことだろうと思われる。

## III．規範的自律の有無

### 1．同意の存否の判断に続く同意の有効性の判断

　菊地准教授が説かれるように，まずは，法益主体に具体的な法益侵害結果の発生を認容する心理状態があったか問われなければならず，ここは，法益関係的錯誤説の守備範囲となる。しかし，このチェックだけで，同意の犯罪阻却効は基礎付けられないのであり，さらに，客観的・規範的にみて自律的といえるだけの意思形成がなされたかが判断されなければならない。言い換えれば，そうした心理状態を形成するに至ったプロセスにも着目し，その過程で，法益主体の「自律性」を損なう不当な干渉があったかを客観的・規範的な観点から判定しなければならない[35]。

　すなわち，佐伯教授が説かれるように，「法益関係的錯誤説は，同意の有効性に関する統一理論ではないから，被害者の自由な意思決定があったかどうかは，法益関係的錯誤かどうかと別個に検討されなければならない。事例によっては，被害者に心理的強制を加える手段として欺罔が用いられている場合もあるが，その場合に重要なのは，欺罔に基づく被害者の錯誤の性質ではなく，被害者の意思の自由が奪われているかどうかなのである」[36]。そこで，欺罔の場合にも，法益放棄の任意性を失わせ，自由な決定に基づかない場合がありうるのではないかが，検討されなければならないのである[37]。

---

34) 改正前の罪に関してであるが，結論同旨：町野朔『犯罪各論の現在』（有斐閣，1996年）301頁以下。
35) 菊地・前掲注7)120頁以下。
36) 佐伯仁志『刑法総論の考え方・楽しみ方』（有斐閣，2013年）220頁。
37) 林(美)・前掲注22)28頁以下，林幹人「錯誤に基づく被害者の同意」『松尾浩也先生古稀祝賀論文集(上)』（有斐閣，1998年）239頁以下。

## 2. 角膜移植事例の解決を例に

　角膜移植事例のような場合につき，有力であるのは，強制による同意の場合とパラレルに考える見解である。例えば，佐伯教授は，こうした場合には，「同意を得た過程の客観的な法的評価により，脅迫によって得られた同意と同程度に『自由でない』と解して，有効性を否定することができるであろう」とされる[38]。また，小林教授も，緊急事態に関する錯誤は，「錯誤の類型というよりも，むしろ強制の類型である」とされたうえ，「そこではむしろ強制による同意のロジックに従って被害者の同意が無効と判断され」るべきだと主張されている[39]。さらに，山口教授も，「客観的には，存在していない緊急状態の脅威を示すことによって同意が得られたのであり，本来制約されていない自由を制約して同意が得られたのであるから，脅迫による場合と同じ客観的評価に値するのである。すなわち，緊急状態の欺罔の場合には，同意を得た過程は脅迫の場合と同視しうるのであり，この意味で，同意は自由に与えられたのでないとする客観的評価が可能となると言える」と論じられる[40]。

　これに対し，菊地准教授は，「『脅迫との同視』というフレーズ自体は，意思決定のための『情報の欠如』が本質的な問題となっている事例を解決するための，直接的な基準としての有用性をもたず，感覚的な判断へと誘う危険性さえも存在する」との批判を向けておられる[41]。

　ここで菊地准教授も依拠される森永准教授は，【ある法益主体の信頼が刑法において保護されるべき場合とは，それが少なくとも日本の刑法規範が向けられている者の間において，重要なものとして一般化可能性を有し，法のレベルに高められたもので，しかも刑罰によるリアクションにふさわしいものでなければならない】とされている[42]。

　森永准教授においては，このような上位の基準・指導理念から，偽装心中の

---

[38] 佐伯・前掲注36)219頁以下。
[39] 小林憲太郎『刑法総論〔第2版〕』（新世社，2020年）152頁。
[40] 山口・前掲注16)43頁。
[41] 菊地一樹「法益主体の同意と規範的自律(2・完)」早稲田法学会誌67巻1号（2016年）202頁。
[42] 森永真綱「欺罔により得られた法益主体の同意」川端博ほか編『理論刑法学の探究④』（成文堂，2011年）138頁。

事案では,「心中によって得られる精神的利益と生命を比較した場合,規範的に見れば,前者は後者と比較にならないほど低い価値しか有していない」ので,「財の衡量基準から既に,心中の動機は刑法上保護に値しない」し,「他者に対して自殺を要求すること自体,違法である以上,追死の約束を守らせたり,真実を告知することについて,これらを規範的に保護する理由は何ら存しないことから,追死の意思を装うことは,刑法的に重要な錯誤に向けられた欺罔とはいえない」との判断が下されている。ここでは,《処分する財と,守られる財あるいは得られる財を比較して,少なくとも同等である場合には,合理的な動機づけをしたというべきである》との価値判断から前者の理由付けが,《およそ規範的に保護に値しない,違法性を備えた真実要求は刑法上重要でない》との価値判断から後者の理由付けが導かれているわけである[43]。

他方で,猛獣射殺事例では,《もし実際に存在すれば正当化的緊急避難が成立することについてほぼ争いがないような状況について欺罔・錯誤があった場合,法益処分を甘受せざるを得ない事情について錯誤に陥っているのであるから,かかる欺罔・錯誤について刑法的な重要性を認めることができる》のであり,角膜移植事例では,《親子関係という極めて密接な親族関係にある者の視力を回復させるという動機は,刑法的に促進されてしかるべき》だとして,欺罔・錯誤の刑法上の重要性が認められることになる[44]。しかし,導かれた結論の妥当性は認められるにせよ,それぞれの結論を直接支える《 》の中間的規範は,【 】の上位の基準・指導理念からは出てこず,その判断はカズイスティッシュ(個別の事例に即した性格)なものだと言わざるを得ないように思われる。そして,やはり,ここでの問題の本質は,欺罔・錯誤が被害者を法益侵害への同意へと強いる,その強制力にあるように思われる。

## 3. 強制の観点からの錯誤の重要性

わが国の裁判例にも,一人暮らしの老女に対し,出資法違反で警察に取り調べられ刑務所に入ることになる等と欺罔しつつ脅迫し,警察の追及から逃すた

---

[43] 森永・前掲注42)148頁。
[44] 森永・前掲注42)141頁,144頁。

めという口実で連れ出して17日間にわたり連れまわし，警察に捕まれば身内にも迷惑がかかる等と申し向け，知り合いや親戚との接触を絶たせ，もはやどこにも逃げ隠れする場がないという状況にあるとの錯誤に陥らせたうえ，自殺する以外に取るべき道はない旨執拗に慫慂して同女を心理的に追い詰めて自殺させた事案につき，殺人罪を認めたものがある[45]。この判決では，「同女が自己の客観的状況について正しい認識を持つことができたならば，およそ自殺の決意をする事情にあったもの〔と〕は認められないのであるから，その自殺の決意は真意に添わない重大な瑕疵のある意思であるというべきであって，それが同女の自由な意思に基づくものとは到底いえない」としているから，菊地准教授のスタンスに近いようにも思われるが，ここでの欺罔は被害者を心理的に追い詰める手段であり，錯誤は強制を強化する意味をもっていると捉えるのがより自然であるように思われる。

それでは，どのようなレベルの強制があれば，同意は無効となるのであろうか。下級審の裁判例には，妻Aの不倫を邪推した被告人が3か月以上にわたり連日詰責し，外出逃避を監視したうえで，「死ぬる方法を教えてやる」と言いながら常軌を逸した虐待・暴行を加え，強要して「自殺します，A」という書面を作成させるなど，執拗に肉体的・精神的な圧迫を加えたため，Aが心身共に疲労し，今更実家にも戻れず，警察に保護を求めたが取り上げられなかったので，これ以上圧迫を受けるくらいなら死んだ方がよいと決意して山林の中で縊死を遂げた事案につき，「意思決定の自由を阻却する程度」かどうかで判断を行った例がみられる[46]。

しかしながら，上嶌教授も言われるように，「意思決定の自由が完全に失われることまでは必要なく，行為者によって相当程度大きく自由が制限され，強制される場合には，同意は無効である」と言ってよく，「これと同様に考えれば，欺罔が用いられる場合でも，意思決定の自由が相当程度制限され，強制されるということが必要」であり，かつ十分だと考えてよいように思われる[47]。それゆえ，福岡高宮崎支判平成元・3・24が殺人罪の成立を認めたのは，結論において妥当だと思われる。

---

45) 福岡高宮崎支判平成元・3・24高刑集42巻2号103頁。
46) 広島高判昭和29・6・30高刑集7巻6号944頁。
47) 上嶌一高「被害者の同意(下)」法教272号（2003年）81頁。

なお，学説上は，ここで，「緊急避難における法益衡量は意思決定が自由になされたか否かを判断する基準を提供する」，「欺罔の内容が真実であり，緊急避難状態にあるならば，行為者の行為は正当化されるのであり，反対に，同意する者の法益は犠牲にせざるを得ない状況にあるといえるからである」とする見解も有力である[48]。

しかしながら，客観的に優越した利益のための犠牲なのだから甘受が求められるということは，法益の要保護性等に影響することは確かであり，これをもって法益関係的錯誤の範疇で考えるというなら理解できないではないが，客観的にそうだという事情が，ただちに「自由な意思決定」の阻害をもたらすというのは，理解困難である。

緊急避難においても，同一法益主体の間での利益対立が問題となっている場合には，法益主体の選択に合致した救助行動のみが正当化されるべきだとの見解が支持されるべきであろう[49]。そうだとすれば，緊急避難が成り立つような状況かは，同意の有効性の判断の基準にはなり得ないものと思われる。それゆえ，被害者の主観を基準として自由な意思の有無を判断し，同意の有効性を判断する見解[50]の方が妥当だと思われる。

もっとも，このことから出発しながらも，主観的に捉えられた利益の優越を重視し，「被害者自身の価値観にとって，もたらされると信じた利益の価値が処分される法益の価値をはるかに凌駕するために，もはや衡量の余地なく問題の法益を処分せざるをえないと考えたのであれば，彼はその法益処分の意思決定について，不自由である」と論じる見解もある[51]。しかし，例えば，福岡高宮崎支判平成元・3・24の結論を，この枠組みで，「被害者はそのような不利益をきわめて大きなものと考え，それを避けるためには死ぬほかはない……と考えたのであるから，自由意思を喪失していたとしてよい」と説明するのは，必ずしも説得的ではないように思われる。そうではなくて，被告人の欺罔を含む執拗な働きかけにより，錯誤を含む被害者の心身の状況に照らして，合

---

48) 林(美)・前掲注22)34頁以下。
49) 武藤眞朗「正当防衛・緊急避難における被救助者の意思」佐々木史朗先生喜寿祝賀『刑事法の理論と実践』（第一法規，2002年）91頁。
50) 林(幹)・前掲注37)249頁以下，上嶌・前掲注47)81頁以下など。
51) 林(幹)・前掲注37)250頁。

理的な判断ができない状態に陥らせ，自殺を強いたことが，同意の無効をもたらすのだと結論付けるべきであるように思われる[52)53)]。

---

52) 小林・前掲注39)153頁も参照。
53) 強制状態においては，法益主体が二律背反状況に陥ることにその本質があるとの理解から，「緊急状態の錯誤についても，行為者が欺罔によって法益主体に二律背反状況にあるものと誤信させることが必要である」とする見解として，西田典之ほか編『注釈刑法(1)』（有斐閣，2010年）358頁［深町晋也］。

# 責任阻却事由

Fundamentals of Criminal Law: General Part

第15章　責任能力

CHAPTER 15

POINT

・どのような事情が備われば責任非難が成り立つのかを，責任能力論を通じて理解する。
・責任能力制度は，精神の障害に基づく能力の減少等を捉えるものであるが，そこでいう精神の障害の意義を理解する。
・認識・制御能力の判断が，どのようになされるべきかを理解する。

## はじめに

　刑罰は責任を前提とする。ドイツ連邦通常裁判所は，第二次世界大戦後，禁止の錯誤に関する有名な決定において次のように述べた。「責任は，非難可能性である。責任という反価値判断でもって，行為者には，適法に行為すること，法に従った決断をすることが可能であったにもかかわらず，適法に行為しなかったこと，不法へと決断したことが非難される。責任非難の内的根拠は，人間が，自由で，答責的で，道徳的な自己決定を行う能力があり，したがって，法に従い，不法に抗して決断する能力があることにある。」[1]

　この今なお輝きを失わない決定が説くように，刑罰の本質は非難である。そして，非難が成り立つためには，最低限，当該行為がルールに反していたことを認識する可能性があったこと，そして，認識できたときに，それに従って当該行為を思いとどまることができたことが，不可欠の前提となる。このことは，親が約束を破って夕食前にお菓子を食べてしまった子供を叱るというような，日常の一コマを切り取ってみても，自ずと理解できるであろう。親は，子

---

[1] この決定についての詳しい紹介として例えば福田平『違法性の錯誤』（有斐閣，1960年）111頁以下参照。

供にそうした約束があったことを思い出させ、ルール違反であったことの認識可能性を確認したうえで、おなかがすいて耐えきれなかったというような子供の弁解に対して、水でもお茶でも飲んで我慢すべきであったという制御可能性を指摘し、お菓子を食べたことを非難するはずである。逆に、親がこの２つのポイントを指摘できないまま、頭ごなしに叱ったとすれば、子供は理不尽さしか感じず、当該非難を受容しないであろうし、今後の行動の改善の契機にもしないであろう。刑法上の責任非難も、これとまったく同様であり、自らの行為が法秩序に違反するということの認識可能性と、それを認識した場合にこの認識に従って行為を思いとどまる可能性がなければ、これを加えることはできないのである。

　刑法39条は、1項で、「心神喪失者の行為は、罰しない」、2項で、「心神耗弱者の行為は、その刑を減軽する」と規定しており、大判昭和6・12・3刑集10巻682頁によれば、「心神喪失ト心神耗弱トハ孰レモ精神障礙ノ態様ニ属スルモノナリト雖其ノ程度ヲ異ニスルモノニシテ即チ前者ハ精神ノ障礙ニ因リ事物ノ理非善悪ヲ弁識スルノ能力ナク又ハ此ノ弁識ニ従テ行動スル能力ナキ状態ヲ指称シ後者ハ精神ノ障礙未タ上叙ノ能力ヲ缺如スル程度ニ達セサルモ其ノ能力著シク減退セル状態ヲ指称スルモノ」である。ここでは、事物ノ理非善悪ヲ弁識スルノ能力、より的確には、違法性を認識する能力、および、此ノ弁識ニ従テ行動スル能力、より的確には、この認識に従って行為を思いとどまる能力が想定されたうえ、その少なくともいずれかが認められなければ心神喪失、その少なくともいずれかが著しく減少していれば心神耗弱だということになる。逆から言えば、責任非難が成り立つためには、自らの行為の違法性を認識する能力、および、違法性の認識に従って犯行を思いとどまる能力、一言で言えば他行為可能性が備わっていなければならないということである。

　これは、責任主義の帰結として導き出される結論であり、本来的には刑法39条の規定がなくても確保されるべき結論である。そして、こうした理解は、「通説」とまで称されるようになった。

　他方で、最近では、責任能力に関する議論がにわかに活性化している。筆者より若い世代から、そうした「通説」と正面から対峙し、これと異なる選択肢を示そうとする、意欲的な研究成果が次々と生み出されているのである。これを概観しておくことは、今、刑法を学ぶ皆さんにとっても意義深く、何より興

味深いであろうと思われる。そこで，以下では，こうした議論を少し詳しく紹介し，検討を試みることとしたい。

## I. 責任非難の内容と責任能力概念のリンケージ

　**はじめに**，で見たように，伝統的見解は，他行為可能性があったにもかかわらず当該犯行に及んだことへの非難を刑罰の本質と捉え，他行為可能性を構成する2つの要素である認識・制御能力を，責任能力の内実として捉えてきた。このような責任能力論は，原理から基準を無理なく導き出すことができるものであり，理論として優れたものであるといえよう。

　しかしながら，刑罰の本質を非難と捉えるとしても，これを他行為可能性に基づく非難可能性と捉え，その論理必然的帰結として認識・制御能力を構成要素とした責任能力を論じるしか選択肢がないわけではない。

　最近の注目される議論は，樋口教授によるものである。教授は，判例実務においてどのような要素が備わっていれば重い責任非難が加えられているかを分析し，そこから，そうした非難を成り立たせる要素の集合体を，責任能力として捉えようとされる。教授による論理の運びは以下のとおりである。まず，故意という重い責任，死刑という最も重い量刑責任における議論においては，犯行に現れた犯人の法益および規範を軽視する人格的な態度が問題にされているとの分析から，「犯行から犯人の何らかの人格的な態度を看取できることが責任非難の前提になる，と考えるのが素直である」とされる。そして，これを具体化され，「犯行に至る過程において行為者自身の価値観がどの程度介在しているか，行為者の価値観といえるものがどの程度失われた状態で違法行為が行われたかを判断対象にすることが考えられる」とされるのである[2]。

　確かに，犯人の法益および規範を軽視する人格的な態度は，責任非難の対象であると言ってよい。しかし，単純に考えれば，故意ないし過失による構成要件該当の違法な行為とは，法益・規範を軽視する人格的態度の表れなのではないのだろうか。責任の要件は，こうした行為に及んだ者につき，どのような要素が備わっていれば非難できるかを問うものであり，非難の対象を明らかにす

---

[2]　樋口亮介「責任非難の構造に基づく責任能力論」刑法58巻2号（2019年）317頁以下。

ることから，非難可能性を支えるべき責任能力の要件を導くことはできないようにも思われる[3]。

この点，樋口教授は，「犯行が被害者に痛みを与え，第三者の憤激を招き，法的制裁という帰結を招くといった犯行の有する社会的意味合いについて，現実味をもって理解し，衡量に入れられる精神能力を有していたか」をさらに問題とされ，こうした能力が欠ける例として認知症の場合を挙げておられる[4]。こうした見解は，以前の論文において示された，3要素からなる責任能力論と基本的には同内容と思われる。そこでは，①犯意の強弱，動機の悪質度合いによって犯罪の質・量が左右される以上，犯罪を行うという意思決定を状況に応じて得失を衡量しながら形成するとともに，犯罪を行うという意思決定を適切な手段で遂行する能力が問題となる。また，②被害者の苦痛，社会に生じる憤激の内容によって犯罪の意味合いが左右される以上，犯罪の社会的・法的な意味合いを理解し，考慮に入れて行動する能力も問題となる。そして，③刑罰は被害者，社会を鎮静化する作用を帯びるから，犯罪への反作用として社会的・法的非難が生じることを理解し，考慮に入れて行動する能力も問題になるとされ，責任能力とはこれら3つの能力の総体だとされたのである[5][6]。

しかしながら，得失を衡量しながら状況に応じて犯罪への意思決定を形成し，これを適切な手段で遂行する能力については，例えばサイコパスは罰刺激への鈍感さが特徴だとすれば，制御能力だけでなく，このような能力も低下せざるを得ないであろう。また，動機形成に妄想などが関与しているときに，このプロセス自体は正常だったというときには，この能力基準では妄想等が影響した事案を適切に評価できず，障害の影響を度外視して完全責任能力を結論付けることとなりかねないように思われる。

次に，犯罪の社会的・法的な意味合い，および，犯罪への反作用としての社会的・法的非難を理解し，考慮に入れて行動する能力であるが，例えばサイコ

---

3) 清野憲一「責任能力判断の責任論的・心理学的基礎と実践【第2回】」判時2495号（2021年）106頁の記述は，この点に関する理解を完全に欠いたものであり，およそ妥当でない。
4) 樋口・前掲注2)319頁以下。
5) 樋口亮介「責任能力の理論的基礎と判断基準」論ジュリ19号（2016年）197頁以下。
6) 樋口亮介「責任非難の意義」法時90巻1号（2018年）10頁以下では，こうした理性テストによる責任能力判断に加え，規範遵守要求の過酷さを回避するための精神能力をも議論されている。

パスは，被害者の痛みに鈍感なのだとすれば，そうした能力も低下すると考えざるを得ないであろうから，これを，人殺しが悪いことで，被害者が悲しむこと自体は分かっている者だと説明するのは苦しいように思われる。また，そうした能力がある者であっても，その動機形成に妄想が関与してこれが現実と乖離したものであれば，やはり無能力とされるべきであろう。さらに付言すれば，不合理決断を理性的と評価するのでない限り，言い換えれば，利害得失を計算し，計算結果が不利なら思いとどまることを想定しない者を理性的とすることはできないことを直視する限り，結局は樋口教授の立場からも制御能力を前提とせざるを得ないであろう。

実際，樋口教授は，「法益と規範を尊重できる精神の持ち主でも犯行の回避が困難な事情があれば，非難の度合いの減免を認める規範的な期待可能性の視点も，責任能力に影響を与えうる」とされており[7]，実質的には，この記述でもって，伝統的見解にいう制御能力を問題とされているように思われる。

## II．精神の障害について

### 1．法律的病気概念について

心神喪失，心神耗弱は，精神の障害に基づいて認識・制御能力に問題が生じた場合を捉えるものであるが，それではここでいう精神の障害とは何であろうか。

結論的には，この精神の障害とは，認識・制御能力に影響を与えうるような精神症状・精神状態像だと捉えるべきだと考えられる[8]。このように考えるべき理由は幾つかあるが，そのうちもっとも重要であるのは，例えば統合失調症という病名が犯行をもたらすわけではなく，そうした病名を与えられるべき様々な精神症状の総体が犯行に影響を与えるものだということである[9]。それゆえ，精神障害が犯行に及ぼした影響を見極めるためには，具体的な精神症状

---

7) 樋口・前掲注2)320頁。
8) 詳細な研究として安田拓人『刑事責任能力の本質とその判断』（弘文堂，2006年）第2章がある。
9) 齋藤正人ほか「責任能力2(2)」判タ1379号（2012年）72頁。

を捉え，それがどのように犯行に影響したのかを検討していく必要があるのである。

　そして，刑法理論上は，問題となる精神症状がまったく同じであり，まったく同じ影響を犯行に及ぼしていたのであれば，それに相異なる診断名が付けられたとしても，責任能力に関する法的結論は同じでなければならないはずである[10]。そうだとすれば，こうした場合に病名・診断名を争うような事態は回避されることが，審理のあり方としても望ましいように思われる[11]。

　このように考えると，病名は，認識・制御能力に影響を与えうる精神症状についての精神医学的な評価を行う際に，情報を提供する存在として位置付けられるにすぎないこととなる[12]。

## 2．「精神の障害」要件の不要説について

　竹川講師は，こうした見解の不徹底さを鋭く指摘され，このような理解をとるのであれば，精神の障害概念は，弁識・制御能力に並ぶ実体要件として維持することはできず，心理学的要素の認定資料に正面から位置付けるべきだと主張される。精神鑑定人の役割も，「被告人の精神状態を実質的弁識能力という法的文脈に引き直し，裁判所の規範的評価……を補助する点に認められる。そうだとすれば，従来の学説が『精神の障害』と呼んでいた実体は，ある病的な精神状態が弁識・制御能力の喪失や減弱と関連性を有するかという問題であり，これを弁識・制御能力から区別された実体要件として位置付けることは困難であろう」とされるのである[13]。

　思わず首肯しそうになる記述ではあるが，しかし，筆者の理解によれば，精

---

10）齋藤ほか・前掲注9）72頁。
11）他方，岡田幸之「責任能力判断の構造と着眼点」精神神経学雑誌115巻10号（2013年）1067頁も指摘されるように，診断名の違いが，そもそもどのような病理が認められるかといった部分，あるいは，そのような病理を認定する前提となる情報の部分の違いの現れなのであれば，その議論は尽くされなければならない。稗田雅洋「裁判所の責任能力判断と検察官・弁護人の訴訟活動の在り方」季刊刑事弁護93号（2018年）35頁注10も参照。
12）ただし当該病気の本質が伝わるような形で精神症状が描出されることの重要性については安田拓人「精神鑑定に関する8ステップ論の整備・点検」研修881号（2021年）4頁以下，とくに6頁以下参照。
13）竹川俊也『刑事責任能力論』（成文堂，2018年）232頁以下。

神の障害のコアゾーンは，統合失調症の幻覚妄想をはじめとする異次元のコードが支配する精神病理の世界であり，それの影響下での犯行が心神喪失・耗弱の中心事例であることまで，否定するわけにはいかない。精神の障害概念は，精神病理の世界への接合を図る重要概念であり，それとの接合があってこそ，どのような精神疾患に基づく症状であるかにより，認識・制御能力判断の寛厳を変えるといった判断も可能となるのである。精神の障害は，法律的病気概念の採用により，そのもっとも外側においては，期待可能性論の適用領域と見分けがつかなくなっているが，しかし，責任能力制度という制度設計，および，責任能力の本質論からの解釈論にとっては，やはり精神病理の世界というコアゾーンをイメージし，そこにつき蓄積された精神医学等の知見を参照するという構成が，なお維持されるべきであるように思われるのである。

## 3. 特別予防論からの再構成を図る見解について

これに対し，精神の障害の要件に，積極的な意義を与えようとされるのは，水留准教授である。准教授は，筆者のような見解を症状論として批判され，診断論を提唱される。これらの見解の対立のポイントは，ある程度重症の病勢期にある統合失調症患者を想定したとき，「精神障害ということを度外視して純粋に他行為が可能だった余地を評価していく症状論がいいのか，それとも，純粋な他行為可能性の定式に従えばある程度他の行為が可能だった余地があったかもしれないが，それでも行為者を責任無能力にして刑罰から解放するという診断論を正面から認めるのか」だとされる。そのうえで，精神障害によって当該行為への動機付けが適切になしえなかったという場合は，彼が適切な動機付けを行えるようにし向けるには刑罰は適さず，問題となった精神障害の治療によってはじめて可能であるのであり，この場合には「刑罰適応性」がないと論じられる[14]。

この見解によれば，精神の障害は特別予防の必要性・刑罰適応性がない場合の別称となり，非難可能性とは無関係の要件となる。しかしそれでは，認識・

---

14) 水留正流「責任能力における『精神の障害』(2・完)」上智法学論集50巻4号 (2007年) 222頁以下。

制御能力の個別具体的判断に基づく責任能力判断はできなくなるであろう。実際，准教授は，一定の精神障害があればそれだけで心神喪失を認めるという，いわゆるコンベンツィオン論にシンパシーを見せておられる[15]。

しかし，責任能力は，責任非難を加えうる前提状況が確保されているかを判断する要件であり，刑罰適応性があることとは別問題のように思われる。そして，他行為可能性があったというのであれば，その限度で責任非難ひいては刑罰を科すことは，何らおかしなことではない。確かに，心神喪失者等医療観察法が機能している現在，このような主張にも一定の法的基盤はないではないが，医療観察法は，手厚い医療を行うことによる社会復帰を目指した法だという側面が強く，こうした制度があるから刑罰を断念すべきであるという強い関係は認められないように思われる。さらに言えば，このような説明の仕方では，心神喪失を説明することはできても，心神耗弱を説明することはできない。心神耗弱は，不起訴（起訴猶予）となれば別であるが，起訴され有罪となった場合は，刑が必要的に減軽されるだけであり，精神医療には結びつかないからである。

## 4．もう1つの法（律）的病気概念について

とはいえ，筆者の考える「精神の障害」では，期待可能性論，違法性の意識の可能性論との差異は実質的にはほとんど消失し，混合的方法を採用する意義が失われ，心理学的方法をとるのと変わらないことになるのではないか，こうした「精神の障害」では，医学的・心理学的知見を確実に経由することを担保しえないとの批判も有力である[16]。

箭野准教授は，筆者の見解とは異なる形で，法律的病気概念を理解される。そこでは，精神の障害概念には，「裁判官に原因となる前提条件の無際限な探求を回避させ，単なる感覚的な説明を配するという機能を担わせるパートナー」としての「医学的・心理学的知見」の重要性が指摘され，法的・規範的観点とは異なる視点の導入の重要性が強調されている[17]。

---

15) 水留・前掲注14)228頁以下。
16) 箭野章五郎「刑事責任能力における『精神の障害』概念」法学新報115巻5=6号（2008年）296頁。

もっとも，箭野准教授においては，このことを強調するあまり，法律的病気概念（法的病気概念）の重要な帰結である，認識・制御能力に同じ影響を及ぼすのであれば，医学的に病気かどうかに関わらず責任能力の結論は同じでなければならないというところが，やや弱まっている。医学的・心理学的な意味での精神障害でなければ，刑法39条とは異なる，他の法理によりカバーされれば足りるという[18]のでは，法律的病気概念の重要な帰結は十分には確保されていないこととともなりうる。しかし，他方で，箭野准教授は，精神の障害を認識・制御能力という法的観点から再記述されるのだから，筆者の見解との差異は実際上生じないはずだとも思われ，准教授の見解の独自性は必ずしも明らかではないように思われる[19]。

## III. 認識・制御能力について

### 1. 伝統的見解からの認識・制御能力論およびそれによる判例の理解

　まず，認識能力であるが，従来，責任能力は犯罪論の3段目に位置付けられる要件であり，責任の要件は違法性の意識の可能性・それに基づく制御可能性であるため，その論理的帰結として，認識能力とは違法性の認識を獲得する能力だと定義されてきた。しかし，これは心神喪失・耗弱の要件としての認識能力の意義としては，対象を部分的にしか表現できていないように思われる。マックノートンルールでは，行為がwrongかどうかだけではなく，行為のnatureやqualityを分かっていたかが問われたが，このことはわが国の認識能力要件のもとでも，考慮されてよいように思われる。
　次に，制御能力とは，伝統的見解によれば，他行為可能性そのものである。それゆえ，その判断は，十分な反対動機があれば，当該犯行を思いとどまることが可能であったかという，あくまでも仮定的な問いを前提とした規範的判断となり，犯行当時の精神状態，犯行前後の行動等に表れた客観的事情から直接

---

17) 箭野・前掲注16)308頁以下。
18) 箭野・前掲注16)313頁以下。
19) 竹川・前掲注13)219頁。

認定できるものではない。直接認定可能なのは当該犯行そのものが正常な精神機能に担われて遂行されていたと言えるかだけである。そこで、判例においても、それを推認するための判断枠組みが形成されてきた。

　責任能力に関する従来の判例の判断枠組みは、最決昭和59・7・3刑集38巻8号2783頁が示している。同決定は、心神喪失・耗弱に該当するかの判断は法律判断で専ら裁判所の判断に委ねられているとしたうえ、「被告人の犯行当時の病状、犯行前の生活状態、犯行の動機・態様等を総合して」心神耗弱を結論付けた原判決を是認することにより、いわゆる総合判断の枠組みを打ち出した。もっとも、この総合判断が認識・制御能力の有無・程度を要件とする心神喪失・耗弱の結論とどのようにつながるのかは、必ずしも明らかではなかった。

　そこで、裁判員裁判における責任能力等の判断枠組みとして準備された、司法研究『難解な法律概念と裁判員裁判』（難解概念司法研究）では、統合失調症で幻覚・妄想に支配されたかが問題となる場合を念頭において、「精神障害のためにその犯罪を犯したのか、もともとの人格に基づく判断によって犯したのか」という判断枠組みが提言されている[20]。いわば、異常さと正常さの力比べによって、責任能力を判断していこうということである。

　この枠組みは、最決平成21・12・8刑集63巻11号2829頁により、判例法に組み入れられている。そこでは、「犯行当時の病状、幻覚妄想の内容、被告人の本件犯行前後の言動や犯行動機、従前の生活状態から推認される被告人の人格傾向等を総合考慮して、病的体験が犯行を直接支配する関係にあったのか、あるいは影響を及ぼす程度の関係であったのかなど統合失調症による病的体験と犯行との関係、被告人の本来の人格傾向と犯行との関連性の程度等を検討し」、心神耗弱を結論付けた原判決を、「その判断手法に誤りはなく」結論も相当だとして是認されている。つまり、①犯行当時の病状、幻覚妄想の内容、被告人の本件犯行前後の言動や犯行動機、従前の生活状態から推認される被告人の人格傾向等を総合考慮するとのフレーズでは、総合判断の考慮ファクターが挙げられ、②病的体験が犯行を直接支配する関係にあったのか、あるいは影響を及ぼす程度の関係であったのか、というフレーズでは、心神喪失・耗弱の

---

20) 司法研修所編『難解な法律概念と裁判員裁判』（法曹会、2009年）36頁。

判断の基準が示され、③統合失調症による病的体験と犯行との関係、被告人の本来の人格傾向と犯行との関連性の程度等というフレーズでは、その判断に際しての補助線となる難解概念司法研究提言と同様の着眼点が示されているのである。

　難解概念司法研究提言で注意されるべきは、「もともとの人格に基づく判断によって犯したのか」という表現である。この「もともとの人格うんぬん」というのが、もともとの性格とかけ離れた犯行かという視座なのだとすれば、それは、あくまで人格異質性という限られた射程しかない補助線になってしまおう。人格異質性が主に機能するのは一時的な精神障害の場合であり、それを超えて一般に適用する場合には、判断の誤りが生じかねない。つまり、被告人はもともと粗暴な性格だから、今回の粗暴犯は精神障害によるものではなく、もともとの性格によるものであり、責任能力はあるというような判断がなされるとすると、他行為可能性の減少が見落とされてしまう可能性があるのである。

　確かに人格・性格相当な行為は責任を問われるべきだとする主張は刑法学でも有力で、これが医学的病気概念と結びつけば、「精神の障害」には医学的な病気のみを位置付け、それ以外の性格・人格的異常は「もともとの人格」に振り分けるという結論になろう。しかし、それでは、そうした性格・人格異常が責任能力の低下をもたらしうる可能性が最初から排除されており、他行為可能性の減少が見落とされる可能性があるように思われる。

　こうして、筆者の見解からは、「もともとの人格」とは、「残された正常な精神機能」の意味で理解されるべきことになる。裁判員裁判でも、例えば東京地判平成23・5・18 LEX/DB 25473549は、「なお本来の被告人の判断によって行われたといえる部分も残っており、被告人に対しては、〔被害者〕に対する怒りを抑えることによって本件犯行に出ないようにすべきであったのにそうしなかった点で、なお非難可能である、すなわち、被告人は、心神喪失の状態にまでは至っておらず……」との理由で心神喪失を否定しているが、これは、難解概念司法研究提言にいう「もともとの人格」が正常な精神機能、ひいては認識・制御能力の問題であることを適切に踏まえたものであり、同提言を筆者の見解によって理解することが裁判実務家の感覚にもマッチしうることを端的に示すものだと言えよう[21]。

## 2．佐野准教授による沿革研究

　これに対し，佐野准教授は，筆者の見解は，「思いとどまることができる」かどうかという基準を「正常な精神作用」によるかどうかという基準に置き換えるものであり，実践を「補助線・中間項」に位置付けているというよりは，基準を実践的動向に応じて書き換えているのではないかとの批判を加えられる[22]。佐野准教授は，原理・基準・適用の一貫性を重視されているが，筆者の見解では，適用における妥当性・安定性を確保するため，基準の書き換えが行われているのではないかということであろう。

　佐野准教授は，そのうえで，認識・制御能力概念の沿革を丹念に調べ上げられたうえ，心神喪失・耗弱の解釈を示した大審院昭和6年判例についても，冒頭で述べた筆者のような理解が必然ではないことを鋭く指摘されている。

　すなわち，①現行刑法制定直後の学説においては，旧派新派の学派の争いにおける根本的な立場の相違にもかかわらず，責任能力基準という局面においては，正常ないし通常の精神状態か否かという観点へと学説は収斂していたのであり，旧派的見解からも原動力ないし決定の正常さが基準として重視され，これは意思の自由とは無関係なものとされていた，②1920年代に入ると，責任能力の基準は，自由意思の表現としてではなく，正常・通常の精神状態を全体的に記述したものとして，学派的争いを超えて，一定の義務等を認識しその認識に従って行為する能力という定式をもって記述されるようになった，③こうした定式が，1930年代に入り，改正刑法仮案の草案や大審院昭和6年判例において実現したのであり，知情意の3つの方面から全体的に精神作用を考察し，正常異常を判断し，その程度が心神喪失にまで至っているかを判断することが想定ないし是認されていた，とされるのである[23]。

　この研究成果は，従来の沿革研究におけるブランクを完全に埋めるものであ

---

21）司法研修所編『裁判員裁判と裁判官』（法曹会，2019年）98頁も，筆者の見解をはっきりと支持されている。園原敏彦「樋口報告及び小池報告に対するコメント等」刑法58巻2号（2019年）345頁は，筆者のような見解が，裁判官の間でも「相当数あると感じている」とされている。
22）佐野文彦「刑事責任能力の判断について(1)」法協137巻9号（2020年）1556頁以下，とくに1565頁以下。
23）佐野文彦「刑事責任能力の判断について(2)」法協137巻11号（2020年）2038頁以下。

り，高く評価されるものであって，大審院昭和6年判例の本来的理解を示すものと言えよう。

　しかし，佐野准教授も言われるように，その後の学説は，他行為可能性に基づく責任非難という観点から，認識・制御能力を理解する方向にシフトしていった。それはある意味必然であろう。実際問題として，正常異常の精神状態を全体的に記述するとはどういうことか，知情意の3方面から精神作用を全体的に考察するとはどういうことかは，具体的には必ずしもはっきりしないからである。控え目に言っても，理非善悪の弁識に従って行動する能力という以上，悪いことだと分かりながらそのまま行動する能力を論じても，非難ができないことは明らかである。人間の犯罪に関わる能力は，エンジンとブレーキの2つの方向から論じられる必要がある。目的を設定し，それに向かって合目的的に行動する能力は，前者に関わるものであり，これは，いわば違法能力というものである。これに対し，責任能力は，ブレーキに関わるものであり，悪いと分かったときにブレーキをかけることができるかが，問われるのである。エンジンが正常であれば，車は正常に走行しはするであろうが，その車はどこかで激突し，クラッシュするであろう。そんな車は「正常」とは言えない。苦しい道であるが，ブレーキの能力，すなわち，他行為可能性を責任能力の本質に据え，それが仮定的な判断とならざるを得ないことを直視しつつ，精神病理の影響を的確に捉えうるような方策こそが，なお追求されるべきであるように思われる。

### 3. 近時の制御能力要件不要論について

　かつての墨谷博士の制御能力不要論[24]は，刑事政策的に妥当な結論を確保するために，責任主義の要請を軽視するものとして強い批判を浴び，その後，少なくとも学説上は，制御能力不要論は完全に下火になっていた。

　ところが，最近，制御能力不要論が有力化しつつある。例えば，樋口教授は，規範的責任論を前提としたとしても，そこでは，行為者に対して国家が刑法の遵守を要求するに際しては，法益および規範を尊重できる法秩序が想定する平均人であれば違法行為をなさなかったかという規範的な判断が問題とされ

---

24) 墨谷葵『責任能力基準の研究』（慶應通信，1980年）223頁以下。

ているのであり，当該行為者が違法行為を行わない可能性を現に有していたかは問題とされていないのだから，責任能力論においても，「行為者自身が自身の行為の違法性を認識した上で当該違法行為を行わないように動機づけを制御する能力を行為者自身が有していたかを問題にすること自体が不要」だと結論付けておられる[25]。

しかし，規範的責任論に立ったうえで平均人標準説のような理解をとる論者でも，故意を責任要素とするときに，平均人であれば認識したであろうから故意ありとは論じないであろう。そうした前提に立ったとしても，本人の実際の認識等や能力等の主観に着目して判断されるべき要素はありうるのである。

確かに，制御能力判断において，多くの見解は，明示的にか否かはともかく，個別具体的な制御可能性の判断の困難さを，平均人の可能性に置き換えることによって，逃れようとしているように思われる[26]。しかし，やはり，当該行為者が当該具体的状況において思いとどまることができなかったのであれば，責任非難を加えることは論理的にできないように思われるのであり[27]，国家標準説の立場をとり，法規範の側からの要求という観点を加える場合には，ここでの非難の内実は，できたはずだというのに限りなく近づくかもしれないが，やはり個別具体的な可能性を模索すべきであるように思われる[28]。

より注目に値するのは，竹川講師の見解である。講師の見解は，伝統的な弁識・制御能力要件を統一的に把握しうる，実質的弁識能力だけを責任能力の要件とすべきだというものであり，その柱となるのは，責任能力基準の「（合）理性の欠如」という観点からの再構築である。すなわち，竹川講師は，既存の責任能力基準が行為者の弁識内容のみを問題とし，弁識プロセスに着目してこなかったことを問題視し，責任能力は，行為を選択する過程が通常の者と異なること，（合）理性を欠いている場合に問題となるのだとの見方を提示するの

---

[25] 樋口・前掲注6)10頁。
[26] 最近でも例えば橋爪隆「裁判員裁判と刑法解釈」曹時73巻11号（2021年）42頁以下。
[27] 林優貴「責任能力論における制御能力の意義の検討に向けて」中央大学大学院研究年報法学研究科篇48号（2019年）294頁は，樋口教授の制御能力不要論が，責任能力論の内部の変化にとどまらず，責任の定義にも影響を与えうることを適切に指摘されている。
[28] 異なる前提から出発しながらではあるが，樋口・前掲注2)322頁が，「いかに強力な暴行への衝動が湧いてくるとしても，当該衝動に抗い，犯罪以外の形で解消することに対する期待を刑法が放棄することはありえない」とされるところには，賛同できる。

第15章　責任能力　｜　269

である[29]。

　さらに，講師は，責任非難を両立可能性論に立ちつつ基礎付ける法哲学の議論，とりわけ，理由への問いと応答という図式から責任を捉える見解をも自らの理論の基礎とし，これに基づけば，刑法規範が提示する行為理由を理解し，その理由に基づいて自らの行為の妥当性について推論して行為を決定する能力こそが，責任能力だとの主張を行う[30]。

　こうした責任能力論においては，行為者の心理過程を出発点とし，自己の行為の刑法違反性が提示された場合に通常人ならば抱く〈インパクト〉を受けることができる者だと第三者が評価できるかが問題となり，弁識能力の意味内容が質的な意味で充実化される結果，弁識・制御という二分法はもはや妥当しないこととなるとされる[31]。

　しかし，ここでは，やはり犯行を思いとどまるという意味での制御能力が依然として維持されているのではないか，それは竹川講師の基礎理論からどのように説明可能なのかということが問われるべきであろう。講師のいう「自己の行為の刑法違反性が提示された場合に通常人ならば抱く〈インパクト〉を受けることができる者」というときの「インパクト」とは，結局は，犯行の制御に関わるものでしかないであろう。この記述が意味するところと，伝統的な制御能力をも要件とする責任能力論との差は，筆者には大きいもののようには思われない[32]。

　さらに付言すれば，講師の主張は，責任能力の個々の要件の解釈については極めてクリアーであり，学ぶべきところが多いのに対し，そもそもなぜ責任非難が正当化されるのかの基礎付けにおいては，やや明快さを欠いている。竹川講師は，過去の不可変性を前提に規範の抗事実性を認め，当為が他行為可能性を前提としないことを述べる先の法哲学者の見解を手がかりとして，「責任の帰属」を確定する場面では，規範は，時として事実と異なることを前提とせざる

---

29) 竹川・前掲注13)121頁。
30) 竹川・前掲注13)132頁以下，159頁。
31) 竹川・前掲注13)151頁以下，155頁以下。
32) 竹川俊也「責任能力論における弁識・制御能力」法と精神医療32号（2017年）15頁注6では，「現在では，制御能力の喪失・減弱の全てのケースが実質的弁識能力の枠内で捕捉されるわけではないと考えを改めている」とのことであり，講師の見解の全体像が改めて示されることが期待される。

をえず，まったく同じ事態のもとで理由能力が存在したと言ってよいのだと結論付けておられる[33]。しかし，これでは，なぜその場合に責任非難が可能となるのか，思いとどまることができたからこそ非難が可能となるのではないか，との反対論者の疑問に十分な答えを与えたことにはならないように思われる。

## 4. 責任能力の具体的判断について

　精神鑑定においては，当該精神症状が当該犯行をもたらした影響に関する機序の説明が行われるが，この機序を総合判断で考慮されるファクターにより肉付けし，これを踏まえて，法的・規範的判断を行うことになる。その肉付けに際しては，一方では，犯罪衝動が病的なものかが問われる。動機の了解不能性や犯行の人格異質性などはここで考慮され，病的な色合いが強まれば強まるほど法規範からの衝動制御への期待可能性は低下していく。他方では，違法性の意識・犯行制御に関する正常な精神機能がどれだけ残されていたのかが問われる。動機の正常性，犯行の計画性，自らの行為の意味・違法性の正常な把握などはここで考慮される。そして，このような分析を踏まえた，犯罪衝動の正常な精神機能による制御可能性こそが，他行為可能性論に基づく責任能力判断の本質だということになる。そして，難解概念司法研究の提言は，こうした本質論を背景としつつ，責任能力の判断枠組みとして，いわば正常と異常の力比べというモデルを提言したのだと理解できるのである。

　もっとも，制御能力の判断は，このように仮定的な判断として正常な精神機能の存在から推認するしかないわけでもない。当該犯行の遂行過程で，正常な犯罪実現を確実にするための様々な思慮が見られる場合，それは抵抗を受けずに遂行しようとする意思，発覚を避けようとする意思の表れとも理解可能であるが，それはとりもなおさず，利害得失の合理的判断がなされていること，裏返せば，不合理なら実行を控えるとの判断を含意しているのであり，法的規範的判断としての制御能力の判断として十分に意味を持つと評価されてよいであろう。合理的な利害得失の判断と制御能力が表裏一体のものとして捉えうる場合があることは，もっと意識されてよいように思われる。

---

[33] 竹川・前掲注13)139頁。

# 第16章　原因において自由な行為

CHAPTER 16

> **POINT**
>
> ・原因行為を問責対象とみる見解と，結果行為を問責対象とみる見解，それぞれの言わんとするところを理解し，それぞれの問題点を理解する。
> ・原因行為時に結果行為に関する故意を要求する判例・通説からは，故意作為犯での完全な処罰はほとんど考えられないことを理解する。
> ・余力があれば回避可能性説の言わんとするところを理解する。

## はじめに

　飲酒など（原因行為）により一時的な責任無能力等に陥り，その状態で殺害などの構成要件該当事実を実現する行為（結果行為）を行った場合，結果行為が実行行為であり，責任能力は少なくとも実行行為の開始時に存在していなければならないとすると，結果行為時には責任無能力等の状態である以上，刑法39条が適用されて不可罰となり，あるいは，刑が必要的に減軽されることになる。しかし，とりわけ，そうした状態で犯罪を実行する目的で，意図的に責任無能力等の状態を自招した場合には，この結論は法感情に反するであろう。そこで，原因行為時に（原因において）自由であったことに着目して，刑法39条の適用を排除し，完全な処罰を認める理論構成を考えようとするのが，原因において自由な行為の理論である。

　もっとも，出だしから恐縮であるが，従来の学説（およびおそらく実務）が当然の前提としているように，原因行為時に後の結果行為に関する故意が認められなければ故意犯での処罰は認められないとするのであれば，原因において自由な行為として故意作為犯で処罰可能なケースはほとんど考えられないことには，留意が必要である。この問題は，実行行為，正犯，責任能力といった複

数の基本概念に関わる問題であり，複数の変数を同時におさえながら解を求める作業になるため，大いに理論的関心を呼んできたが，「自分で責任無能力等の状態を招いておいてなんで心神喪失・耗弱になるの？」という素朴な疑問には，いわば半分も答えられない状況になっている。筆者は，この素朴な疑問に対し，「その状態を回避できれば心神喪失・耗弱にはなりません」と答える数少ない論者の1人であるが，残念ながらこの見解はまだ極めてマイナーな存在であり，皆さんの学習上はまったく「コア」ではないので，まずは「コア」のところから順に検討をしていくことにしたい[1]。

　分析・検討に際しては，様々な見解を，まずは，問責対象の行為（構成要件該当行為）が原因行為と結果行為のいずれに求められているかに着目して議論の整理を試みるが，杉本教授の分析[2]に示唆を得て，それぞれの見解が，それ自体において自由な行為（alis）として構成されているのか，原因において自由な行為（alic）として構成されているのかを，きちんと述べることにしたい。冒頭の問題設定の書きぶりは alic 構成に親和的であるが，実際には，そうした例外的な帰責を認めるのではなく，問責対象たる行為と責任（能力）が同時存在していると考えている見解（alis 構成）が多い。そうだとすれば，この論点のタイトルも，将来的には変わっているかもしれない。

## I. 原因行為を問責対象行為とみる見解[3]（alis 構成）

### 1. 間接正犯類似説とその問題点

　原因行為を問責対象行為とみる見解（原因行為説）のうち，伝統的に支配的であったのは，原因において自由な行為を間接正犯とパラレルに捉える，間接正犯類似説であった。

---

1) 各種試験でも，筆者の見解を自説として述べることは，論証すべきことの多さ・難しさから，やめておいた方が無難である。
2) 高橋則夫ほか『理論刑法学入門』（日本評論社，2014年）97頁以下［杉本一敏］。
3) 最近では，こうした見解は構成要件モデルと呼ばれることが多い。それ自体はまったくそれでよいが，それと対をなす責任モデル・例外モデルという名称のもとで何を理解するかが，論者により様々である現状を踏まえ，ここではあえてこの呼称を用いないこととする。

団藤博士は,「原因において自由な行為は……間接正犯とおなじ論理構造をもつもの」であり,「間接正犯が他人を道具として利用するものであるのに対して,原因において自由な行為は自己の責任のない状態を道具として利用するものである点にちがいがあるにすぎない」とされた。

そして,「自己を利用する行為つまり原因行為が実行行為としての定型性を具備するかどうかが問題の要点をなす」とされ,こうした定型性を認めることができるためには,「まず,第一に,自己をまったく弁別能力のない状態におとしいれることが必要であろう。そうでなければ,自己を単純な道具にするものとはいえないからである。したがって,単に心神耗弱の状態におとしいれた程度のばあいは,その原因行為を実行行為と認めることはできない」とされたのである[4]。

厳密には,団藤博士の見解においては,制御無能力に陥れた場合については言及がないのだが,こうした見解は,一般に,自らを責任無能力状態に陥れた場合には,その原因行為を実行行為と捉える見解として,広がりを見せたのである[5]。

しかし,こうした見解では,ほとんど故意作為犯としての可罰性は肯定されない。実際,団藤博士は,故意による作為犯については,原因行為に実行行為としての定型性をみとめるのが困難な場合が多いとされ,「たとえば泥酔中に人を殺すつもりで飲酒したというばあい,その飲酒行為に殺人罪の構成要件該当性をみとめるのは無理である」と説かれていた[6]。

また,責任無能力状態を利用すれば,間接正犯とパラレルに実行行為性が基礎付けられるかについても,疑問があろう。杉本教授が指摘されるように,「心神喪失状態の行為はおよそ道具になり,心神耗弱状態の行為は決して道具となり得ない」というルールが正当とされる理由はないのであるし,原因行為に結果惹起の危険創出が認められるかどうかは,行為者が心神喪失に陥るか心神耗弱に陥るかとは,理論的にみて別個の観点であり,その連動は保障されていないと言わざるを得ないように思われる[7]。

---

4) 団藤重光『刑法綱要総論〔第3版〕』(創文社,1990年) 161頁以下。
5) 最近でも佐久間修『刑法総論』(成文堂,2009年) 266頁以下,日髙義博『刑法総論〔第2版〕』(成文堂,2022年) 281頁以下,など。
6) 団藤・前掲注4)162頁以下。

さらに考えれば，責任無能力状態の自己を道具とする仕方での事象支配が認められなければならないというのは，間接正犯との類似性に拘るあまりの，過度の要求であるように思われる[8]。杉本教授が言われるように，このモデルは，「結果惹起の危険創出が原因行為に認められるか，そしてその原因行為の危険性が結果に現実化したと言えるか」（原因行為の危険の現実化）という判断枠組みへの「純化」が果たされておらず，その分，過剰な要件が課されることになっていたものと思われる。

## 2．原因行為を問責対象行為とみる見解の純化

　他方，最近では，原因行為を問責対象行為とみるに際して，間接正犯とパラレルに捉えるという発想をとらない見解も有力化している。その萌芽は，次のような内田博士の記述にあったように思われる。

　すなわち，四畳半の狭い部屋に乳幼児を数人以上並べて寝かせつけ，部屋の中央に仁王立ちになって飲酒をはじめたような場合には，これら乳幼児を踏み殺す危険性が極めて強く看取されうるであろう。かような場合，殺意をもって飲酒をはじめたならば，殺人の「実行行為」を認めえよう。現実に踏みつけた時点での意思状態が，「心神喪失」であろうと「意識喪失」であろうと，それはまったく重要ではない。「心神耗弱」にとどまったとしても同じである[9]。

---

7）杉本一敏「『原因において自由な行為』をめぐる日本の刑法学説の50年」内田文昭先生米寿記念『刑事法学の系譜』（信山社，2022年）335頁以下。本章の分析は，この論文に多くを依拠している。

8）安田拓人「原因において自由な行為」西田典之＝山口厚編『刑法の争点〔第3版〕』（有斐閣，2000年）85頁の記述は，因果経過にすぎないはずの結果行為の支配を通じた事象支配という過剰な要件を立てるもので，問責対象行為である正犯行為は1個でなければならないという考え方に強く影響されたものであり，現在では維持できないものと考えている。

9）内田文昭『改訂刑法Ⅰ（総論）』（青林書院，1986年）238頁以下。もっとも，240頁以下では「たとえば，殺人としての完全な責任を負わせるためには，飲酒酩酊のうえで責任無能力状態ないしは限定責任能力状態を惹起しようとする意思と，その状態で人を殺そうとする決意とが連続的に認められ，かつ，それが，そのままのかたちで実現される必要があろう（意識喪失状態が惹起されたときは，「行為」が存在しえなくなるから，当初の「意思」は断絶する。結果の責任を負わせることはできない。……）」とされているが，これは本文で引用した記述とは完全に矛盾しており，全体としては整合的な理解は困難である。

ここでは，結果行為がどのような状態でなされているかではなく，原因行為に許されない危険の創出があり，それが結果へと実現しているかが正面から問われているのである。例えば，岡上教授が，原因行為を特定する基準は，是認されない危険創出があったかであるとされ，結果行為は原因行為に内在する是認されない危険の現実化であるから，行為者への帰属が可能であり，結果行為の時点では責任能力を要しないことになるとの理解を示される[10]のは，こうしたものだと言えよう。

　杉本教授は，こうした見解をとらえ，「構成要件モデル」は，原因行為に「結果行為・結果へと至る危険の創出」を要求することにより，原因行為を「実行行為」と見て通常の犯罪成立要件の充足を検討する理論構成である，というその真の姿を明らかにしたのであり，心神喪失を自招したことから，遡って原因行為が「実行行為」になるわけではない，ということが明らかにされたのは，理論構成の純化という点で大きな進歩であったと評されている[11]。

　もっとも，ここで，そうした許されない危険の創出を，責任無能力状態の自招とセットにするのでは，理論の一貫性は失われよう。岡上教授は，「原因行為により責任無能力を惹起したときと限定責任能力を惹起したときには危険の程度が異なる」から，「限定責任能力の場合の原因行為は，なお是認されない危険の程度には達して」いないとされる[12]が，これを一律に要求することは妥当とは思われない。これが要求されるのは，病的酩酊＝心神喪失だという理解を前提とした場合において，飲酒すれば病的酩酊状態に陥り，周囲の人に暴行を加えるという酒乱癖があるといったような場合に限られようが，このような場合でも，決定的であるのは，病的酩酊状態＝責任無能力状態に陥ること自体ではなく，そのような状態になれば暴れる自らの性癖だと言えよう。

　例えば，松原教授は，原因行為は，法益侵害行為を招来する危険を含んだものでなければならないとの理解から，行為者が飲酒により著しく粗暴になる酒乱癖を有する場合や，飲酒による抑制力の喪失によって犯罪に出る可能性が特に高い状況にある場合などに限って，原因行為に構成要件該当性を認めうるであろうとされる。そして，他人の行為よりも自己の行為の方が利用しやすいと

---

10) 岡上雅美「原因において自由な行為」法教277号（2003年）90頁。
11) 杉本・前掲注7)361頁。
12) 岡上・前掲注10)91頁。

の前提から，結果行為時に限定責任能力であった場合についても，特に意思連続型の事例では，原因行為に構成要件該当性を認めうるとされるのである[13]。こうした見解にこそ，理論としての一貫性が認められるように思われる。

## 3. 結果行為が完全責任能力状態で行われた場合

　では，単純酩酊状態にとどまり，完全責任能力が維持されるものの，飲酒による抑制解除により粗暴癖が解放され，しらふでは行わないような暴力行為に及ぶような場合はどう考えればよいのだろうか。

　この場合に原因行為を問責対象行為と見ることに反対する1つの理由は，このような結果行為が完全責任能力状態で行われる場合には，ブレーキがかかる状態が完全に留保されているから，原因行為にはなお許されない危険の創出が認められないとするものであろう。しかし，中止能力が残されていることは，通例，実行行為による許されない危険の創出を否定することにはならないから，このように考えることには十分な理由がない。

　もう1つの理由は，そう考えないと，問責対象行為が原因行為と結果行為の2つになってしまうというものであろう。原因行為を問責対象行為と見る見解の多くは，原因行為が「正犯行為」であることを要求してきたが，その背景には，少なくとも単独直接正犯の場合には，完全な非難の向けられる問責対象行為は1つに限定されるべきだとの問題意識があったように思われる。しかし，限定責任能力状態において結果行為がなされた場合であっても，原因行為が許されない危険を創出していれば，問責対象行為と見ることができるというのであれば，この場合には，非難可能な問責対象行為は2つ存在しているのだから，問題の焦点は許されない危険創出があったかどうかであり，結果行為時における責任能力の有無・程度ではないはずである。それゆえ，結果行為時に完全責任能力があった場合でも，当該行為者に，飲酒による抑制解除により粗暴癖が解放され，暴力行為に及ぶ高度の蓋然性がある場合には，飲酒はそうした自動装置にスイッチを入れる行為であり，許されない危険の創出が認められ，自動装置としての結果行為がなされたとすれば，その危険の実現も肯定されて

---

13) 松原芳博『刑法総論〔第3版〕』（日本評論社，2022年）357頁以下。

よいように思われる。ただ，ここで2罪の成立を認める必要はないから，通例は，直接的な結果惹起行為である結果行為を問責対象行為ととればよいというだけのことである。単独直接正犯の場合でも，第1暴行により死因となった致命傷を負わせた後に，さらに第2の暴行を加え，その死期を幾分か早めるような事案は十分に考えられ，この場合には，いずれの暴行についても，殺意があれば殺人既遂を認めることができるはずであり，いずれを訴追するかは，検察官の裁量にゆだねられるべき問題なのである。

橋爪教授は，クロロホルム事件最高裁決定[14]に関するご自身の理解を本問題にも応用され，第1行為段階ですでに計画されており，しかも，第1行為と密接な連続性・接着性を有する自己の第2行為が介在した場合であっても，それは第1行為によって誘発されうる介在行為であり，しかも，第1行為とは別個独立の自律的な意思決定と評価する必要もないことから，背後の第1行為を実行行為（正犯行為）と評価して，危険実現の関係を肯定することが可能となる，と論じられる[15)16)]。

教授の，クロロホルム事件における解決は，早すぎた構成要件実現の事案における既遂犯の成否を着手の有無にかからせる判例および筆者の見解[17]を含む多数説[18)]とは異なるものであり，直ちには賛同できないが，第1行為を問責対象たる行為と捉える際の着眼点は，実質的には判例・多数説と共通のものである。

こうして，橋爪教授と同様に考え，その考え方を結果行為が完全責任能力のもとで行われる場合にまで一貫させれば，原因行為についてすでに問責対象たる実行の開始を認めることが可能となるように思われるのであり，このことには，酩酊犯罪の事前抑止の観点からも，刑事政策的な意義が認められうるように思われる。

---

14) 最決平成16・3・22刑集58巻3号187頁。
15) 橋爪隆『刑法総論の悩みどころ』（有斐閣，2020年）259頁以下。
16) これを支持する見解として石井徹哉「原因において自由な行為」法教430号（2016年）35頁。簡単な記述ながらすでに佐伯仁志『刑法総論の考え方・楽しみ方』（有斐閣，2013年）328頁以下。
17) 安田拓人「判批」平成16年度重判解158頁および，本書**第2章**。
18) 重要な研究として佐久間修「実行行為と故意の概念」曹時57巻12号（2005年）3535頁以下。

さらに言えば，筆者の理解では，精神の障害が犯行に一定の影響を及ぼした場合は，39条の適用に至らずとも，その影響は量刑上考慮される必要がある[19]。そして，実際問題としても，行為者の素質と酩酊の影響が相まって，責任能力の相当程度の低下が認められ，結果行為に着目したのでは量刑上，刑を減じる方向で考慮せざるを得ないような場合は十分に考えられる。そうした場合には，結果行為を問責対象行為として選択せず，原因行為を問責対象行為として選択し，100％の責任を問うという方策も十分考えられてよいようにも思われる。

## Ⅱ．結果行為を問責対象行為と見る見解

### 1．自由な意思決定の実現を重視する見解（alic 構成）

　結果行為を問責対象行為と見る見解は，原因行為を問責対象行為と見る見解の不自然さに対する疑問から出発している。すなわち，飲酒行為を実行行為とみるのは不自然だと考えるのである。このような見解に立った問題提起を最初にされた佐伯（千）博士は，構成要件的特徴を満たす行為，すなわち博士の理解される実行行為を自らの手で直接行った者だけが正犯だと考える，極めて狭い正犯概念の主張者であり，間接正犯を正面から否定されていた[20]。そのような前提からすれば，そうした実行行為が結果行為でしかないのは，当然のことであった。そうすると，残る選択肢は，実行行為と責任能力の同時存在の原則に例外を認めることしかなかったのである[21]。

　このような問題提起を受け，とくに重要な貢献をされたのは西原博士であったが，博士の見解では，いわゆる二重の故意が要求される等，理論モデルとしては，必ずしも純化されたものを主張されていない[22]。おそらく，自由な意

---

19) 安田拓人「精神の障害が一定の影響を及ぼした事案における量刑判断のあり方に関する序論的考察」論叢182巻1＝2＝3号（2017年）160頁以下。
20) 佐伯千仭『四訂刑法講義（総論）』（有斐閣，1981年）341頁以下。
21) 佐伯千仭「原因において自由なる行為」日本刑法学会編『刑事法講座(2)』（有斐閣，1952年）308頁。
22) 西原春夫「責任能力の存在時期」佐伯千仭博士還暦祝賀『犯罪と刑罰(上)』（有斐閣，1968年）412頁以下。

思決定の実現を重視する見解として，最も純化された見解は，大谷博士のもののように思われる。

博士は，責任能力が必要とされる根拠は，犯罪的結果が責任能力のある状態での意思決定に基づいて実現しているときに，初めて非難が可能であるという点にあるのだから，自由な意思決定に基づく原因行為があり，意思決定の実現として結果行為が行われた以上は，結果行為は責任能力状態での意思決定の実現過程にほかならないから，結果行為の時点で心神喪失または心神耗弱の状態にあっても完全な責任を問うことは可能であるとされた。

そして，大谷博士は，このことさえ確保されていれば，完全な責任を問うことができるのであり，自己の心神喪失または心神耗弱状態を利用して犯罪を実現するという意思は必ずしも要さず，原因行為設定時に結果行為についての故意があれば足りるとされたのである[23]。

学生の皆さんとしては，この見解が使いこなせるようになれば，原因において自由な行為の論点はとりあえずクリアーできたと言ってよいであろう。筆者も，法科大学院では，そのように推奨しているところである。

もっとも，理論的に検討してみると，このような例外的処理を認めてよい理由は，必ずしも明らかではない。このことは，原因行為時における「結果行為についての故意」とは何か，を考えてみるとよく理解できるであろう。この見解では，結果行為が問責対象行為なのであるから，故意はその時点で要求されるはずである。そうだとすると，原因行為時における「結果行為についての故意」とは，自由な意思決定の実現という，例外的な責任非難を可能とするための，あくまで責任非難の要件にすぎず，犯罪論にいう故意とは別もののはずである。しかし，実際には，この原因行為時における「結果行為についての故意」は，問責対象たる結果行為に関する故意が前倒しして要求されているようなものなのである。

山口教授も，「責任は犯罪的意思の行為への現実化に対する非難であり，非難の対象となる実行行為の遂行との間に直接的関連性が維持されている限り，いわゆる事前的非難も認める余地がある」とされながら，「責任非難を行う時点で，責任非難のために必要となる責任要素がすべて現実に存在することを要

---

23) 大谷實『刑法講義総論〔新版第5版〕』（成文堂，2019年）326頁以下。

求すべきである」,「このような責任非難は,実行行為の遂行を非難しえない状態の有責な惹起を介してはいるが,あくまでの実行行為の遂行についてのものだから,それに対する故意非難を基礎付けるためには,故意が責任非難の時点においてぜひとも必要となる」と論じておられる[24]。

そうだとすれば,こうした見解は,結論においては,実際上,原因行為の時点で故意があり責任能力があれば,完全な責任を問いうるとするものであり,原因行為を問責対象行為と見ているのに限りなく近い見解であるように思われる[25]。実際,西原博士などは,一連の行為の最終意思決定時に責任能力があり,その行為が断絶していない限り,自由な意思決定の実現として完全な責任を問いうるという構成をとられている[26]が,これでは,問責対象行為を構成要件該当の実行行為から一連の行為にまで薄めたうえで,原因行為説がとられているのと変わらないように思われる[27]。

逆に,問責対象行為は結果行為だと考えるのであれば,やはりそれを開始する時点での責任能力の不存在は致命的であろう。責任能力は,まさに実行を開始することを思いとどまらせる能力として機能することが,格段に期待される。この不存在を,事前の準備段階での行為がコントロール可能であったことで代替させることは,できないように思われる[28]。確かに,ボヤを消すことができれば,その後の燃え広がりを抑えることも論理的にはできたはずである。しかし,ボヤの段階でそれを消すのに必要な能力と,燃え広がった段階でそれを消すのに必要な能力とは,格段に違いがあるのであり,この違いを無視することには,やはり違和感が残るのである。

---

24) 山口厚「実行行為と責任非難」『鈴木茂嗣先生古稀祝賀論文集(上)』(成文堂,2007年)214頁以下。
25) 小林憲太郎『刑法総論の理論と実務』(判例時報社,2018年)410頁以下。
26) 西原春夫『刑法総論〔改訂準備版〕(下)』(成文堂,1993年)462頁以下。さらに川端博『集中講義刑法総論〔第2版〕』(成文堂,1997年)274頁以下,高橋則夫『刑法総論〔第5版〕』(成文堂,2022年)382頁以下など。
27) この点を的確に指摘するものとして深町晋也「原因において自由な行為」西田典之ほか編『刑法の争点』(有斐閣,2007年)85頁など。
28) 平川宗信「原因において自由な行為」中山研一ほか編『現代刑法講座(2)』(成文堂,1979年)283頁,伊東研祐『刑法講義 総論』(日本評論社,2010年)261頁など。

## 2. alis 構成としての回避可能性説

これまで紹介・検討してきた見解には，共通点がある。それは，結果行為につき原因行為時に予見（故意）がなければ，実現した事実についての故意犯での処罰を認めないということである。わが国の実務の立場も，そのようなものであると理解されている。たとえば，最大判昭和 26・1・17 刑集 5 巻 1 号 20 頁は，病的酩酊による責任無能力状態に陥った後，殺意を抱いて被害者を刺殺したという事案に関するものであり，最高裁によれば，この被告人は，「多量に飲酒するときは病的酩酊に陥り，因って心神喪失の状態において他人に犯罪の害悪を及ぼす危険ある素質を有する者は居常右心神喪失の原因となる飲酒を抑止又は制限する等前示危険の発生を未然に防止するよう注意する義務あるもの」とされたが，結果行為が故意の殺人行為であったにもかかわらず，故意の殺人罪ではなく，過失致死罪の成立しか問題となっていない。

すなわち，わが国の実務および圧倒的多数の見解は，原因行為時に結果行為についての予見・故意がなければ，故意犯での処罰を認めないのである。これでは，危険な素質をもつ者が，回避し得た責任無能力状態等において，故意の犯行に及んだ場合について，せいぜい過失犯での処罰しか肯定できず，結果行為として実現した故意不法に関する責任を適切に評価できないことになるのである。

その結果，わが国の議論では，意思連続型，すなわち，最初からやるつもりで飲酒し，そのままその意思が実現したという，酒酔い運転のような，当初の意思の実現が認められやすい類型[29]を除けば，故意犯処罰が肯定されないことになるのである[30]。筆者は，20 代の頃から，このような状況には問題があると感じ，次のような見解を主張している。それが，回避可能性説と言われる見解である。試験の答案には書かない方が無難であるが，皆さんの方で，説得

---

29) 原因行為時に後に酒酔い運転することの予見があり，限定責任能力状態で酒酔い運転を行った事案につき，故意犯での完全な処罰を認めた例として，最決昭和 43・2・27 刑集 22 巻 2 号 67 頁。

30) 原因行為時における後の犯行に関する部分的な予見を取り出して部分的に故意犯での処罰を認めた，名古屋高判昭和 31・4・19 高刑集 9 巻 5 号 411 頁，大阪地判昭和 51・3・4 判時 822 号 109 頁などには，原因行為時における故意の認定が甘すぎるとの批判が妥当しよう。

力を感じて頂けるならば、筆者としてはそれだけでも嬉しい。

　回避可能性説は、違法性の錯誤に関する責任説のロジックを、回避し得た責任無能力等状態における故意の犯行についても推し及ぼし、故意犯での処罰を肯定するものである[31]。違法性の錯誤の場合、行為者には、現実の違法性の認識はないが、違法性の認識が可能であれば、故意犯での処罰が可能である。そして、特に法的に規制された活動等の場合には、事前に法状況を確認する等しておかないと、行為の時点ではどうしようもなくなる。この場合に、行為の時点では違法性の錯誤が回避不可能であったからといって、処罰を断念することはあり得ないだろう。事前の努力により回避し得た違法性の錯誤については、違法性の意識の可能性はあったものとされ、故意犯での処罰が可能となる[32]。

　これと同様に考えれば、行為の時点では責任能力が失われる等していたとしても、その状態が事前の努力により回避し得た場合には、違法性の意識の可能性も犯行の制御可能性もあると言えるから、故意犯での処罰が可能となると考えるのである。

　もっとも、結果責任を問うことになってはいけないから、事前の段階で、後の犯行をその種類において予見し得たことは、是非とも必要である。そのことにより、事前の回避努力が、後の犯行と具体的に結びつき、個別行為責任原則との調和が図られることになるのである[33]。

　この見解は、一般に理解されているのとは異なり、alic 構成ではなく、実は alis 構成である[34]。事前の努力により責任無能力等の状態が回避し得たことにより、行為の時点で、仮設的な違法性の意識の可能性および犯行の制御可能性

---

[31] ギュンター・シュトラーテンヴェルト（安田拓人紹介）「回避しえた責任の排除」法と政治45巻1号（1994年）189頁以下を、是非一読してみてほしい。

[32] 事前の努力による錯誤の回避可能性を根拠に違法性の意識の可能性を認める重要な見解として松原久利「責任阻却事由と事前責任」『大谷實先生喜寿記念論文集』（成文堂、2011年）267頁、一原亜貴子「違法性の認識可能性判断について」『山中敬一先生古稀祝賀論文集(上)』（成文堂、2017年）423頁以下。

[33] 松原(久)・前掲注32)268頁。

[34] これに対し、途中までは、事前の努力により回避し得た違法性の錯誤とパラレルに考えるという筆者と同様の論理を展開されながら、最終的には、原因行為時の故意・過失でもって故意犯処罰かどうかを決められる中空壽雅「『責任能力と行為の同時存在の原則』の意義について」刑法45巻3号（2006年）393頁以下は、alic 構成であるように思われる。

が備わっているのだから，問責対象行為である結果行為時には，この責任がしっかりと同時存在しているのであり，そうだとすれば，これは alis 構成だと言ってよいのである。

ところが，この回避可能性説は，黙殺されることはなく，議論の場に加えてはもらったものの，支持はまったく広がりを見せていない。小林教授は，こうした見解は「結論の妥当性という観点からも大きな問題をはらむ。たとえば，結果行為時にはじめて殺意を抱いた場合であっても，なお故意の殺人罪の完全な責任を問われる余地が存するのである。このような結論はわれわれ法律家の健全な当罰性感覚に反する」とまで断言されている[35]。おそらくサイレントマジョリティも含めた大多数の論者はこのように考えておられるのであろう。筆者はもしかしたら必罰主義者なのかもしれず，この点では自省・自戒が必要である。

他方，小林教授の次のような指摘には，やはり反論させて頂きたい。小林教授は，事前の努力により回避し得た違法性の錯誤につき，「それはあくまで行為に出る段階において，法に忠実であろうとすれば，多少時間がかかり，また，ある程度の外部的行為を要するとはいえ，期待可能な法調査を経て違法性の認識に到達しえたはずだ，という趣旨にすぎない。これと，行為に出る段階において，そもそも法に忠実であろうとする態度が阻害されている責任無能力の場合とは全く異なる」と批判されている[36][37]。

しかし，違法性の錯誤に陥っていることと，責任無能力であることは，それ自体としてはストッパーが現実的に存在していない点では同じであり，事前の努力により当該状態が回避し得た場合には，仮定的基盤に基づく他行為可能性が備わっている点で完全に共通している[38]。こうした他行為可能性は，問責対象行為たる行為と完全に同時存在しているのである。

---

35) 小林・前掲注25)411頁。さらに橋爪・前掲注15)263頁以下も参照。
36) 小林・前掲注25)411頁。
37) 筆者の見解を，わが国で初めて原因において自由な行為論の中に位置付けしたうえ，最初にこのような批判を加えられた重要な文献として，町野朔『「原因において自由な行為」の整理・整頓』『松尾浩也先生古稀祝賀論文集(上)』(有斐閣，1998年) 350頁。
38) 松原(久)・前掲注32)278頁。

## Ⅲ．責任能力判断への解消？

　竹川講師は，結論的には，回避可能性説と同様の帰結を支持されるが，事前責任論の問題を，責任能力判断の内部に回収しようと試みられる[39]。

　講師は，わが国の従来の議論が，結果行為時の故意の存在を軽視している点を強く批判される。責任能力者だけが故意をもちうるとの古典的な責任前提説に立たない限り，責任無能力者も故意をもちうることは当然であるし，何より，心神喪失者等医療観察法は，心神喪失者にも故意の犯行が存在することを前提とした法律である。犯罪論にしか関心のない刑法学研究者でも，人の死期を論じたければ臓器移植法を前提とせざるを得ないし，故意と責任能力の関係を現行法に従って論じたければ医療観察法を前提とせざるを得ないはずである。竹川講師のこうした問題意識は極めて至当である。

　また，竹川講師は，責任能力が事実的な判断ではないことを強調される。従来の見解は，責任能力の有無・程度の判断そのものは，犯行時の精神症状・精神状態像として責任能力を事実的に捉えてきており，そのために，責任能力の概念内部で自招性を考慮する途が絶たれ，犯罪論を工夫して可罰性を肯定する議論に陥らざるを得なかったのだとされるのである。

　確かに，筆者のモノグラフィーにおいて展開した基礎理論においても，認識・制御可能性の判断に際しては期待可能性の観点が登場し，そこでは事前の回避可能性あるいは自招性により期待可能性の寛厳が異なりうることを前提としていた。また，ドイツにおける有責な情動の議論を紹介する中でも，回避不可能な責任無能力状態＝無責的情動に精神の障害を限定することにより，事前責任論を責任能力判断に解消する可能性も示唆していたところであり，竹川講師はこれを支持されたところもあるように思われる。

　講師は，これをさらに一歩進め，故意が原則的責任要素であるのに対し，責任能力は例外的な阻却事由であるから，責任評価とそれを基礎づける事実の距離に差があってよいと論じられる。「責任非難を基礎づけるのは，不法の量を責任に媒介する故意・過失であり，それ以外の責任要素（責任能力・違法性の

---

[39] 竹川俊也「自招性精神障害の刑法的評価：『原因において自由な行為』論の再定位(2・完)」北大法学論集70巻1号（2019年）18頁以下。以下ではいちいち引用箇所を示さない。

意識の可能性・適法行為の期待可能性）は，行為者の（合）理性や他行為可能性が欠けた場合に例外的に責任の阻却を認める要素（例外的責任要素）である。こうした犯罪論構造上の相違は，同じ責任要素であっても事前の責任要件事実を基底とした評価を認めることの可否や，その要件に影響を与える。……例外的要素の有無を判断する際に自招性を考慮することはむしろ当然のこととして位置づけられる」とされるのである[40]。

　筆者としても，まだ立ち位置が十分定まっていないが，例えば，覚醒剤精神病のときに，鑑定人が自招性を考慮して精神症状の影響の程度を評価しているような局面に遭遇すると，これは事実を報告すべき鑑定人の役割ではなく，まさしく法的・規範的な観点から評価を下す法律家の役割であると強く感じる。それゆえ，精神障害が犯行に及ぼした影響に関する精神鑑定の報告には，法的・規範的に考察されるべきファクターは混入すべきでないように思われる。そのため，最終的に事前責任論を39条の心神喪失・耗弱の解釈の内部に収納するにせよ，鑑定人と法律家の役割分担を崩すおそれのある議論には慎重になる必要がある。無責的情動の問題は，当該実行に及んだ時点では，それ自体としては責任無能力等の状態にあったことを事実的な前提としつつ，あくまで事前責任論の問題として，その事前の努力による回避可能性を論じるものであり，これらを混然一体ととらえるものではない。

　この点を改めて整理し直してみると，次のようなことになろう。ブレーキの装置が壊れていたか，ブレーキパッドがすり減っていたのかといったことについては，精神鑑定をふまえた犯行時点の事実的評価として確定する必要がある。そのうえで，そうした装置等の故障・減耗が事前の努力により回避し得たかが問われることになるほか，能力評価において期待可能性判断が機能する局面では，事前の回避可能性が考慮されることになるのである。

　面倒なようではあるが，事前責任論は「精神医学の本分」ではない以上，法律判断として行う必要があることは確認しておきたい。

---

[40] こうした理解を「精神の障害」の要件の内部で展開する見解として箭野章五郎「責任能力制度の理解と事前責任論」刑法56巻2号（2017年）146頁以下も参照。

# 第17章　実行行為途中からの責任能力低下

**CHAPTER 17**

> **POINT**
>
> ・この問題が，一連一体の実行行為途中からの責任能力低下の問題なのか，当該行為の開始時には能力が低下していたとして原因において自由な行為の理論を適用すべき問題なのかを理解する。
> ・前者だと考えた場合，刑法39条の適用を排除するための要件は，自由な意思決定の実現が認められるか，であり，それが認められるのはどの範囲でなのか，であることを理解する。
> ・この問題には，それ以外の解決策（責任能力低下前の実行行為への帰属，補充的な原因において自由な行為論の適用）もあり，適宜併用されてよいことを理解する。

## はじめに

　実行行為を開始した後に，責任能力が低下する等し，その状態でさらなる実行行為に及び，結果を惹起した場合に，責任能力が低下した後の実行行為およびそこから生じた結果について，刑法39条の適用を排除し，完全な責任を問うことが可能かという問題は，原因において自由な行為の理論に大きな理論的関心が寄せられるのとは対照的に，教科書等でも小さな扱いとなっている。しかしながら，実務上は，こちらのケースも大きな問題となっており，わが国では下級審裁判例において幾つかの判断が積み重ねられ，これを契機として，学説上も相応の議論の蓄積がみられる。実務先行型の論点と言えるであろう。
　ところが，わが国の裁判例の立場は，1個の実行行為の途中で責任能力が低下しても，当該行為が完全責任能力状態で開始された以上，刑法39条の適用は問題とならないとの見解と最も整合的であるように思われる一方で，そのような見解からは本来不要であるはずの要件が立てられ，あるいは，ファクター

が考慮されているようにも思われる。

　もとより，裁判例における判断は，個々の具体的事案における適正妥当な解決を確保するためのぎりぎりのものであるところ，この問題であれば，実務家の判断に際しては，刑法39条の適用がどのような要件のもとで排除されるのかという限定された見方ではなく，およそ完全な非難を加えることが許されるかという見方が支配しており，このことから完全な非難を支えうる事情であればこれもまた考慮ファクターとして挙がってくるということになるのかもしれない。

　学説の実務への向き合い方には，様々なものがありうるが，こうした実務家の悩みを共有し，それをそのままに受け止めて整序することだけが唯一のやり方ではないであろう。強く非難されてもやむを得ない事情があればそれで足りるわけではなく，ここで問われるべきは，やはり，どのような理論的根拠でもって，実行行為途中から責任能力が低下しているにもかかわらず，刑法39条の適用を排除することが許されるかであり，その観点からすれば関係のない事情は，やはりそういうものとして理解される必要があるのである。

　そこで，本章では，実行行為途中からの責任能力低下があったにもかかわらず，なぜ刑法39条の適用が排除されるのか，という問題を，まさしくそういう問題として取り上げ，その基礎にある考え方を可能な限りクリアーに示すことに努めたい。

## 1．事案の捉え方：行為の一体的把握と分断的把握

　この問題は，幾つかの変数を同時におさえながら検討する必要があり，大変難しい。そうした変数の1つは，この問題を，タイトルどおり「実行行為途中から責任能力が低下した事例」だと捉えるか，そうではなく，いわば1発1発のパンチごとに1つの実行行為なのであり，パンチを何発も繰り出している途中に責任能力が低下した場合には，能力低下後のパンチについて「その開始時にすでに責任能力が低下している事例」だと捉えるかである。言い換えれば，原因において自由な行為の理論を適用すべきと考えるか否かだと言ってもよいであろう。

　例えば，東京高判昭和54・5・15判時937号123頁の事案は，夫婦間の諍い

に端を発し、夫に首を絞められてしまうと誤想し、近くにあった洋ばさみを逆手に持ち、上体に数回力まかせに突き刺し、精神的に強度に興奮して情動性朦朧状態に陥り、洋ばさみで滅多突きにし、さらに陰茎を切断するなどして殺害したというものであるが、こうした責任能力低下の問題がなければ、この事案は構成要件的評価としては殺人（既遂）罪が1回適用されるだけであること（殺人1罪であること）には争いはないであろう。また、長崎地判平成4・1・14判時1415号142頁の事案は、夫婦間の簡易保険の生存剰余金引き出しをめぐる口論に端を発し、妻に立腹して、手拳で頭部・顔面等を殴打したが、なおも剰余金を引き出すと主張する妻に対し、腹立ちまぎれに焼酎を飲んで酩酊の度を強めながら、数次にわたり、手拳で頭部・顔面等を殴打するなどの暴行を加え、妻をさらに叩こうとして居間に入ろうとした際に躓き頭を強打して一層激昂し、妻の背部・臀部等を踏みつけ、肩たたき棒で頭部を滅多打ちにするなどの暴行を加え、死亡させたが、中核的な行為を行った時期には複雑酩酊により責任能力が著しく低下していたというものであるが、この事案も責任能力低下の問題がなければ、構成要件的評価としては傷害致死罪が1回適用されるだけであること（傷害致死罪1罪となること）には争いはないであろう。

　こうした事案で、責任能力低下後の行為につき刑法39条を適用すべきだとする見解は、いわば責任段階で、能力低下前の行為と能力低下後の行為を分断し、後者を取り出して39条の適用を問題にしていることになるのである。

　こうした見解を最もはっきりと主張されるのは、浅田教授である。教授は、「本問で問題となるような一連の行為は、通常は……包括一罪として既遂で処理される類型である……が、そのうち結果を発生させた当該行為が心神耗弱・喪失状態で行われた場合は、例外的に（……責任のレベルで）行為を分割すべきである」と主張される[1]。その背景には、「同時的コントロールこそが重要と考える」べきだ[2]とする、教授の強い信念がある。そして、浅田教授は原因において自由な行為の理論を全否定される[3]論者なので、そのまま刑法39条の適用が肯定されることになるのである。

---

1) 浅田和茂「実行行為開始後の心神喪失・耗弱について」『宮澤浩一先生古稀祝賀論文集(2)』（成文堂、2000年）390頁。
2) 浅田和茂『刑法総論〔第3版〕』（成文堂、2024年）305頁。
3) 浅田・前掲注2)299頁以下、とくに302頁。

しかしながら，浅田教授の見解は，2つの「べきである」との主張が並立しているにすぎず，これらの2つの主張をつなぐ理由付けは，示されていないように思われる。すなわち，同時的コントロールは重要であるが，「一連の行為の開始時において同時的コントロールができていれば足りる」との理解が採用できない理由こそが示されるべきところ，それは示されていないように思われるのである。

　この点は，高橋博士の見解も同様である。高橋博士は，長崎地裁平成4年判決の事案を念頭に置いて，致命傷を与えた行為の時点で心神耗弱状態であったということを完全な責任に転化させるためには，一種の「一連の行為」論的な判断を，責任阻却段階で展開しなければならないのではないか，それが「原因において自由な行為の法理」だとされたうえ，「構成要件該当性段階では統合して傷害致死罪となり，責任阻却段階では分断して前半の責任能力のある状態の暴行と心神耗弱のときの暴行とを分けて，意思が連続しているかという判断，つまり，意思決定が連続しているかという責任阻却段階における『一連の意思』ともいうべきものを認めるべきであろう」とされるのである[4]。これは，原因において自由な行為の理論の適用を認める点で浅田教授の見解とは異なっているが，しかし，責任能力低下の前後で行為を分断して捉えるべきだとする論拠がまったく示されていない点では同様であるように思われる。

　これらの見解を除けば，多くの見解は，実行開始から結果を惹起する最終段階までの行為が一連の実行行為であることを前提としたうえで，議論を展開しているように思われる。そこで，以下では，責任能力低下後の行為に刑法39条を適用すべきだとする見解の論拠をさらに探ってみたい。

## II．問題の捉え方：
## 　　早すぎた構成要件実現の問題とのパラレルな把握

　この問題は，**第2章**で取り上げた早すぎた構成要件実現の問題とパラレルに捉えることが可能である。早すぎた構成要件実現の場合には，まさに早すぎたわけであるから，当該結果を惹起した行為は，それにより結果を引き起こす

---

　　4）　高橋則夫『規範論と理論刑法学』（成文堂，2021年）81頁以下。

のだという意思（既遂故意）にになわれて行われてはいない。そこで，有力な見解は，早すぎた構成要件実現の場合には，既遂故意にになわれた行為から既遂結果が発生した場合でないと，既遂犯での処罰はできないのであり，未遂故意しか認められない行為から結果が発生しても未遂犯の責任しか問えないと主張する（未遂故意・既遂故意区分説）[5]。そして，さらに一部の論者は，これとパラレルに，実行行為途中から責任能力が低下した場合にも，既遂故意にになわれた行為が責任能力の低下した後で行われている場合には，完全な非難を向けることはできず，刑法 39 条の適用が認められるべきだとしている [6]。

　しかしながら，こうした見解においては，そうした結論をとるべきことが力説されているだけで，論拠となるべきものを見て取ることは困難である。実際問題としても，例えば殺意をもって実行を開始したにもかかわらず，当初の行為では死なない程度にセーブし，少し痛めつけてから殺そうという思惑があったことをもって，にもかかわらず当初の行為から被害者が死亡した場合に，殺人未遂しか認めないという結論は，支持しがたいものであろう。なぜなら，まず，事象のコントロールはそこまで自由自在になるものではないのだから，そうしたコントロールをなしうるという錯誤に，既遂犯の成立を否定するという重大な法的効果を結び付けてよいようには思われないのである [7]。

　そのような中，注目に値するのは，松原教授の見解である。教授は，「未遂犯処罰規定が例外的な処罰拡張事由であることからすると，本来的な禁止規範は，直接結果惹起に向けられた実行行為（基本的構成要件該当行為）の完遂をもって突破されたと考えるべき」である，殺意をもって引き金に指をかけた行為者は，未遂規範を突破してはいるが，引き金を引くという結果惹起行為を留保している限りで結果惹起禁止規範を突破していない，「結果の惹起を故意の所産として非難し，発生した結果を行為者の故意責任に帰属させるためには，

---

[5] 西村秀二「『早まった結果惹起』について」富大経済論集 46 巻 3 号（2001 年）653 頁以下，石井徹哉「いわゆる早すぎた構成要件の実現について」奈良法学会雑誌 15 巻 1 = 2 号（2002 年）34 頁以下，林幹人『判例刑法』（東京大学出版会，2011 年）96 頁以下，高橋則夫『刑法総論〔第 5 版〕』（成文堂，2022 年）195 頁以下，とくに 196 頁以下など。

[6] 林美月子「実行途中からの心神喪失・心神耗弱」現代刑事法 2 巻 12 号（2000 年）52 頁以下など。

[7] 佐藤拓磨「早すぎた構成要件実現について」法学政治学論究 63 号（2004 年）240 頁以下，吉川友規「『一連の行為』と承継的責任無能力」同志社法学 69 巻 3 号（2017 年）1018 頁。

結果惹起に必要な行為を故意で完遂することを要するものと解される」と主張されている[8][9]。そして，実行行為途中からの責任能力低下の問題についても，未遂＋結果＝既遂の等式は着手未遂には妥当しないとされ，刑法39条の適用を排除し，完全な処罰を認めるためには，「原因において自由な行為の要件に照らして，完全な責任能力を有する状態のもとでの行為と結果惹起行為および結果との間の因果連関・責任連関を具体的に検討すべき」だとされるのである[10]。

しかし，まず，刑法43条は「これを遂げなかった」と規定し，「未遂＝既遂－法的因果関係を経た結果発生」であることを明示し，未遂犯につき既遂犯と異なる構成要件的行為を予定していないのであり，これと異なる理解は法文を無視した解釈であるように思われる[11]。

そして，例外的に処罰されるにすぎず，各則に個別に規定されるにすぎない予備と，主要な犯罪につき広く処罰の対象とされ，総則に規定される未遂犯との間には，刑法上明確かつ重要な差があるが，それ以降の段階については，例外的な存在である中止犯の場合を除いては，刑法上の扱いを分けるべき根拠となるべき規定も存在しない[12]。そうだとすれば，構成要件実現の意思でもって，そうした決定的段階である着手の段階を突破したことにより，完全な行為反価値は実現されたのであり，あとは法的因果関係をたどって結果が発生すれば既遂犯での処罰は問題なく肯定されてよい。

こうした考え方を，実行行為途中からの責任能力低下の問題に推し及ぼせば，完全な責任能力ある状態で実行に着手した以上，あとは責任能力低下後のどこまでの行為が1個の実行行為と見られるかの問題が残るだけなのである。

---

8) 松原芳博『刑法総論〔第3版〕』（日本評論社，2022年）343頁以下。
9) 同様の結論を，「結果惹起へと至る因果が自己の制御下から離れてしまうと知りつつ手放す行為者と，着手したとはいえ未だ自己の制御下にあると誤信している行為者とでは，前者の方が法益に対するより強い攻撃的心情を持つものといえる」ことから基礎付ける見解として，小池直希「未遂犯の故意の内容について」『高橋則夫先生古稀祝賀論文集(上)』（成文堂，2022年）638頁以下。
10) 松原・前掲注8)360頁。
11) 佐久間修「実行行為と故意の概念」曹時57巻12号（2005年）3556頁，福田平「『早すぎた構成要件の実現』について」判タ1177号（2005年）126頁以下など。
12) 中森喜彦「実行開始後の責任能力の低下」『中山研一先生古稀祝賀論文集(3)』（成文堂，1997年）225頁，佐藤・前掲注7)240頁以下など。

なお付言すれば，こうした早すぎた構成要件実現の問題とパラレルに考えて刑法39条の適用を主張し，あるいは，その適用を排除するためには原因において自由な行為の理論によるべきだと主張する見解は，東京高裁昭和54年判決の事案のように殺人罪のような結果犯が問題となっている場合には，一定の説得力を持ちうるかもしれないが，長崎地裁平成4年判決の事案のように結果的加重犯が問題となっている場合には，そのままでは妥当しないものである。

　殺人罪のような結果犯の場合には，既遂故意説のような考え方は，着手未遂と実行未遂の区別，言い換えれば，中止行為が認められるためになすべき行為が違うことを論拠とすることが可能であったが，結果的加重犯の場合には中止犯の適用は問題とならないのだから，論拠として残るのは，まさしく，まだ結果が発生するとは思わなかったという行為者の錯誤を重視すべきことのみである。これに十分な理由がないことはすでに述べたとおりである。

## III. 論拠としての自由な意思決定の実現とその具体的適用

### 1. 論拠としての自由な意思決定の実現

　前章で取り上げた原因において自由な行為でみた，自由な意思決定の実現を完全な責任非難を認める根拠とする見解は，もともと実行行為途中から責任能力が低下した場合には，能力低下後の行為についても完全な非難が問題なく可能であることを前提としたものであったように思われる[13]。裁判例が登場する前に，この問題があまり論じられていなかったのは，言うまでもなく当然のこと，という理解が学説を支配していたからであろう。

　原因において自由な行為の場合は，実行開始時において責任能力がすでに失われたり減少したりしているから，その時点では完全な責任非難ができないのではないかが問題となるのに対し，実行行為途中から責任能力が低下した場合には，実行開始時には完全な責任能力があるのだから，行為に及んだことの責任は完全に問いうるのである。

　それゆえ，あとは，非難されるべき意思内容がそのまま能力低下後の行為に

---

13) 佐伯千仭『四訂刑法講義（総論）』（有斐閣，1981年）245頁。

おいても維持されており，それもまた完全に非難される意思決定の実現だと評価できるのであれば，刑法39条の適用が排除されることは，あまりに当然であろう。

　くどいようであるが，原因において自由な行為の場合は，実行開始時に能力が低下等しているため，同時的コントロールに問題が生じるが，実行行為途中から責任能力が低下した場合には，実行開始時には責任能力は完全にあるのだから，同時的コントロールの要請は完全に満たされているのである。

　確かに，行為を分断して，1発1発の暴行の開始時に同時的コントロールが必要だと解すれば別であるが，すでにみたように，責任非難を考えるにあたっては，そのように考える根拠は乏しいのである。

## 2. 同一の意思の発動としての一連の行為

　中森教授は，着手後の責任能力の低下の事例において重要なのは実行行為の一体性・一個性であり，責任能力の低下後に新たな認識が生じ別の行為が行われたと見るべきでないのであれば，行為は全体として1個であり，行為者はその全体について責任を負うとすべきだとされる[14]。中空教授も同様に，実行の開始時に責任能力が存在する承継的責任無能力の事例の解決にあたって重要なのは，その意思決定の射程範囲のみだとの理解を示されている[15]。

　こうした見解によるとき，責任能力低下の前後での「行為態様の同一性」が認められる場合，すなわち，東京高裁昭和54年判決の事案のように，責任能力低下後の実行行為が責任能力に特段の減弱のない状態における殺意の「おのずからなる継続発展として，かつ主としては右と同じ態様の加害行為をひたすら反覆継続したという関係」や，大阪地判昭和58・3・18判時1086号158頁の事案のように，責任能力が低下した状態で行われた暴行は，「前段階におけるそれと態様を異にするものでもない」との事情が認められる場合には，問題なく一連の構成要件実現過程全体について完全な責任非難が可能となる[16]。

　他方，長崎地裁平成4年判決の事案では，被告人の行為が，手拳による殴打

---

14) 中森・前掲注12)225頁以下。
15) 中空壽雅「実行着手後の心神喪失・心神耗弱といわゆる『同時存在の原則』」『西原春夫先生古稀祝賀論文集(2)』（成文堂，1998年）260頁以下。

から足での踏みつけ，さらには肩たたき棒による頭部滅多打ちへとエスカレートしていることが問題となりうる。

確かに，年金の受け取りをめぐる夫婦間の諍いに端を発した怒りを基盤とした犯行であると捉えれば，1個の実行行為とみる余地はないではないであろう。とりわけ，構成要件レベルで社会的に1個の事象を1個の構成要件評価でもって捉えるという観点からは，このようなことになるのが自然である。

しかし，いわゆる一連の行為論が，それ自体として解釈論的意義をもちえないのは，問題ごとに「一連の行為」を切り出すための着眼点が異なり，およそ犯罪論体系の上から下までを貫くような解決策ではないからである。早すぎた構成要件実現の問題では，着手以降の行為を1個の実行行為と捉えるという観点が決定的であるのに対し，量的過剰（時間的・事後的過剰）の問題では，防衛事象的性格がなお維持されている段階の行為までを過剰行為と捉えてよいのではということが決定的であった。そして，実行行為途中から責任能力が低下した場合には，どこまでを全体として完全な非難を向けうるかが決定的な着眼点となるのであり，それと異なる行為の切り出し方では，問題の解決にとって役立たないのである[17)18)]。

そうだとすれば，ここでは，非難可能な意思に基づく行為がなお続いているかという観点こそが決定的なのであり，責任能力低下の前後で同一態様の行為が反復継続されているといった事情は，これを支える重要なファクターなのである。

## 3. 責任能力ある段階における完全な行為反価値の実現

筆者のような見解は，殺人罪のような結果犯における単独直接正犯で実行の

---

16) 山本光英「実行の着手後の責任無能力」中央大学大学院研究年報法学研究科篇16号Ⅰ-2（1987年）103頁以下，小野晃正「『承継的責任無能力』と実行行為の個数について（2・完）」阪大法学62巻2号（2012年）438頁以下。
17) 本問題における行為の一体性の問題が責任段階におけるものであることを的確に指摘するものとして吉川・前掲注7)1032頁。
18) 只木誠編著『刑法演習ノート――刑法を楽しむ21問〔第3版〕』（弘文堂，2022年）142頁以下〔安田拓人〕の「9. 血が酩酊するとき」は，量的過剰（時間的・事後的過剰）の場合と実行行為途中からの責任能力低下とで，一まとまりに捉えるべき範囲が異なることを理解してもらおうと思って作った問題であるので，一度トライしてみて頂きたい。

着手が認められる場合には，少なくとも未遂犯を成立させるだけの行為反価値が認められ，あとは結果を帰属できるかだけが問題となるにすぎないとの理解を前提としている。これに対し，長崎地裁平成4年判決の事案は傷害致死罪であり，この事案の一連の行為を全体として傷害致死1罪で評価するにしても，殺人罪における着手とパラレルに捉えうるのは，やはり結果発生の現実的危険性をもった行為，結果発生への自動性・確実性が認められる行為に限られるのではないだろうか。

確かに本件傷害致死罪の着手は，最初の手拳での殴打行為に認められることとなろう。しかし，本問題との関係で決定的であるのは，殺人罪のような結果犯における単独直接正犯の場合に実行の着手があれば，既遂結果を帰責されてよいだけの行為反価値が認められるということなのであるから，形式的に着手があるかを確認すれば足りるわけではないのであり[19]，結果的加重犯においてもそのようなことを肯定しうる段階を見極めることが必要になろう。結果犯において実行の着手があれば，あとは結果が法的因果関係をたどって発生すれば既遂犯として処罰されてよいだけの行為反価値が認められるのに対し，暴行が開始されただけでは，暴行には判例に従えば傷害の危険を含まないものから相手を死亡させる危険のあるものまで幅広いものが含まれる以上，結果が法的因果関係をたどって発生すれば傷害致死罪として処罰されてよいだけの行為反価値があったかがなお確実ではないのである。

このような観点から見てみると，長崎地裁平成4年判決の事案における責任能力ある段階でなされた手拳による殴打行為は，おそらくそのような行為だとは評価しがたいように思われるのである。同事案では，責任能力低下前の行為は，致死結果をもたらす可能性のない暴行の実行行為しかなく，致死結果を直接もたらしうる暴行は責任能力低下後になされている[20]。確かに，未遂故意・既遂故意区分説が否定されるべきだとすれば，致死結果を直接もたらしうるだけの行為が責任能力ある状態で開始されなければならないとまでは言えないであろう。しかし，少なくとも，そうした行為に至る自動性・確実性ある段階が責任能力ある状態で突破されたのでなければ，加重的結果をもたらした責

---

[19) これに対し，中空壽雅「判批」関東学園大学法学紀要6号（1993年）307頁は，最終的意思決定時を重視する立場から，長崎地裁平成4年判決の事案についても，着手があり，その意思の実現があれば足りるとされている。

任能力低下後の行為を責任能力低下前の行為と一体性・一個性ある行為として，完全な責任非難を加える実質的根拠に欠けるはずである。この場合に，刑法 39 条の適用を排除し，完全な非難を認めるためには，原因において自由な行為の理論の適用を行う必要があるように思われる。

## IV. さらなる解決策

### 1. 責任能力ある段階への結果の帰属

　責任能力低下前の行為につき能力低下後の行為との因果性が認められる場合には，問題なく能力低下前の行為だけを問責対象とし，能力低下後の行為を介在事情と捉えて，発生した結果も含めて構成要件実現過程全体について完全な責任非難を加えることができよう。とはいえ，ここでは同一行為者の行為が問題となるうえ，責任能力低下は事前に予見されているわけでもないから，能力低下後の行為に意識的に影響を与える働きかけを能力低下前の行為につき認めうることはほとんどないと言えよう。山中教授は，重要なのは責任能力低下後の直接的結果惹起行為を招いたかであるとされ，能力低下前の実行行為の継続発展したものが能力低下後の行為と言えるかどうかだとされる[21]が，継続発展性だけをもって能力低下前の行為が能力低下後の行為を惹起したと評価することは困難だと思われる。

　それゆえ，責任能力低下前の行為につき能力低下後の行為との因果性が例外

---

20) 川端博『責任の理論』（成文堂，2012 年）140 頁以下は，すでに当初の暴行によって「顔面がどす黒くなって目は見えないように腫れあがっている」のであり，なお当初の行為だけでも十分に重大な結果の発生をもたらしうる重大な侵害行為があったと言いうると評価されている（中森・前掲注 12)226 頁注 1 も，長崎地裁平成 4 年判決の事案と東京高裁昭和 54 年判決の事案・大阪地裁昭和 58 年判決の事案との「違いは質的なものではない」とされている）が，同時に博士は，前者は被害者が「立ち歩ける程度のもの」であったことを的確に指摘されており，本件死亡結果をもたらしうる程度の暴行かという点で，能力低下の前後で質的相違があったとするのが自然なように思われる（この限りで小野晃正「実行着手後の責任能力低下と行為分断の可否」刑法 55 巻 2 号〔2016 年〕274 頁以下，滝谷英幸「『一連の行為』概念をめぐる思考方法(2・完)」早稲田大学大学院法研論集 142 号〔2012 年〕142 頁に賛成である）。

21) 山中敬一「実行行為の途中で責任能力の減弱・喪失状態に陥った事案に関する一考察」産大法学 32 巻 2 = 3 号（1998 年）376 頁以下。

的に肯定されうるのは，能力低下前の行為によりもたらされた精神的興奮等が能力低下後の行為に影響を及ぼしたような場合，言い換えれば，①能力低下前の行為→②精神的興奮状態の招来→③能力低下後の行為，という因果性が認められる場合であろう[22][23]。例えば東京高裁昭和54年判決の事案では，「被告人が行為中途でおちいった情動性朦朧状態」が「被告人が相手方に対して意図的に右のような重大な加害を開始してしまったことによる激しい精神的昂奮が少なからず起因しているものであることは容易に窺知できる」「その精神的昂奮状態は被告人において自ら招いた面が多い」との判断がなされている。確かに，東京高裁自身は，能力低下前の行為の重大性，精神的興奮状態の自招性は，「本件行為全体の非難可能性の有無，程度」「非難可能性の減弱を認めるべき実質的根拠」の判断材料として位置づけている。しかし，この事案で，①能力低下前の行為→②精神的興奮状態の招来→③能力低下後の行為，という因果性が認められれば，能力低下前の行為だけを捉えて完全な処罰を認めることに問題がないことは明らかである[24]。

　判決では①→②は認定されているようであるが，これには疑問がありうる。中田修博士の鑑定例集によれば，被告人には洋ばさみで2～3回刺したまでの記憶しかないことから，「犯行を開始してまもなく，激烈な情動のために情動性もうろう状態に陥ったものと推定される」，「自信欠乏型敏感性格……のために，長期にわたって，犠牲，忍従の生活に甘んじ，その間に不満，うっ積が蓄積し，ついに本件犯行となって爆発したものと考えられる」と結論づけられており[25]，蓄積されたうっ積が，犯行前の諍いおよび被害者に頸部を絞められ

---

[22] 林幹人『刑法の基礎理論』（東京大学出版会，1995年）148頁は，「原因において自由な行為の理論」の適用としてではあるが，自由な行為が責任能力低下後の行為の原因になっていたのでなければならないとの理解のもと，本文と同様の分析を行っておられる。もっとも，教授は，未遂故意・既遂故意区分説に立たれるから，能力低下前の行為が既遂故意を成立させるものであることの確認なくしては，このような分析に入ることはできないはずである。

[23] 井田良『講義刑法学・総論〔第2版〕』（有斐閣，2018年）503頁は，責任能力低下が限定責任能力までしかない場合には，能力低下後の行為を問責対象と捉えるほかはないとされ，この解決を否定されるが，このような因果性が認められる場合に，限定責任能力状態でなされた行為の介在が能力低下前の行為だけを切り取って問責対象と捉えることの妨げになる理由は明らかではない。

[24] 林（幹）・前掲注22)150頁。

[25] 中田修『我が精神鑑定例Ⅰ』（時空出版，2014年）693頁以下，とくに698頁。

たことで爆発したのだとすれば，同判決がいう，責任能力低下前の行為が精神的興奮状態をもたらしたという判断には相当の疑問が向けられてよい。

　また，②→③を認めやすいのは，精神的興奮状態により能力低下後の行為に，抑制解除の発現とみられる衝動性の昂進，粗暴性の増大，攻撃の激化といったものがある事案であろうが，本判決では，能力低下後「の実行行為は右殺意のおのずからなる継続発展として，かつ主としては右と同じ態様の加害行為をひたすら反覆継続したという関係」だと認定されている限りにおいて，②→③を認めにくい事案だと言えよう。

　これに対し，大阪地裁昭和58年判決の事案は，こうした①→②→③の関係を認めることができるものである。大阪地裁は，①→②につき，「その後の被告人の錯乱状態は，被告人自らの飲酒及びそれに先き立つ暴行等の行動によって招かれたもの」だとしており，責任能力低下前の行為が錯乱状態を招いた共同原因であるとしている。そして，②→③につき，「右状態で行われた暴行は，前段階におけるそれと態様を異にするものでもない」との判断はみられるが，他方で，責任能力判断に関するものであるものの，「本件犯行における暴行は，約一時間にわたって判示のとおり執拗にくり返されており，その内容，とりわけ犯行後半におけるそれは，転倒した被害者を路上に引きずり廻し，殴打足蹴にしたほか，同人の下半身の着衣をはいで裸にし，露出した陰茎を握って引っ張るなど異常さを窺わせるものである」との判断がなされており，後半の行為が錯乱状態の影響下でなされたものだと評価されうるものとなっている。その限りで，②→③の関係も認めることができるであろう[26]。このようにみれば，大阪地裁の事案では，責任能力低下前の行為が能力低下後の行為と因果性が認められるがゆえに，責任能力低下前の行為だけを問責対象にしたとしても傷害致死につき完全な責任を問うことができたように思われる。

　裁判例において，能力低下前の行為の重大性，責任能力低下状態の自招性といったファクターが考慮されている場合があるのは，裁判所がこのようなアプローチからも問題の解決を試みたからのように思われる。

　もっとも，筆者のように，自由な意思決定の実現を論拠として，1個の実行行為の途中から責任能力が低下したとしても刑法39条の適用は排除されると

---

26）林（幹）・前掲注22)151頁。

の見解をとる場合には，能力低下後の行為も完全に非難可能な行為であり，能力低下の前後のいずれに結果が帰属されるかはまったく重要ではない。このような，因果関係による解決が必要となるのは，浅田教授のように各行為を分断的に把握したうえ，原因において自由な行為の理論も否定するような場合に限られるのであり，そうでない立場からは，独立の検討は要しないように思われる[27]。

また，小池教授が指摘されるように，このアプローチでは，「結果を責任能力低下前の行為に帰責するだけで満足し，能力低下後の行為の遂行自体をも含めた問責にこだわらないことは，事案の実体に即した罪責評価という見地において違和感が残る」とも言えよう[28]。そうした意味で，責任能力低下前の行為への結果の帰属を考えるアプローチの意義は小さいものと思われる。

## 2．原因において自由な行為の理論の適用

長崎地裁平成4年判決の事案においては，実行行為途中からの責任能力低下の枠組みで考える限り，敷居に躓き頭をぶつけて激昂してから後のエスカレートは，当初想定されたものではなく，1個の実行行為として扱うことはできず，能力低下後の行為には，刑法39条が適用されるのが原則である。

この点，橋爪教授は，長崎地裁の事案につき，「本件においては，やはり飲酒酩酊によって自制心が失われた被告人が，当初の暴行の犯意を大幅にエスカレートさせて，重大な結果を引き起こしたという因果経過が重要である。そして，このような実行行為にこのような因果経過を引き起こす危険性を認めるためには，やはり被告人に大量に飲酒酩酊すれば感情が爆発し，粗暴な行動に出る性癖・傾向があるなどの事情を認定する必要があったように思われる」と論じられる[29]。

橋爪教授が説かれるところは完全に妥当なものと思われるが，この結論は，

---

[27] この解決策だけによる見解として神田宏「原因において自由な行為？——実行行為の途中で責任能力に疑いの生じた場合の刑事的処理について」近畿大学法学44巻2号（1997年）72頁以下。
[28] 小池信太郎「判批」百選Ⅰ〔7版〕（2014年）75頁。
[29] 橋爪隆『刑法総論の悩みどころ』（有斐閣，2020年）269頁。

飲酒行為という原因行為を考慮してはじめて導かれるものであり，原因において自由な行為の理論の適用が必要となるように思われる。

　前章で述べたように，原因行為を問責対象と捉える見解（間接正犯類似説ではない純化バージョン）からすれば，まさしく橋爪教授が説かれるような要件のもとで，暴行に併存する飲酒行為を問責対象行為として，完全な非難を加えることが可能となる。

　もっとも，この見解は，飲酒行為のような原因行為が実行行為と併存しているような場合にしか適用できないのであり，暴行を加えるうちに情動性朦朧状態に陥ったような場合には，結果行為を問責対象と捉える必要がある。そのうえで，筆者の見解のような回避可能性説によるのであれば，エスカレート後になされたの程度の暴行が予見でき，事前の努力によりそうした情動が回避しえた限りで，責任能力低下後の暴行に対して完全な非難を向けることも可能となるように思われる。

# 未遂犯

Fundamentals of Criminal Law: General Part

# 第18章　実行の着手

CHAPTER 18

> **POINT**
>
> ・実行の着手論と不能犯論との関係が表裏一体のものなのかにつき，進捗度説の問題意識を踏まえて理解する。
> ・リーディングケースであるクロロホルム事件最高裁決定に即して，自動性・確実性基準と時間的切迫性基準の対立を理解したうえ，同決定の理論的位置づけ等を理解する。
> ・特殊詐欺に関する最判平成30・3・22やすり替え窃盗に関する最決令和4・2・14に即して，それが理論的にどのように捉えられるかを理解する。

## はじめに

　皆さんと一緒に刑法総論を学んできたが，前章までで，単独犯の既遂犯については，考察を一通り終えたことになり，残ったのは技術的な性格が強まる未遂犯論・共犯論である。

　ここからは（も？）学習者にとってはカオスな世界が広がっている。ここで学習者に一定の見取り図を提供することは，教育者としての使命であろう。また，技術的な性格が強い論点が続くとはいえ，その中にもホットな話題は当然あるし，本質的なところにつながっている議論もないではない。技術的な性格が強い議論を，そっけなく整理整頓しただけでは，読者の皆さんは無味乾燥な印象しかもたず，刑法総論が嫌いになってしまうであろう。そうではなく，なるべく熱い，本質につながる議論として伝えることはできないか。本章以降は，この課題を追求していくこととしたい。

　さて，近時，実行の着手論は，学界におけるホットなテーマとなっている。クロロホルム事件に関する最決平成16・3・22刑集58巻3号187頁が着手に

関するリーディングケースと目されていた中で，最近でも，特殊詐欺の事案に関する最判平成 30・3・22 刑集 72 巻 1 号 82 頁，キャッシュカードのすり替え窃盗の事案につき最決令和 4・2・14 刑集 76 巻 2 号 101 頁が登場し，新たな問題を提起し続けている。これらを踏まえて判断基準をどう立てていくかの問題に入る前に，まずは，前提問題を解決しておこう。それが，実行の着手論と不能犯論との関係である。

## I．実行の着手論と不能犯論との関係

　従来の見解は，これらを表裏一体の関係にあるものと捉えてきた。こうした伝統的見解の一方の代表は，行為の危険性に着目する大塚仁博士の見解である。博士は，「実行行為，すなわち，犯罪構成要件の実現にいたる現実的危険性を含む行為を開始することが実行の着手である」とされる一方，不能犯論においては具体的危険説を支持されたうえ，「具体的危険説にいう『具体的危険』とは，既に実行行為の要件として用いている，犯罪実現への『現実的危険性』の観念と実質的に異ならないものといえよう」とされている[1]。ここでは，不可罰の不能犯と区別される未遂犯を基礎付ける具体的危険＝実行の着手が認められるだけの現実的危険性という図式が明言されている。

　このことは，伝統的見解のもう 1 つの代表である，結果としての危険性に着目する山口教授の見解においても同様である。教授は，不能犯論において，未遂犯の処罰の根拠を「既遂の危険の惹起」に求める修正された客観的危険説を採用されたうえ，この既遂になる具体的危険を基準として未遂犯の成立時期を画そうとされているからである[2]。

　しかし，実際には，これらの見解において，裏側（不能犯との区別）で要求されている危険は表側（着手の判断）で要求されている危険とは別ものであり，前者が認められるからといって後者が認められるとは限らない。

　すなわち，山口教授は，未遂犯を具体的危険犯だとされ，具体的危険が結果

---

1) 大塚仁『刑法概説（総論）〔第 4 版〕』（有斐閣，2008 年）171 頁，270 頁以下。佐久間修『刑法総論』（成文堂，2009 年）320 頁は，「未遂犯の成否は，『不能犯論の裏返し』」だとされたうえで，大塚博士と同旨の見解を展開されている（72 頁以下，320 頁以下）。
2) 山口厚『刑法総論〔第 3 版〕』（有斐閣，2016 年）282 頁以下。

として客観的に切迫したことを求められる[3]が，そのまま進展しても既遂に至り得ない場合，すなわち，修正された客観的危険説によってはじめて未遂犯処罰が認められる場合（＝不可罰の不能犯と境を接する未遂犯）には，そうした具体的危険は生じない[4]。そのまま進展しても既遂に至り得ない場合には，既遂に至る危険は絶対に切迫しないのである。他方，大塚博士のような見解も，不能犯との限界付けに際し，具体的危険説をとり，国民の不安感を処罰根拠とするのであれば，その危険が同時に，そのまま進展すれば既遂に至る現実的危険性であるということはあり得ない。

また，すでに指摘されているように，不能犯との区別において要求される危険＝着手が認められるために要求される危険だとすれば，不能犯として不可罰になる範囲が大幅に増大することを認めるか，着手を低い危険だけで肯定する方向にシフトするかの二者択一を迫られることにならざるを得ない。前者の方向をとられる佐伯教授は，「実行の着手で必要とされている現実的危険性は，不能犯の問題においても同じように必要とされるべきである。そうすると，絶対にあり得ないわけではない，といった程度の危険ではなく，ある程度高度の現実的な可能性が認められなければならないであろう」とされる[5]。しかし，少なくとも方法の不能に関する最高裁判例では，絶対的不能・相対的不能区別説を思わせる表現が用いられている[6]のであり，そこにおいて絶対的不能ではないとして未遂犯処罰が辛うじて確保されているゾーンが不可罰になってしまうが，それでよいかは問題となりうるように思われる。そして，着手において切迫性を要求されるのであれば，そのようなものは不能犯と境を接する未遂犯にはやはり認められないのであり，表裏一体の関係を考えることは不可能であるように思われる。

近時，樋口教授らは，このような表裏一体論を厳しく批判され，何が未遂犯

---

[3] 山口厚『危険犯の研究』（東京大学出版会，1982年）56頁以下では，こうした考え方が非常にピュアな形で示されている。

[4] 令和4年決定の事案では，教授の見解からは，現地に派遣された者が，ターゲットたる相手方から160ｍの地点まで接近したことも重視されるものと思われるが，この時点ではすでに警察に知られており，そのまま事態が進行しても既遂に至る可能性はないから，教授の見解では，この形の事案で着手を認めることがおよそ不可能となろう。

[5] 佐伯仁志『刑法総論の考え方・楽しみ方』（有斐閣，2013年）351頁以下。

[6] 最判昭和37・3・23刑集16巻3号305頁［空気注射殺人未遂事件］。すでに大判大正6・9・10刑録23輯999頁［硫黄殺人未遂事件］。

処罰を基礎付けるかの問題（不能犯との区別論）と，どの段階まで事態が進捗すれば未遂処罰に相応しい段階に至っているかの判断（実行の着手論）を明確に区別して論じる必要性を強調されており，次第に有力化している（進捗度説）[7]。

　結論的には，これらの問題領域は，密接に関連するものの別個独立の問題であるから，進捗度説が妥当である。何より，不能犯論は，これまで意識されてきたのとは異なり，未遂犯との区別だけを論じる問題領域ではない。予備段階においても，例えば，構造上の欠陥により弾丸が出ない拳銃を準備した場合に殺人予備で処罰できるかというような場合には，不能犯との区別が必要であることは明らかである[8]し，近時，騙されたふり作戦が実行された場合において論じられているように，着手以降の段階においても，当該行為がなお可罰性を基礎付けるだけの危険を維持しているかの問題は，まさに不能犯との区別として論じる必要がある[9]。こうみれば，不能犯論は，およそ可罰的な行為と不可罰にとどまる行為を区別する問題であり，不能犯でなければ未遂犯だということではない。そうだとすれば，未遂犯になるか，実行の着手が認められるかは，まさしく進捗度の観点から，別個独立に論定されなければならないのである。

## II．クロロホルム事件最高裁決定

### 1．クロロホルム事件の事案と決定要旨

　ここでは，実行の着手の判断基準を分析するにあたり，基本的な視座を獲得するため，「殺人罪の実行着手の時期を判断するに当たり，従前の大審院判例

---

[7] 樋口亮介「実行の着手」東京大学法科大学院ローレビュー13巻（2018年）57頁以下，さらに佐藤拓磨「実行の着手について」研修838号（2018年）3頁以下，冨川雅満「特殊詐欺における実行の着手」法時91巻11号（2019年）74頁以下など。
[8] 予備罪と不能犯に関する簡単な検討として大塚仁ほか編『大コンメンタール刑法(4)〔第3版〕』（青林書院，2013年）26頁以下〔安田拓人〕参照。
[9] 最決平成29・12・11刑集71巻10号535頁は，明示的にはこうした危険を論じていない。これは未遂犯を成立させるだけの危険があれば足りると考えたものであると思われるが，受け子の行為の時点でなお危険が維持されているかを別途論じる必要があったように思われる。

や最高裁判例が採用していた判断基準を維持・統合した」とされ[10]、理論的にも支持しうる、クロロホルム事件最高裁決定（前掲最決平成16・3・22）の分析から始めることにする。

　事案は、被告人ＸがＹから夫Ａの殺害を依頼されてこれを引き受け、実行犯3名を仲間に加えたうえ、宮城県内においてクロロホルムでＡを失神させ、自動車で1時間以上かかる山形県内の最上川付近で、崖からＡの車ごと転落させて溺死させるという計画を立て、実行犯にこれの実行を指示したところ、実行犯は、溺死させる場所を約2kmしか離れていない石巻工業港に変更したうえ、当日午後9時30分ころ、クロロホルムを吸引させてＡを昏倒させ（第1行為）、同港までＡを運んで、Ｘを呼び寄せ、午後11時30分ころＸが到着すると、Ｘおよび実行犯は、ぐったりとして動かないＡをＡの車に運び入れ、同車を岸壁から海中に転落させて沈めた（第2行為）が、Ａの死因は特定できず、第1行為により死亡していた可能性があったが、Ｘおよび実行犯は、第1行為自体によってＡが死亡する可能性があるとの認識を有していなかったというものである。

　最高裁は、殺害計画を考慮したうえ、「①第1行為は第2行為を確実かつ容易に行うために必要不可欠なものであったといえること、②第1行為に成功した場合、それ以降の殺害計画を遂行する上で障害となるような特段の事情が存しなかったと認められることや、③第1行為と第2行為との間の時間的場所的近接性などに照らすと、第1行為は第2行為に密接な行為であり、実行犯3名が第1行為を開始した時点で既に殺人に至る客観的な危険性が明らかに認められるから、その時点において殺人罪の実行の着手があったものと解するのが相当である」と判示している。

## 2．クロロホルム事件決定の理論的位置付け

　それでは、クロロホルム事件決定は、それぞれの見解からどのように理解されているのだろうか[11]。まず、結果発生の切迫性を基準とする見解からは、

---

10) 平木正洋「判解」最判解刑事篇平成16年度182頁。以下本稿についてはいちいち引用箇所を示さない。

クロロホルム事件決定に賛同することは本来できないはずである。松原教授は，このことを率直に認められ，「本決定は，行為計画を基礎に，結果発生の確実性・自動性によって実行の着手を肯定したものといえる。これに対して，予定された結果惹起行為との間に一定の時間的場所的な懸隔のある本件で，結果発生の切迫性を肯定しうるかは検討の余地があろう」[12]，「結果発生の切迫性を要求する立場からは，第1行為の時点で殺人の実行の着手……が認められるかには疑問の余地がありえよう」[13]と述べておられる[14]。無理のない自然な解釈だと言えよう。

　これに対し，佐伯教授は，結果発生の切迫性を要求される基礎的理解に立たれながら，同決定につき，「この判例は，既遂結果発生の客観的な危険性を，行為者の犯行計画も考慮に入れて判断すべきこと，結果発生との時間的場所的近接性が重要であることを明らかにした点で，重要な意義を有している」とされる[15]。こうした見解では，クロロホルム事件決定が考慮したファクター③を自説に有利に理解されるように思われる[16]。しかし，もともとの犯行計画上，1時間以上かかる別の県内での溺殺行為がすでに切迫していたというのは，やはりかなり苦しいであろう。こうした見解からは，石巻工業港でAの乗った車を海に向けて発進させる直前くらいまで待たないと，着手は認められないはずである。そこで，「いつ結果が発生してもおかしくない」という切迫した危険性を原則として要求すべきだとされる橋爪教授は，おそらくしぶしぶであろうが，判例上は，「時間的場所的近接性はそれほど厳格に要求されていない」ことを認められ[17]，さらには，「時間的切迫性を常に厳格に要求することは妥当でない」とされ，端的に言えば切迫性基準を実質的に放棄されるのであ

---

11) ここで出てくる2つの考え方を最初に明晰に分析したものとして大越義久「実行の着手」芝原邦爾ほか編『刑法理論の現代的展開総論Ⅰ』（日本評論社，1990年）151頁。
12) 松原芳博編『刑法の判例 総論』（成文堂，2011年）183頁［松原］。
13) 松原芳博『刑法総論〔第3版〕』（日本評論社，2022年）347頁。
14) さらに，二本柳誠「実行の着手の判断における密接性および危険性」『野村稔先生古稀祝賀論文集』（成文堂，2015年）131頁も，「クロロホルム事件では，危険の切迫性が欠けることを理由に未遂犯の成立を認めるべきでない」とされている。
15) 佐伯・前掲注5)346頁。
16) このファクターを最重視してクロロホルム事件決定を読み解く見解として原口伸夫『未遂犯論の諸問題』（成文堂，2018年）26頁以下。
17) 橋爪隆「判批」ジュリ1321号（2006年）237頁。

る[18]。

　まとめれば，結果発生の切迫性を基準とするのであれば，クロロホルム事件決定に賛成することは無理なのであり，クロロホルム事件決定に賛成するのであれば，切迫性基準は放棄すべきであって，第3の選択肢はない。このことの確認がなされるだけでも，判例と学説の相関関係はすっきりと分かりやすくなるはずである。

　クロロホルム事件決定の基準は，構成要件実現の切迫性よりは構成要件実現への自動性・確実性を判断基準としたとみるとき，もっともよく理解可能である。この際もっとも重視されるべきであるのは，第1行為から第2行為への経過の自動性を表現した，②の考慮ファクターである。他方，③の考慮ファクターは，「近接性」という表現，および，これが2つの行為の間の近接性を問題としていること[19]からしても時間的切迫性を述べるものではなく，当該時間的・場所的間隔により行為経過の自動性・確実性が否定されるかを論じたものであると解すべきである[20]。

　こうして，「殺人に至る客観的危険性」（傍点筆者）という概念は，「行為経過の自動性・確実性」と理解される。これと同様に解しうる重要な先例としては，旧強姦罪に関するダンプカー事件最高裁決定（最決昭和45・7・28刑集24巻7号585頁）がある。同決定は，「強姦に至る客観的な危険性」（傍点筆者）という表現を用いているが，これにつき，調査官解説では，時間的・場所的間隔があることを前提としたうえで，強姦の結果に至ることがほとんど確実ならしめられる極めて危険な事態であることを強調し，車内に引きずり込まれれば「もうおしまい」と表現している[21]。

　こうして，自動性・確実性基準は，旧強姦罪や殺人罪のように，構成要件を直接かつ完全に実現する行為が最後に予定されており，それ以前の行為がそれに向けられた準備行為として位置付けられ，それに向けて進展していく事案における判断基準として，判例上確立していったのである[22]。

---

18）橋爪隆『刑法総論の悩みどころ』（有斐閣，2020年）287頁以下。
19）松原・前掲注12)183頁。
20）あまりに時間がかかるならばクロロホルムの作用が薄らいでいくから，自動性・確実性が阻害されることは明らかである。
21）大久保太郎「判解」最判解刑事篇昭和45年度254頁。以下本稿についてはいちいち引用箇所を示さない。

なお，クロロホルム事件決定は，さらに，第1行為につき，既遂結果を直接実現すべき第2行為との直前性・密接性が認められることも指摘している。しかしながら，同決定においては，直前性・密接性と危険性を認めるための考慮ファクターは共通のものであり，そこに第2の考慮ファクターとしての障害の不存在が含まれているのだから，(i)直前行為であることと(ii)自動性・確実性という意味での危険性が認められることとは，表裏一体のものと理解される[23]。(i)の直前行為性基準と(ii)の自動性・確実性基準とは，相補的というよりむしろ表裏一体なのである。

## 3．クロロホルム事件決定の理論的正当化

　未遂犯は，犯行計画を基礎として判断されるべきであるところの，そこさえ過ぎれば自動性・確実性をもって構成要件実現に至る段階を意識的に突破し，それを禁圧しようとする規範に違反することによる，完全な行為反価値の実現を処罰するものであると考えられる。ふるく中博士が，着手が認められるには，規範的障碍感情の克服が必要であり，通常自他に存する一切の精神的・物理的な障碍を克服して，他に偶然的障碍がない限りまっすぐに法益侵害を必然化すると考えられる行為の開始があれば着手が認められるとされていた[24]のは，また，樋口教授が，「当該行為を行えば最終的作為も行うことが当然といえるような関係にある場合，刑法が設定する心理的障壁による抑止が強く機能するのは当該作為時点までであり，これを超えた後は心理的障壁を決定的に乗り越えたと評価すべき」だとされる[25]のは，いずれも，このことを言わんとしたものだと思われ，支持されるべきである。

　このような形で着手が認められる段階は，構成要件を直接的に実現する行為の直前に位置する行為だと説明してもよいが，それだけでは前倒しの根拠に乏

---

22) クロロホルム事件決定の判断枠組みに従い，着手を前倒ししたものとして，殺人罪につき，名古屋高判平成19・2・16判タ1247号342頁，仙台高判平成27・2・19 LEX/DB 25505914。
23) 安田拓人「判批」平成16年度重判解（ジュリ1291号）157頁以下の記述は，密接性基準と危険性基準との関係の把握に不十分さを残しており，本文のように改める。
24) 中義勝『講述犯罪総論』（有斐閣，1980年）193頁。
25) 樋口亮介「実行行為概念について」『西田典之先生献呈論文集』（有斐閣，2017年）36頁。

しいであろう。自動性・確実性の観点から，実質的な根拠付けを行うことが重要だと思われる。

これに対し，近時東條准教授は，形式的客観説それ自体に新たな理由付けを与えておられ，注目に値する。准教授によれば，未遂は既遂犯処罰規定の禁止の対象となっている行為が行われたことに基本的な特徴がある。未遂は，国家が法益保護目的から禁止の対象として規定した行為を実行に移した段階であり，このことにより刑法が達成しようとした目標を失敗に終わらせたことが，未遂犯固有の処罰根拠であるというのである[26]。

もっとも，これだけでは，実行行為を開始したことが着手であるという以上のことは実は述べられておらず，着手の判断基準も不明である。そこで，准教授は，構成要件の示す規範の突破に未遂犯の処罰根拠を見出すという，それ自体は十分成り立つ理解から，「直接の結果惹起行為以前にそのような突破が認められるのであればその時点で未遂処罰を認め得る」のだとされ，着手の判断基準を具体化されている[27]。

しかし，結論として，「単一の意思決定に基づき，単一の行為意思の下で一体のものとして行われた一まとまりの行為が，単一の刑法的な評価の対象とされる」[28]というのでは，予備段階から一連一体のものとして行為が進捗している状況においては，予備と未遂を質的に区別することはできないであろう。准教授の問題意識は，危険性基準によったのでは，連続的にゼロから100まで連続的に増大していくそのどこかで線引きをすることは困難だというものであったが，単一の意思決定は，「拳銃で人を殺してやる」というものでありうるのであり，そのもとでの拳銃準備行為はすでに拳銃発射に向けたひとまとまりの行為だという評価も十分成り立ちうるのである。そうだとすれば，この見解によれば予備と未遂の区別は消えてなくなることになろう。

構成要件実現行為の直前の段階を合理的に画するのは，やはり，「犯行計画上，最終結果実現行為までの間に重要な中間行為が想定されているか」[29]とい

---

26) 東條明徳「実行の着手論の再検討(6・完)」法協138巻10号（2021年）1954頁以下。
27) 東條・前掲注26)1957頁。
28) 東條・前掲注26)1958頁。
29) 簀巻きにして山中に連行した後，殺害する前に借用証書に署名させる計画であれば，簀巻きにして連行する行為の段階では着手は認められないであろう。

う観点，言い換えれば，自動性・確実性基準なのだと思われる。そこを過ぎれば（被害者としては）「もうおしまい」，という段階を超えるかどうかに着目することは，既遂犯と同等の処罰を可能とする質的限界付けの基準として，十二分な合理性を備えているものと思われる。

## III．特殊詐欺における実行の着手

### 1．最高裁平成 30 年判決とクロロホルム事件決定との関係

　ところが，このような自動性・確実性基準を内容とするクロロホルム事件決定の判断枠組みは，詐欺罪では使いにくいという理解がありうる。実際，最高裁平成 30 年判決（前掲最判平成 30・3・22）は，着手判断の基礎となる嘘を一定の内容のものに限定するとともに，当該嘘の，①現金交付要求行為との直接的つながり，および，②現金交付の危険性の 2 つの観点から判断を行っており，表現上も，クロロホルム事件決定に依拠してはいない。

　確かに，この判決を，クロロホルム事件決定の枠組みで読み解く理解も示されており[30]，山口裁判官の補足意見は明確にクロロホルム事件決定に依拠しているが，担当調査官は，法廷意見につき，とくに②を説明する中で，明確にクロロホルム事件決定とは異なる判断であることを説かれている[31][32]。

　そこで示されている問題意識は，殺害行為のように直接かつ完全に当該構成要件を実現しうる行為とは異なり，詐欺罪は，交付要求という単発の行為で完結するものではなく，虚偽ストーリーを告げる等の錯誤を招く行為と一緒になされてはじめて全体として欺罔行為が構築され，被欺罔者による現金交付に至る危険性が高まる[33]ので，「現金交付要求行為」を「殺害行為」とパラレルに

---

30) 羽柴愛砂「判批」警察学論集 71 巻 7 号（2018 年）189 頁以下，塩見淳「判批」百選 I〔8 版〕（2020 年）129 頁など。
31) 向井香津子「判解」最判解刑事篇平成 30 年度 88 頁以下。以下本稿についてはいちいち引用箇所を示さない。
32) ①は，現金交付要求行為を，詐取結果を直接かつ完全にもたらす本来的実行行為とみたうえ，それへの近接性を論じるものとみれば，クロロホルム事件決定におけるのとさほどの径庭はないであろう。
33) 江見健一「特殊詐欺の受け子の罪責に関する諸問題(上)」警察学論集 72 巻 11 号（2019 年）17 頁。

捉え，それ以前の行為をすべて準備行為と位置付け，本来的実行行為に至る自動性・確実性により判断することが事態に即したもの（sachgerecht）ではないということのように思われる[34]。

改めて考えれば，自動性・確実性基準は，進捗度を述べることに主眼を置いたものではあるが，そこでは，同時に，障害の不存在というファクターにより，既遂に達する可能性の高さが担保されている[35]。すなわち，進捗度の判断とともに，そこまで進むことにより後に予定された行為が総体として行われれば結果発生の蓋然性が認められるという判断があわせてなされているのである。そうだとすれば，一定の嘘が集積されることにより，それらが総体として，相手方を錯誤に陥らせ処分行為を行わせる危険があることを要求する最高裁平成30年判決は，②の結果発生の蓋然性を論じたものとして，その限りにおいて理解できる。

もっとも，調査官解説においては，着手が認められる嘘は重要事項に関するものでなければならないこと，現金交付要求行為に直接つながるものであること，現金交付の危険性を著しく高めるものであることを必要とするという基準が示されているものの，そうした集積・総体としての嘘がどこまで述べられれば着手と認めてよいかについては，なお詰められていない点がある。

## 2. 着手の判断基準の具体化

最終的な構成要件実現に至る行為が財物交付要求行為なのは明らかだとしても，それだけでは欺罔はできないという調査官の指摘は重要である。刺殺，射殺といった殺害行為の場合は，それだけが実行行為であり，その準備がどこまで進捗すれば着手なのかを論じれば足りる。しかし，実は殺人のような場合でも，体内に蓄積し，一定量に達すれば死亡に至るべき薬物を，時間をかけて少量ずつ摂取させるような計画であれば，おそらくその総体が実行行為であり，

---

[34] 令和2年9月5日開催の検討会における複数の裁判官のご意見による。お名前を挙げるのは控えるが，懇切なご教示に心よりお礼申しあげたい。

[35] 和田教授は，障害の不存在を基準とする見解につき，既遂に達する可能性を考慮するものとして整理されている（安田拓人ほか『ひとりで学ぶ刑法』〔有斐閣，2015年〕325頁以下〔和田俊憲〕）。

そのどの段階で着手を認めるべきかという問題は生じるであろう。詐欺は、欺罔の効果があるか不確かなものも含め、様々な嘘を述べて、相手方の錯誤をもたらそうとするものであり、そのため欺罔行為を構成すべき嘘を選別する必要がある点に、こうした毒殺事案との違いがあるにすぎず、問題状況は共通するように思われる[36]。

　この選別につき、最高裁は、「犯行計画上、被害者が現金を交付するか否かを判断する前提となるよう予定された事項に係る重要なもの」に限定している。これは、信頼感を醸成するための、現金交付には関係しない周辺的な嘘を除外する趣旨だとみられ[37]、妥当な方向を示しているように思われる。

　問題はその先である。最高裁平成30年判決は、預金を下ろして現金化する必要があるとの嘘（1回目の電話）、前日の詐欺の被害金を取り戻すためには被害者が警察に協力する必要があるとの嘘（1回目の電話）、これから間もなく警察官が被害者宅を訪問するとの嘘（2回目の電話）が述べられた事案において、本件嘘を一連のものとして被害者に対して「述べた」段階で着手としており、調査官解説でも、1回目の電話だけで終わった場合については、ペンディングとされているように思われる。

　しかし、名簿を開いたり受話器を上げたりしただけで、嘘を述べ始めていない段階であればともかく、全体として相手方を錯誤に陥らせるべき集積・総体としての嘘が述べ始められたときには、さらなる嘘を述べることへの特段の障害も認められない限りで、あとは財物交付要求へと段階を追って進んでいくだけなのであるから、着手を否定すべき理由は何もないように思われる。こうみれば、最高裁平成30年の事案でも、1回目の嘘の時点で、着手が認められてよかったはずだと思われる[38]。

---

36) 豊田兼彦「判批」法セ765号（2018年）125頁は、強盗につき、当初の暴行は反抗抑圧に足りる程度のものではなく、次第にその程度が強まり、反抗抑圧に足りる程度になった場合を挙げ、同様の問題意識を示されている。

37) 最高裁平成30年判決につき、東條明徳「判批」論ジュリ31号（2019年）205頁以下は、重要事項に関する嘘は述べられていない段階で着手を認めたものとされるが、嘘は単体ではなく、計画を基礎として集積・総体として評価されるべきである。冨川雅満「判批」法学新報126巻3＝4号（2019年）107頁以下の分析は支持可能である。

## 3. 補論：手段が限定されている犯罪類型における手段行為開始の必要性の有無

　自動性・確実性基準を基礎としたと思われる最高裁判例においても，ダンプカー事件決定調査官解説では，ダンプカーに引き入れるための暴行・脅迫が，まさに刑法 177 条前段（当時）にいう暴行・脅迫の開始にあたることが指摘されており，手段の限定された犯罪類型においては手段的特徴をもった行為が行われることが要求されているように思われるが，その根拠は必ずしも明らかではない[39]。

　おそらくこの背景には，ふるくは罪刑法定主義を重視する定型説からの影響があったとみられるほか，当該犯罪にとりかかったとの一般人の印象を重視する感覚があるのかもしれない。しかし，佐伯教授が言われるように，構成要件に規定された手段が実行されることは，既遂の要件ではあっても，未遂の要件ではない[40]から，定型説的発想はここでは意味をもち得ないであろう。また，印象説的発想は，不能犯との区別においては意味をもちうるものの，自動性・確実性ある段階の行為につき着手を否定すべき根拠にはなり得ないと思われる。

　詐欺の場合でも基本的に同様であるが，例えば相手方の出方に応じて臨機応変に様々な嘘を重ね，ようやく一定の信頼を構築してはじめて財物交付に向け

---

38) 名古屋高判平成 30・12・18 高検速報（平 30）号 409 頁は，氏名不詳者が被害者方に電話し，被害者の息子を装い，「喉にポリープができた」「明日病院で検査する」「電話番号が変わった」旨の嘘を言い，被害者は相手を息子と信じ，携帯から氏名不詳者の言う電話番号にかけ直したところ，相手は「病院の帰りに家に寄る」旨の嘘を言ったという段階で，「被害者に対し後の現金交付要求の前提となる嘘（取り分け被害者の息子の成り済ましに係るもの）」を言ったもので，この時点で着手があったものと判断している。実際は，この後，被害者は息子の容体が気になり後刻前記電話番号に電話したが出なかったので，前の電話番号に電話して息子と話ができ，嘘が発覚し，騙されたふり作戦が実行されたという流れになっており，最高裁平成 30 年判決の事案と異なり，現金の被害者宅への移動の要求はまだない時点で，着手が肯定されたことになる。
　　①相手方に息子だと信じさせる→②現金の用意を依頼する→③交付を求めるという段階において，①も集積・総体としての嘘の一部をなしており，あとは②→③と自動性・確実性をもって進展していくのだとすれば，①の段階で着手を否定する必要はないであろう。
39) 和田教授が，安田ほか・前掲注 35) 337 頁で，注意深く絶妙に設定された 2 つの説例で，結論が分かれてよいか，読者の皆さんも一度考えてみて頂きたい。
40) 佐伯・前掲注 5) 347 頁，髙橋直哉「実行の着手論雑考」研修 854 号（2019 年）7 頁。

た障害がなくなり，後の経過が自動的に進展していくような流れが予定されていれば，少なくとも最初の嘘の段階で着手を認めるべきではないであろう。これに対し，すでに騙されたことのある相手方であり，こうした前提構築が不要な場合であれば，最初から虚偽ストーリーをスムーズに進めていくことができ，最初の嘘から自動性・確実性が認められるようにも思われる。

　そうだとしても，詐欺罪では，自動性・確実性があるからとして，電話機を取りあげる行為にまで着手が前倒しされるべきかには慎重な検討を要しよう[41]。直前性の判断の基点は，相手方の錯誤に基づく処分行為を惹起すべき財物交付要求行為であり，直前行為は，それに直接不可欠な行為に限られるべきだからである。そうだとすれば，財物交付要求行為がうまくいくために不可欠な準備的嘘を述べる行為までがこうした直前行為なのであり，それ以前の行為は直接不可欠性という形式的基準を満たさないと考えるべきだと思われる。

## IV．キャッシュカードのすり替え窃盗の着手について

### 1．最高裁令和4年決定

　最近，最高裁（前掲最決令和4・2・14）は，キャッシュカードのすり替え窃盗の実行の着手時期[42]につき，興味深い判断を示している。

　事案の概要は，まず警察官になりすました掛け子が被害者宅に電話をかけ，被害者に対し，「詐欺の被害に遭っている可能性があります。」「被害額を返します。」「それにはキャッシュカードが必要です。」「金融庁の職員があなたの家に向かっています。」「これ以上の被害が出ないように，口座を凍結します。」「金融庁の職員が封筒を準備していますので，その封筒の中にキャッシュカードを入れてください。」「金融庁の職員が，その場でキャッシュカードを確認します。」「その場で確認したら，すぐにキャッシュカードはお返ししますので，

---

[41] 橋爪・前掲注18)298頁以下は，詐欺目的で値札を張り替える行為の段階で，欺罔行為に密接で危険な行為があったとして着手を肯定されるが，密接性判断の基点は早くとも交付要求行為に置かれるべきであり，何らかの欺罔行為との密接性では足りないように思われる。

[42] このような事案が詐欺罪となるか窃盗罪となるかについては，品田智史「窃盗と詐欺の関係」法セ779号（2019年）33頁以下など参照。

3日間は自宅で保管してください。」「封筒に入れたキャッシュカードは，3日間は使わないでください。」「3日間は口座からのお金の引き出しはできません。」などと告げ，指示役の指示に基づき山形県西村山郡 a 町内の量販店で待機していた被告人は，指示役の合図により，徒歩で，同町内の被害者宅の方に向かったが，被告人は，被害者宅付近の路上まで赴いた時点で，警察官が後をつけていることに気付き，指示役に指示を求めるなどして犯行を断念したというものである。本件犯行計画は，「氏名不詳者らは，警察官を装う者が，被害者に電話をかけ，被害者のキャッシュカードを封筒に入れて保管することが必要であり，これから訪れる金融庁職員がこれに関する作業を行う旨信じさせるうそを言う一方，金融庁職員を装う被告人が，すり替えに用いるポイントカードを入れた封筒（以下「偽封筒」という。）を用意して被害者宅を訪れ，被害者に用意させたキャッシュカードを空の封筒に入れて封をした上，割り印をするための印鑑が必要である旨言って被害者にそれを取りに行かせ，被害者が離れた隙にキャッシュカード入りの封筒と偽封筒とをすり替え，キャッシュカード入りの封筒を持ち去って窃取する」というものである。警察官になりすました氏名不詳者は，本件犯行計画に基づいて，被害者に対し本件嘘を述べたものであり，被告人も，同計画に基づいて，被害者宅付近路上まで赴いたものである。

　最高裁は，「本件犯行計画上，キャッシュカード入りの封筒と偽封筒とをすり替えてキャッシュカードを窃取するには，被害者が，金融庁職員を装って来訪した被告人の虚偽の説明や指示を信じてこれに従い，封筒にキャッシュカードを入れたまま，割り印をするための印鑑を取りに行くことによって，すり替えの隙を生じさせることが必要であり，本件うそはその前提となるものである。そして，本件うそには，金融庁職員のキャッシュカードに関する説明や指示に従う必要性に関係するうそや，間もなくその金融庁職員が被害者宅を訪問することを予告するうそなど，被告人が被害者宅を訪問し，虚偽の説明や指示を行うことに直接つながるとともに，被害者に被告人の説明や指示に疑問を抱かせることなく，すり替えの隙を生じさせる状況を作り出すようなうそが含まれている。このような本件うそが述べられ，金融庁職員を装いすり替えによってキャッシュカードを窃取する予定の被告人が被害者宅付近路上まで赴いた時点では，被害者が間もなく被害者宅を訪問しようとしていた被告人の説明や指

示に従うなどしてキャッシュカード入りの封筒から注意をそらし，その隙に被告人がキャッシュカード入りの封筒と偽封筒とをすり替えてキャッシュカードの占有を侵害するに至る危険性が明らかに認められる。

このような事実関係の下においては，被告人が被害者に対して印鑑を取りに行かせるなどしてキャッシュカード入りの封筒から注意をそらすための行為をしていないとしても，本件うそが述べられ，被告人が被害者宅付近路上まで赴いた時点では，窃盗罪の実行の着手が既にあったと認められる」と判示した。

## 2．その検討

### (1) 令和 4 年決定と平成 30 年判決の論理構造の類似性

　令和 4 年決定は，すり替え窃盗という事案の特性を考慮し，窃取の前段階をなす「すり替えの隙を生じさせること」に着目して，判断を行っている。すなわち，そうした隙が生じれば，あとは財物を奪取して退散することしか残されていないため，最後の関門はキャッシュカードを置いたまま玄関先を離れてくれるかにかかっているのである。そして，令和 4 年決定は，本件嘘が，①その前提となること，および，②被告人が被害者宅でなす説明・指示に直接つながり，その実行を容易化するためのものであることに言及している。①は，平成 30 年判決にみられるような，本質的な嘘の選別に関するものであり，②は自動性・確実性に関わるものと整理することができよう。

　①で，警察官を名乗る嘘が含められていないことは，令和 4 年決定が「本件の事実関係」を整理する中で，「警察官になりすました氏名不詳者は」と書き出し，自らが警察官であると信じさせる嘘を含めていないことから，明らかであると言えよう。そして，「本件うそ」としてまとめられているところは，「被害者が，金融庁職員を装って来訪した被告人の虚偽の説明や指示を信じてこれに従い，封筒にキャッシュカードを入れたまま，割り印をするための印鑑を取りに行くことによって，すり替えの隙を生じさせる」ことに関わるものであり，まさに本質的な嘘なのである。

　また，②は，本件嘘には，すり替えの隙を生じさせることへの自動性・確実性が認められることを述べるものである。もっとも，平成 30 年判決の事案では，すでに現地に派遣された者が本件嘘が述べられた時点で被害者宅に接近し

ていたのに対し，令和4年決定の事案では，嘘が述べられた後に，被害者宅への接近がなされている点に違いがある。それゆえ，平成30年判決を読み解くに際しては，改めて，被害者宅への接近が前提となってはじめて本件嘘を述べた時点で着手が認められる[43]のか，それとも，本件嘘が述べられた以上，自動性・確実性をもって構成要件実現にいたる危険があるから着手が肯定されてよいのかが問われることになる。

前者だとすれば，「被告人が被害者宅付近路上まで赴いた時点では」との判示には大きな意味があり，この事情が相まって着手が肯定されるだけの危険が認められることになるであろうのに対し，後者だとすれば，その判示には特段の意味はなく，当該事案においてはそうした事情があったことを踏まえ，あくまで事例判断にとどめ，「余計なこと」は言わなかっただけだという整理を行うことになるであろう。

(2) **密接性と客観的危険性について**

令和4年決定は，密接性には明示的には言及していない。決定文を詳細にみると，重視されているのは，窃取の直前の段階をなす「すり替えの隙を生じさせること」であり，そこからの前倒しが問題とされている。

窃取行為の直前の段階を捉えるのであれば，現地に派遣された者が相手方に印鑑を取りに行かせた段階で着手を認める考え方もありえよう。侵入窃盗に関する従来の判例では，侵入後，ターゲットたる財物に接近するなど，まさに窃取の直前にある段階で着手を認めてきたのであり，これとパラレルに考えれば，印鑑を取りに行かせた段階で着手を認める考え方もありえないではないであろう。

しかし，このように考えるのでは，まず電話での嘘により，相手方の占有を弛緩させて，その弛緩した占有を奪うだけになっている，令和4年決定の事案を正しく評価することにはならないであろう。本件行為として問題となるのは，すでに弛緩している占有を奪うこと自体は簡単なことであり，その直前の占有を弛緩させることができるかが，決定的ポイントだからである。

---

[43] 豊田兼彦「特殊詐欺事案における実行の着手」山口厚ほか編『実務と理論の架橋』（成文堂，2023年）219頁。

それゆえ，令和4年決定が，占有を弛緩させる行為との関係を構成要件実現にとって決定的なポイントと捉え，それに至る自動性・確実性を論じようとしたことは，正当なものとして評価されるべきである。
　この点，令和4年決定は，「キャッシュカードの占有を侵害するに至る危険性」に言及しているが，この「至る」危険性という表現は，筆者の理解によれば，自動性・確実性基準と整合的なものである。結果としての切迫性基準によるのであれば，「……侵害の危険性が高まった」と表現するのが相当であり，「至る」という表現とはなじまないからである。ダンプカー事件決定，クロロホルム事件決定では，こうした「……至る危険性」という表現が用いられており，ダンプカー事件の調査官解説が，連れ込まれてしまえば「もうおしまい」という表現で着手を説明していることからみても，この表現で示されているのは，その段階まで至ればあとは自動性・確実性をもって構成要件実現に至るであろう時点に実行の着手が認められるということであるように思われる。
　そして，密接性基準により前倒し可能な限界と，こうした構成要件実現に至る危険性が認められる時点は，必ず一致するのであるから，これを別個独立に検討する必要はまったくないのである。クロロホルム事件決定において，密接性基準と危険性基準を導く考慮ファクターが同じであることは，このことを如実に示していると言えよう。

(3) 自動性・確実性基準の具体的あてはめ
　従来の判例で問題とされてきた一般的な住居侵入窃盗においては，ターゲットとなる財物の物色から始める必要がある。そこで，大判昭和9・10・19刑集13巻1473頁は，被告人が親戚宅に侵入しお金を物色するため簞笥に近寄った事案につき，他人の財物に対する事実上の支配侵害に関する密接な行為があったとして未遂を認め，最判昭和23・4・17刑集2巻4号399頁は，被告人がじゃがいも等の食料品を盗もうと被害者宅養蚕室に侵入しじゃがいもに近寄ろうとした事案につき，窃盗目的で他人の屋内に侵入し財物を物色したのだから未遂だと結論づけている。これに対し，土蔵などへの侵入盗においては，土蔵の鍵や壁を壊し始める行為があれば未遂犯の成立が認められてきており，名古屋高判昭和25・11・14高刑集3巻4号748頁は，侵入すれば財物窃取を企てていることが客観的にも見てとれるとしている。

このようにみると，窃取に至るには，ターゲットたる財物が確定しており，それへのアクセスに特段の障害がないことが必要であり，この2つの条件が満たされていれば，自動性・確実性が認められるものとして，窃盗の着手が肯定されているものとまとめることが許されるように思われる。

　すり替え作戦においては，罪名こそ窃盗罪である[44)45)]ものの，特殊詐欺の事案におけるように，一連の嘘を積み重ね，相手の警戒心を解き，後に住居に招き入れ，占有を弛緩させるという相手方の行為をもたらす電話が本質的な行為となっている。このような事案では，警察官である等と誤信させる嘘は，被害者の警戒心を緩め，占有を弛緩させることにより，財物取得のための障害を除去する効果をもつものであり，そうなれば，その後には占有取得に至るまで特段の障害は残されていない[46)]。相手方の住居を訪れ，応対してもらうことは，通例であれば大きな障害となるが，このように事前の電話でアポをとっていれば，ここは障害としては残らないのである[47)]。そして，キャッシュカードを封印して渡すという窃取行為との関係では，この電話こそが直接不可欠な

---

44) 谷井悟司「すり替え型キャッシュカード窃盗における実行の着手時期」法学新報129巻6＝7号（2023年）519頁以下は，窃盗罪の本質はあくまで行為者自身による被害者の占有の物理的・事実的な奪取に求められるとされたうえ，このような本質を反映した，物理的な保護設備への侵害の開始である，すり替え役の被害者宅への訪問・到達の時点をもって着手を認めておられるが，本文で述べたように，すり替え窃盗の事案の特徴を直截に捉えれば，特殊詐欺事犯と同様の解決が妥当なように思われる。

45) 三代川邦夫「判批」判例秘書ジャーナルHJ200042（2023年）11頁以下は，詐欺と窃盗の因果経過の相違を指摘しつつ，嘘を述べる行為は窃盗罪の構成要件が着目する行為ではないとする（さらに，松原芳博＝井藤大地〈インタビュー〉すり替え作戦の実行の着手について」Law&Practice16号〔2022年〕14頁〔松原〕）が，占有移転を容易化する状況の作出が窃盗罪の罪責判断において考慮され得ないと解するのは，不自然であるように思われる。

46) 塩見淳「判批」令和4年度重判解（ジュリ1583号）129頁は，「遂行に困難を伴うすり替え行為が介在する以上，架け子がうそをつく行為以後に特段の障害がないとはいえない」とされる（さらに松原＝井藤・前掲注45)15頁〔松原〕）が，電話が，住居への招き入れおよび占有弛緩を可能ならしめている事実を，適切に法的評価に反映すべきであるように思われる。

47) 大塚雄毅「判批」研修859号（2020年）44頁以下，佐藤拓磨「すり替え事案における窃盗の実行の着手時期」研修890号（2022年）16頁以下，樋口亮介「特殊詐欺のすり替え事案における窃盗未遂」警察学論集75巻1号（2022年）73頁以下。小林憲太郎「未遂犯の構造をめぐる近時の議論について（再論）」判時2542号（2023年）97頁は，「被害者は本件うそによりだまされれば，あとは……支配領域の番人ではなくむしろ案内人となって，被告人に対して積極的にこれを開放しようとする動機づけをもつ」とされている。

準備行為を構成していることは明らかであるから，電話で嘘を述べた段階ですでに窃盗の着手があったものとしてよいように思われる[48]。

本決定は，「被告人が被害者宅を訪問し，虚偽の説明や指示を行うことに直接つながるとともに，被害者に被告人の説明や指示に疑問を抱かせることなく，すり替えの隙を生じさせる状況を作り出すようなうそ」がつかれたことを重視しているが，これは，特殊詐欺に関する最高裁平成30年判決におけるのと同様に，まさしく占有侵害を惹起するための前提となる占有弛緩をもたらすことに関わらない周辺的な嘘を除外する趣旨であるとともに，そうした集積としての嘘が述べられれば，占有弛緩の惹起とそれを利用した占有取得への流れは自動性・確実性あるものとなり，後は実行役が相手方宅に行ってとってくるだけになっているという意味が込められており，自動性・確実性基準の観点からよりよく理解できるものであって，もとより妥当である[49]。

そして，認められる危険性の内容についても，「キャッシュカードの占有を侵害する<u>に至る</u>危険性」（傍点筆者）と表現し，ダンプカー事件決定，クロロホルム事件決定を通じて確立した，自動性・確実性によることを明言しているものと理解できよう。

他方，クロロホルム事件決定におけるように密接性・直前性基準への言及がないのは，特殊詐欺に関する最高裁平成30年判決におけるのと同様であるが，これは，占有弛緩をもたらすべき嘘を，ひとまとまりのものとして捉える必要があり，ある1つの行為を準備行為として捉え，その密接性・直前性を論じる

---

[48] 冨川雅満「特殊詐欺における実行の着手」法時91巻11号（2019年）79頁，同「すり替え窃盗の実行の着手時期」刑ジャ73号（2022年）26頁以下。さらに，構成要件実現の実質的危険性に着目する見解に立ったとしても，キャッシュカードというターゲットが確定し，それを守るバリアが侵害されたことで，法益侵害の危険が飛躍的に高まったといえるであろうから，着手を認めることに妨げはないように思われる。

[49] これに対し，二本柳教授は，「〈被害者宅に接近する→表札を発見する→インターホンを押す→被害者と対面する→封筒をすり替える〉という受け子のミッションは，警察官による逮捕，被害者宅発見失敗，被害者による看破，被害者の準備不足等のリスクを伴うことから，特段の障害があるともいえる」との批判を加えておられる（二本柳誠「判批」名城法学71巻3＝4号〔2022年〕127頁以下，同「窃盗未遂罪の処罰時期」刑ジャ73号〔2022年〕15頁以下）。何を特段の障害と見るかは，確かに見解が分かれうるが，重要であるのは，「犯行計画上，最終結果実現行為までの間に重要な中間行為が想定されているか」であり，構成要件実現に至る流れを遮るような別個独立の行為が予定されているのでなければ，自動性・確実性は肯定されてよいように思われる。

ことが適当でないことによるものと思われる。そして，密接性・直前性と自動性・確実性基準による危険性は裏表のものであり，着手を基礎付けるのは後者なのだから，前者は必ずしも明示的に論じられる必要はないようにも思われる[50]。

## 3．被害者領域への介入の要否

　形式的客観説に分類される見解からも，未遂犯処罰を限定するための基準として，被害者領域への介入が挙げられることがある。塩見教授は，未遂犯の処罰根拠を，法益が守られていると国民が抱く安全感の動揺，すなわち，法益妥当の侵害に求める立場から，間接正犯の着手を念頭に置いて，「事実的又は機能的に見て被害者に属する領域」に非利用者が足を踏み入れた（あるいは，利用行為の作用が及んだ）といえる場合に，未遂犯処罰を限定しようとされている[51]。

　また，東條准教授は，わが国の未遂処罰では任意的な減軽しかされておらず，それだけ既遂犯に近い事態が想定されているところ，行為は行われたが被害者領域にその影響が到達せず，被害者の側はまったく平穏な日常のままであった場合，そのような既遂に近い事態が実現しているとは言い難いとされ，「侵害的な事象が現に被害者領域に介入していったことが，既遂と同等の処罰の可能性を正当化するためには最低限必要」だとされている[52]。

　しかしながら，こうした見解によるときには，第1段階での形式的客観説による判断は，半分しか意味をもっておらず，最終的に未遂犯処罰を基礎付けるのは，この被害者領域への介入だということにならざるを得ない。こうした見解の分かりにくさは，それなら，最初の形式的客観説による判断は，決定的な意味をもち得ないはずであり，そこでの議論は何だったのだろうということになる点にある[53]。被害者領域への介入を要求するのであれば，むしろ結果としての事態の発生を要求する見解に自らを位置付けたうえ，切迫性説との違い

---

50) なお，成瀬幸典＝安田拓人編『判例トレーニング刑法総論』（信山社，2023年）106頁以下［豊田兼彦］も参照。
51) 塩見淳『刑法の道しるべ』（有斐閣，2015年）106頁以下。
52) 東條明徳「不能犯論と実行の着手論」刑法61巻1号（2021年）12頁。

を論じる方がすっきりするであろう。

　そのうえで，実質的にみてみると，特殊詐欺やすり替え作戦による窃盗の事案において，被害者領域への介入を文字通り捉え，現場での実行役が被害者宅へ入ったことを要求することは，結論的に妥当でないであろう。ここでは，欺罔行為により，住居のドアは開かれ，キャッシュカードの占有は弛緩すべく運命づけられている。あとは実行役が被害者宅に赴いてとってくるだけなのである。立ち入り許可の獲得という障壁を突破する必要もなければ，物色行為をする必要もない。重要な中間行為はもはや残されていないのだから，電話による欺罔行為の時点で，すでに窃盗の着手が認められてよいように思われる[54]。

　もともとは被害者領域への介入を要求されていた[55]樋口教授が，すり替え作戦による窃盗の事案につき，被害者領域への介入については一言も触れることなく，「カードを確認する必要がある等の嘘を電話で述べる行為を『最大の山場』とみて，その山場を乗り越えようとする行為として，カードを確認する必要がある等の嘘を電話で述べ始める時点で着手を認めるという価値判断も1つの徹底した立場としては成立する，と考える」とされる[56]のは，妥当なものと思われる。

## V．アポ電強盗の着手について

　近年では，さらに手口が粗暴化し，電話で相手方の所在を確認したうえ，アポイントメントをとり，相手方を訪問して強盗に及ぶという，いわゆるアポ電強盗の事案が増加しつつある。このような事案においては，やはり，手段たる

---

53) このような疑問は，原則として直前行為基準によりながら，被害者領域が存在する場合にはその領域への介入が必要だとされたうえ，どちらの結論をも印象説によって説明される塩見教授の見解（塩見淳「実行の着手について(3・完)」論叢121巻6号〔1987年〕18頁）に接するとより深まる。

54) なお付言すれば，ダンプカー事件は，調査官解説によれば，「引きずり込もうとした段階において強姦の着手があったものと判断した」ものであり，クロロホルム事件は，調査官解説によれば，「第1行為を開始した時点で殺人の着手があったと認められるとしたもの」である。特殊詐欺に関する最高裁平成30年判決の調査官解説はここをペンディングにしているが，これらとパラレルに考えれば，特殊詐欺の事案やすり替え作戦の窃盗の事案では，一連の嘘をつき始めた時点で着手が認められるべきことになろう。

55) 樋口・前掲注7)72頁以下では，嘘の相手方への到達を要求されていた。

56) 樋口・前掲注47)80頁。

暴行に着手した時点に強盗の着手を認めるのが自然であるように思われる一方で，こうした考え方によると，特殊詐欺ないしすり替え窃盗を計画した者が，相手方の出方次第では暴行・脅迫に及んででも財物を奪うことを視野に入れていた場合，詐欺や窃盗との関係では着手が認められるのに対し，強盗との関係では着手が認められないということになる。また，アポ電強盗を複数の者が共謀した場合において，アポ電をした後，暴行脅迫に及ぶまでの段階で，一部の者が離脱したようなときには，離脱者については着手が認められるのかは，真剣に問われるべき問題となりうる。こうしたことから，アポ電強盗の着手時期についても，検討の必要性は否定できない[57]。

この問題は，従来，暴行等に手段が限定されている犯罪においては，少なくとも何らかの意味で暴行と言える行為に及んだのでない限り，着手が認められないのかという形で議論されてきた。例えば，前掲最決昭和45・7・28のダンプカー事件では，相手方の反抗を著しく困難にする暴行ではないものの，着手が認められたのは，引きずり込むという暴行にあたる行為であった。こうした行為がなければならないのか，偽計のような暴行・脅迫と言えない行為にも着手が認められてよいかということが問われているのである。

この点，山口教授は，旧強姦罪の着手を肯定するためには，暴行・脅迫への着手が必要だとする見解に対し，「その主張は，一方で，形式的客観説に帰着するとともに，他方で，そのようにして文理上の制約を認める解釈上の根拠に乏しい」とされ，「既遂犯の構成要件要素であって，未遂犯の成立を肯定するためにも必須のものがあることを認める根拠があるのか疑問である」との批判を加えておられる[58]。

確かに，ダンプカー事件では，移動後その運転席内における姦淫が予定されているダンプカーに連れ込まれれば，「もうおしまい」であり，連れ込み行為自体に自動性・確実性が認められるため，それが暴行であるか偽計であるかは大きな意味をもたないものと言ってよいであろう。この限りで，一律に，手段たる行為（類似行為）への着手を求める見解には合理性はないと言えるであろう。

---

57) 以上の問題意識は中畑知之検事のご教示をベースとしている。記してお礼申し上げる。
58) 山口・前掲注2)283頁。

しかしながら，アポ電強盗の場合は，電話でアポイントメントをとるだけでは，あとは特段の障害なく構成要件実現に至るという，自動性・確実性が認められず，単なる準備段階にとどまるように思われてならない。すり替え窃盗における電話には，相手方住居の入り口を開かせ，ターゲットとなる財物を準備させたうえ，その占有を弛緩させるという，重要な意義があり，そのことにより，さらなる中間段階が障害として残されないこととなるが，アポ電強盗における電話には，このような意義が認められないように思われる。すなわち，この類型では，相手方における反抗を抑圧する程度の暴行・脅迫に及ぶという重大な中間行為が残されており，電話でアポイントメントをとっただけで，その後の事態が自動性・確実性をもって進捗していくようには思われないのである。こうして，アポ電強盗の着手は，相手方に到達し，手段たる暴行・脅迫が開始された時点で認められるべきであるように思われる。

# 第19章　不能犯

CHAPTER 19

> **POINT**
>
> ・わが国の判例・学説に登場する主要な考え方である，絶対的不能・相対的不能区別説，具体的危険説，仮定的蓋然性説（修正された客観的危険説）の言わんとするところを一歩掘り下げて理解する。
> ・不能犯とならないために必要とされる危険の程度を理解する。
> ・客体の不能と方法の不能につき，判例上問題となった具体的事案に即して，自らの見解からの解決ができるようになる。

## はじめに

　未遂犯に限らず，すべての犯罪は，それ以降に予定されている結果等を実現する危険性が，処罰根拠となる[1]。例えば未遂犯では，既遂に至る危険性がその処罰根拠となるが，それ以外でも，予備罪であれば着手→既遂へと至る危険性，爆発物製造罪であれば爆発が生じる危険性，といったものがなければ不能犯となる。このことは，近時，特殊詐欺におけるだまされたふり作戦が実行されたのちに共謀を遂げ，途中から関与した者（受け子）の罪責を考える際に不能犯との区別が問題とされたことから，広く理解されるようになってきているといえよう。

　それでは，ここにいう危険性とは何であろうか。古く木村博士は，「危険といふ概念は危険な概念である」，「それは，甚だ多義的であるからである」とされた[2]。殺人未遂罪を例にみてみても，①人を殺そうとするなんて，なんて

---

1) 東條明徳「不能犯論と実行の着手論」刑法61巻1号（2021年）7頁以下は，ある行為が法益に対する侵害性を有さなければ，その行為はおよそ処罰し得ないという侵害原理は，未遂犯固有の要請ではなく，処罰対象行為すべてが充足すべき要請だとされる。
2) 木村亀二『新刑法読本』（法文社，1950年）227頁。

「危険」な人なんだろう，②警察官から奪った空ピストルを向けて殺そうとするシーンを目撃した人がみんな「危な～い」と叫んでいた，③一つ間違えば殺されていたかもしれませんね，「危ない危ない」，④そのまま弾が飛んでいけば死ぬ状況でしたね，「危ない危ない」，というときに，前提となっている危険概念は，すべて別のものである。

まず，④の危険があるときに可罰的な未遂の成立を否定する見解は絶対にあり得ない。これはまさしく既遂の前段階をなしている危険だからである。これに対し，①の危険は，主観説にいう危険である。原口教授が紹介されるように，例えばドイツ，フランス，英米では，主観説が判例・通説であり[3]，比較法的にみればこのように考えることがおよそ変だということにはならないが，わが国では，これだけで可罰的な未遂の成立を肯定する見解はほとんどない。やはり，主観説は主観主義を基礎としており，意思処罰，行為者の危険性を処罰することとなるから，このことには十分な理由があるであろう。

学説では，処罰根拠となる危険性について，②や③のような考え方が有力であるが，ここでは，②のような社会心理的な危険ではなく，③のような危険を考える方向で検討を進めていきたい。

その際の導きの糸は，何をおいても，山口厚『危険犯の研究』（東京大学出版会，1982年）であろう。この40年前に刊行された名著は，詳細な沿革的研究もふまえ，危険というものを捉えるにあたり考えなければならないポイントがすべて提示されており，驚かされる。山口教授のご分析をしっかり後追いしたうえで，考えるべきポイントを考え抜くことが何より大事であるように思われる。

## I．わが国の判例・学説に登場する主要な考え方とその評価

### 1．絶対的不能・相対的不能区別説

(1) わが国の判例

わが国の判例においては，未遂犯と不能犯の区別に関して，統一的な立場か

---

[3] 原口伸夫『未遂犯論の諸問題』（成文堂，2018年）394頁以下。

第19章　不能犯　｜　329

ら解決がなされているようには思われないが、方法の不能に関する最上級審の判例においては、古くから、絶対的不能・相対的不能区別説を思わせるフレーズが相当数みられる。絶対的不能・相対的不能区別説は、一般に、具体的事案において、構成要件実現が100％不可能である絶対的不能の場合には、不可罰の不能犯を、たまたま構成要件実現がなかっただけで100％あり得なかったわけではない相対的不能の場合には、未遂犯を認めるものであると理解されている。

この見解に対しては、事後的・客観的に考察をすれば、未遂にとどまったということは、結果が不発生に至る理由があったということであり、すべての未遂は不能犯にならざるを得ない[4]とか、にもかかわらず、一定の事案で相対的不能を認め、未遂犯での処罰を肯定するのであれば、結果が不発生に終わった理由の一部を捨象して考察する必要があるが、その基準は示されていないという、常套的批判がなされてきた。筆者もこれは正当な批判だと思うが、それを繰り返すだけでは、得られるものは乏しい。それよりは、こうした絶対的不能・相対的不能区別説によりながら、未遂犯処罰が確保された事案で、どのような思考過程がたどられたのかを確認する作業の方が有益であろう。

そこで判例を見てみると、大判大正6・9・10刑録23輯999頁［硫黄殺人未遂事件］は、被告人が、被害者を殺害する意図で、硫黄を溶かした汁ないし水薬を飲ませたものの、病気を悪化させただけで終わったという事案につき、その「方法ヲ以テシテハ殺害ノ結果ヲ惹起スルコト絶対ニ不能」だと判示し、不可罰の不能犯を認めている。これに対し、最判昭和24・1・20刑集3巻1号47頁［青酸カリ殺人未遂事件］は、被告人が、恋敵を殺そうと思って、被害者宅にあった米の入った炊飯窯に青酸カリを入れたものの、炊きあがったご飯が黄色になっていたため、被害者が一口しか食べず、死ななかったという事案につき、「青酸加里を入れて炊いた本件米飯が黄色を呈し臭気を放っているからといって何人もこれを食べることは絶対にないと断定することは実験則上これを肯認し得ない」と判示し、未遂犯を認めている。さらに、最判昭和37・

---

[4] このような帰結に限りなく近い見解として振津隆行「不能犯論の再構成」金沢法学57巻2号（2015年）13頁以下。そこでは狙われた右ポケットにではなく左ポケットに財物が入っていたという事案についてだけ、窃盗未遂が認められ、それ以外は問題となるすべての事案につき、事実の置き換えを否定し、不能犯だとの結論が導かれている。

3・23刑集16巻3号305頁［空気注射殺人未遂事件］は，被告人が，自分の姪を殺そうとして，空気を30 ccないし40 cc注射したものの，殺害することができなかったという事案につき，「原判決並びにその是認する第一審判決は，本件のように静脈内に注射された空気の量が致死量以下であっても被注射者の身体的条件その他の事情如何によっては死の結果発生の危険が絶対にないとはいえないと判示しており，右判断は，原判示挙示の各鑑定書に照らし肯認するに十分であるから，結局，この点に関する所論原判示は，相当である」として，未遂犯を認めている。

(2) その評価

これらを見ると，行為手段の抽象的性質（その手段でおよそ人が殺せるか）に着目した判断がなされているようにも見受けられ，実際，最判昭和25・8・31刑集4巻9号1593頁は，「いわゆる不能犯とは犯罪行為の性質上結果発生の危険を絶対に不能ならしめるものを指す」と定義しているところである。

しかし，このように判断するのでは，具体的危険説とあまり違わないことになろう。具体的危険説においては，一般人からみた危険判断を行うが，その際には「致死量の空気注射が行われたように見えるか」が問われることにより，実際上，行為手段の抽象的性質で結論が決まっているように思われるのである[5]。このようにみれば，江藤教授が，絶対的不能・相対的不能区別説に対して，「そこで判断されているのは方法の危険性に他ならず，当該方法がどのように行為の部分を構成し，当該行為が具体的にどのような構成要件実現の危険を有しているのかの判断は捨象されてしまう」[6]との批判を向けておられるのは妥当と思われる。

そして，山口教授が，こうした一般的な危険を考える見解につき鋭く指摘されるように，一般的には危険であったとしても，具体的にはまったく危険のないことが明白な行為，逆に，一般的には危険でなくても，具体的には危険な行為はありうるのであり，具体的危険は，具体的事案の個性・特殊性を十分考慮して判断されるべきであるところ，こうした見解においては，具体的危険が抽

---

[5] 本文でも掲げた，山口厚『危険犯の研究』（東京大学出版会，1982年）106頁。
[6] 江藤隆之「不能犯における危険の概念(1)」宮崎産業経営大学法学論集16巻1＝2号（2007年）45頁。

象的危険に置き換えられてしまっているのはやはり問題だと思われる[7]。

### (3) もう1つの可能性：オーストリアの判例

　では，絶対的不能・相対的不能区別説では，このような，行為手段の抽象的性質に着目した判断しかできないのだろうか。この点で参考になるのは，オーストリア刑法15条3項の規定とその解釈である。同項は，「法律が行為者について要件としている属人的な資格もしくは関係に欠けたため，または，行為の性質もしくは犯罪が行われる客体の性質により，いかなる事情の下においても，犯罪が既遂になり得ない場合には，未遂及び未遂への関与は不可罰である」とし，絶対的不能・相対的不能区別説を明文化している。絶対的不能とは，一般化的考察のもとにおいても，すなわち，個々の事案の特殊性を捨象しても，構成要件実現に至ることがおよそ考えられない場合であり，相対的不能とは，単に具体的事案の偶然の事情によって失敗した場合であり，構成要件実現に至ることは考えられる場合である[8]。

　オーストリアの判例では，この規定にもかかわらず，1978年以降，印象説の影響を受けた判断が増加していたが，1986年に明示的に印象説の採用を否定する拡張部判例が出，その後は客観的基準を用いるものが多数になっているとされる。そして，とりわけ注目されるのは，こうした基準のもとで，客体の不能についても一定の範囲で可罰的未遂が肯定されていることである。例えば，窃盗のケースでは，行為者の故意が向けられた客体が一時的に犯行現場になかっただけの場合は相対的不能であり，可罰的な未遂が認められるが，犯行現場におよそ被害品が置かれることがなかった場合は絶対的不能であり，不可罰となる。また，殺人のケースでは，元妻を殺害しようとして元妻の両親の家にピストルで武装して押し入ったが，元妻は100m離れた自宅にいたという事案につき，可罰的な未遂が認められている[9]。

　ここで重要と思われるのは，どのような事情を仮定して危険性の判断を行うかであるところ，判例上は，絶対的不能かどうかの検討対象となる行為は，実

---

7）山口・前掲注5)98頁以下。
8）Bauer/Plöchl, in Wiener Kommentar zum Strafgesetzbuch, 2.Aufl., §15, 16, Rn.70, 86.
9）以上につき佐藤輝幸「オーストリアにおける不能犯について」法学志林116巻2＝3号（2019年）82頁以下参照。

際に失敗した行為そのものではなく，行為者が企図した犯行計画に基づく行為が対象となるとされており，仮定されるべき事情は犯行計画に予定されていたものに限定されている。これによって，犯罪を成功させる事情をなんでも仮定して，危険はあったとするような判断とは一線が画されているのである[10]。

## 2．具体的危険説

他方，わが国の判例では，客体の不能の場合には，古くから具体的危険説により，一定の範囲で未遂犯処罰を確保してきたように思われる。具体的危険説とは，一般人が認識し得た事情に加え行為者が特に認識していた事情を基礎として，一般人が結果発生の危険を感じれば不可罰の不能犯とはならないとする見解である。

大判大正3・7・24刑録20輯1546頁［空ポケット事件］は，被告人が，青山墓地で通行人の所持品を奪おうとして押し倒したところ，懐には何も持っていなかったという事案につき，「通行人カ懐中物ヲ所持スルカ如キハ普通予想シ得ヘキ事実ナレハ之ヲ奪取セントスル行為ハ其結果ヲ発生スル可能性ヲ有スルモノニシテ実害ヲ生スル危険アル」として，窃盗未遂を認めている[11]。また，戦後も，下級審ではあるが，広島高判昭和36・7・10高刑集14巻5号310頁［死体刺突事件］は，別の被告人がピストルを3発撃って死亡させた被害者Aを，被告人Xがとどめを刺すつもりで，日本刀で突き刺したが，鑑定人の医師の間でも被害者の生死につき見解が分かれたという事案につき，「Aの生死については専門家の間においても見解が岐れる程医学的にも生死の限界が微妙な案件であるから，単に被告人Xが加害当時Aの生存を信じていたという丈けでなく，一般人も亦当時その死亡を知り得なかったであろうこと，従って又被告人Xの前記のような加害行為によりAが死亡するであろうとの危険を感ずるであろうことはいづれも極めて当然というべく，かかる場合において被告人Xの加害行為の寸前にAが死亡していたとしても，それは意外の

---

10) 佐藤（輝）・前掲注9) 84頁以下。
11) この事例につき具体的危険説から窃盗未遂の成立を認めることに対する鋭い批判として内山良雄「具体的危険説の危険判断とその適用上の問題」法研論集89号（1999年）83頁以下。

障害により予期の結果を生ぜしめ得なかったに止り，行為の性質上結果発生の危険がないとは云えない」として，殺人未遂を認めている。

　山口教授は，こうしたわが国の判例につき，「客体の不存在が問題となる場合には，判例は，現実の特定された客体との関係で具体的危険を問題とするのではなく，一般に想定された客体との関係で具体的危険を問題とすることによって，具体的危険の発生を肯定している」のであり，「ここに，事前的な立場から客体の存在の可能性で足りるとする，具体的危険説との親近性を見ることができる」とされている[12]。

　もっとも，具体的危険説を純粋に貫けば，一般人からみても人間に見える，リアルに作られた等身大ロボットを日本刀で突き刺した場合にも，殺人未遂罪が成立することになろう[13]が，判例上は，具体的事案において，「一歩間違えば構成要件実現もありえた」と言いうる場合を超えて未遂犯の成立が認められた例はないように思われる。このような価値判断には合理性が認められうるとすれば，また，ロボット殺人事件を殺人未遂で処罰するのは実質的にみて意思処罰であり，ひいては行為者の危険性を処罰することに限りなく等しいことからすれば，具体的危険説は，少なくとも客体の不能の事案において，「一般人からそう見えた」というレベルを超えて，「一歩間違えば構成要件実現もありえた」と言いうる事案を切り取るような基準を提示できない限りは，実践に耐えない見解にとどまってしまうようにも思われる。

## 3．仮定的蓋然性説（修正された客観的危険説）

　学説上は，絶対的不能・相対的不能区別説をとる見解は少なく，実際上対立しているのは，具体的危険説と仮定的蓋然性説（修正された客観的危険説）である。仮定的蓋然性説は，40年前に山口教授が基礎付けられた見解である。これによれば，現実に存在した事実の代わりに，一体いかなる事実が存在すれば，法益侵害が科学的な因果法則に従って発生するかが問われ，具体的危険

---

[12] 山口・前掲注5)132頁以下。引用箇所は134頁。
[13] 具体的危険説に立たれる奥村正雄「不能犯論における危険概念の構造」同志社法学57巻6号（2006年）1763頁は，同説に従う限り，一笑に付しうるような事例について一律に不能犯を認める論理を導くことが困難であることを認めておられる。

は，科学的因果法則に従って法益侵害を生ぜしめるべき事実が存在することがどの程度あり得たと考えられるかを問うことによって判断されることとなる。こうした仮定的事実の存在可能性の判断は，純客観的・科学的な立場からなし得ないことは明白であり，この判断は，科学的一般人の立場からの判断である。そして，具体的な危険があったと言えるためには，法益侵害に準ずる程度の，相当程度の可能性（そのような事実は十分にあり得たと考えられる場合）に限定されるべきである，というのである[14]。

この見解は，次第に有力化してきているが，山口教授の見解においては，客体の不能が大幅に不可罰となるという点で，結論的な妥当性に疑義がありうるほか，原口教授が指摘されるように，仮定的事実の置き換えに関してどこまで遡ってそれを許容するかを限定する内在的な基準を含んでいないというのは，この判断枠組みの大きな問題点であるように思われる[15]。

## 4．絶対的不能・相対的不能区別説の再評価と仮定的蓋然性説の微調整

学生の皆さんには，絶対的不能・相対的不能区別説，具体的危険説，仮定的蓋然性説は，相当違う見解のように思われるかもしれない。とくに，絶対的不能・相対的不能区別説は，事後的客観的に，実際に存在した事情をそのまま観察して，危険判断を行うような印象を与える。しかし，同説を規定するオーストリア刑法のもとでの判例は，そのようなスタンスはとっておらず，犯行計画を前提として，犯罪が既遂に至る可能性があり得たかという形で，一定の事情の仮定・置き換えがなされている。そうだとすれば，これらの見解はいずれも，仮定的事実の置き換えにより危険性を判断する枠組みとして共通のものでありうる。すなわち，オーストリアの判例では，絶対的不能かどうかの検討対象となる行為は，実際に失敗した行為そのものではなく，行為者が企図した犯行計画に基づく行為が対象となるとされている。そして，オーストリアの判例においては，このことにより客体の不能についても適切な結論が確保されてい

---

14) 山口・前掲注5)164頁以下。
15) 原口・前掲注3)342頁。

るのである。

　他方，近時，佐藤拓磨教授は，仮定的蓋然性説の立場から出発されながら，山口教授の見解に欠けていた，仮定的事実の置き換えの基準の補充を試みられ，「現実の事実に置き換えられるべき仮定的事実は，行為者の犯行計画に取り込まれていた事情に限定されるべきである」[16]とされる。これは，実質的にみて，オーストリアの判例と同じところを説かれるものであり，結論的に妥当な方向性を示すものと思われる。

　もっとも，佐藤教授の未遂犯の処罰根拠の理解には，疑問がありうる。教授は，「将来，同様の犯行計画に基づく行為が行われた場合に，結果が発生することがあり得るのかが未遂犯処罰の関心事」だと説かれ，再び同様の犯行計画に基づく行為が行われた場合に結果が発生する可能性を問うべきであるとされる。その基礎には，未遂結果の内容は既遂結果の抑止という観点から定められるべきであり，それ自体単独で処罰を基礎付けうるような実害に近い現実性を帯びた危険の有無に着目すべきではないが，それはそのような狭い危険概念を採用したのでは，未遂犯処罰規定が，既遂結果の抑止（ひいては法益の保護）の効果を十分にあげることができないからである。未遂結果の内容は，規範による一般予防の合理的制約という将来の犯罪予防の観点から定められるべきである，との理解がある[17]。

　しかし，これを文字通り受け止めれば，刑法による禁圧の対象は，当該処罰対象となる行為ではなく，再びなされる同様の行為になってしまっているように思われ，疑問である。これでは，当該行為が一歩間違えば構成要件実現に至り得た危険なものであったとして，これを理由に処罰するわけではなく，敢えて言えば，当該行為者との関係では，未遂犯処罰は，実際に行われた行為が危険だったからではなく，再び同様の行為に及び「次回こそは」結果を発生させてしまうことを禁圧するものになってしまっている。

　そうではなくて，あくまで当該行為が「一歩間違えば構成要件実現もありえた」と言いうるがゆえに危険であったことが，処罰根拠となるのでなければならないように思われる。それゆえ，仮定的事実の置き換えにあたり，犯行計画

---

16) 佐藤拓磨『未遂犯と実行の着手』（慶應義塾大学出版会，2016年）83頁。
17) 佐藤拓磨「不能犯」川端博ほか編『理論刑法学の探究④』（成文堂，2011年）65頁以下。

が基礎に置かれるべきだと考えるとしても，それは，「他ならぬ当該行為」が「一歩間違えば」構成要件実現に至り得たという判断を確保するための，不可欠の構成要素だからであると整理すべきであるように思われる。

## 5．具体的危険説の支持不可能性

　具体的危険説からは，一般人にそう見える限りで，犯罪を成功させる事情が仮定的に置き換えられることになるようにも思われるが，厳密に考えれば，同説も，そのようなアバウトなものではあり得ない。井田教授が説かれるように，同説からも，結果の不発生に関係する全事情を解明し，これが一般通常人にとり認識可能であったか（そうでなければ少なくとも行為者自身は認識していたか）が問われることになり，これが一般通常人に容易に見抜くことができない事情であった場合に，結果を発生させるべき仮定的事情（抗事実的事情）を代入して危険判断を行うことになるのである[18]から，この限りでは，オーストリアの判例のもとでの絶対的不能・相対的不能区別説や仮定的蓋然性説と異なる判断過程を歩むものではないのである。

　もっとも，このように一般通常人の誤信を基礎に考えてよい規範的根拠は，必ずしも明らかではない。井田教授は，これを人的違法論としての行為無（反）価値論から基礎付けられ，具体的危険説は，刑法は行為準則たる規範を設定し，その違反に対して刑罰を科すことによって規範の効力を維持し，人々を規範にしたがった行動へと導くことを手段として法益を保護するために存在するという考え方と整合的であると主張されている[19]。

　確かに，一般通常人の誤信があった場合でも，これを前提に刑法を発動させれば，一般通常人の刑法規範に対する信頼は維持強化され，積極的一般予防効果は得られるものと思われる。しかし，これを正面から認めると，やはり，処罰根拠は，構成要件実現・既遂に至る危険性そのものではなく，規範妥当が侵害されたように見えることに対する国民の動揺を宥めることにしかなくなってしまうように思われる。

---

18）井田良『講義刑法学・総論〔第2版〕』（有斐閣，2018年）452頁。
19）井田・前掲注18）452頁以下。

具体的危険説が厳しいのは，どのように説明しても処罰根拠が社会心理的な不安感になってしまい[20]，既遂犯の処罰根拠との分裂が生じてしまうことである。古く勝本博士は，「已遂犯ヲ罰スルハ実害ヲ生スルカ故ナルモ，未遂犯ヲ罰スルハ生スルニ至ルヘキカ故ニ非スシテ人心ニ危惧ノ念ヲ生セシムル状態アルカ故ナリト説明セル可カラサルノ結果，恰モ已遂犯ト未遂犯トハ全ク別種ノ犯罪タルノ奇観ヲ呈スルニ至ル」とされた[21]が，具体的危険説は，この批判をクリアーできないように思われる。

　そして，実際問題としても，どの程度の事実が一般に認識可能とされるべきかは必ずしも明らかではない。例えば，会社から銀行で預金を下ろしてくるよう指示された社員Aが，下ろした現金を制服のポケットに分散して入れたうえ，無料パンフレットを詰めた銀行の紙袋（これ自体は財産的価値がないものとする）をカムフラージュのために大事そうに抱えながら出てきたのを，銀行の外で機会をうかがっていた引ったくり犯が，この紙袋を奪ったという場合[22]，どうして，社員Aがポケットに現金を隠しているところは見なかったことにしないといけないのだろうか。具体的危険説をとる見解は，暗黙のうちに，行為時において当該状況を外形的に観察して分かる範囲かどうかで判断基底を画してきたのだと思われるが，そう考えてよい根拠は，判断基底を画する規範的根拠の薄弱さと相まって，実はよく分からないように思われる。小林教授が，一般人の「立ち位置」を定める基準は原理的に存在し得ないが，それは，そこにいう一般人とは，既遂到達そのものとは異なり，既遂到達の危険性を判定するに際してのみ，突如として，特段の根拠なく導入された一種の「異物」だからであるとされる[23]ところは，妥当と思われる。

　このように見れば，判断基底を的確に画することができる点において，オーストリア刑法のもとで実践されているような絶対的不能・相対的不能区別説，もしくは，佐藤教授のように犯行計画を基礎として仮定的事情を置き換える仮

---

[20) このことを的確に指摘されるものとして，只木誠『コンパクト刑法総論〔第2版〕』（新世社，2022年）225頁。
21) 勝本勘三郎「不能犯ニ就テ」同『刑法の理論及び政策』（有斐閣，1925年）173頁。最近でも佐伯仁志『刑法総論の考え方・楽しみ方』（有斐閣，2013年）349頁。
22) 筆者が，佐久間修ほか『Law Practice 刑法〔第4版〕』（商事法務，2021年）72頁で，不能犯の問題として考えた設例をベースにしている。
23) 小林憲太郎『刑法総論の理論と実務』（判例時報社，2018年）482頁。

定的蓋然性説によるのが妥当と思われるが、これらは実質的にみて同じ内容であり、その優劣を論じることにはあまり意味はないように思われる。

そこで以下では、こうした判断枠組みをさらに具体化していくことにしたい。

## II. 不能犯とならないために必要とされる危険の程度

### 1. 理論的検討

それでは、不能犯とならないために、例えば、着手が認められるだけの進捗度がありさえすれば未遂犯として処罰しうるだけの危険が認められるためには、どの程度の結果発生の可能性が必要なのであろうか。

この点、具体的危険説からは、事実上このような問題を論じる必要はおよそ生じない。判断基底を一般通常人の誤信に基づく結果を発生させるべき事実でもって設定したのであるから、そこで設定された全事情をみた一般人は、構成要件実現の具体的な危険を感じるに決まっているからである。

これに対し、絶対的不能・相対的不能区別説や仮定的蓋然性説からは、このような結果発生の可能性をどのレベルで要求するかが正面から問われることになる。

この点、従来は、実行の着手と不能犯との区別を表裏一体の問題と解する見解が支配的であったこともあって、不能犯とならないために必要とされる危険の程度は、高めに設定される傾向があったように思われる。例えば、佐伯教授は、不能犯の問題と実行の着手の問題が、未遂犯として処罰に値する危険が認められるかどうかという同じ問題であることからすれば、実行の着手で必要とされている現実的危険性は、不能犯の問題においても同じように必要とされるべきであり、そうすると、絶対にあり得ないわけではない、といった程度の危険ではなく、ある程度高度の現実的な可能性が認められなければならないであろうと主張されている[24]。しかし、前章で確認したとおり、このような表裏一体論には問題がある。

---

24) 佐伯・前掲注21)351頁。

表裏一体論を批判される樋口教授が，不能犯論は，まったく無害な事象を刑罰の対象とすることを否定すべきとの発想に基礎を置くものだとされ，不能犯論における危険性について高度の危険ないし具体的な危険を未遂処罰に求める必然性はないことを，まったく無害とはいえない事象である限り，刑事罰の対象とすることの正当性は失われないからであるとして基礎付けられている[25]ところは，基本的に支持できるものと思われる。

## 2．パスワード・暗証番号を知らない窃盗事件等の解決

　オーストリアでは，すでに述べたような絶対的不能・相対的不能区別説を規定する刑法のもと，客観説に立つ判例からも，パスワードや暗証番号を知らずに金庫やATMから財物を引き出そうとする行為につき，窃盗未遂が認められている。オーストリア最高裁1995年6月29日の判例では，番号式の機械の鍵のついた金庫を開けようとする窃盗未遂について，被告人らが，金庫の元販売員として金庫およびそのシステムに対する知識があることを前提に，番号の組み合わせを当てることが「決して，およそあり得ないとはいえない」として，絶対的不能を否定しているし，同最高裁1991年10月17日の判例では，正しい暗証番号を知らない行為者が，盗んだキャッシュカードを利用してATMから現金を引き出そうとして失敗に終わった事案につき，このような攻撃に対するATMのシステムに備わった安全装置は，「違法な現金の引き出しの成功のチャンスを単に最小化するに過ぎず，完全に除去できる訳ではない」ため，「本件で企図された犯罪の既遂がおよそ考えられないということはできない」として，可罰的な窃盗未遂が肯定されている[26]。

　わが国でも，下級審のレベルではあるが，不正に入手したキャッシュカードをATMに挿入したが，暗証番号が分からず合致しなかったという事案につき，窃盗未遂を認めた裁判例が複数登場している[27]。ここでの成功確率は，1回あたり1万分の1であり，数回間違えればロックがかかる扱いがなされていることをも考えあわせれば，構成要件実現の可能性は極めて低いと思われる

---

25）樋口亮介「実行行為概念について」『西田典之先生献呈論文集』（有斐閣，2017年）33頁。
26）以上につき佐藤（輝）・前掲注9）73頁参照。
27）裁判例につき樋口・前掲注25）20頁参照。

が，だからといって不能犯だということには必ずしもならないように思われる。

## 3. だまされたふり作戦について

　オーストリア最高裁1999年8月5日の判例では，禁制品である薬物の密輸を図ったが，検問等によって発送の途中で荷物の中身が薬物以外の物にすり替えられた事案につき，絶対に禁制品の入手はできなかったとの主張がなされたが，これを排斥している。おそらくこれは，検問等によっても，必ずしも薬物の密輸を100％防げるわけではないから，犯行の成功の可能性が完全に除去されたとはいえないという考え方によるものと思われる[28]。

　このような価値判断が妥当だとすれば，わが国において近時問題となっている，特殊詐欺において，いわゆるだまされたふり作戦がなされた事案において，同作戦が展開された後に共謀を遂げ，関与した受け子に詐欺未遂の共犯が成立しうるかという問題についても，これを積極に解する方向での結論が得られるものと思われる。

　この問題に関してわが国の下級審裁判例の多くは，具体的危険説の立場をとり，不能犯ではないとの結論を導いている[29]が，中には，具体的危険説に立ちつつも，「そこで仮定すべき一般人は，犯人側の状況と共に，それに対応する被害者側の状況をも観察し得る一般人でなければならないはずである」[30]として，不能犯だとしたものも見られたところである。この結論に違和感があることは明らかであり，一般には，行為の時点における犯行現場の様子を外形

---

28) 以上につき佐藤(輝)・前掲注9)87頁以下参照。
29) 東京高判平成29・11・10高検速報(平29)号208頁，仙台高判平成29・8・29高検速報(平29)号309頁（一般人が認識し得た事情〔被害者側，犯人側のいずれの立場でもなく，特別の情報を持ち合わせていない外部の者が外形的に経過を観察したことによって認識できる事情〕および行為者が特に認識していた事情を基礎として判断すべきであるとする）．福岡高判平成29・5・31刑集71巻10号562頁参照（敢えて被害者固有の事情まで観察しうるとの条件を付加する必然性は認められないとする）．名古屋高判平成28・9・21判時2363号120頁。なお，安田拓人「判批」法教437号（2017年）146頁は，「具体的危険説の説く危険とは，一般人が一連の行為経過を外形的に観察した結果として認められる，行為者の想定した経過を支える事実の存在可能性を基礎とした不安感である」と指摘しており，仙台高裁判決や福岡高裁判決は，これも踏まえた判示になっているように思われる。
30) 福岡地判平成28・9・12刑集71巻10号551頁参照。

に観察したときに一般人が感じる不安感でもって危険が肯定されるものと思われるが，すでにみたように，具体的危険説の立場から，どうしてそうなるのかについての規範的根拠を示すことは，意外に難しいように思われる。

そうだとすれば，大阪高判平成29・10・10 LEX/DB 25561419が，「原判決が，結果発生の現実的危険の有無は一般人が認識し得た事情及び行為者が特に認識していた事情だけを基礎として判断すべきであるとして，だまされたふり作戦が開始された事実を当該行為の危険性判断の基礎事情から除外した点については，疑問があるといわざるを得ず，結果発生の現実的危険の有無は，同事実を含む事情をも踏まえた上で判断すべきものと考えられる」とし，また，「未遂犯が成立するために必要な結果発生の現実的危険の程度については，けっして高度なものが要求されるわけではなく，要は，当該行為に結果を発生させる可能性が全くなく，未遂犯として処罰するに値しないような場合は不能犯として処罰の対象とならないが，そのような場合に該当せず，結果発生の可能性が否定されないのであれば」足りるとしたうえで，「だまされたふり作戦が開始されたからといって，詐欺の結果発生を完璧に阻止できるとは限らないし，いかに万全の態勢でだまされたふり作戦が実施されたとしても，同作戦の中止・中断等により，当該特殊詐欺の結果発生が阻止される状態が解消する可能性も存する」などとして，途中から受け子が関与した段階においても，詐欺が既遂に至る危険性を肯定し，共犯の成立を認めたのは妥当なものと思われる[31)32)]。

なお，最決平成29・12・11刑集71巻10号535頁は，この点にはふれないまま，受け子につき詐欺未遂罪の承継的共同正犯の成立を認めている。担当調査官は，「私見としては，具体的危険説が基本的に妥当と考える」との基本的立場をとられる方である[33)]が，「先行者により欺罔行為が開始されている以上，既に詐欺が遂行中の状態にあるといえ，財物を交付させる段階で被害者に看破されていたとしても，だまされたふり作戦の開始を認識していない後行者

---

31) ただし，原口伸夫「特殊詐欺の事案においてだまされたふり作戦が実施された場合と不能犯の法理」駒沢法学19巻4号（2020年）19頁が的確に指摘されるように，この部分は傍論であろう。
32) 樋口・前掲注25)51頁は，「欺罔行為が行われていることに被害者が気がつかないまま詐欺既遂に至る可能性がおよそないとはいえないという事情があれば，未遂処罰の基礎づけに必要な危険が認められる」としており，本文と同旨になるものと思われる。

からすれば詐欺の遂行中であることに変わりはなく，後行者による財物の受領行為への関与は詐欺への加担と評価できる実体があるといってよいように思われる」との理解を示されている[34]。しかし，これは，犯罪が未だ終了していないから，なおそれへの関与が可能だとしているだけであり，未遂犯としての危険性が維持されているかはまったく問われていないことにならざるを得ない。受け子の行為の時点で，なお危険が維持されていなければ，まさしく不能犯であり，受け子は不可罰となるほかないであろう。

　もっとも，調査官解説では，「本決定が，後行者の行為の危険性判断を不要としたものであるのか，判文上必ずしも明らかではないが，本件は，承継的共同正犯論と不能犯論を根拠として詐欺未遂罪の共同正犯の成立を認める見解によっても，危険性を肯定できる事案であるように思われる」ともされている[35]。この点を明示的に判示しなかったのは，「受領行為につき詐欺を完遂する上で欺罔行為と一体のものとして予定されていたという点に着目する場合，本件の結論を導く上で，不能犯論による解決が必然的に求められるものであるかについては，なお検討を要」することから，「本決定は……不能犯論と同様の検討に言及しなかったものと考えられる」とのことである。しかし，共謀前の先行者の罪責を「承継する」との考え方に立つのでもない限り[36]，危険性が維持されていることの論証は不可欠だと思われる[37]。

---

33) 川田宏一「不能犯」植村立郎編『刑事事実認定重要判決50選(上)〔第3版〕』(立花書房，2020年) 357頁。その他の有力な裁判実務家で具体的危険説を明示的に支持されるものとして，石川弘＝松本時夫編『刑事裁判実務大系(9)』(青林書院，1992年) 61頁以下［中山隆夫］，池田修＝杉田宗久編『新実例刑法〔総論〕』(青林書院，2014年) 288頁以下［中川綾子］。
34) 川田宏一「判解」最判解刑事篇平成29年度256頁以下。以下本稿ではいちいち引用箇所を示さない。
35) 仮定的蓋然性説からもこうした事案で詐欺未遂罪の共同正犯を認めうるとする見解として橋爪隆「特殊詐欺の『受け子』の罪責について」研修827号(2017年) 13頁以下，二本柳誠「騙されたふり作戦と受け子の罪責・補論(2・完)」名城ロースクール・レビュー45号(2019年) 57頁。
36) 小林・前掲注23)600頁は，本決定が，このような「先祖返り」をしたものだとして，批判的に捉えられている。
37) 本決定の筆者なりの読み解き方については安田拓人「判批」法教451号(2018年) 143頁参照。

## Ⅲ．客体の不能と方法の不能の事案の具体的解決

### 1．客体の不能の事案

　客体の不能の事案としては，やはり空ポケット事件（前掲大判大正 3・7・24）と死体刺突事件（前掲広島高判昭和 36・7・10）が重要である。

　仮定的蓋然性説に立たれる山口教授は，死体刺突事件については，個別具体的な客体が現実には存在しないのであり，したがってこのような個別具体的な客体についての侵害の現実の危険を認めることはできないとして不能犯だとされる一方で，空ポケット事件については，通行人が右のポケットではなく左のポケットに金品を入れていたとすれば，この左ポケットの中の財物に対する危険を問題としうるとされている[38]。

　まず，空ポケット事件については，山口教授のような見解から，このような置き換えが可能な理由は必ずしも明らかではない。行為者が右ポケットだけをターゲットとして1回限りの接触を予定していたのであれば，それは絶対的に不能であるはずだからである。これに対し，筆者のような見解からは，犯行計画を基礎としての判断がなされるから，当該被害者Aを想定したときには，①右ポケットになければ左ポケットを狙うことを予定していたような場合，さらには，②歩いている途中にポケットの糸が切れ，途中で財布を落としていたとか，たまたま置き忘れてきたといったような場合であれば，そうでなかった可能性を検討することになるし，③Aに限らず誰でもよいからと狙ったような場合には，他の通行人が懐中物を所持していた限りにおいて，可罰的な未遂が認められることになる。

　続いて，死体刺突事件を，マネキンが転がっていた場合と同様に扱うことには，大いに疑問の余地がある。佐伯教授は，「未遂犯は結果の発生ではなく，その可能性を処罰の根拠とする以上，行為時に客体が存在することが絶対必要とはいえない」[39]とされ，西田教授は，「死後数時間経過している事例ではなく，生死の限界が微妙であったという事情」を考慮すれば，仮定的蓋然性説か

---

38）山口・前掲注 5)168 頁以下。
39）佐伯・前掲注 21)351 頁以下。

らも未遂の成立を認めることはできるはずだとされる[40]が，妥当な評価だと思われる。

　筆者のように，犯行計画を基礎として判断する見解に対しては，この事件の被告人のように咄嗟に殺意を抱いて犯行に及んだ場合に困難が生じるとの批判はありうる[41]が，この見解の趣旨は，あくまで当該行為を前提とし，別の計画であればどうなったかを問うべきではないというところにあるのであるから，当該状況で当該時刻にとどめを刺そうとした行為を前提に，被害者がまだ生きていた可能性を検討するべきであるように思われ，そうだとすれば，死期がずれ，死亡させていた可能性はあると考えてよいように思われるのである。これは，就寝中のAを殺そうと思ってベッドに向けて拳銃を発射したが，被害者が直前にトイレに行っていたため，不在であったという空ベッド事例において，殺人未遂を認めてよいのと同じ論理である。

## 2．方法の不能の事案

　ここでは，空気注射殺人未遂事件（前掲最判昭和37・3・23）と空ピストル事件（福岡高判昭和28・11・10判特26号58頁）を検討しておこう。空気注射殺人未遂事件では，空気の注射量が致死量に満たなかったために，被害者を死亡させることができなかったのであるから，死亡結果を発生させるには，①空気の量を増やし致死量を与えた可能性，②相手方がその注射量で死亡した可能性の，いずれかがなければならない。ここでは，犯行計画を基礎として判断がなされるべきだとすれば，①については，1回しか使えない注射器を使用した場合で，注射器が1個しか手元になければ，この可能性を認めるのは難しいであろうが，そうでなければ，2回，3回と注射を繰り返し，致死量に達した可能性は認められてよいであろう。また，②については，例えば過労等のために身体の状態が優れず，抵抗力が弱っていたとすれば，当該量で死亡することもあり得たという前提条件があるのであれば，相手方が徹夜明けである等の事情により，このような身体的状態であったことが十分にあり得たことが肯定されれ

---

40）西田典之（橋爪隆補訂）『刑法総論〔第3版〕』（弘文堂，2019年）335頁。
41）松原芳博『刑法総論〔第3版〕』（日本評論社，2022年）366頁。

ばよいであろう[42]。

　他方，勤務中の警察官からピストルを奪い，この警察官に向けて当該ピストルを発射したが，この警察官がたまたま弾を込め忘れていたため，殺害の目的を遂げなかったという，空ピストル事件では，①当該警察官Ａが実弾を込めていた可能性，②当該警察官Ａではなく他の警察官のピストルを奪っていた可能性が問われることになるが，これは実際上，客体の不能に関する空ポケット事件におけるのと同様の判断になってくる。福岡高裁が，具体的危険説を思わせるフレーズを用いて判断したには，このような事情が与っているものと思われる。

　①で見ていく場合，具体的危険説とオーストリアの判例のような絶対的不能・相対的不能区別説や仮定的蓋然性説との違いは，当該警察官Ａが，職務とは言え人を射殺するくらいなら自分がやられた方がよいとの信念により常に空ピストルを所持して勤務していたような場合に生じる。具体的危険説からは，この場合にも殺人未遂が成立するが，筆者の見解からは，①で見ていく限りは不能犯となる。そのような特殊な警察官から奪ったのでなく，たまたま弾を込め忘れていたような場合には，問題なく，未遂犯の成立が肯定されてよい。

　他方，②で見ていく場合には，空ポケット事件におけるのと同様に，他の警察官は弾丸を込めて勤務していたのだとすれば，実弾入りのピストルを手段とし得た限りで，殺人未遂が成立することになろう。

---

42) 山口・前掲注5)170頁，佐藤(拓)・前掲注16)85頁。

# 第20章　中止犯

**CHAPTER 20**

> **POINT**
>
> - 議論の対立軸として，①とにかく結果発生を防止できればよいか，必要的減免に相応しい内容が伴ったものでなければならないか，というもの，および，②中止しなければ結果が発生してしまう場合にのみ中止未遂の政策的意義を認めるか，それとも中止のための努力をした者に対して褒賞を与えてよい／法益保護をより実効化するため結果的に役立たなかった場合でも認めてよいと考えるか，といったものがあることを理解する。
> - 中止行為の要件が，既遂に至る危険性を転換・逆転させることに関わる要件であることを理解し，併せて，既遂に至る危険性には2通りのものがあり，それに応じて必要となる中止行為の内容（不作為で足りるか作為まで必要か）が異なることを理解する。
> - 任意性の要件に関して，判例・学説に登場する主要な見解の言わんとするところを理解し，判例で問題となったような事案につき具体的な解決がどのようになされるべきかを理解する。

## はじめに

　中止犯論は，総論の中でも，学習が非常に難しいテーマである。本により，説かれている内容のみならず，議論の整理の仕方までここまでばらばらな状況にあるテーマは，他になかなかないであろう。

　通常のテーマであれば，基礎理論がまずあり，それを基盤ないし基軸として要件の解釈が展開されていくはずであるが，中止犯については，基礎理論にあたる刑の必要的減免根拠論をめぐる対立が中止犯の成立要件の解釈にどのように結びついているのかが，必ずしもはっきりしない状況にある[1]。これでは基

礎理論の意味がないであろう。

　他方，最近では，中止犯を，通常の犯罪論とパラレルに，「いわば逆の方向に向った」「『防止』を結果とする一つの構成要件」[2]，あるいは，「マイナス犯罪ないし特別の『裏返し構成要件』」[3] と捉える見解が有力化している。これもまた，要件の体系的整序には資するが，1つ1つの要件論につき何かを導き出しうる内容を含んだものではない。

　そこで，あえてここで大づかみな対立軸を見出すとすれば，1つには，とにもかくにも結果発生を防止できればよいと考えるか，必要的減免に相応しい内容が備わったものでなければならないと考えるか，というものが考えられ，もう1つには，中止しなければ結果が発生してしまう場合にのみ人参をぶら下げればよいと考えるか，いわば中止のための努力をした者に対し「頑張ったで賞」を与えてよい，あるいは，法益保護をより実効化するため，結果的に役立たなかった場合も含めて認めてよいと考えるか，というものが考えられる。

　問題はより複雑であるが，大づかみとしては，このあたりの対立軸を念頭に置いて学習をしてみるとよいように思われる。

## I．中止犯の刑の必要的減免根拠

　中止犯規定の背景に，政策的考慮があることは否定できない。そこで，刑事政策説（奨励説）は，未遂行為者を中止行為に誘導して，犯罪が既遂に達するのを防止するという政策目的に，中止未遂が有利に扱われるべき根拠を求めている。ここでは，「後戻りのための黄金の橋」（リスト）を架けることにより構成要件実現の防止を図ろうとする刑事政策的考慮が重視されている。教科書の類では，中止犯規定を知らない一般の犯罪者にとっては政策的効果を期待できないとか，中止の奨励のためには刑の必要的減免では弱いといった批判が紹介されているが，すべて読み飛ばしてよい。同じように法益保護を目的とする通常の犯罪については刑罰規定を知っているかどうかを問題としないのであるし，身代金目的略取誘拐罪における解放減軽規定の効果は必要的減軽にすぎな

---

1) 和田俊憲「中止犯論」刑法42巻3号（2003年）282頁。
2) 平野龍一『犯罪論の諸問題(上)』（有斐閣，1981年）146頁。
3) 井田良「中止犯」現代刑事法25号（2001年）98頁。

いが，これが略取・誘拐された者の生命の安全を図るための政策的規定であることを疑問視する人はいないはずである。

他方，学説上は，違法性減少説や責任減少説も有力であるが，それがすでに成立している未遂犯の違法性ないし責任を減少させるものだとの主張を含むものであれば，すべて無視してよい。実行に着手したことでいったん確定した違法性や責任が，事後的な中止によって減少する等ということは，論理的にあり得ないからである[4]。ここでいう違法性減少や責任減少というのは，中止行為のもつ有価値性をマイナス方向での犯罪論体系に即して検討する際に，中止行為を危険減少の観点，任意性を期待可能性低下の観点のもとにそれぞれ位置付けているということを意味するものにすぎず，何らかの法的効果と結びつくものとして言われているものではない。それゆえ，中止行為を危険減少の観点から捉えることに，違法性減少というレッテルを貼ったとしても，それが共犯者にも連帯するかといった議論はそもそも生じないのである。和田教授が説かれるように，「違法減少や責任減少は，中止犯の成立要件を解釈する上でその根拠となるものではなく，むしろ，他の何らかの根拠に基づいて要件解釈が為された後にそれに対して事後的にラベリングを行うものである」[5]ように思われる。

こうして，従来なされている刑の減免根拠論にコミットすることは，あまり生産的ではないので，ここでは，「はじめに」で述べたような対立軸を意識しながら，中止犯の要件解釈に力点を置いて論じていくことにしたい。

## II．中止行為

### 1．中止行為の態様とその前提としての既遂に至る危険性

中止行為は，既遂に至る危険性を，そうならないように減少させる行為である。すなわち，実行行為により惹起され，あるいは，されようとしている結果発生の（＝既遂に至る）危険を転換・逆転することが，必要なのである。

そこで，まず，中止行為の前提要件として，既遂に至る危険性が必要であ

---

4) 塩谷毅「中止犯」法教279号（2003年）64頁以下．
5) 和田・前掲注1)283頁．

る。既遂に至る危険性には，2通りのものがある。1つは，行為者のさらなる行為を必要としない危険性（物理的危険性）（①）であり，もう1つは，行為者がさらに行為を続行することによる危険性（行為の続行可能性）（②）である。すなわち，中止行為が可能であるのは，①が存在する場合，および，①が存在しなくても②が存在する場合に限られる。

こうした危険を減少させるのが中止行為であるから，①の場合には，すでに生じた危険からの結果発生を積極的に阻止するという作為態様の中止行為が必要となるのに対し，②の場合には，後のさらなる行為をしないことでもって構成要件実現は阻止できることになる。

かつては，実行行為が終了しているかどうかで分け，実行行為が未終了の着手未遂の場合には不作為で足りるが，終了している実行未遂の場合には作為が必要だとされ，実行行為の終了時期をめぐって複雑な議論が展開されていた。現在でもなおこの議論にコミットするものもあるが，こうした議論がまったく無意味であることは，すでに公知の事実となっている。すなわち，江藤教授が説かれるように，着手未遂と実行未遂の概念は，ドイツではとりわけ18世紀末から19世紀にかけて，未遂の可罰性を段階付け，後者をより重く処罰するものとして存在していたが，1871年のライヒ刑法制定時に，未遂の可罰性を段階付ける概念から，中止行為の態様を区別する概念へとその性質を変えたものであり，もともと未遂の可罰性を段階付ける概念であったものが，なぜ中止行為の態様に影響を及ぼすのかについて，論理的な説明はなされていない[6]。そうだとすれば，学生の皆さんに余計な負担をかけないためにも，こうした議論の紹介は最初からやめておくべきであろう。山中教授が言われるように，「この問題の解決のために結果発生の危険以外の他の概念要素はすべて不要である」[7]。

## 2．作為による中止（①の場合）

こうして現在の支配的見解は，そのまま何もしなくても因果経過だけで結果

---

[6]　江藤隆之「着手未遂と実行未遂の概念について」法学研究論集22号（2005年）81頁以下，とくに88頁。

[7]　山中敬一『中止未遂の研究』（成文堂，2001年）215頁。

発生・既遂に至りうる段階に達していれば，中止行為として作為が必要だと考えている（因果関係遮断説）[8]。

　判例の立場も，このようなものであると理解できる。そのような立場を明確にした最初のものは，東京地判昭和40・4・28下刑集7巻4号766頁だとみられる。同判決は，被告人の行った頭部傷害行為につき，被害者が被告人のため「頭部に受けた前記傷並びにこれに伴う身体障害は相当重症であるから，これを放置して医療措置を講じなかったとしても死の結果を来たす可能性が全くなかったとは決して断じ難く」，被告人が石を以て被害者の頭部に加えた暴行は被害者を「死に致す可能性ある危険な行為であったといわなければならない。そうだとすると……被告人について中止未遂の成立が認められるためには，更に既に加えた前記暴行に基く死の結果の発生を積極的に防止する行為に出で，現実に結果の発生を防止し得たことが必要である」と判示している。

　その後も最高裁判例はないので，高裁レベルの裁判例を見てみると，東京高判昭和51・7・14判時834号106頁は，被害者「が受けた傷害の程度も右肩部の長さ約22センチメートルの切創で，その傷の深さは骨に達しない程度のものであった」ことを指摘し，不作為による中止で足りるとしている。確かに，同判決は，これに続けて，そうであるから，「被告人らの被害者に対する殺害の実行行為が被告人Aの加えた一撃をもって終了したものとはとうてい考えられない」。「してみれば，本件はまさに……着手未遂の事案に当たる場合で」あるとも述べているが，これは伝統的見解に対するリップサービスにすぎず，実際の決め手となっているのは，そのまま放置しても死に至る危険性が生じていなかったことにあることは明らかであろう。

　また，福岡高判平成11・9・7判時1691号156頁は，中止行為に及んだ際は，「前示のとおり，客観的にみて，既に被害者の生命に対する現実的な危険性が生じていたと認められる（医師Nの警察官調書によれば，生命に非常に危険な状態に陥ったものとされている。）うえ，被告人においても，このような危険を生じさせた自己の行為，少なくとも，被害者が気を失ったのちも約

---

8) 塩見淳「中止行為の構造」『中山研一先生古稀祝賀論文集(3)』（成文堂，1997年）258頁は，四半世紀前の段階ですでに，「中止行為の態様を因果経過だけで結果が発生しうる段階にまで至ったか否かをもって区別する見解は，現在ではもはや通説といってよい」とされていた。

30秒間その頸部を力任せに絞め続けたことを認識していたものと得る」ことを理由として，被告人に中止犯が認められるためには被害者の救護等結果発生を防止するための積極的な行為が必要とされるとしている。同判決は，殺意の認定との関係で，被告人の行為の危険性につき，被害者に対し両手でいきなり頸部をその意識が薄らぐ程度まで力一杯絞め，いったん逃げ出した被害者を連れ戻したのち，さらに左手で体重をかけて力任せに頸部を絞め，被害者がぐったりとなり気を失ったのちも約30秒間絞め続けたというものであり，その後，被害者は30分ないし1時間位意識を失ったままであり，犯行後被害者の顔面の全面，頸部，眼球等には顕著な溢血，うっ血が現われ，被害者は，5日間の入院治療を受け，本件後1週間を経過しても，なお眼球結膜のうっ血が消失していないことが認められ，「被告人の攻撃はかなりの時間にわたる強力なもので，被害者の生命に対し，現実的な危険性を生じさせたものと認められる」としていた。ここでも，確かに，それゆえ「その時点において，本件の実行行為は終了していたものと解され」るとも述べているが，これも前述したところと同様であり，結論にとっての決め手とはなっておらず，作為態様の中止行為が必要な場合であるという結論を言い換えただけのものになっている。

　このようにみれば，和田教授が説かれるように，判例においては，「物理的な因果の進行だけで結果が発生する危険性であって，切迫している必要はないが現実的な危険性が存在するとき，作為態様による中止行為が求められ不作為中止が排除されている」ということができよう[9]。他方，東京高判昭和62・7・16判時1247号140頁は，伝統的見解により，「被告人は，Aを右牛刀でぶった切り，あるいはめった切りにして殺害する意図を有していたものであって，最初の一撃で殺害の目的が達せられなかった場合には，その目的を完遂するため，更に，二撃，三撃というふうに追撃に及ぶ意図が被告人にあったことが明らかであるから，……被告人が同牛刀でAに一撃を加えたものの，その殺害に奏功しなかったという段階では，いまだ殺人の実行行為は終了しておらず，従って，本件はいわゆる着手未遂に該当する事案であるといわねばならない」として，実行行為の終了の有無に結論をかからせているが，明らかに判例

---

9) 松原芳博編『刑法の判例 総論』（成文堂，2011年）212頁以下［和田俊憲］。こちらの方が，西田典之ほか編『注釈刑法(1)』（有斐閣，2010年）673頁［和田俊憲］より新しい記述であるため，引用はこれによっている。

の主流ではないし，具体的結論としても，殺意をもって牛刀で被害者の左側頭部付近を切りつけたが，とっさに同人がこれを左腕で防ぐなどしたため，同人に全治約2週間の左前腕切傷を負わせたにとどまるというのであるから，上記の判断基準で十分に説明がつくものと思われる[10]。

## 3．危険性の判断基準

　ここで生じる問題の1つは，中止の時点における，そのまま経過すれば結果発生に至るような危険というものを，どのような基準で判断するかである。東京地判平成14・1・22判時1821号155頁は，殺意をもって千枚通し様の調理器具で被害者Aの頸部等を数回突き刺したが，頸部損傷の傷害を負わせたにとどまったという事案につき，「言うまでもなく首は身体の枢要部であり，頸髄や頸動脈など多数の神経や血管が集中しており，頸髄の中には横隔膜に通じる神経の枝があり，これが損傷されると，横隔膜が麻痺して呼吸ができなくなるのであり，また，頸動脈が損傷されると，大量の出血を生じ，やはり直ちに生命にかかわる危険性がある。本件においては，刺した位置や角度や深さなどの僅かの違いにより，頸髄中の神経の枝や頸動脈が損傷されるには至らなかったが，頸髄が部分的に損傷され，そのために，Aは，ほぼ全身が麻痺状態となり，床に横たわったまま起き上がれない状況に陥っている。さらには，何回も救急車を呼んでくれるように要求し，被告人が現場を立ち去る際には意識を失っていた。そうすると，この時点における一般人の立場からの判断としては，殺人の既遂に至る具体的危険が被告人の行為とは独立して生じた場合に当たるというべきである。そして，被告人自身の判断も，その否認供述にもかかわらず，同様のものであったと認められる。しかるに，このような場合には，『犯罪を中止した』というためには，生じた危険を積極的行為により消滅させることが必要であるというべきである」と判示している。

　確かに，事後的客観的に，そのまま経過すれば結果発生に至る危険性が，たまたまではあれ，なかったのであれば，そうした危険を遮断するための積極的

---

10) 只木誠『コンパクト刑法総論〔第2版〕』（新世社，2022年）240頁は，この判例につき，因果関係遮断説に立つものだとの評価を下されている。

防止措置は，事後的客観的には不要であろう。刑事政策説に立ち，結果発生防止のために必要不可欠な場合に限って「黄金の橋」をかけるべきだと考えるのであれば，こうした考え方が一貫するように思われる。しかし，結果回避のための努力を促し，もって法益保護の十全化を図ろうとするのであれば，一つ間違えば，そのまま経過すれば結果発生に至る危険性があり得たことをも含めた対処を求める方が，法益保護に資することは明らかである。

このようにみれば，名古屋高判平成2・7・17判タ739号243頁が，手工用切出ナイフで被害者の右胸部を力一杯突き刺したところ，被害者の負った右前胸部穿刺傷は，切り口の長さ約2cm，深さ約1.5cmで肺には達していないもので，加療約1週間であったが，これを実行未遂の事例だと結論付けたのも，その判断過程自体は判文上追試困難ではあるが，ナイフで肺を力一杯突き刺すという，死の危険性があり得た行為がなされた場合には，実際の事案でたまたまナイフの刺さり方が浅く，そのまま経過すれば結果発生に至る危険性が事後的客観的にはなかったとしても，そうした危険も含めた対処を求めるべきもののように思われるから，結論的には支持されてよいように思われる。

### 4．作為による中止行為として求められるもの

ここでの重要な問題は，作為による中止行為として，どのようなものが求められるかである。考え方としては，①行為者に客観的に帰属可能な形で中止結果に至るような因果経過を始動させたことで足りるとすること，あるいは，②行為者が中止結果をもたらしうる最善の手段を尽くしたことが必要だとすること，が考えられる。

どのような手段であれ，行為者の中止行為が単独で中止結果をもたらしたのであれば，それで十分であることは明らかである。争いがあるのは，行為者の中止行為が単独では中止結果をもたらさず，他の者の助力を得た場合についてである。

古い判例であるが，この点を考えるのに参考となるのは，大判昭和12・6・25刑集16巻998頁である。事案は，自宅に放火した被告人が，思い直して，近所の親族に「放火シタルニ依リ宜敷頼ム」と叫びながら走り去ったというものであるが，大審院は，「結果発生ニ付テノ防止ハ必スシモ犯人単独ニテ之ニ

当ルノ要ナキコト勿論ナリト雖其ノ自ラ之ニ当ラサル場合ハ少クトモ犯人自身之カ防止ニ当リタルト同視スルニ足ルヘキ程度ノ努力ヲ払フノ要アルモノトス」とし，被告人の行為はそれにあたらないと判示している。普通に考えれば，隣家に放火したと聞いた者は自家への延焼を恐れ，即座に消火活動を行ったり，消防署に出動を要請したりする等の行為に出るであろうから，中止結果に至る因果の流れを起動したものとは言えよう。119番通報した場合との確実性の違いはあるものの，この事案では，被告人による呼びかけ→これを聞いた親族の現場への急行と消火活動→中止結果の発生，という流れが確保されている。ともかく結果が回避されれば足りるという，割り切った刑事政策説からすれば，これでもって中止行為として十分だとすることも考えられうる。

しかし，法益保護の実効的確保の観点からすれば，また，頑張ったことへの褒賞を与えるという観点からすれば，この結論にはやはり違和感がありうるであろう。金澤教授が的確に分析されるとおり，判例においては，殺人の事案を例にとると「積極的結果阻止行為の認定にあたっては，通報架電行為のほかに救命救急措置を行為者がとったか否かも問題となる。中止行為が認定された事案では，いずれも通報架電をするほか，その場で止血したる傷口をしばるなどの救命措置を講じたことが認定されている」のであり，「そこで被告人としてとり得る最善の措置，できる限りの努力を払ったかどうかを重視しようとする判例の姿勢が看取される」のである[11]。

例えば，前掲東京地裁昭和40年判決は，前掲大審院判例を引用しつつ，中止を決意後，直ちに被害者を背負って中洲に戻り約1時間に亘って，焚火で被害者の体を暖め，傷口を縛るためのタオルを与え，濡れた衣服を自己の予備の衣類に着換えさせる等の措置を行ったうえ，下山の途につき，途中バスの中で部落に医者がいることを聞き，直ちに同所で下車して，医院に被害者を同行し，縫合等の医療措置を受けさせた後，さらに十分な手当を受けさせるため，外科の専門医である叔父の経営する横浜市港北区内の診療所に直行し，同医師の診断を受けさせた結果，頭蓋内出血の疑いが認められたため，同医師の計らいでさらに被害者を東邦大学医学部付属病院に入院させ，治療が加えられたため，死亡するに至らなかったという事実関係を摘示したうえ，「もとより，本

---

11) 金澤真理『中止未遂の本質』（成文堂，2006年）229頁以下。

件のように医療設備の勿論あり得る筈のない山中において，しかも医療知識のない被告人に医学的に完全な応急の医療乃至は救護の処置を期待し得べくもないことは当然であり，本件の如き環境，傷の状況等においては，何よりも先づ早急に医師の診断治療を受けさせること並びにそれまでの間に対処する素人なりの応急措置を採ること等が最善の措置といってよいであろう。そうだとすると，被告人が判示の場合に判示のような措置を採ったのは，被告人なりに出来るだけの努力を尽くしたというべきであり，またその措置は，結果発生防止のため被告人としてなし得る最も適切な措置であったといって差支えない」と結論付けている。その際，注目されるべきは，中止行為の真摯性は「被告人の行為を全般的に観察してこれを評価すべきもの」だとの分析視角から，診療所に行った際たまたま医師が不在であったため，直ちにその出先に電話して至急戻って診療して貰いたい旨連絡したり，東邦大学医学部付属病院に被害者を収容した際は患者を看護師と一緒になって運んだり，その他被害者の家族代わりになって一生懸命患者の世話をしていた事実が重視される一方で，下山に際して肩を貸すとか手を貸すなどの行為をしていないことではただちに真摯性は否定されないとし，当初被害者の負傷は山で遭難した結果であると偽っていたことを認定しながらも，「このことは結果の発生防止という点からみれば異質のことであって，その真摯性を否定するものではない」としたところである。言い換えれば，被告人の中止行為の真摯性を判断するにあたり，医療を受けさせることに向けられた努力が十分になされているかが重視され，きめ細やかな配慮や犯行の自認といった，これと必ずしも関連しない事情は，最低限の真摯性を失わせるものではないと整理している点は，高く評価されてよい。中止行為は，あくまで結果発生の危険性を逆転・減少させることに本質があるのであり，反省悔悟の態度の表れでなければならないわけではないからである。

　そのような観点からみたとき，非常に問題であるのは，大阪高判昭和44・10・17判タ244号290頁である。事案は，殺意をもって被害者に重傷を負わせた被告人が，自ら運転する自動車で直ちに近くの病院に連れて行き，医師の手に引き渡し，被害者が一命をとりとめたというものであるが，大阪高裁は，「被告人が被害者を病院へ担ぎ込み，医師の手術施行中病院に居た間に被告人，被害者の共通の友人数名や被害者の母等に犯人は自分ではなく，被害者が誰か判らないが他の者に刺されていたと嘘言を弄していたこと及び病院に到着する

直前に兇器を川に投げ捨てて犯跡を隠蔽しようとしたことは動かし得ない事実であって，被告人が被害者を病院へ運び入れた際，その病院の医師に対し，犯人が自分であることを打明けいつどこでどのような兇器でどのように突刺したとか及び医師の手術，治療等に対し自己が経済的負担を約するとかの救助のための万全の行動を採ったものとはいいがたく，単に被害者を病院へ運ぶという一応の努力をしたに過ぎないものであって，この程度の行動では，未だ以て結果発生防止のため被告人が真摯な努力をしたものと認めるに足りないものといわなければならない」と判示している。

　しかし，ここではあまりに結果発生の防止とは無関係な事情が重視され過ぎているように思われる。確かに，「判例は，一刻を争う救急救命のためには，凶器，刺された部位，行為態様などを行為者本人から救急隊員等に伝えることが必要であるという文脈の下で自供行為に重点を置いている」[12]のだとの理解はありうるし，経済的負担の約束についても，こうした犯罪による傷害の場合には，保険診療ではなく加害者側の負担によることになろうから，こうした確約がなければ医療費が未収になることをおそれて病院が治療に乗り出さない可能性がまったくないとは言えないであろう。しかし，大阪高裁は，こうした危険減少を妨げるかという観点からではなく，犯行の自認をせず，犯跡隠蔽行為に出たことをネガティヴに捉え，反省悔悟の欠如を真摯性の否定に結び付けたように思われる。

　和田教授の分析によれば，前掲大審院昭和12年判例の基準は，牧野英一博士により真摯性というタームでもって説明がなされ，それが，責任減少要素等として位置付けられるようになったことを受け，判例においても，中止犯の成立を責任減少の観点から制限する方向に利用されるようになったのだとされている[13]。

　確かに，責任減少説に立ち，中止行為＝反省悔悟の態度の表れ，任意性＝反省悔悟の心情，というように，反省悔悟一色で中止犯を説明することはあり得ないではないし，現にそういう見解は主張されている。しかし，和田教授も言われるように，大審院昭和12年判例の基準は，「責任減少ではなく，犯罪論に

---

12) 金澤・前掲注11)231頁。
13) 西田ほか編・前掲注9)678頁[和田]。

おける正犯性に類似したものであったと解されるのであり，責任減少の基礎としての『真摯な努力』は問題にされていない」[14]と考えるべきであろう。中止行為として十分かの問題は，法益保護を最大化するためにどこまでのことを要求すべきか，を基軸として分析がなされるべきものなのである[15]。また，他の者と一緒になってバケツで消火活動に出たところ，他の者のかけた水によって火が消えた場合に，個別行為との因果関係がないとして中止犯が否定されるべきでないことも確かである。そうだとすれば，ここでは，共同正犯に準じた関係があれば[16]，中止行為としては十分であると考えてよいように思われる。こうしてみると，大阪高裁昭和44年判決には，やはり疑問がある。

## 5．因果関係の要否

　中止犯が認められるためには，中止行為が，中止結果をもたらしたという関係が必要である。

　まず，中止行為後に他人の救助が現実に介入し，それによって結果不発生に終わった場合につき，古い判例（大判昭和4・9・17刑集8巻446頁）には，中止犯が認められるためには，「犯人自ラ犯罪ノ完成ヲ現実ニ妨害シタル事実ノ存スルコトヲ必要トスヘク……被告人自ラ点火シタル麻縄ノ揉消ヲ試ミタルモ消火ノ効ナク被告人以外ノ者ニ於テ犯罪ノ完成ヲ現実ニ妨害シタル場合ニ在リテハ」43条但書の適用はできないとしたものがある。これを文字通り受け止めれば，被告人単独で結果発生を防止したことが必要だとも理解されるが，上述のように，他の者と一緒になって消火活動をしたような場合には，（必ずしも意思連絡なく行われているという点では共同正犯そのものではないが）共同正犯に準じた関係が認められ，一部実行により中止結果全体が帰属されてよいのであるから，そのような理解は妥当でない。

---

[14] 西田ほか編・前掲注9)680頁［和田］。
[15] 東京高判令和2・1・10判タ1478号110頁は，被告人が警察に出頭して自首しようとし，その過程で被害者の救護を試みたものの，携帯電話機を被害者から取り上げることによって，被害者自身による救命活動などを妨害し続けたことを重視して，「これを全体として規範的にみると，被告人が自ら結果発生を防止したとは評価できない」としている。
[16] Claus Roxin, Strafrecht Allgemeiner Teil, Bd.2, 2003, §30, Rn.255 に出てくる，Quasi-Mittäterschaft の語を参考にしている。

この判例の事案では，被告人は火種とした麻縄を揉み消しただけであり，「火ハ該装置物件ニ燃移リ因テ該家屋ノ一階物置ノ東北隅ナル床板ノ裏面及床桁ノ各一部等ヲ燻焦若クハ炭火シタル」ところ，これを消火したのは第三者だったというのであるから，通常の犯罪論で言えば，後続の第三者の行為により新たな凌駕的な因果関係が始動させられており，結果はそちらに帰属されるべき場合であると言えよう。

　次に問題となるのは，具体的事案において，事後的客観的にみれば，結果発生が不能であった場合，例えば，最初から致死量に満たない毒薬を飲ませた行為者が解毒剤を飲ませたような場合にも認められうるかである[17]。

　和田教授は，中止減免はあくまで当該未遂行為から結果が発生することを現実に防いだことに対する褒賞として為されるものと解すべきであるから，具体的に不能の場合には中止犯の成立は否定されるべきであると主張されている[18]。

　3で，作為による中止行為の必要性判断に際して，その前提となる危険性につき論じたように，事後的客観的に，そのまま経過すれば結果発生に至る危険性が，たまたまではあれ，なかったのであれば，そうした危険を遮断するための積極的防止措置は，事後的客観的には不要であろう。刑事政策説に立ち，結果発生防止のために必要不可欠な場合に限って「黄金の橋」を架けるべきだと考えるのであれば，こうした考え方が一貫するように思われる。しかし，結果回避のための努力を促し，もって法益保護の十全化を図ろうとするのであれば，一つ間違えば，そのまま経過すれば結果発生に至る危険性があり得た（それゆえに当該事案において未遂犯が肯定される）のであれば，その可能性をも含めた対処を求める方が，法益保護に資することは明らかである。佐伯教授が，中止犯の規定の直接の目的は，実行の着手によって発生した結果発生の危険を消滅させることにあるところ，事前に結果の防止措置が必要かどうかは，行為者の立場からは分からないから，結果の防止を万全なものとするためには，結果不発生との因果関係の有無を問わず，中止行為に対する褒賞を与えることが望ましいとされる[19]のは，妥当なものと思われる。

---

17) この問題に関する基礎的研究として，後藤千鶴「既遂結果発生の危険の有無に基づいた中止行為の内容について」大阪大学大学院法学研究科提出修士論文（2006年度）。
18) 西田ほか編・前掲注9)684頁〔和田〕。

なお，この結論は，最初から致死量の毒を盛った場合には中止犯となるのに，それに満たなかった場合が未遂犯としてそのまま処罰されるのは不均衡だとのバランス論によって基礎付けられることも多いが，これについては，和田教授による，「途中で不能に至った場合との比較で，初めから不能の場合に中止減免を認める方が不均衡である」[20]との批判が妥当しうるように思われるから，これだけでは論拠として不十分だと思われる。

## III．任意性

### 1．判例の状況

　中止犯は，「自己の意思により」，すなわち，任意に行われた場合にのみ認められる。そもそも，行為者が続行不可能だと考えた場合には，中止行為（の前提状況である②の場合の危険性）もしくは中止故意が否定されるから，行為者が続行不可能でないと考えた場合にのみ，任意性の問題が生じることになる。
　わが国の判例は，ここでも一言で説明することが困難な状況にある。(i)古くは，行為者が外部的な障害を認識したために中止したかによって判断する主観説的な判断がなされていたが，(ii)のちには，中止の原因となった事情が経験上一般に犯罪の遂行を妨げる性質のものであったかによって判断する客観説的な表現が用いられている。すなわち，(i)大判大正 2・11・18 刑録 19 輯 1212 頁は，「犯罪ノ実行ニ著手シタル後之ヲ継続スルニ付キ外部的障碍ノ原因存在セサルニ拘ハラス内部的原因ニ由リ即チ犯人ノ意思ニ拘ハラサル事情ニ因リ強制セラルルコトナク」中止行為に出た場合が中止犯だとしていたが，(ii)大判昭和 12・9・21 刑集 16 巻 1303 頁は，「犯罪ノ発覚ヲ恐ルルコトハ経験上一般ニ犯罪ノ遂行ヲ妨クルノ事情タリ得ヘキモノ」だとの理由で，任意性を否定しているのである[21]。これらはいずれも，任意性を否定したものである。

---

19) 佐伯仁志『刑法総論の考え方・楽しみ方』（有斐閣，2013 年）364 頁。
20) 和田・前掲注1)288 頁，さらに山口厚『刑法総論〔第 3 版〕』（有斐閣，2016 年）298 頁以下。
21) さらに最高裁の同様の判断として最判昭和 24・7・9 刑集 3 巻 8 号 1174 頁，最決昭和 32・9・10 刑集 11 巻 9 号 2202 頁。

(iii)他方，任意性が肯定された裁判例では，基本的に，中止が悔悟・憐憫など広い意味での後悔に基づいていたかによって判断する限定主観説と親和的な判示がなされてきている。例えば，福岡高判昭和35・7・20下刑集2巻7＝8号994頁は，「憐憫の情を催した被告人」につき任意性を認め，和歌山地判昭和38・7・22下刑集5巻7＝8号756頁は，「悔悟の念にかられ」て中止行為を行ったとして任意性を認めている。

もっとも，(iv)昭和50年代以降の裁判例は，行為者に認識された外部的事情が一般人にとって行為の続行を可能とするものかに着目することにより，最高裁判例である客観説との整合性を図りつつ，動機の倫理性への要求を相当程度緩和し，中止犯の成立を広げる傾向にあるように思われる。例えば，福岡高判昭和61・3・6判時1193号152頁は，被害者の頸部を果物ナイフで突き刺した被告人が，被害者が口から大量の血を吐き出し，呼吸のたびに血が流れるのを見て，驚愕するとともに大変なことをしたと思い，救急車を呼ぶ等したという事案につき，「外部的事実の表象が中止行為の契機となっている場合であっても，犯人がその表象によって必ずしも中止行為に出るとは限らない場合に敢えて中止行為に出たときには，任意の意思によるものとみるべきである」との前提から，「通常人であれば，本件の如き流血のさまを見ると，被告人の前記中止行為と同様の措置をとるとは限らないというべきであ」るとして，客観説的な判示を示す一方で，さらに，被告人の『『大変なことをした。』との思いには，本件犯行に対する反省，悔悟の情が込められていると考えられ」るとの判示を行っている。和田教授が指摘されるように，「大変なことをした」という思いは，一般には自らの犯行を冷静に認識したというにすぎないから，そこに込められた反省・悔悟の情は，非常に薄いものであるように思われる[22]。

より一歩を進めたのは，浦和地判平成4・2・27判タ795号263頁であり，(旧)強姦未遂の事案について，未遂に終わる客観的障碍が存在しなかったこと，被害者の反抗が抑圧されたうえ，既遂が切迫していたこと，被害者はすでに物理的抵抗をしていなかったことから，「25歳の屈強の若者である被告人が，17歳の少女である被害者を強いて姦淫することは，比較的容易なことであった」ことに加え，「強姦罪は，男性の性的本能に基づく犯罪であるため，一旦

---

22) 西田ほか編・前掲注9)695頁〔和田〕。

これを決意して実行に着手した者は，客観的ないし物理的障害に遭遇しない限り，犯意を放棄しないのが通常であるから，右認定のような状況のもとに被害者の反抗を抑圧した強姦犯人が，被害者から『やめて下さい。』などと哀願されたからといって，犯行を断念するのはむしろ稀有の事例と思われる」にもかかわらず中止した場合は，中止犯が成立するのであり，「右中止の際の犯人の主観が，憐憫の情にあったか犯行の発覚を怖れた点にあったかによって，中止未遂の成否が左右されるという見解は，当裁判所の採らないところである」としている。ここでは，被害者に対する憐憫の情ないし反省・悔悟の情の存したことが認定されているにもかかわらず，あえてこのような基準でもって結論が導かれていることが注目に値する。

こうした判例の立場は，整合的な理解が難しいものであるが，和田教授は，戦後の判例は，行為者の認識した事情が一般的に犯罪遂行の障碍とならないものか，および，中止の動機に規範的価値が認められるか，という２つの責任減少要素を考慮し，これら２要素の値を合算して必要的減免に相応しいといえる一定の基準値に達するときに任意性を肯定し，その基準値は２要素がそれぞれ単独でも達しうるものと考えているとまとめておられる[23]。

## 2．中止犯の制度根拠論との関係

判例を分析するに先立ち，まずはここでの大きな対立軸を押さえておきたい。それとは，中止犯の制度は，とにかく結果を生じさせないようにさせるための制度であるから，規範的にみて好ましくない動機に基づいて中止した者についても中止犯の成立を認めるか，それとも，褒賞を与えるにふさわしい場合，あるいは，刑罰目的の観点からなお刑罰を科す必要があるかという観点から，任意性概念を限定的に捉えるか，というものであり，野澤教授によれば，中止犯の制度根拠論は，まさしくこの点に関わるものである[24]。限定主観説は，このような対立軸における後者の陣営に属するものと整理することも可能であろう。

---

[23] 西田ほか編・前掲注9)698頁［和田］，松原編・前掲注9)220頁［和田］。
[24] 野澤充「日本の中止犯論の問題点とあるべき議論形式について」神奈川法学38巻2＝3号（2006年）126頁以下。

とりわけ，この対立軸で論じられるべき場合として，事態が行為者の有利に変化した場合が挙げられる。例えば，不同意性交に及ぼうとしたところ，被害者が後の任意の性交を約束したがゆえに，行為者が行為の続行をやめたというような場合が考えられる。

例えば，和歌山地判平成18・6・28判タ1240号345頁は，(旧)強姦に及ぼうとした被告人が，被害者からの口淫の申出を受けて，姦淫行為を中止したという事案につき，「被害者の上記申出は，性欲が著しく昂進していたという被告人の当時の心理状態のもとで，十分犯罪遂行の外部的障害となり得るものであったと評価できる」こと，および，「その後，被告人が，被害者に対して執拗に口淫や手淫をさせ，実際に射精していることに照らしても，上記申出に基づく被告人の中止行為が何ら反省，悔悟，憐憫等の心情に基づくものでないこと」を指摘し，任意性を否定している。

また，東京地判平成16・12・7 LEX/DB 28105356は，(旧)強姦に及ぼうとした被告人が，被害者から性病にかかっている，今は絶対無理などと言って抵抗され，来月ならと言われたのを受けて，姦淫行為を中止したという事案につき，「姦淫しようとする相手が性病に罹患していることは，あえて姦淫に及べば性病に感染する危険があるのであるから，通常その犯行を思いとどまらせる客観的事情となり得るものである。そして，被告人は，被害者から性病に罹患している旨の言葉を聞くや，姦淫の代わりに口淫を要求し，嫌がる被害者にこれを強いて自己の性欲を満たした上，後日機会を改めて姦淫に及ぶかのような言動まで取っているのである。このような被告人の取った客観的行動によれば，被告人は，単に，性病にかかっているとの被害者の言葉を受けてやむなくその場は姦淫を断念したに過ぎない」として，中止犯の成立を否定している。

これら裁判例は，1でみたような判例の判断基準を道具として，この種の事案に向き合っているが，口淫の申出と実行による性欲の解消，あるいは，後日の任意の性交の確約といった，行為者に有利な事情の変化により，姦淫行為だけやめたとしても，それは刑の必要的減免の恩典を与えるだけの価値ある態度ではないとの評価が根底にあるように思われる。

このことがよりはっきり表れているのは，東京地判平成14・1・16判時1817号166頁である。同判決は，(旧)強姦に及ぼうとした被告人が，被害者から性欲を減退させるためのあらゆる抵抗を受けたことを，「通常姦淫行為に

第20章　中止犯　| 363

及ぶことの障害となり得るものとも評価できる」としたほか，立ち去ったのは「本件犯行時に被害者の行動を支配しわいせつ行為を甘受させたような関係を維持しつつ，後日機会を改めて，より容易に姦淫の目的を遂げ，あわよくば被害者とのそのような性的関係を維持発展させたいとの期待の下に，被害者をその場で強いて姦淫するのは得策でないと考え，打算的に当面の姦淫行為を差し控えたもの」だとの認定のもと，「被害者に対する姦淫行為を断念したものではなく，別の機会をとらえて姦淫行為に及ぶことを期待して，打算的に当面の姦淫行為を差し控えたにすぎず，被告人が被害者に対し再び同種行為に及ぶ危険は何ら消失していない」と結論付けている。

確かに，ともかく当該急場を逃れさせることができれば，法益が助かるチャンスが増加するのであるから，政策的にはそれで中止犯を認めるだけの理由があると考えることもできるかもしれないが，合法的な心的態度を取り戻したのでもない行為者に，必要的減免の恩典を与えるべきものとはやはり思われない。

このようにみたとき注目に値するのは，山中教授の不合理決断説である。これは，ロクシンの見解を発展させたものであり，以下のような内容をもつ。すなわち，実行の着手に出た行為者は，犯罪目的の実現に向けて自己の行為を統制しているが，そのような段階にある者の理性的な判断によれば，目的追求のための行為を放棄するのは，実行の放棄の利益が続行の利益を上回るときであり，逆に実行の放棄の利益が続行の利益を下回るときに，そのような理性的な判断に反して，不合理に放棄するならば，それは理性的な判断をなすという価値に反する判断，そのような価値から自由な決断であり，任意性が認められるというのである[25]。前掲浦和地裁平成4年判決は，この見解に従ったものと言ってよいであろう。

このような立場からすれば，「外的状況が，行為者の犯罪目的遂行にとって有利に変化したため，当初の犯行をやめた場合には，行為者の理性に従って合目的的に決断したのであるから，任意とはいえない」[26]ということになろう。こうみれば，本項で掲げた3つの裁判例の示す価値判断は，強く支持されてよ

---

25) 山中・前掲注7)41頁以下，同『刑法総論〔第3版〕』（成文堂，2015年）825頁以下。
26) 山中・前掲注7)43頁以下。引用箇所は44頁。

いように思われる。

　また，山中教授は明言されていないが，不合理決断説は，客観説をその内部に回収可能である。なぜなら，犯罪の続行を妨げる外部的事情があれば，実行を放棄することが合理的決断であり，逆に，それがなければ続行こそが犯罪者としては合理的決断であるから，それにもかかわらず中止したことは，不合理決断として任意性を肯定しうるからである。この場合は，やろうと思えばやれる客観的状況にあるのであり，行為者に有利な状況の変化がなかったことも前提であるから，それにもかかわらず中止した行為者については，合法的な心的態度を取り戻したとの強い推認が働くであろう。また，不合理決断説は，限定主観説をもその内部に回収可能である。なぜなら，いったん犯罪の実行に着手した行為者が，反省・悔悟して中止するというのは，不合理の最たるものであるからである。このようにみれば，客観説と限定主観説の示す基準は，不合理決断を推認させるものとして，不合理決断説の中に統合・整序されうるものであるように思われ，判例の立場は，このような意味で整合的に理解できることになる。

# 第5部

# 共犯

Fundamentals of Criminal Law: General Part

# 第21章　共同正犯──一部実行全部責任の原則の根拠

CHAPTER 21

> **POINT**
> ・共同正犯の成立が認められるかは，一部実行全部責任の原則が妥当するかによって決まることを理解する。
> ・一部実行全部責任の原則の基礎付けにおける個別行為説の言わんとするところを理解し，その問題点を理解する。
> ・一部実行全部責任の原則の基礎付けにおける全体行為説の言わんとするところを理解し，さらに，個々の共同者がどのようにして全体行為に責任を負うかを理解する。

## はじめに

　刑法60条は，共同正犯につき，「2人以上共同して犯罪を実行した者は，すべて正犯とする」と規定している。共同正犯においては，一部実行全部責任の原則が妥当し，例えば，強盗を共謀のうえ，Aが暴行，Bが財物奪取を分担した場合，両者はいずれも強盗既遂の共同正犯となり，CとDが被害者の殺害を共謀のうえ，両者が同時に被害者に向けて拳銃を発射し，Cの弾丸だけが命中した場合，あるいは，いずれの弾丸が命中したか分からなかった場合でも，両者はいずれも殺人既遂の共同正犯となる。こうした場合は実行共同正犯と呼ばれ，それが共同正犯となることに，これまで十分な理由付けが与えられてきたかはともかく，結論的には異論は見られない。
　これに対し，共謀者の一部の者が実行に及んだにすぎない場合，実行を分担しなかった者についても共同正犯が認められるか，すなわち，共謀共同正犯が認められるかについては，少なくとも筆者が刑法の勉強を始めた30年前は，学説上は賛否が半々に分かれていたように思われる。思い出話に近くなって恐縮であるが，刑法学の在りようにも関わることであるので，少しお付き合いい

ただきたい。

　平野博士は,「裁判官は法を適用することによって社会生活をコントロールしようとするのであり,法律解釈学は,この裁判官を説得してその行動をさらにコントロールするものである」との前提的理解から,長期的に判例を自らの方向に動かす力,現在でも判例と一致しようとする多数説を一歩これから引き離す効果さえもたない学者の見解を,「自己満足的な学説」「雑音」だと断定され,次のように言われた。「現在判例と学説とが大きく分離しているのに,共謀共同正犯がある。……しかし数十年にわたって裁判所が法律によらない裁判をしていると考えるのは,あまりに観念的ではなかろうか。何が『正しい』解釈であるか,絶対的に決めることができないものである以上,最高裁判所が正しいと判断して下した判決が『生きた法』であることは,ことを現実的に見るかぎり否定できないところである。したがって問題は『どのようにしてこれを変えてゆくか』という形で提起されなければならないであろう」[1]と。

　筆者の研究生活は,この文章に対する強烈な反発が推進力となっている。結論的には,これは必ずしも説得的だとは思われない。例えば,最高裁は,今なお違法性の錯誤に相当な理由があった場合に不可罰とするという見解をはっきりとは打ち出していないが,学説は今後も一致して,これを促すべく努力していくべきであろう。判例が原理原則に照らしておかしいことは実際にあるのであり,判例がすべて正しいかのような前提から出発することはできない。また,刑法のような世界では,人間の行動等の本質を的確に捉え,それを正確に反映した理論,いわゆるsachgerechtな理論こそが優位を保ちうるものだと思われるし,当該問題の解決にまさしく生涯をかけた者こそが,正しいとは言わないまでもより妥当な解決策によりよく到達しうることは十分に考えられるからである。

　他方,佐伯博士は,実務や判例に対する学問側の批判的態度の重要性を強調され,次のように言われた。「批判的態度とは,場合によっては実務に対し否定的態度をとることもありうることを予定するものであって,それを忘れると,学問の判例,実務への従属,屈従となり,理論をまげてまで実務の裳の裾を捧げもつ権力の侍女に転落する危険があるのである。実務に対し否というこ

---

1) 平野龍一『刑法の基礎』(東京大学出版会,1966年) 246頁以下,248頁。

とを忘れ権力の侍女となり下った法理論は，だが，もはや学問の名には値しないであろう。最近の共謀共同正犯問題の扱いには，若干そのような危険が感ぜられる」[2]と。しかし，権力の側に対する批判的な態度が必要だというだけでは，結局は学問とは名ばかりの，批判のための批判になり，批判される側には痛くも痒くもないものとなろう。刑法学の役割は，国家刑罰権力の行使を極力狭めることにあるのではなく[3]，処罰が理論的に確かな基礎をもって正当化されうる範囲を適切に画することにより，国家刑罰権力の適正妥当な行使を促すことにあるというべきである。

　こうして，共謀共同正犯が認められるべきかは，ただひとえに，一部実行全部責任の原則はどのように基礎付けられるのか，そしてそれが共謀共同正犯の場合にも妥当するかによって決せられるべきことになる。

## I．共謀共同正犯否定説の行き詰まりの原因

### 1．否定説における一部実行全部責任の原則

　共謀共同正犯は，草野豹一郎博士による共同意思主体説により理論的基礎を提供されたこともあり，学説からは，共同意思主体を犯罪の主体とするのは団体的責任を認めるもので，個人責任の理念に反するという批判が強く向けられてきた。

　では，共謀共同正犯否定説の論者は，一部実行全部責任の原則をどのように基礎付けているのだろうか。興味深いのは，共同意思主体説を批判する論者の中でも，個々の行為のみに着目するのでは，一部実行全部責任の原則を説明できないとの認識が示されていることである。例えば，小野博士は，（平成7年改正による口語化前の）刑法60条にいう「犯罪ヲ実行シタル」とは，「2人以上の共同行為により犯罪構成要件を充足する事実を実現したことを謂ふ。此の場合に於ても犯罪の『実行』とはその構成要件に該当する行為を謂ふものであ

---

2) 佐伯千仭『刑法改正の総括的批判』（日本評論社，1975年）123頁以下，引用は124頁。
3) 佐久間修『刑法総論』（成文堂，2009年）4頁は，こうした考え方を，「犯罪行為が引き起こす現実の被害に目を閉ざすものであって，一部の人権論者の誤解にすぎない」とまでされている。

る。それは共同行為が全体として構成要件に当嵌まるかどうかによって判断すべき」[4]だとされ、佐伯博士も、「共同正犯者各自の行為は、それを単独に観察すれば……基準的犯罪類型の完全な充足でなくとも、他との共同関係が存することによって彼自身の行為と他の共犯者の行為とが合一され、共同者各自につき当該の犯罪類型を実現したものとみられるに至るのである」[5]とされている。すなわち、個人責任を強調する見解からも、このように全体行為を考えずしては、一部実行全部責任の原則を肯定することはできないのである。

共同意思主体説に立たれる岡野教授は、「共同関係を重視して全体として把握することが個人責任の原則と矛盾しないのであろうか」との問題を提起され、共同正犯の行為主体としては、「甲でも乙でもなく、それぞれ実行行為の一部しか行っていない甲と乙の合一した集合体を想定せざるをえないことになる。……相互の利用・補充は、とりもなおさず、単独犯の原理・個人責任の原則では律しえない共同・団体現象を認めることにほかならない。換言すれば、団体法理を離れてあるいは個人責任の原則を修正しないで、『一部行為の全部責任』を根拠づけることは困難であるといわなければならないのである」[6]とされたが、このことは否定できないように思われる。

もう１つ注目されるのは、旧い関西共犯論＝共謀共同正犯否定説からの一部実行全部責任の原則の基礎付けである。例えば、中博士は、「共同者の１人にとって他の者の行為は、それぞれ自分の行為の延長もしくは一環としてこれにふくまれ、したがって発生した全結果は各自の所為としてこれを彼に客観的に帰属することができ〔る〕。いわゆる『部分行為の全体責任』の法理も、因果関係がないのにことさらにこれを擬制し、もしくは他のなんらかの理由を借りてきて底礎するというのではなく、自分の惹き起した結果に対し自分が責任をもつまでのことで、他の犯行形式における責任の法理とすこしも異なるものではない」[7]と説かれ、中山博士は、共同正犯が「自ら実行行為を行うと同時に、

---

4) 小野清一郎『新訂刑法講義総論』（有斐閣、1948年）204頁。205頁では、「実行行為の有無は２人以上の行為を全体として観察すべきであり、個々の行為のみを切断して観察すべきではない」ともされている。
5) 佐伯千仭『四訂刑法講義（総論）』（有斐閣、1981年）350頁。
6) 岡野光雄「個人的共犯論と『共謀』共同正犯論」『西原春夫先生古稀祝賀論文集(2)』（成文堂、1998年）290頁。すでに西原春夫『刑法総論改訂準備版(下)』（成文堂、1993年）394頁以下。

他の共同正犯の実行を教唆または精神的に幇助するもの」だという平野博士の見解，さらには，実行共同正犯を「正犯と教唆との競合による共同正犯」と性格付けられた牧野英一博士の見解を基本的に支持しておられる[8]。

前者（小野博士ら）は，いわゆる全体行為説の考え方，後者（中博士ら）は，いわゆる個別行為説の考え方であるが，ここで注目したいのは，このような説明によるとき，実行共同正犯に限って一部実行全部責任の原則が働くとする理由はなくなるということである。すなわち，共同者の犯行を全体的に捉えるとき，実行の分担の形で力を提供するか，それ以外の重要な寄与を行うかで決定的な違いがあるようには思われないし，後者で足りるとすれば，それがアイデアを提供したり心理的影響力を行使したりするようなことであってはならない理由はないからであり，他方，他者の行為を自己の行為の延長として捉えたり，教唆・幇助的関与を加算して全体責任を考えたりするのであれば，共謀共同正犯の場合を除外する理由はなくなってくるからである。

確かに，共謀共同正犯肯定説は，背後の黒幕を正犯として重く処罰したいという当罰性判断や，どちらからともなく合意が形成されたような場合における教唆犯立証の困難さを回避したいという政策的判断に，多くの推進力を負っていることは否定できず，そこに一種の怪しさを看取することには，一定の理由がないではない。

しかし，共同正犯は，あくまで一部実行全部責任の原則が基礎となるのであり，それが認められる基礎があるにもかかわらず，その成立を否定する理由はないと思われる。上記のように，否定説も，実行共同正犯は認めるのであるが，暴行あるいは財物奪取しか分担していないのに強盗既遂の共同正犯となる理由，弾丸が外れあるいは外れたかもしれない者もまた殺人既遂の共同正犯となる理由を突き詰めて考えていけば，共謀共同正犯を肯定するロジックと同じものが登場してこざるを得ないのである[9]。

こうして，「実行共同正犯の典型例と思われていた事案も，実は，他人の心理を介した結果実現という点で，一種の（部分的）共謀共同正犯というこ

---

7) 中義勝『講述犯罪総論』（有斐閣，1980 年）239 頁以下。
8) 中山研一『刑法総論』（成文堂，1982 年）454 頁以下。
9) 水落伸介「共謀共同正犯の構造について」中央大学大学院研究年報法学研究科篇 41 号（2011 年）154 頁。

と」[10]になるのであり，煎じ詰めれば，共謀共同正犯が説明できれば，共同正犯の一部実行全部責任の原則はすべて説明できたことになるのである。共謀共同正犯否定説が下火になったことには，理論的にみれば必然性があるように思われる。

## 2．否定説が頼りとする論拠

共謀共同正犯否定説からも，一部実行全部責任の原則を基礎付けようとすれば，1で見たような説明をせざるを得ず，その説明は共謀共同正犯における全部責任をも説明しうるものとなる。

そこで否定説が頼りにするのは，立法者意思および教唆犯との区別の必要性である。

松宮教授は，現行刑法60条と同じ文言である明治35年草案72条に関する帝国議会貴族院特別委員会における政府委員石渡敏一の答弁[11]を根拠として，「現行刑法60条が共謀共同正犯を含まない趣旨であったことは，疑う余地がない」と断言されている[12]。

しかしながら，同じく石渡政府委員は，見張り行為をしただけの者につき，これを「実行ノ一見」ることにより，共同正犯とする見解を述べている[13]のであり，このことは，立法者意思は，実行行為を分担しない共同正犯を否定する趣旨であったとは言えないことを示しているように思われる[14]。

そして，被害者の殺害を共謀のうえ，2人が同時に被害者に向けて拳銃を発射し，一方の弾丸だけが命中した場合を考えると，外れた方の共同者につき，拳銃を発射していることは，弾丸が外れた以上，それが実行行為だと言い張っ

---

10) 西田典之ほか編『注釈刑法(1)』（有斐閣，2010年）826頁［島田聡一郎］，島田聡一郎「共謀共同正犯論の現状と課題」川端博ほか編『理論刑法学の探究③』（成文堂，2010年）46頁参照。
11)「数人集ツテ犯罪ヲ行ハント相談ヲシテ其中ノ1人タケカ犯罪ヲ実行シタ，残リノ者ノ処分ノ御質問ト察シマシタカ，其残リノ者カ教唆ニナル若クハ従犯ニ当ルト云フナラハ43条44条テ罰シマス，之ニモ当ラヌトナルナラハ罰シナイ積リテアリマス」（倉富雄三郎ほか監修『増補刑法沿革綜覧』〔信山社，1990年〕925頁）。
12) 松宮孝明『刑法総論講義〔第6版〕』（成文堂，2024年）278頁以下。
13) 倉富ほか監修・前掲注11)927頁。
14) 西田ほか編・前掲注10)824頁［島田］。

ても何ら意味がないのである。この共同者を幇助にでも落とすつもりがないのであれば，共謀共同正犯否定説は完全に不徹底な見解であり，やめておくべきであろう。すなわち，共謀関係に入ったことを前提とすれば，実際に拳銃を発射したら実行共同正犯として殺人既遂の共同正犯となるが，発射しなかったら（共謀共同正犯は否定されるべきだから）せいぜいのところ殺人教唆か幇助だという区別には，まったく合理性がないのである[15]。

確かに，実行行為を基軸として正犯・共犯を区別しないとなると，共同正犯と教唆犯の区別はかなり困難になってくることは否定できない[16]。実際にも，共謀共同正犯を肯定する判例理論のもとで，教唆犯は「絶滅危惧種」と言われるまでになっている[17]。

しかし，「現実には，話し合いの過程で，お互いに影響しあって次第に犯意が形成されてゆくことが多い」ため，「実行，教唆，幇助という類型が，現実の犯意形成の過程と必ずしも合致しない」[18]というのであれば，このような実態を的確に捉えた理論モデルがより優れたものであることは否定できないであろう。実行行為を基軸として正犯・共犯論を構築しようとする試みの価値は否定できないが，構成要件的特徴を満たす行為を自ら行った者だけが正犯だという理解は間接正犯論において挫折し，実行行為を一部分担しなければならないという理解は上記の弾丸が外れた共同者の拳銃発射を殺人の実行行為だと言ってみても無意味であることから挫折するのである[19]。そうだとすれば，一部実行全部責任の原則が妥当する限りで共同正犯を認め，その反面において教唆犯の範囲が縮小することがあっても，それは甘受されうるものであるように思われる。

---

15) 松生光正「共同正犯の構造について」法政研究 76 巻 4 号（2010 年）717 頁，小林憲太郎「いわゆる実行共同正犯について」判時 2480 号（2021 年）95 頁。
16) 松澤伸「教唆犯と共謀共同正犯の一考察」Law & Practice 4 号（2010 年）102 頁。
17) 佐伯教授の有名な論文のタイトルである。佐伯仁志「絶滅危惧種としての教唆犯」『西田典之先生献呈論文集』（有斐閣，2017 年）171 頁以下。
18) 平野龍一『刑法総論 II』（有斐閣，1975 年）400 頁。
19) 後者の点につき例えば佐伯仁志『刑法総論の考え方・楽しみ方』（有斐閣，2013 年）400 頁。

## II．共謀共同正犯を視野にいれた一部実行全部責任の原則の基礎付け

### 1．個別行為説（因果的共犯論）：共犯の因果性＋重要な役割

　以下では一部実行全部責任の原則が，それぞれの見解からどのように基礎付けられているかをめぐる見解の対立をみていくことにする。

　わが国で非常に有力であるのは，個別行為説である。これは，共同者の個々の行為につき最終結果との間に因果性が認められなければならないと考える見解である。

　例えば，西田教授は，共同正犯における一部行為の全部責任の根拠は，他の共同者の行為から生じた結果との物理的，心理的因果性に求めるしかないとされ，被害者の殺害を共謀のうえ，2人が同時に被害者に向けて拳銃を発射し，一方の弾丸だけが命中した場合を例にとって具体的に説明される。この場合，弾丸が外れた方の共同者が殺人既遂の罪責を負う根拠は，その者が弾丸が命中した方の共同者と殺害を共謀することによって，同人の殺意を強化し，その殺害行為を心理的に促進したことにより，被害者の死亡という結果と心理的因果性をもった点に求められるのであり，「この意味で，共同正犯の刑事責任の構造は，他人の行為を媒介として自己の行為の因果性を拡張し，そのことのゆえに，他人の行為から生じた結果について責任を負う教唆犯や幇助犯と基本的に同一のものなのであ」[20]るとされ，個々の共同者の行為を捉えて共同正犯性を論じようとする個別行為説の立場を明らかにされた。

　このような見解からは，すでにみたように，「実行共同正犯の典型例とされていた事案も，実は，他人の心理を介した結果実現という点では，一種の（部分的）共謀共同正犯ともいえるのであり，両者の差は相対的なものにすぎない」[21]こととなろう。こうした見解は，共同正犯にも因果的共犯論を適用して説明する立場からは，自然な解釈のように思われ，広く支持されている[22]。

---

[20] 西田典之『共犯理論の展開』（成文堂，2010年）43頁以下（初出：1990年）。
[21] 今井猛嘉ほか『刑法総論〔第2版〕』（有斐閣，2012年）383頁〔島田聡一郎〕。
[22] こうした立場としてさらに，佐伯（仁）・前掲注19)382頁以下，橋爪隆『刑法総論の悩みどころ』（有斐閣，2020年）301頁以下など。

しかしながら，このように共同者の行為を個別に分解して捉えたのでは，強盗に際し暴行を分担した者は，暴行罪の単独正犯と共同者の窃盗罪に対する教唆犯または従犯との観念的競合となるはずで，強盗の共同正犯とはならないし，拳銃を2人で発射し，外れた方の共同者の罪責は，殺人未遂罪の単独正犯と共同者の殺人既遂罪に対する教唆犯もしくは従犯との観念的競合または包括一罪になるはずであって，殺人既遂罪の共同正犯とはならないはずであろう[23]。個別行為説の限界がここに現れているのである。

また，より理論的にみても，松生教授が言われるように，自己答責的な第三者に働きかけて犯罪を実現する者は正犯ではなく教唆犯・幇助犯として処罰されるだけだとすれば，正犯とされるためには特別の根拠が必要となるはずであり，それを規制する共同正犯の理論的説明として，単に他人を介して結果を惹起しているというだけでは，正犯性の根拠としては不十分である。

さらに，他の関与者が単なる因果要因とみなされるならば，行為遂行を特徴付ける行為反価値的要素は，自身で遂行している関与者以外には帰属され得ないこととなろう[24]。言い換えれば，他の共同者の行為を，自己の行為の因果経過とみるだけでは，暴行・脅迫を担当した者には財物奪取は帰属されず，財物奪取を担当した者には暴行・脅迫は帰属されないこととなるはずなのである。この点をクリアーするためには，どうしてもすべての関与者の行為を足し合わせた全体行為を観念し，これとの関係で個々の関与者の罪責を考えていくほかはないように思われるのである[25]。

最後になお素朴な疑問を提起すれば，これでは，個々の行為と結果との間は，幇助的にしかつながっていないことで足りるとされていることになるが，なぜそれが正犯としての全部責任の基底として十分なのかは，容易には理解しがたいように思われる。共同正犯も正犯として処罰されるのであるから，この

---

[23] 松原芳博『刑法総論〔第3版〕』（日本評論社，2022年）409頁。
[24] 以上につき松生・前掲注15)714頁以下。これは，ドイツのシリンクの見解に対する批判であるが，720頁注9で，西田教授の見解はシリンクの見解と同様な立場だと位置付けられている。
[25] 十河太朗「因果的共犯論の意義」山口厚ほか編『実務と理論の架橋』（成文堂，2023年）878頁以下は，共同正犯において各則の構成要件該当性を判断する際には，複数人の行為を統合した集合体ないし全体行為を観念する必要があり，結果犯において因果関係の有無を判断するときには，各行為者の個別の行為との因果関係ではなく，全体行為と結果との因果関係が問題となるとされる。

疑問を，共同正犯も共犯の一種であると強調することでもって逃れることはできないように思われる。

確かに，こうした見解は，重要な役割を果たしたことをもって，正犯として処罰しうることの説明としているが，これでもやはり，広い意味での共犯の中では責任が重いということまでしか言えておらず[26]，正犯としての責任は基礎付けられていないように思われる。「犯罪の実現にとって実行の分担に匹敵し，または，これに準じるような重要な役割を果たしたと認められる場合」[27]という言い方には，形式的に実行行為を分担した者が共同正犯だとする古典的見解になお引きずられている感じがあり，かつ，同時に，これでは正犯に準じた責任しか基礎付けられていないことになるのである。

## 2．全体行為説①：全体行為＋個々の行為者との因果関係

全体行為説は，個別行為説とは異なり，最終結果と因果関係が認められるのは共同者の行為を足し合わせた全体行為でよいと考えるものである。

ドイツのデンカーによれば，例えば，AとBが拳銃を発射してAの弾丸しか命中しなかった場合，Bの拳銃発射行為と被害者の死亡結果との間には（物理的）因果関係が認められない。にもかかわらず，結果の帰属が承認されるのは，全体行為を観念し，それを結果の負責根拠とするからである。こうして，共同正犯の規定は，個々の共同者を，全体構成要件から処罰しなければならないことを構成的に命じる帰属規範だということになるのである。デンカーによれば，共同的な行為決意とは，複数の個人の行為を調整する知的な行為計画であり，そのように結合された個々の行為が一緒に全体行為を生み出すのであるから，全体行為とは全体構成要件のもとに包摂されうる，計画に適合した全体事態だということになる。

それでは，この全体行為による全体構成要件該当的な事態の実現に対する個々の行為者の責任が基礎付けられるために，どのような関係がなければなら

---

26) 橋爪・前掲注22)326頁は，率直に，「共同正犯は本来，共犯として処罰される類型のうち，その関与の重大性などの事情にかんがみて，『正犯』に格上げして処罰されている類型として理解すべきである」とされている。

27) 西田典之（橋爪隆補訂）『刑法総論〔第3版〕』（弘文堂，2019年）376頁。

ないのか。

　デンカーは，個々の行為者の行為が全体構成要件該当的事態の原因となったのでなければならないとしている。これに対し，松生教授は，全体構成要件該当的な事態とは全体行為のことであるが，これは思考上の産物であり，外的世界における変化としての結果と同じように因果関係を考えることはできないから，単独正犯と同じような意味で因果関係に基づいて正犯性を基礎付けることはできないとの批判を向けておられる[28]。しかし，十河教授が言われるように，全体行為の構成要件該当性が各行為者に帰属されるのは，各行為者の行為と全体行為との間に因果関係があるからであることは，否定できないであろう[29]。

　ただ，ここで基礎付けられるべきなのは正犯責任であるから，全体行為と個々の共同者の行為が細々と，例えば，幇助的につながっているだけでは到底足りないのであり，どの程度太くつながっていないといけないのかがさらに問われるべきであろう。

## 3. 全体行為説②：全体行為＋機能的行為支配[30]

　ここで，行為支配という正犯原理からの説明を試みるのが，機能的行為支配説である。これは，ドイツのロクシンが基礎付けたものであり，わが国では橋本教授の研究が代表的である[31]。そして，橋本教授は，機能的行為支配が認められる限りで，共謀共同正犯を肯定しておられることから，ここでは同教授の見解をみておこう。

　橋本教授は，共同正犯においては，何らかの意味で「全部実行であるがゆえに全部責任」となる旨の説明が求められるとの前提的理解から，共同正犯における行為支配を機能的行為支配に求められる。機能的行為支配とは，関与者が，それぞれ自己の寄与をすることによって，あるいは，自己の寄与を取り除

---

[28] デンカーの見解の紹介も含め松生・前掲注15)727頁以下。
[29] 十河・前掲注25)879頁。
[30] これと異なり，個別行為説＋機能的行為支配説を主張されるものとして，照沼亮介『体系的共犯論と刑事不法論』（弘文堂，2005年）143頁以下。ただし同書では，共謀共同正犯を否定されている。
[31] 橋本正博『「行為支配論」と正犯理論』（有斐閣，2000年）。

くことによって，犯罪事実全体の実現を左右することができる地位にあり，かつ，そのような機能を果たそうとする意思があるときに認められる。ここでは，純粋に結果に対する因果的寄与が問題なのではなく，構成要件該当事実全体への本来的影響を及ぼす関係があることが重要である。まとめると，問題となる犯罪事実実現にとって重要な寄与によって，犯罪事実全体の実現に本質的な機能を果たした者が共同正犯である[32]，とされる。

これに対し，西田教授は，甲が脅迫，乙が財物奪取を分担した強盗の場合，甲乙が各自の寄与を撤回した場合に全体の計画を挫折させることは認めうるとしても，そのことは，反対に，各関与者が他方の寄与に依存してのみ犯罪を実現しうるにすぎないことを意味しており，そうだとすれば，甲乙はやはり部分的にしか犯罪実現をしていないというべきであろうとの批判を向けておられる[33]。

しかし，高橋博士も言われるように，共同正犯を特徴付けるのは阻止力であり，共通の所為計画における役割の本質的意義により，当該構成要件の実現を所為寄与の単なる放棄によって阻止できる，言い換えれば，任務分担および任務調整が，各共同者によって行われた所為寄与間の連関を作り出し，各共同者に対して全体行為に対する消極的支配（阻止力）を根拠付けるのだと考えることは可能である[34]から，このような批判は重要ではない。

問題は，むしろ，この見解では，共同正犯とされる範囲が狭くなりすぎないかということであろう。橋爪教授は，同説によれば，「その者が関与しなければ犯行計画がおよそ実現できなかったような場合に限って，共同正犯が成立することになる」，逆にいうと，「その者の関与がなくても同じように犯行計画が実現された可能性がある場合には，共同正犯の成立が認められないことになる」が，これは狭きに失すると批判されている[35]。

確かに，AとBが拳銃を発射し，Aの弾丸だけが命中した場合におけるBにつき，殺人既遂の共同正犯を認めるべきだとすれば，このような消極的支配・阻止力が認められるのかは，相当に疑問であろう。ロクシンは，この場

---

32) 橋本正博『刑法総論』（新世社，2015年）257頁以下。
33) 西田・前掲注20)42頁。
34) 高橋則夫『共犯体系と共犯理論』（成文堂，1988年）331頁。
35) 橋爪・前掲注22)330頁。

合，事前的にみれば，1人がその地位に就かなければ，結果のチャンスは直ちに50％低下するのであり，彼らは，死に至る拳銃発射が最終的には1人の者によって行われるとしても，殺害の罠によって殺害を共同的にのみ支配していると反論している。

確かに，このようにでも考えるしかなさそうであるが，そうだとすれば，この説明は，すでに機能的行為支配説による説明の本筋から離れてしまっているように思われる。すなわち，松生教授が指摘されるように，「このようなロクシンの応答は，複数人が共同することにより，行為達成の可能性，つまり危険性が高まることを指摘するものであり，……危険性を根拠に正犯性を基礎づけようとするもの」[36]のように思われる。

## 4．全体行為説③：全体行為＋危険増加

このようにみてくると，相対的に説得力が感じられるのは，以下のような松生教授の見解である。共同正犯が正犯として処罰される根拠，すなわち，なぜそのような人の集団的犯罪行為それ自体を処罰の対象としているかの理由は，集団犯としての危険性にある。ある犯罪行為を分担して実現する場合，単独犯の場合と比べると，個々の行為者にとっては，心理的・物理的により少ないエネルギーの投入により，同じ結果を実現できることになる。このことは，社会にとって同じ犯罪行為でも単独犯の場合よりも，集団犯の方が危険であり，侵害的であることを意味している。このように集団として結びつく場合には，実行行為を遂行する能力そのものが単独犯の場合よりも拡大されており，このことが，個々の関与者が部分的にしか実行していないにもかかわらず，全体による犯罪遂行の結果を帰属される根拠である。それゆえ，個々の関与者は，実行行為能力の拡大に寄与するのでなければ，正犯者としては処罰され得ないというのである[37]。

暴行・脅迫と財物奪取を分担する強盗の場合，この分業体制が成功の可能性を高め，1人ではなし得なかった銀行強盗でもやり遂げるだけの能力が備わる

---

36) ロクシンの見解の紹介も含め松生・前掲注15)719頁。
37) 松生・前掲注15)731頁以下。

ことになるであろうことは，明らかである。

やや説明を要するのは，ＡとＢが拳銃を発射し，Ａの弾丸だけが命中した場合であるが，この場合でも，ＡとＢの行為を全体として見れば，事前的に見る限り，単純に考えて命中確率は２倍に増加していることは，明らかである[38]。このような，全体としてのパフォーマンスを増加させる重要な貢献があれば，その貢献者は，そのような危険増加を根拠として共同正犯で処罰されてよいと考えることは十分に可能である。

しかしながら，全体としてのパフォーマンスは，こうした仕方でしか増加しないわけではないであろう。ＡとＢが拳銃を発射し，Ａの弾丸だけが命中した場合についてみると，Ａからみて Ｂの参加，また，Ｂからみて Ａの参加は，一緒に殺人の禁止規範を突破してくれるということの約束であり，殺人の遂行にとりおそらく最後の関門となるであろう規範的障害という心理的障壁を取り除いてくれるものである。このことでもって，全体行為としての危険を増加させたと言えれば，それは共同正犯としての罪責にとり十分なものと思われる。そして，このようなことが言えるとすれば，共謀段階で重要な寄与をなした者についても，共同正犯としての罪責を認めることができよう。

かつて藤木博士は，このことを，「各人がそれぞれ意思を連絡のうえ，互いに他人を利用し補いあって共同の犯罪意思を実現しようとする場合には，みずから実行行為を分担しなかった者であっても，共同の意思をもった共同者の一員に加わることにより，仲間がいるという心強さ，あるいは団結による規律の影響力と，それぞれ集合の形態によって事情を異にするにせよ，実行担当者の，犯行を思いとどまろうとする反対動機規範的障害を抑止し，実行担当者を共同意思の影響のもとに全員の手足として行動させた点で，みずから手を下すことがなくても実行担当者と共同して実行行為をしたものであるといえる。また，実行を担当する者も，背後に共同者がいるという意識によって，心理的に鼓舞され，到底単独では行なえないことでも容易に実行できる程度に，その意思の実現を容易にするような支援をうけているのである」[39]と表現された[40]。

筆者のような見解と藤木博士のような見解との違いは，実行担当者に対する

---

38) 山口厚ほか『理論刑法学の最前線』（岩波書店，2001年）212頁［山口］。
39) 藤木英雄『刑法講義総論』（弘文堂，1975年）284頁以下。

支配を考えるか，全体行為としての危険増加を考えるかの違いである。本書のように述べた方が，間接正犯類似説に向けられたような，自律的な主体を相互に支配することはあり得ないという伝統的批判を回避することができるし，完全な分業のように，1人の完全な実行者に対する支配を想定しがたい場合においても，共通した説明を可能とする理論的基礎が確保されるように思われる。

　以上をまとめれば，個々の共同者の行為による全体行為の危険増加＋全体行為と結果との因果関係＝一部実行全部責任という結論が得られることになる。すなわち，共同正犯は，やはり，各関与者の行為をいったんつなぎ合わせて考えることが必要であり，こうした全体行為を考えるからこそ，Aの暴行とBの財物奪取がトータルで強盗になり，CとDが拳銃を発射し，どちらの弾丸が命中したかが不明であってもトータルで殺人既遂になるのである。そのうえで，こうした全体行為を個々の共同者に帰責するには，全体行為と個々の行為との正犯責任を基礎付けるだけのつながりが必要であり，それが全体行為の危険を高めたという関係なのである。

## III．実行共同正犯と共謀共同正犯を区別する見解

### 1．樋口教授の見解

　以上のように，共同正犯の一部実行全部責任の原則は，共謀共同正犯の場合を含めて，すべて同じように説明できるように思われる。

　これに対し，近時有力化しているのは，実行共同正犯と共謀共同正犯とで，基礎付けを異にする見解である。樋口教授は，「実行共同正犯の典型事案に対して，共謀共同正犯の一形態とする不自然な理論構成……が論じられるのは，実行共同正犯概念を否定するという前提に問題があるからではないだろうか」との疑問から出発され，伊藤嘉亮教授の基礎的研究を踏まえて，以下のように論じられる。

---

40) 共謀共同正犯の基礎付けとして基本的に同様の方向にあるものと思われる重要な見解として，樋口亮介「実行行為概念について」『西田典之先生献呈論文集』（有斐閣，2017年）44頁，同「共謀共同正犯における共謀の意義」研修844号（2018年）7頁。ただし，樋口教授は，実行共同正犯を別建てで論じられる。この点については，次のIIIで検討する。

故意作為犯の実行行為の本質は，刑法が設定する規範に反する作為に求められる。そして，複数名による協調行動によって刑法規範への違反が共同して行われる場合，刑法規範の妥当性を維持するためには，当該協調行動を一体のものとして把握し，全体として許されない行動であることを明示することが必要である。実行共同正犯の本質は，「協調行動による刑法規範への共同違反に求められる」[41]。

　このような見解は，一言でいえば，実行共同正犯については，共謀共同正犯におけるような厳格な心理的結合を要求せず，実行行為を共に行っていれば共同正犯たりうるという形で，いわば実行共同正犯につき成立要件を緩和するところに特徴がある。

　しかし，くり返しになるが，AとBが拳銃を発射し，Bの弾丸が外れた場合に，Bが殺人既遂の共同正犯となるのは，Bが拳銃を発射したからだとするだけでは，まったく説明になっていない。すなわち，例えば殺人の禁止規範は，人を殺すなかれ，という形で発動するものであり，ただただ拳銃を発射するな，という形では発動しない。殺人既遂罪の責任が帰責されるためには，あくまで，殺害結果の防止との関係で，共同者の行為が全体として禁じられる理由までを述べる必要がある。一緒になって撃つという禁止がなされるのは，その通りであろうが，その禁止がなぜ発出される必要があるのかが，ここでの問題の実質なのである。

　確かに，従来支配的であった重要な役割を正犯基準とする見解（Ⅱ1を参照）からも，実行行為を行ったことは，この基準を満たすものと位置付けられ，それ以上の論証は行われてこなかったように思われるが，AとBが拳銃を発射し，Aの弾丸だけが命中した場合のBの既遂責任を，因果的共犯論から教唆・幇助的因果性でもって説明しながら，Bの正犯性を，実行行為に及んだことでもって認めるというのでは，論理が破綻しているように思われる。

　このようにみると，実行行為に形式的に及んだだけでは，弾丸が外れた共同者に殺人既遂の共同正犯を認める理由にはなり得ない。そうだとすれば，やはり，実行共同正犯も，共謀共同正犯と同様の基礎付けを要するのであり，一部

---

41）文献引用も含め，樋口亮介「実行共同正犯」『井上正仁先生古稀祝賀論文集』（有斐閣，2019年）135頁以下，とくに145頁以下。

実行全部責任の原則を発動させうるだけの実質がない場合には，意思連絡のうえ，一緒になって拳銃を発射したという事実があったとしても，弾丸が外れた方については，幇助でもやむを得ないと考えるべきであろう。小林教授が，「その者が引き金を引くことが他の者を強く動機づけたとか，謀議の段階で深く関わったといった事情が存在しない限り，弾が命中した者に比して，その罪責は一段落ちると評価するのが妥当」であり，その者は幇助犯にとどめるべきだとされる[42]ところは，この限りでは価値判断として十分理解できるものである。

## 2．テストケースとしての<br>最決平成 30・10・23 刑集 72 巻 5 号 471 頁

同決定は，危険運転（赤信号無視）致死傷罪の共同正犯を認めたものであるが，その際，以下のような判示を行っている。

>「被告人と A は，本件交差点の 2 km 以上手前の交差点において，赤色信号に従い停止した第三者運転の自動車の後ろにそれぞれ自車を停止させた後，信号表示が青色に変わると，共に自車を急激に加速させ，強引な車線変更により前記先行車両を追越し，制限時速 60 km の道路を時速約 130 km 以上の高速度で連なって走行し続けた末，本件交差点において赤色信号を殊更に無視する意思で時速 100 km を上回る高速度で A 車，被告人車の順に連続して本件交差点に進入させ，〔本件〕事故に至ったものと認められる。
>　上記の行為態様に照らせば，被告人と A は，互いに，相手が本件交差点において赤色信号を殊更に無視する意思であることを認識しながら，相手の運転行為にも触発され，速度を競うように高速度のまま本件交差点を通過する意図の下に赤色信号を殊更に無視する意思を強め合い，時速 100 km を上回る高速度で一体となって自車を本件交差点に進入させたといえる。
>　以上の事実関係によれば，被告人と A は，赤色信号を殊更に無視し，かつ，重大な交通の危険を生じさせる速度で自動車を運転する意思を暗黙に相通じた上，共同して危険運転行為を行ったものといえるから，被告人には，A 車による死傷の結果も含め，〔自動車の運転により人を死傷させる行為等の処罰に関す

---

42) 小林憲太郎『刑法総論の理論と実務』（判例時報社，2018 年）646 頁以下。

る法律〕2条5号の危険運転致死傷罪の共同正犯が成立するというべきである。」

樋口教授は、「赤色信号を殊更に無視して高速度で交差点に共に進入するという意思連絡の下、同一の交差点に次々に進入し、高度の危険を創出したといえれば実行共同正犯の成立要件は充足されるのであって、一体として捉えられる共同の進入行為が生じさせた高度の危険が現実化した死傷結果全体について責任を負わせることが可能である」と論じられ、本決定はあくまで実行共同正犯に関するものであり、その射程は被告人が実行行為を行っていない事案に及ばないと論じておられる[43]。

担当調査官は、共謀（意思連絡）による心理的因果がそれのみで共同正犯の成立を肯定しうる程度に強いものであることが必要か、付加的共同正犯の既遂結果に対する正犯としての処罰根拠を心理的因果性と実行行為の共同の双方に求めるかという対立軸を提示され、本決定は後者の理解により整合的である旨を指摘され、そのような見解として、脚注21及び25において、安田拓人「判批」法教461号（2019年）160頁をいずれも最初に掲げ、また、樋口・前掲注41）をそれぞれ3番目、2番目に掲げておられる[44]。

しかし、筆者の（当時および現在の）理解と樋口教授の見解は、大いに異なっている。筆者の当該評釈では、島田教授の『ひとりで学ぶ刑法』における見解[45]を基礎として、実行共同正犯と共謀共同正犯とで基礎付けは異ならず、その意味で、共同正犯は1つである[46]が、重要な役割を果たすには2つのパターンがあり、①共謀にしか参加していなければ[47]謀議への強い関与が必要だが、②現場で大きな寄与をした場合[48]には、そのような強い心理的結合は

---

[43] 樋口・前掲注41）147頁以下。
[44] 久禮博一「判解」最判解刑事篇平成30年度184頁以下。
[45] 安田拓人ほか『ひとりで学ぶ刑法』（有斐閣、2015年）54頁以下［島田聡一郎］、さらに島田・前掲注10）64頁以下。
[46] 嶋矢貴之ほか『刑法事例の歩き方』（有斐閣、2023年）118頁は、「共同正犯は1つ、共謀タイプであれ、実行タイプであれ、共謀およびそれに基づく（実行）行為という要件で統一的に説明し、その中での重点の置き方の相違にすぎないとする考え方」から、分かりやすい解説を展開されたものである。
[47] こうした場合の典型が練馬事件（最大判昭和33・5・28刑集12巻8号1718頁）である。
[48] こうした場合の比較的最近の例としてスワット事件（最決平成15・5・1刑集57巻5号507頁）がある。

必要ない, との理解のもと, 本決定の事案では, 実行行為の共同がある以上, ②の場合だから, 心理的な結びつきは弱くてよいはずだということを述べた[49]。

現在でも, 共同正犯は1つだという考えに変わりはないが, さらに検討を加えた結果, とりわけ②の説明は, 再考を余儀なくされることとなった。すなわち, すでに述べたように, 実行行為に及んだことには, それ自体意味があるわけではなく, 一緒になって赤信号を突破してくれることにつき確信が生じた以上[50], このことは, 赤信号突破につきおそらく最後の関門となるであろう規範的障害という心理的障壁を取り除いてくれるものである。こうした意思連絡に基づき危険な走行を共同することにより, 全体行為としての危険を増加させたと言えることが, 本件における共同正犯性を肯定する大きな理由となるのである。まとめると, 危険運転の共同による全体行為の危険の増加こそが, 共同正犯の一部実行全部責任の根拠だと考えることになる。こうして, 実行共同正犯の場合には, 共同実行により全体行為の危険を高めていることが類型的に認められるので, これがあれば, 正犯としての責任が認められてよいと言える。

樋口教授の見解は, 共同実行があれば共同正犯が認められるとする限りで, 一見したところでは, 筆者の見解と同様の結論になるが, しかし, 教授は, 「実行行為の共同を理由に共同正犯を認める場合, 共同実行行為から結果惹起がもたらされることは要件であるが, 個々人の実行行為と結果との間の因果性は不要である」[51]と明言されているから, 調査官による位置付けにもかかわらず, 個々の行為との心理的因果性を明示的にはまったく要求されていないことには注意が必要である。すなわち, 実行の共同があればよく, それ以上の要件は要らないという見解なのである。

しかし, このように, 全体行為と結果との因果関係さえあればよいとされる

---

49) この点に関し, 実行共同正犯と共謀共同正犯を区別する見解に対する, 小林憲太郎「危険運転致死傷罪の共同正犯」研修855号（2019年）10頁以下の鋭くかつ説得的な批判的検討を参照。

50) 橋爪・前掲注22)343頁は, 「本件で共同正犯の成立を認めるためには, 被告人が実際に赤色信号を殊更に無視したことではなく, Aが被告人とのカーチェイスの過程で, 被告人も赤色信号を殊更に無視するだろうと確信したという事実が重要であろう」とされている。

51) 樋口亮介「特殊詐欺における包括的共謀と抜き事案における共同正犯の成否」刑法61巻2号（2022年）328頁。

だけでは，その責任を負う者は共同者全体だとしか言うことができず，全体行為を構成するAやBに全部責任を帰することができないという，共同意思主体説と同じ問題が生じることになろう。共同正犯の一部実行全部責任の原則の説明の難しさは，結局のところ，全体行為を考えれば全体責任を論証することはできるが，その責任をどうやれば個々の共同者に全部負わせることができるかにあるのであり，ここの論証をカットして前に進むわけにはいかないであろう。そして，実行を共同すればなぜ正犯責任を負うのかを詰めていくと，実体法の成立要件レベルでは共同正犯は1つであり，どの段階で寄与するかにより，事実認定レベルでの要件の違いが出てくるにすぎないことが自ずと明らかになるように思われる。

# 第22章　承継的共同正犯

CHAPTER 22

> **POINT**
>
> ・承継的共同正犯をめぐる判例の状況を理解する。
> ・承継的共同正犯論における議論の出発点は，因果は遡らないという命題にあることを理解する。
> ・個別行為説，全体行為説が言わんとするところおよびその帰結を確認し，その問題点を理解する。
> ・傷害罪，傷害致死罪の場合には，承継的共同正犯論において消極説をとると，さらに同時傷害の特例の適用の可否が問題となることを理解し，判例のとる立場とその問題点を理解する。

## はじめに

　承継的共同正犯は，先行者が一定の犯罪の実行を開始した後，途中から共謀を遂げ，残りの実行を共同した場合をその典型とする。具体的には，Ａが強盗の故意で被害者の反抗を抑圧するに足りる暴行を加え，被害者を反抗抑圧状態に陥れた段階で，通りかかった知人Ｂと共謀のうえ，共同して被害者の財物を奪取したというような場合が考えられる。ここで，Ａの暴行から被害者に故意の死傷結果が生じた場合を想定すると，学説は，後行者Ｂにつき，死傷結果まで含めて帰責し，Ａに成立する犯罪の共同正犯，すなわち，強盗殺人・傷人罪を認める積極説，死傷結果までは帰責せず，強盗罪の限度で共同正犯を認める限定積極説，後行者について窃盗罪の限度で共同正犯を認める消極説に分かれることになる。

　近時の学説における議論の対立軸の基底にあったのは，因果的共犯論であったと思われる。前章でも述べたように，わが国では，因果的共犯論を共同正犯にまで適用し，一部実行全部責任の原則の基礎付けに用いる見解が支配的であ

る。これによれば，共犯論の諸問題は，共犯の因果性の観点から検討されることになり，承継的共同正犯の問題については，後行者は，先行者のなしたことについては因果性を持ち得ないのではないか，それゆえ，関与後の行為により実現できたことについてのみ責任を問われるべきではないか，という問題設定がなされてきたのである。

　しかしながら，前章で論じたように，共同正犯の一部実行全部責任の原則は，因果的共犯論からしか説明できないわけではなく，むしろ，本来的に狭義の共犯（教唆・幇助）に妥当するものである共犯の処罰根拠論から，共同正犯の諸問題を検討することは，方法論的に妥当でないように思われる。それでは，全体行為説からみたとき，承継的共同正犯の問題はどのように議論されることになるのか。井田教授は，前章で検討したような個別行為説を一段階説，全体行為説を二段階説とネーミングされたうえで，後者の立場からみた方が，判例の立場を無理なく説明できるのではないかという理解を示されており[1]，非常に興味深い。ここでは，この井田教授の議論を導きの糸として，わが国の議論を再検討し，解決の方向性を示すこととしたい。

## I．判例の状況：最高裁平成 24 年・29 年判例の登場

　判例の立場は，古くは積極説であり，昭和 40 年代まではこれが主流であったように思われる。例えば，大判昭和 13・11・18 刑集 17 巻 839 頁は，夫が強盗目的で被害者を殺害した後で，協力を求められた妻が，蠟燭で照らして金品奪取を容易にしたという事案につき，「刑法第 240 条後段ノ罪ハ強盗罪ト殺人罪若ハ傷害致死罪ヨリ組成セラレ右各罪種カ結合セラレテ単純一罪ヲ構成スルモノナルヲ以テ」強盗殺人罪の幇助になるとし，戦後でも，札幌高判昭和 28・6・30 高刑集 6 巻 7 号 859 頁は，強盗の目的で先行者が暴行を加えたことを認識し意思連絡のうえで金品を奪ったという事案につき，「刑法第 240 条前段の罪は強盗の結果的加重犯であって単純一罪を構成するものであるから」，共犯者の先行する暴行の結果生じたる傷害につきなんら認識がなくても，強盗

---

[1] 井田良「承継的共同正犯についての覚書」『山中敬一先生古稀祝賀論文集(上)』（成文堂，2017 年）とくに 637 頁以下。

傷人罪の共同正犯を以て問擬するのが正当であるとした[2]。そこでは，先行者の行った犯罪が単純一罪を構成し不可分のものであるところ，かつては共同正犯者間において故意が異なる場合において重い方の罪につき共同正犯を認める完全犯罪共同説が支配的であったことから，ここでも重い方，すなわち先行者につき成立する犯罪につき，同じ罪名での共同正犯になると考えられたものと思われる。こうして，文字通り，後行者については，先行者のなしたことにつき全面的な承継が認められていたことになると言えよう。しかしながら，判例の立場は，完全犯罪共同説から部分的犯罪共同説にシフトしており[3]，重い方の罪名につき同じ罪名での共同正犯としなければならないわけではないし，そもそも単純一罪であればなぜ完全な承継が認められるのかの根拠も不確かであった。

そして，何より，すでに先行者により発生してしまっている，後行者の行為からは因果性の及ばない結果を含めた罪責評価を行うことには，疑問があった。そのような中，傷害罪についてすでに先行者の発生させた結果につき，後行者はその責任を負わないとする最決平成24・11・6刑集66巻11号1281頁が登場するに至った[4]。先行者の激しい暴行によって流血・負傷した被害者に対し，先行者と共謀のうえ，さらに激しい暴行を加え，一連の暴行により重傷を負わせた被告人につき，最高裁は，「被告人は，共謀加担前に〔先行者〕が既に生じさせていた傷害結果については，被告人の共謀及びそれに基づく行為がこれと因果関係を有することはないから，傷害罪の共同正犯としての責任を負うことはな」いとし，このような疑問に応えたのである[5]。

他方で，昭和50年代以降は，限定積極説に立つ裁判例が積み重ねられてきたように思われる。例えば，名古屋高判昭和58・1・13判時1084号144頁は，

---

2) そのほか大阪高判昭和40・10・26下刑集7巻10号1853頁，大阪高判昭和45・10・27刑月2巻10号1025頁，名古屋高判昭和50・7・1判時806号108頁など。
3) 例えば，完全犯罪共同説の立場からの適条を行ったと思われる最判昭和23・5・1刑集2巻5号435頁と，部分的犯罪共同説の立場からの適条を行ったと思われる最決平成17・7・4刑集59巻6号403頁（なお最決昭和54・4・13刑集33巻3号179頁）を対比的に参照して頂きたい。
4) こうした結論をとる比較的早い例として，福岡地判昭和40・2・24下刑集7巻2号227頁など。
5) 最高裁平成24年決定が出た後において，強盗開始後，共謀成立前に生じた致傷結果を帰責しなかった裁判例として，東京高判平成24・11・28東高刑時報63巻1＝12号254頁。

先行者による恐喝罪の実行中に被告人が途中から関与した事案につき，先行者の作出した畏怖状態・支払約束を容認し，共謀のうえ，これらを「利用」して金員支払の要求行為を行ったので，「事前共謀があった場合と価値的に同視しうる」として，恐喝罪の共同正犯の成立を肯定している。また，平成24年までは承継的共同正犯に関するリーディングケースと目されていた大阪高判昭和62・7・10高刑集40巻3号720頁は，承継が認められる根拠は先行者の行為等の自己の犯罪遂行の手段としての積極的利用にあるとし，承継が認められるのは実体法上の一罪（狭義の単純一罪に限らない）の範囲に限られるとしたうえで，恐喝罪については途中から関与した後行者につき同罪の共同正犯を認めつつ，暴行は1個の暴行行為が1個の犯罪であるから，後行者が先行者の暴行を自己の犯罪遂行の手段として積極的に利用することはないとした。

　このような中で登場したのが，最決平成29・12・11刑集71巻10号535頁である。最高裁は，特殊詐欺における受け子が「だまされたふり作戦」（模擬現金を発送するもの）が開始された後に共謀を遂げて関与し荷物を受領した事案につき，後行者は「本件詐欺を完遂する上で本件欺罔行為と一体のものとして予定されていた本件受領行為に関与している。そうすると，だまされたふり作戦の開始いかんにかかわらず，〔後行者〕は，その加功前の本件欺罔行為の点も含めた本件詐欺につき，詐欺未遂罪の共同正犯としての責任を負うと解するのが相当である」と判示したのである。これは，承継的共同正犯の文言こそ用いていないが，共謀が欺罔行為より後の時点で遂げられたことを認定しつつ共同正犯を肯定するものである。

## II．個別行為説・因果的共犯論を基軸とした従来の議論

　わが国では，共同正犯を含む共犯の処罰根拠を，構成要件該当事実の惹起に求める因果的共犯論が支配的見解だと言ってよいであろう。これによれば，共同正犯の成立要件として，共同者の個々の行為について，構成要件該当事実すべてに対する因果性が及んでいることが不可欠だということになるので，後行者が関与する以前に生じた過去の事実について，「承継」を認めることには原理的な困難があることになる[6]。

　最高裁平成24年決定が出て以降は，同決定が「共謀加担前に〔先行者〕が

既に生じさせていた傷害結果については，被告人の共謀及びそれに基づく行為がこれと因果関係を有することはない」という，因果的共犯論から見ればこれに親和的なフレーズを用いたこともあり，消極説は大いに勇気づけられたところがあったように思われる。例えば，林教授は，共犯の離脱の問題においては因果的共犯論をとり，承継的共犯の問題についてはこれをとらない，最高裁平成24年決定までの判例の状況を「矛盾」だと評価されたうえ，同決定により，「それが解消され，〔共犯の離脱と承継的共犯という因果的共犯論の〕二つの試金石について，因果的共犯論に統一されたことは高く評価される」と述べておられた[7]。

しかしながら，最高裁平成29年決定が出るに至り，因果的共犯論の立場は，この説明に苦慮することとなる。鎮目教授は，「学説の多くはなお因果的共犯論に依拠しており，これと距離をとったかのようにみうる平成29年決定は，議論状況に少なからぬ緊張をもたらしている」[8]と述べておられる。すなわち，小林教授が指摘されるように，因果的共犯論とは，共犯の処罰根拠が間接的にであれ，当該犯罪の不法を引き起こしたことに求められるとする考え方であり，(単独)正犯とは引き起こし方が違うというだけなのであるから，究極的には当該不法という同一の処罰根拠が妥当しているのである。そうだとすれば，因果的共犯論を維持する以上，消極説に至るしかないことになるであろう[9]。学説上は，因果的共犯論を基礎としつつ，関与後に後行者がなしたことだけを捉えても限定積極説の結論をとりうるとする見解も有力であるが，消極説の論者が説くように，これは因果的共犯論の本来的前提に正面から反するものと思われる。

もっとも，このような消極説によれば，強盗につき先行者が暴行により相手方の反抗を抑圧した後に共謀を遂げて関与した後行者は，窃盗の共同正犯にし

---

[6] 嶋矢貴之ほか『刑法事例の歩き方』(有斐閣，2023年)160頁以下[鎮目征樹]の分かりやすく明晰な解説を是非一読して頂きたい。
[7] 林幹人「承継的共犯について」立教法学97号 (2018年) 181頁以下，引用箇所は184頁。
[8] 嶋矢ほか・前掲注6)163頁[鎮目]。
[9] 小林憲太郎『刑法総論の理論と実務』(判例時報社，2018年) 599頁，さらに松原芳博「詐欺罪と承継的共犯」曹時70巻9号 (2018年) 4頁以下。早い段階でこのような理解を示されていたものとして，相内信「承継的共犯について」金沢法学25巻2号 (1983年) 38頁以下，とくに42頁以下。

かなり得ないし，詐欺につき先行者が欺罔により相手方を錯誤状態に陥れた後に共謀を遂げて関与した後行者は，せいぜい占有離脱物横領の限度でしか共犯としての責任を負わないこととなる。しかし，このような帰結は，前者の例でいえば，先行者は後行者の関与を利用して強盗を遂行し，他方，後行者は先行者の強盗を補充して完成させ，強盗完遂にとり重要な寄与をなしていることからすれば，窃盗としてしか評価しないことが結論的に落ち着きが悪いことは，誰しも否定できないのではないだろうか。

　他方で，どう頑張ってみても，人は過去にすでに生じた事実については，因果的影響を及ぼすことはできないから，すでに発生した事実については責任を問われるべきではないという考え方には，十分な理由があるように思われる。従来の学説状況の問題点は，このような誰しもが共有できる命題を，因果的共犯論の専売特許とし，このような命題が因果的共犯論としか結びつかないかのような議論をしてきた[10]ことにあるように思われる。

　そして，共同正犯の一部実行全部責任の原則を基礎付けるモデルは，前章でみたように，個別行為説・因果的共犯論しかないわけではなく，全体行為説もあるのである。井田教授が言われるように，「承継的共同正犯論の検討にあたっては，前提としてどのような共同正犯モデルに立脚するかの問題を度外視することはできない」ように思われるのであり，個別行為説・因果的共犯論が共同正犯の一部実行全部責任の原則の基礎付けに使えないとすれば，この問題にも全体行為説からアプローチしてみることが必要だと思われるのである。

　そこで，以下では，全体行為説の論者による承継的共同正犯論の検討を進めていくこととしたい。

---

10) 深町晋也「判批」論ジュリ36号（2021年）234頁は，「既に生じさせた傷害結果の遡及を拒絶するという意味での（すなわち本来の意味内容とは異なるものの）『因果的共犯論』はなお維持すべき」だとされるが，この内容に「因果的共犯論」という名称を与える必要はまったくない。

## Ⅲ. 全体行為説からの問題解決

### 1. 全体行為説からの承継的共同正犯論

　全体行為説によれば，関与者の全体からなる行為を観念し，これこそが各則の構成要件に該当する行為として把握される。集合体について肯定された犯罪についての刑事責任が各関与者に分配されることになる。

　井田教授によれば，わが国の立場は，こうした全体行為説の色彩もかなり強くもっているとされ，このことは，①判例が基本的に犯罪共同説に立脚していること，②判例が共謀共同正犯を肯定していること，③判例が過失共同正犯につき肯定説をとることに現れていると述べられたうえ，「判例の共同正犯の基本的理解を前提とすれば，承継的共同正犯についても，最終結果を実現した共同者全体による行為を観念した上で，その実現への後行者の寄与の程度を評価し，それが主犯者としての評価を可能とする程度の重要性をもつ寄与であったと考えうる限りは，後行者を正犯として評価することも可能となる」と結論付けておられる[11]。

　以下では，こうした見解をとる論者の主張内容を取り上げ，論を進めていくこととしたい。

　前章でみた全体行為説＋機能的行為支配説に立たれる橋本教授は，この問題を扱われる論稿においても，こうした立場を再確認されたうえ，「先行者・後行者の時間的に前後する寄与が集合的に『単位』事実を実現した所産であることによって共同正犯の成立が肯定される」ことを認められ，「通常，共同正犯における分業が空間的なものとして想定されており，その場合に各関与者の寄与が重要なものであれば共同正犯とされるのであるとすれば，同様の思考は時間的前後関係のある寄与相互においても妥当するはずである。分析的にみれば，前後する事実のうちある時点以後の事実についてのみ共同実現したにすぎないとしても，不可分の不法事実のうちの核心的重要部分を共同実現した場合には，全体事実を共同実現したものとみることができる可能性がある」とされている。橋本教授による次の比喩は分かりやすいであろう。「先行者が先行事

---

11）井田・前掲注1）641頁以下。

実を実現し，後行者が加わって爾後の事実を実現したという事件を全体として法的評価の対象としたとき，後行者が因果的に実現した事実は何かと問うならば，一枚の板のように連続した事象を主要部分の実現という手段で完成させた後行者は，全体事実の実現者として登場しうる」[12]とされるのである。

　さらに，前章でみたような全体行為説＋危険増加説で考えるとすれば，馬場准教授のような以下のような議論がありうる。「たとえ実行の着手後，ないし実行行為が行われている途中であっても，その時点で新たに加わった者との間で共謀が形成され，後行者の存在およびその者の行為寄与が織り込まれた行為計画に沿って以降の結果が実現されるのであれば，……結果発生の危険増加を観念することが可能なのではないか」[13]ということである。

　そして，豊田教授によれば，最高裁平成29年決定は，全体行為説と親和的であるとされる。「〔同〕決定が欺罔行為と受領行為の一体性を指摘した点は，詐欺の共同実行行為の形成を指摘したものと理解でき，被告人が欺罔行為の点も含めて責任を負うとした点は，欺罔行為を含む詐欺の共同実行行為について責任を負うことを示したものと理解でき，受領行為の危険性に言及しなかった点については，ここでは共同実行行為の危険性が問題であり，受領行為それ自体の危険性は問題にならないことから，言及しなかったと理解できるからである」[14]とされるのである。

　もっとも，こうした全体行為説の論理には，戦前の大審院昭和13年判決のような，全面的な積極説に行きつくことになりかねない危険性が含まれており，この結論を避けるためには，後行者のなしたことだけを根拠に，限定積極説を基礎付ける努力がなお求められるといえよう。そこで，以下では，こうした見解を取り上げ，検討していくことにしたい。

---

12) 橋本正博「『承継的共同正犯』について」『川端博先生古稀祝賀論文集(上)』（成文堂，2014年）591頁以下。
13) 馬場智大「時間的に前後して関与した共犯者間の罪責について」（京都大学大学院法学研究科提出博士学位論文〔令和3年3月〕）52頁。
14) 豊田兼彦「特殊詐欺と承継的共同正犯」刑法61巻2号（2022年）351頁。

## 2. 後行者のなしたことだけを根拠に
限定積極説を基礎付ける見解

　すでにみたように，因果的共犯論をとる以上は，消極説に至るのが論理必然であるから，因果的共犯論という場を設定した場合に，限定積極説をとることには，無理があった。しかし，全体行為説から，全面的に承継を肯定する積極説に至らないためには，後行者のなしたことだけを根拠に，限定積極説を基礎付ける努力がなお求められるのであり，この限りでは，因果的共犯論からの立論には参照価値があるように思われる。すなわち，因果的共犯論は，本来的な意味のほかに，その派生的含意として，自らの行為と因果関係をもつ結果についてしか帰責しないが，因果は遡らないから，すでに発生している事実については帰責しないという命題を含んでおり，この限りで，筆者の立場からも，これを参照することには意味があるからである。そこで，ここでは，こうした見解を取り上げ，検討を加えていくことにしたい。

　十河教授は，自己の行為と因果関係を有する範囲でのみ責任を負うという原則は，共犯の場合も維持されなければならないとされたうえ，「複数の保護法益を含む犯罪において，その不法の程度を基礎づける要素として最も重要なのは，第一次的な保護法益であろう。また，当該犯罪の法定刑を決定する際にも，第一次的な保護法益の種類や重要性が最も重要な要素であるといってよい。これに対し，複数の利益を保護法益とする犯罪において，副次的な保護法益は，当該犯罪の不法・責任の程度や法定刑を基礎づける決定的な要素とまではいえない。そうだとすると，承継的共犯においても，後行者の行為と当該犯罪の副次的な法益の侵害・危険との間に因果関係がなくても，第一次的な保護法益の侵害・危険と因果関係があれば，後行者は，先行者と共同して当該構成要件を実現したと評価できるから，共犯の成立を認めてよいと思われる」とされ，強盗については，占有が第一次的な保護法益であり，身体の安全等は副次的な保護法益にすぎないから，先行者が暴行・脅迫により被害者の反抗を抑圧した後，後行者が財物奪取に関与したときには，後行者は，強盗罪の第一次的な保護法益である財物の占有を侵害した以上，強盗罪の共犯を認めてよいとされた。そしてさらに，先行者が財物奪取の意思で被害者を殺害した後，後行者が先行者と意思を通じて財物を奪取した場合には，生命侵害の結果は後行者の

関与前に発生しており、後行者の行為と生命侵害との間に因果関係は存在しないから、後行者に強盗殺人罪の共犯は成立せず、強盗罪の共犯の成立のみを認めることができるとされたのである[15]。

　しかしながら、これはやや苦しい立論であろう。単純な占有侵害だけであれば、窃盗にしかならず、最高で10年の拘禁刑にしかならないところ、反抗を抑圧する程度の暴行等が加わる強盗においては、最高で20年の拘禁刑になるのであり、この差は、十河教授の言われる「副次的な法益」が加算されたからなのである。そして、何より、占有侵害に因果性が及んでいるだけだとすれば、窃盗罪にしかならないはずであり、強盗罪の共犯になることを基礎付けることに成功したとは言えないように思われる。橋爪教授が、「因果性の要請を充たしつつ、同時に、全面否定説による処罰の間隙を回避するためには、共犯においては、構成要件該当事実すべてではなく、構成要件的結果の惹起について因果性があればたりる」との出発点から、限定積極説を基礎付けようとされつつ、以上のような理解に立たれ、後行者は「財産権侵害の限度でしか因果性を有していない以上、やはり強盗罪で処罰することはできず、窃盗罪の限度で罪責を負うことになる」[16]とされるのは、このような検討法による限り、一貫したものだと思われる。しかしながら、これでは、消極説（全面否定説）による処罰の間隙の回避という目的は達成されていないことは、明らかであろう。また、恐喝罪においても、暴行・脅迫が手段となるから、教授の見解によれば、後行者に恐喝罪の共同正犯の成立が否定されることとならざるを得ない一方で、同じく交付罪である詐欺罪については承継的共犯が肯定されるという結論に合理性があるかは疑問であろう[17]。

　このようにみれば、因果的共犯論を前提とされ、「自己が関与した後の行為について責任を負うだけ」でなければならないとの理解から、強盗犯人が被害者の反抗を抑圧した後で、財物の奪取に関与した者、詐欺犯人が被害者を欺罔した後や、恐喝犯人が被害者を畏怖させた後で、被害者による財物の交付行為

---

15) 十河太朗「承継的共犯の一考察」同志社法学64巻3号（2012年）843頁以下、同「承継的共犯論の現状と課題」川端博ほか編『理論刑法学の探求⑨』（成文堂、2016年）146頁以下。
16) 橋爪隆『刑法総論の悩みどころ』（有斐閣、2020年）393頁以下。
17) 十河・前掲注15)探究⑨145頁以下、齊藤彰子「承継的共犯」法教453号（2018年）24頁。

の部分にだけ関与した者につき，「財物の奪取や受領は，先行者から見れば強取・詐取・喝取であり，後行者はこれに関与するのであるから，強盗罪・詐欺罪・恐喝罪の共犯が成立する」[18]と説かれる佐伯教授の見解が，妥当な方向を示されるものと思われる。もっとも，教授はこのように結論を述べられただけであり，これがどのように因果的共犯論から基礎付けられうるかは，必ずしも明らかではない。

　この点，同様の立論をされる高橋教授は，「先行者が犯罪を遂行している途中で後行者がそれに加担するという承継的共犯に固有の事情から，構成要件のいわば圧縮が生ずる」，言い換えれば，「先行者が犯罪を途中まで遂行しているという事情が，後行者の加担以後の行為をその進行中の犯罪との関係で意味づける一種の構成要件的状況のような働きをする」のだとされるのである。こうして，「先行者が作出した途中結果に，その事情を知りながら自己の行為を結びつけることによって，後行者は先行者の行為に対する構成要件的評価を引き継ぎ，この構成要件的評価の引継ぎの作用と加担後の構成要件該当事実に因果性をもったことが相まって共犯固有の不法が構成される」ことになる[19]。しかし，このような構成では，先行者が作出した状況を構成要件的状況とした，まさしく「圧縮」された，現行刑法には存在しない構成要件が新たに創出されていることにならざるを得ない点に問題があるように思われる。

## 3. 全体行為説からの帰結

　このような無理が生じたのは，やはり，個別行為説・因果的共犯論の枠組みにとらわれているがゆえであり，全体行為説からみれば，佐伯教授のような立論は問題なく可能である。ここでの全体行為は，先行者が開始した強盗や詐欺なのであり，後行者の行為もその全体行為を途中からではあるが構成していると言えるからである。そして，因果は遡らないという命題に照らしてみても，齊藤教授が言われるように，「後行者が関与した財物の領得〔は〕先行者から見れば強取・喝取・詐取……であり，それゆえ，後行者は，それに関与するこ

---

[18] 佐伯仁志『刑法総論の考え方・楽しみ方』（有斐閣，2013年）386頁以下。
[19] 髙橋直哉「承継的共犯論の帰趨」川端ほか編・前掲注15)182頁以下。

とによって，実現されつつあるこれらの犯罪の完成に寄与した」[20]と考えることができるのであるから，問題はないものと思われる。

これに対し，先行者によってすでに生じている事実については，全体行為説に拠った一部実行全部責任の原則の基礎付けに遡って検討すれば，自ずと適切な解決が得られるものと思われる。馬場准教授は，基本的に全体行為説の立場に立たれ，「承継的共同正犯としての帰属そのものの根拠を，後行者の関与する時点における共謀それ自体の機能として生じる危険増加に求めつつ，その共謀がどの範囲の結果発生の危険を高めていたかを画定し，もっぱら先行行為から生じた結果に対してはそのような危険増加が及んでいなかったと解する」立場から，傷害罪等の単純な結果犯において先行行為からすでに結果が生じている場合や，結果的加重犯の加重結果が先行行為から生じている場合には，そうした結果は後行者の増加させた危険が現実化したものとはいえないから，因果的考察によって結果帰属が否定され，後行者は承継的共同正犯としての罪責を負わない[21]と結論付けておられる。このように考えれば，全体行為説に立ったとしても，一部実行全部責任の原則の基礎にある危険増加とその実現の観点から，先行者がすでに生じさせた結果については帰責しないという限定積極説の結論を導くことが可能となるのである[22]。

とはいえ，これで問題が終わったわけではない。強盗の場合において，先行者の行った暴行等を，後行者の行為を「強取」への関与と評価する限度で考慮するのではなく，後行者にも暴行等についてまで完全な責任を問い，強盗罪の共犯とするのであれば，反抗を抑圧する程度の強度の暴行と傷害・傷害致死はいわば連続的なものであるのに，後者についてだけ罪名のうえでも帰責を否定すること，すなわち，強盗致傷・致死の共犯とはしないこととの整合性がとれないようにも思われるからである。

その意味において，井田教授が，「量刑においては重要な構成要件要素（す

---

20) 齊藤・前掲注17)25頁。
21) 馬場・前掲注13)62頁以下。
22) 承継的実行共同正犯につき，実行共同正犯は協調行動による共同規範違反を禁圧することを目的とするとの理解からは，すでに生じた結果については責任を負わせないとの議論には理由があろうとするものとして，樋口亮介「承継的共同正犯」法時92巻12号（2020年）39頁。なお，全体行為説は，このような実行共同正犯と共謀共同正犯を区分した立論としか結びつかないわけではないことは，改めて確認しておきたい。

なわち，暴行・脅迫を手段とする被害者の反抗抑圧）については因果関係がないことを考慮し，その点については問責せず，したがって刑をそれだけ軽くすることとすること」を提言され，「このように考えるときにのみ……限定積極説は，否定説によるその批判にもかかわらず，支持されうることとなると思われる」[23]とされるところは，傾聴に値するものと思われる。

　しかし，このような帰結は，必然的なものではない。すでに筆者は，最高裁平成29年決定の評釈として，以下のような見解を示している。「被告人（後行者）は，『本件受領行為に関与し』たが，これは『本件詐欺を完遂する上で本件欺罔行為と一体のものとして予定されていた』もの，言い換えれば，騙取行為である。財物の交付を受ける行為は，それだけを捉えれば，せいぜい占有離脱物横領であるが，先行行為と一体として捉えることにより，騙取という詐欺罪の実現にとり本質的な構成部分となる。被告人は，この本質的部分において重要な寄与をなした（なす予定であった）のだから，詐欺（未遂）罪の共同正犯としての罪責を負うのである。また，最高裁が，『その加功前の本件欺罔行為の点も含めた本件詐欺につき……責任を負う』としているのは，財物の交付を受ける行為は，欺罔行為と一体とみてはじめて騙取としての意義を持ちうるということを意味するだけで，すでに先行者がなし終えたことを承継して責任を負うという趣旨ではない。このように理解すれば，関与後に自らが因果性を及ぼした事情のみについて罪責を問題とすべきだとの〔最高裁平成24年決定〕との整合性も確保しつつ，詐欺罪の承継的共同正犯を肯定することは可能だということになろう」[24]，と。

　この段階では，全体行為説と承継的共同正犯論の結びつきには十分に理解が及んでいなかったが，改めて考えると，次のようになろう。

　殺人罪において，殺意を持った者が相手方を痛めつけながらじわじわ殺していこうとしていた最終段階において，とどめを刺す前に共謀を遂げて一緒にとどめを刺した後行者には，明らかに殺人既遂罪の共同正犯が成立する。なぜなら殺人罪は結果犯であり，殺害結果を惹起することだけが問題だからである。強盗罪や詐欺罪についても，これとパラレルに，強取や詐取の結果を惹起する

---

23) 井田・前掲注1)644頁以下，引用箇所は645頁。
24) 安田拓人「判批」法教451号（2018年）143頁。

結果犯だと理解することができれば，暴行により相手方の反抗を抑圧した後，あるいは，欺罔により相手方を錯誤に陥れた後に，共謀を遂げ，財物奪取・受領行為を分担する等した後行者は，強取や詐取の結果の実現にとり重大な寄与を行っている。それゆえ，因果は遡らないという意味において，自らの行った行為による危険増加とその実現だけを考えても，後行者を強盗罪や詐欺罪の共同正犯と評価することには十分な理由があるのである[25]。担当調査官も，「詐欺罪の保護法益は個人の財産であり，欺罔行為はこれを直接侵害するものではなく，欺罔行為を手段として錯誤に陥った者から財物の交付を受ける点に法益侵害性があるという詐欺罪の特質に着目すれば，〔詐欺を完遂する上で欺罔行為と一体のものとして予定されていた受領行為への関与をいう〕本決定の……指摘は，詐欺罪の承継的共同正犯を認める実質的根拠を示唆するものとも理解できよう」とされたうえ，脚注38で安田拓人「判批」法教441号126頁を引用されているところである[26]。

もっとも，反抗抑圧後に財物を奪取する行為は，それだけを見れば窃取であり，錯誤に陥った相手方から財物の交付を受ける行為は，それだけを見ればせいぜい占有離脱物横領である。それゆえ，先行者が暴行等あるいは欺罔行為を行っており，先行者の行為は，強取あるいは詐取と評価されることを，考慮に入れなければならない。個別行為説・因果的共犯論は，ここの説明において頓挫するほかないが，全体行為説からすれば，ここでの全体行為は強盗あるいは詐欺なのであり，途中から関与した者にとっても全体行為は強盗あるいは詐欺なのである。

問題は，最高裁が，「その加功前の本件欺罔行為の点も含めた本件詐欺につき……責任を負う」としていることの意味であるが，担当調査官はこの点には言及しておられない。全体行為説の立場からは，これを，後行者も欺罔行為についてまで責任を負うのだとしたものと理解することもできないわけではなく，読み方としてはこの方が自然かもしれないが，それでは強盗罪等を想定すると，井田教授の指摘されるような問題点が浮上する。それゆえ，やはり，このフレーズは，財物の交付を受ける行為は，欺罔行為と一体とみてはじめて騙

---

25) 安田拓人「判批」法教441号（2017年）126頁。
26) 川田宏一「判解」最判解刑事篇平成29年度256頁以下。

取としての意義を持ちうるということを意味するだけだと理解し，すでに先行者がなし終えたことを承継して責任を負うという趣旨ではないと整理しておく方がよいように思われる。そして，この限度であっても，先行者が共謀前になしたことを後行者の罪責評価にあたって適切に考慮しうるのは，全体行為説の立場のみなのだということは，改めて確認しておきたい。

## IV. 補論：傷害結果を生じさせる暴行への途中からの関与と刑法 207 条の同時傷害の特例

### 1. 判例の立場

　承継的共同正犯論において，傷害罪につき消極説をとった場合に生じる問題は，この場合でも，207 条が適用され，やはり後行者は傷害罪の責任を負うのではないかという問題である。ここでは，同時傷害の特例の存在根拠に照らし，誰か 1 人でも傷害結果につき責任を負う場合にはあえて 207 条を適用するだけの不都合がないのではないかという問題意識が重要だと思われる。

　こうした問題意識を示したものとしては，大阪高判昭和 62・7・10 高刑集 40 巻 3 号 720 頁が知られている。大阪高裁は，「例えば，甲の丙に対する暴行の直後乙が甲と意思の連絡なくして丙に暴行を加え，丙が甲，乙いずれかの暴行によって受傷したが，傷害の結果を生じさせた行為者を特定できない場合には，刑法 207 条の規定により，甲，乙いずれも傷害罪の刑責を免れない。これに対し，甲の暴行終了後乙が甲と共謀の上暴行を加えた場合で，いずれの暴行による傷害か判明しないときには，……当裁判所の見解によれば，乙の刑責が暴行罪の限度に止まることになり，甲との意思連絡なくして丙に暴行を加え同様の結果を生じた場合と比べ，一見均衡を失する感のあることは，これを否定し難い。しかし，刑法 207 条の規定は，2 人以上で暴行を加え人を傷害した場合において，傷害を生じさせた行為者を特定できなかったり，行為者を特定できても傷害の軽重を知ることができないときには，その傷害が右いずれかの暴行（又は双方）によって生じたことが明らかであるのに，共謀の立証ができない限り，行為者のいずれに対しても傷害の刑責を負わせることができなくなるという著しい不合理を生ずることに着目し，かかる不合理を解消するために特

に設けられた例外規定である。これに対し，後行者たる乙が先行者甲との共謀に基づき暴行を加えた場合は，傷害の結果を生じさせた行為者を特定できなくても，少なくとも甲に対しては傷害罪の刑責を問うことができるのであって，刑法の右特則の適用によって解消しなければならないような著しい不合理は生じない。従って，この場合には，右特則の適用がなく，加担後の行為と傷害との因果関係を認定し得ない後行者たる乙については，暴行罪の限度でその刑責が問われるべきこととなるのであって，右結論が不当であるとは考えられない」とし，207条の根拠を誰も結果に対して責任を負わない「著しい不合理」の回避に求め，同条の適用を否定している[27]。

これに対し，最高裁は，これまで地裁レベルで積み重ねられてきた，先行者と後行者との間に意思連絡がなかった場合との均衡論から，207条の適用を認める流れ[28]に沿う判断を下した。最決令和2・9・30刑集74巻6号669頁は，「刑法207条適用の前提となる上記の事実関係が証明された場合，更に途中から行為者間に共謀が成立していた事実が認められるからといって，同条が適用できなくなるとする理由はなく，むしろ同条を適用しないとすれば，不合理であって，共謀関係が認められないときとの均衡も失するというべきである。したがって，他の者が先行して被害者に暴行を加え，これと同一の機会に，後行者が途中から共謀加担したが，被害者の負った傷害が共謀成立後の暴行により生じたものとまでは認められない場合であっても，その傷害を生じさせた者を知ることができないときは，同条の適用により後行者は当該傷害についての責任を免れないと解するのが相当である。先行者に対し当該傷害についての責任を問い得ることは，同条の適用を妨げる事情とはならないというべきである」と判示したのである。

ここにいう共謀がない事案では207条が適用されることとのバランス論をおそらく最も明快に示すのは，仙台地判平成25・1・29 LLI/DB L06850125である。そこでは，「上記のような事案において刑法207条が適用されないとすると，共謀に基づき，共同して暴行した場合に，傷害（致死）の結果発生の危険

---

27) もっとも，本判決は肯定説の論理的可能性を示唆している。
28) 豊田兼彦「暴行への途中関与と刑法207条」『浅田和茂先生古稀祝賀論文集(上)』（成文堂，2016年）667頁以下は，下級審裁判例を網羅的に紹介するとともに，この問題に関する的確な整理・検討を行っている。

第22章 承継的共同正犯 | 403

性が一層高まりながら，後行行為者は，発生した結果に見合った責任を負わないことになってしまう。これは，後行行為者が，先行行為者とは共謀せずに同一機会に暴行し，傷害（致死）の結果が生じたが，いずれの暴行により生じたかが確定できない場合に，刑法207条が適用され，いずれも傷害（致死）罪の責任を負うことになることに比して，著しく不均衡である」とされている。

## 2．判例・学説の検討

　豊田教授は，均衡論に対し，「意思連絡がまったくなかろうが途中から生じようが，傷害との間の因果関係が不明であるという事実は変わらない」し，一部でも意思連絡があったとしても，因果関係が不明な傷害について傷害結果の危険性が高まるとも言えないとの批判を加えられている。また，照沼教授も，「後行行為者自身につき，同時正犯として加わった場合よりも共同正犯として関与した場合の方が常に危険であるとか，当罰性が高いなどとは断定できない」[29]との指摘をなされている[30]。しかし，207条の前提状況が同時暴行だとすれば，それを共同して行った場合には，相互に暴行の危険を高め合う限りで危険性が高まることは否定できないように思われるから，共謀のある場合の方がより行為の危険性が高まること自体は否定できない[31]ように思われる。

　また，実務上は，肯定説によらないと，共謀が否定された方が却って罪責が重くなるという逆転現象が生じ，検察側が共謀の存在を立証し，弁護側がこれを争うという攻防関係が崩れ，双方の当事者にとり困難な状況が生じかねないため，これを回避すべきだという問題意識は持たれているようである[32]。

　しかし，このような不均衡・不都合は，207条という特殊例外的な規定の存在を前提としてはじめて生じるものであり，これを当然の前提として不均衡等を論じることが妥当かには疑問の余地があろう。中森教授が，「共犯関係の一

---

29) 照沼亮介「同時傷害罪に関する近時の裁判例」上智法学論集59巻3号（2016年）93頁。
30) さらに長井長信「同時傷害の特例について」能勢弘之先生追悼論集『激動期の刑事法学』（信山社，2003年）427頁以下。
31) 例えばドイツ刑法224条1項4号が，武器を使用した場合等と並べて，他の関与者と共同して実行した場合の傷害を，「危険な傷害」として傷害罪の加重類型としているのは，このように考えないと説明がつかないであろう。
32) 京都刑事法研究会（平成27年9月19日開催）における複数の裁判官のご教示による。

部存在を単純に根拠として持ち出すのは当を得ていない」と説かれる[33]のは，おそらくこのような趣旨だと思われる[34]。

　そうだとすれば，やはり大阪高裁の説くところが妥当であろう。学説上もこのような見解は少なくない。例えば，西田教授は，「207 条は誰も傷害結果について責任を負わなくなる場合についての例外規定であるのに対し，承継的共犯の場合，少なくとも先行行為者は傷害の罪責を負う……。同条の例外規定性を考慮すれば，その適用範囲の拡張には慎重であるべきである」[35]とされ，山中教授も，「本条の適用の前提は，傷害の軽重ないし傷害を生じさせた者を『知ることができないとき』であるが，先行者には，全体に対する責任を問うことができるのであるから，『知ることができる』のであり，本条の要件を充たさない」[36]とされている[37]。

　いずれにせよ，ここで重要なことは，否定説を支持する見解において，本特例の趣旨が，「誰も傷害結果について責任を負わなくなる場合についての例外規定」（西田），「暴行を加えた複数の者が誰も傷害について刑事責任を負わない事態を阻止するための例外的な規定」（中森）だと理解されていることである。ここでは客観的に見れば，まさに本条の前提要件そのものは満たされている。それにもかかわらず，この場合には少なくとも先行者が責任を負うのだから，誰も責任を負わないという本特例が適用されるべき例外的事態は生じていないということなのである。

---

[33]　中森喜彦『刑法各論〔第 4 版〕』（有斐閣，2015 年）19 頁。
[34]　豊田兼彦「判批」法セ 737 号（2016 年）123 頁は，こうした論理を，共犯関係という「砂上」に「楼閣」を重ねるようなものだとの疑問を向けられている。
[35]　西田典之（橋爪隆補訂）『刑法各論〔第 7 版〕』（弘文堂，2018 年）50 頁。
[36]　山中敬一『刑法各論〔第 3 版〕』（成文堂，2015 年）62 頁。
[37]　こうした立場からの近時の重要な研究として水落伸介「同時傷害の特例（刑法 207 条）の限定的解釈に関する一試論」法政理論 53 巻 2 号（2021 年）とくに 22 頁以下。

# 第23章　共同正犯関係の解消

CHAPTER 23

> **POINT**
>
> ・共同正犯関係の解消は，共同正犯の一部実行全部責任を基礎付けたものがなくなれば認められるから，自らがなした危険増加（因果関係遮断説からは自らが与えた因果的影響力）を解消すればよいことを理解する。
> ・自らの加功により増加させた危険が残るものの，なお解消が認められるべき場合がありうることを理解し，その場合の解決がどのようになされるべきかを理解する。

## はじめに

　共同正犯関係の解消とは，共謀のうえ，目的とする犯罪の完成に向けて，ステップを進めていく途中，一部の者が犯意を放棄し，離脱の意向を残りの共同者に告げる等して，離脱行為に及んだ場合に，この者が，残りの共同者が遂行した残りのステップにより成し遂げられたことについてまで責任を問われるかという問題である。かつては，この問題は，「共犯と中止犯」というタイトルのもとで論じられていたが，共同正犯の解消の問題は，①共謀共同正犯を認める場合において着手前に離脱を行った場合にも生じるし，実行の着手後においても，②結果的加重犯の加重的結果が離脱後に生じた場合にそれについて責任を問われるか，③継続犯の途中から離脱した場合に離脱後も増加し続ける不法についてまで責任を問われるか，という形でも生じるところ，中止犯という道具立てでは，①～③の問題を解決しえないことは明らかである。それゆえ，今なお，この問題を中止犯という道具立てで検討しようとしている記述に出会った場合には，そっと頁を閉じるのがよいであろう。

　このような状況を決定的に変えたのは，1983年の西田教授の論文であったように思われる。西田教授は，因果的共犯論の立場から，これを前提とすれば，

「共犯といえども自己の行為と因果関係を有する限りの結果，正犯行為についてのみ罪責を負うべきものであり，この『因果の紐帯（Band der Kausalität）』が切れる場合には責任を負わないということになる。すなわち，共犯からの離脱の問題も基本的には，当該中止行為によって，それ以前の離脱者の加功とそれ以後の残余の共犯者による行為および結果との因果関係が切断されたか否かという基準によって解決さ〔れ〕るべきことになる」との論陣を張られた[1]。そして，共同正犯の一部実行全部責任の原則も含めて因果的共犯論の立場から説明する見解の広がりを基盤として，こうした「因果関係遮断説」と呼ばれる見解は，支配的見解の地位を獲得するに至ったのである。

他方，近時においては，共同正犯の一部実行全部責任の原則を基礎付けるにあたり，因果的共犯論（個別行為説）によらない見解（全体行為説）も有力化している。共犯関係の解消の中でも共同正犯関係の解消の問題は，言うまでもなく，共同正犯における一部実行全部責任の原則がどこまで妥当するかに関わるものであり，一部実行全部責任を基礎付けたものをなくせば，解消が認められるという関係にある。基礎付けが変われば，解消すべき内容も変わってくるのではないか[2]。ここが確認されるべき課題として残されているのである。

また，最近では，因果性が残存していてもなお解消が認められるべき場合があるのではないかということが，因果的共犯論からの因果関係遮断説をとる立場からも議論されている。これは非常に重要な問題提起であるから，後半において取り上げることにしたい。

## I．共同正犯の一部実行全部責任の原則の基礎付けと本問題の解決の仕方

### 1．因果的共犯論からの因果関係遮断説と判例の基本的立場の不整合性

すでにみたように（**第21章**），共同正犯の一部実行全部責任の原則の基礎付

---

1) 西田典之『共犯理論の展開』（成文堂，2010年）243頁以下。
2) 豊田兼彦「共同正犯の構造の再検討」佐伯仁志ほか編『刑事法の理論と実務②』（成文堂，2020年）94頁。

けについては，大きく分ければ，個別行為説：因果的共犯論と全体行為説があるが，支配的であるのは前者である。

　復習になるが，因果的共犯論からは，共同正犯の一部実行全部責任について，共犯の因果性の観点からの基礎付けがなされる。すなわち，個々の共同者の行為が結果の実現に及ぼした因果的影響力が，全部責任の基礎となる。とりわけ直接実行しなかった部分についての責任は，教唆犯・幇助犯のそれと本質的に異なるものではなく，直接実行者の行為を介して結果実現に与えた因果的影響力が，その基礎となる。また，広い意味で共犯となった者の中で誰がどのような責任を負うかは，それぞれのなした役割の重要度によって決定されることになる。

　そうすると，共同正犯関係の解消が認められるためには，このような一部実行全部責任の原則の基礎付けにおける考え方を裏返しにすればよいことになるのであり，こうした自らの加功により及ぼした因果的影響力を解消できたかが主要な問題となるのである。

　このような理論モデルは，共同正犯関係の解消の問題解決に際して，切れ味の鋭い判断基準を提供するものであり，優れたものと言ってよい。しかし問題は，個別行為説：因果的共犯論が，一部実行全部責任の原則の基礎付けに成功しているのか，また，判例の立場の説明に本当に成功しているのか，ということにある。

　結論から言えば，筆者は，共同正犯の一部実行全部責任の原則は，全体行為説により説明されるべきだと考えている。また，個別行為説：因果的共犯論には，判例の立場との整合性にも疑問の余地がある。前者については，**第 21 章**で詳しく検討したので，ここでは省略することとし，後者について述べることにしよう。

　本問題に関する判例の立場＝因果的共犯論からの因果関係遮断説だとの理解が広まったのには，最決平成元・6・26 刑集 43 巻 6 号 567 頁およびその調査官解説が大きく与っているものと思われる。同決定の事案は，以下のとおりである。Y の舎弟分である被告人 X が，A の態度に憤慨して Y 宅に連行し，そこで Y と共謀のうえ，約 1 時間ないし 1 時間半にわたり竹刀や木刀で多数回殴打するなどの暴行を加えた。X は，その後，Y 宅を立ち去るにあたり「おれ帰る」と言っただけで，A に対してそれ以上暴行を加えないという趣旨のこ

とは告げず，Ｙに対しても，以後Ａに暴行を加えることをやめるよう求めたり，同人を寝かせたり病院へ連れて行ったりするよう頼んだりせずに，現場をそのままにして立ち去った。その後，Ａの言動に激昂したＹが，「まだシメ足りないか」と怒鳴って顔を木刀で突くなどの暴行を加えた。ＡはＹ方において頸部圧迫等により窒息死したが，死亡結果がＸの退散前の暴行により生じたものか，その後の暴行により生じたものかは，証拠上明らかにならなかった。最高裁は，「右事実関係に照らすと，被告人が帰った時点では，Ｙにおいてなお制裁を加えるおそれが消滅していなかったのに，被告人において格別これを阻止する措置を講ずることなく，成り行きに任せて現場を去ったに過ぎないのであるから，Ｙとの間の当初の共犯関係が右の時点で解消したということはできず，その後のＹの暴行も右の共謀に基づくものと認めるのが相当である」とし，被告人は傷害致死罪の共同正犯の責任を負うと結論付けたのである。そして，原田調査官解説は，本決定につき，「因果関係の切断の有無を実質的な判断基準として採用しているように窺われる。少なくとも，この意味で本決定は因果共犯論をベースにしているといえるであろう」[3]とされ，大きなインパクトをもたらしたのである。

　しかしながら，小池教授は，実務上，共謀の「成立」の判断の場面では，各人の個別的関与と犯罪実現の因果関係の厳密な検討は求められていないのに，共謀関係の「解消」の判断の場面では，各人の個別的関与による因果的影響の大きさとその遮断が問題とされていることの不整合性を鋭く指摘されている[4]。また，前章で見たように，承継的共同正犯の解決に際し，最決平成29・12・11刑集71巻10号535頁は，因果的共犯論と距離を置いたものと理解できる。そして，因果的共犯論は，むしろ行為共同説と親和的であり，判例の支持する部分的犯罪共同説[5]とは，親和的だとは思われない。

　そして，当時の原田調査官の手元には，共同正犯の一部実行全部責任の原則を基礎付ける理論のカードは，共同意思主体説，機能的行為支配説，因果的共犯論の3枚しかなかったのである[6]。学説の現状に鑑みれば，因果関係遮断説の優位性を早々に結論付ける前に，今一度，全部責任を基礎付ける見解との関

---

3)　原田國男「判解」最判解刑事篇平成元年度182頁。
4)　小池信太郎「共犯関係の解消」法教469号（2019年）115頁注11。
5)　最決平成17・7・4刑集59巻6号403頁。

第23章　共同正犯関係の解消　｜　409

係を確認しておいた方がよいであろう。実際，学説上は，よりバリエーションに富んだ見解が主張されているのである。

## 2．全体行為説のうち個別の因果性を要求しない見解からのアプローチ

　ここでは，共同者の個別行為と全体行為との因果性を明示的に要求しない見解をみておこう。例えば，曲田教授は，全体行為説：共同意思主体説の立場に立ち，「共謀共同正犯現象は，決して個々人の単独行為に分断できる性質の現象ではない」[7]との理解から，「共謀にもとづき強固な心理結合が果たされると，そこには，個々人では制御し難い団体特有の危険が生じる」，「すなわち，共謀を果たすことによって，共謀者間には，相互に複雑に作用しつづけ，事態の進展にしたがって増幅していく，いわば『積分的な危険』が生じる」と解されたうえ，「共謀が客観化した後の時点での離脱に関しては，原則的に共犯関係の解消を肯定するのは難しい」と結論付けられる。この段階に至れば，すでに離脱者は，危険の増幅（積分的危険の創出）に一定の貢献をし，その影響は残余共犯者に引き継がれており，その意味で，離脱者の寄与の影響を確実に受けているものと性格付けられるからである[8]。こうして，積分的危険が結果として実現することを阻止しうるほどの積極的な結果阻止行動までとれば，共謀団体の趣旨に完全に逆行する存在に転じているから，共謀団体から外れることを認め，共犯関係の解消を肯定するのが妥当だとされている[9]。

　また，樋口教授は，「刑法60条は，複数名による犯罪実現に向けた共同現象を直截に捉えることを可能にするものであり，関与者各自の個別行為を特定することを不要とし，特定の個別行為と結果との間の因果性を処罰要件から外すという意義を持つ」[10]ものだとの立場から，とりわけ被告人を含めた一体的な関係の消滅後も共同正犯が認められる場合につき，「一体的な関係性に基づい

---

6) 原田・前掲注3)181頁においては，「共同意思主体説では，共同意思主体が解消したときに，機能的行為支配説では行為支配の根拠となる合意が解消したときに……それぞれ共犯の解消が認められるということになる」との理解が示されていた。
7) 曲田統「共犯関係の解消について」法学新報127巻9＝10号（2021年）61頁。
8) 曲田・前掲注7)67頁以下。
9) 曲田・前掲注7)69頁。

て、決定的といえる段階を乗り越えるところまで事態の進捗の後押しが行われた場合、その後、一体的な関係が消滅したり、逸脱が生じたりしても、着手という決定的時点に至った後の自動的で自然な推移と言える一連の犯行についてはなお共同正犯の責任を負わせてよい」[11]と説かれている。

　こうした見解は、共同者の個々の行為と全体行為あるいは最終結果との因果性等の関係性を要件としないため、その関係を断絶すればそれ以上の責任を問わないという結論を確保できないところに特徴がある。そのため、曲田教授によれば、共謀が客観化されて以降は、離脱者の寄与度いかんにかかわらず、最終結果実現を防止しうるだけの措置を講じた場合でないと、共同正犯関係の解消が認められないという厳しい結果になっているのである。また、それを支える判断基準も、共謀団体の趣旨に完全に逆行する存在に転じているかというややファジーなものであり、実際の判断基準として具体化しうるようなものではないように思われる。

　樋口教授の見解も、少なくとも着手後においては、原則的に解消を認めないという結論である限りで、曲田教授の見解と同様の問題を含んでいるように思われる。樋口教授は、これを、「1個の犯罪」としての連続性が維持されている限りで、認めようとされる[12]。このような枠組みは、近時有力である「別個の犯罪事実」論と共鳴しあうものであり、有効であると思われるが、これだけでは、自らのなしたことの影響がなくなったら、それは自分とは無関係な犯罪だからそれ以上の責任を問われなくなるのではないかとの問題が放置されたままになってしまうように思われる。そうなってしまうのは、教授が、共同正犯の基礎付けにおいて、個別行為と結果との因果性は不要だとの命題を強く打ち出そうとされる余り、個別行為と全体行為との関係性まで不要としてしまったことに原因があるように思われる。

---

10) 樋口亮介「特殊詐欺における包括的共謀と抜き事案における共同正犯の成否」刑法61巻2号（2022年）328頁。
11) 樋口・前掲注10)334頁。
12) 樋口・前掲注10)334頁。

## 3. 全体行為説のうち個別行為と全体行為との因果性等を要求する見解からのアプローチ

　それでは，全体行為説であっても，個別行為と全体行為との因果性等を要求する見解からは，どのような解決になるかであるが，これは，結論的には，因果関係遮断説と相当程度同じことになるように思われる。筆者は，共同者の個別行為が全体行為の危険を増加させていることにより，一部実行全部責任の原則が基礎付けられると考えているが，これによれば，離脱者が増加させた危険を解消すれば，共同正犯関係の解消が認められてよいことになろうと思われる。全体行為説からも，全体責任を個々の共同者に負わせるためには，個々の行為と全体行為との関係が必要であり，その関係が危険増加なのであれば，その増加させた危険をなきものとすれば，共同正犯の一部実行全部責任を負わせる根拠がなくなり，もって共同正犯関係の解消が認められるべきことになるのである。このようにみれば，塩見教授が，その推論過程は必ずしも明らかではないものの，「共同正犯（共犯）として犯罪を遂行する場面では各関与者の行為は一体的に捉えられるとしても，そのような一体的関係から『離脱』する場面では，個別的に把握するのがむしろ本来の姿と考えられる」[13]と述べられるところは，全体行為説からの解決のあり方を示すものとして妥当なものと思われる。

## II. 共同正犯関係の解消の具体的展開

### 1. 理論的出発点

　因果関係遮断説に立たれる西田教授においては，共同正犯を基礎付ける共犯の因果性とは実質的にみれば教唆・幇助の因果性であることから，まずは，教唆・幇助の離脱・解消が論じられ，そこで得られた帰結を共同正犯に応用する形で，問題解決が図られており，具体的には，それぞれの共同者が及ぼした因果的影響力の内容・程度に応じ，必要となる離脱の努力が論定されている[14]。

---

13) 塩見淳『刑法の道しるべ』（有斐閣，2015年）129頁。

ここでの結論は，わが国やドイツの判例で問題となった具体的な事例を踏まえ，精緻な理論的分析を重ねて得られたものであり，因果関係遮断説に立つのであれば，これに従うのが妥当と思われる。

他方，筆者は，全体行為に対する危険増加を一部実行全部責任の原則の根拠だとみて，禁止規範をともに突破するとの約束により，規範的障害という心理的障壁を取り除くことに，危険増加の実質を見出している。もっとも，結論的には，西田教授が説かれる因果的影響力の解消と，筆者の考える危険増加の解消は，実際上相当程度重なりあうから，以下では，西田教授の分析に大きく依拠しながら，どのような事情があれば共同正犯関係の解消が認められるかを考えてみよう[15]。

## 2. 着手前の離脱の場合

### (1) 共謀への加功があったにとどまる場合

まず，離脱者の加功が，共謀への加功にとどまる場合には，危険増加の実質は，規範的障害という心理的障壁の除去による他の共同者の犯意の強化という作用であるから，これを消滅させればよいことになる。それゆえ，原則として，離脱の意思を表示すること，場合によっては，単純な離脱があれば足りると考えられる。例えば，東京高判昭和25・9・14高刑集3巻3号407頁は，被告人が他の共同者3名と地下足袋を窃取することを共謀し，途中まで行ったが，犯行を思いとどまり，3名に告げて単身で引き返したが，他の3名は当初の共謀のとおり窃盗を実行したという事案につき，「一旦他の者と犯罪の遂行を共謀した者でもその着手前他の共謀者にもこれが実行を中止する旨を明示して他の共謀者がこれを諒承し，同人等だけの共謀に基き犯罪を実行した場合には前の共謀は全くこれなかりしと同一に評価すべきものであって，他の共犯者の実行した犯罪の責を分担すべきものでない」としているところは，妥当なものと思われる。

そして，このことが認められるのは，そうした心理的影響力の解消が根拠な

---

14) 西田・前掲注1)245頁以下では，そのような順序で検討が進められている。

15) 以下の検討は西田・前掲注1)243頁以下の分析に完全に依拠している。

のであるから，離脱の意思表示は黙示のものであっても足りるであろう。黙示であっても，同人が抜けてしまった以上，ともに禁止規範を突破してくれるという期待に基づく規範的障害という心理的障壁の除去効果はなくなるのであり，明示の場合とで，このことに変わりはないと思われるからである。それゆえ，福岡高判昭和28・1・12高刑集6巻1号1頁が，残りの共同者に告げないで，離脱のために現場を立ち去ったにすぎない事案につき，「他の共謀者において，右離脱者の離脱の事実を意識して残余の共謀者のみで犯行を遂行せんことを謀った上該犯行に出でたときは，残余の共謀者は離脱者の離脱すべき黙示の表意を受領したものと認めるのが相当である」とし，共同正犯関係の解消を認めたのは妥当なものと思われる。共同実行を約束していたが，現場に現れなかったような場合も，これと同様に考えてよいであろう。

　これに対し，甲・乙が窃盗を共謀し，現場に赴いたが，甲がたまたま腹痛を生じたため，乙が単独で実行したという事案について，東京高判昭和26・10・29判特25号11頁は，内心で中止の意思を有していたとしても離脱は認められないとしているが，こうした事案においては，実行共同正犯が予定されていたところ，たまたまの事情により共謀共同正犯に変化したにすぎず，乙が甲の内心を知り得ない以上，甲の共同実行の約束による心理的影響も依然として維持されているのだから，共同正犯関係の解消が認められなかったのは当然のように思われる。

(2) **それを超えた寄与がある場合**

　次に，離脱者の加功が，共謀への加功にとどまらず，実行方法等について詳細な指示を与えるなど，より強度の加功があった場合には，要求される離脱のための努力も強度なものとなる。例えば，放火を依頼された甲が，乙と実行を共謀し，実行方法等について詳細な指示を与えて乙に実行させたが，乙の犯行は3回とも未遂に終わったという事案で，東京高判昭和30・12・21判タ55号47頁は，甲の，第3の犯行前に犯行を継続する意思を放棄したので第3の犯行には責任を負わないとの主張を斥け，「その放棄の意思を外部に表明しその共犯者の犯行の実行を阻止するか結果の発生を阻止しないかぎり，その刑責は消滅しない」としているところである。

　また，松江地判昭和51・11・2判時845号127頁は，暴力団の若頭である被

告人が，対立組織への報復計画の指導者的立場にあり，襲撃計画を立て，具体的な手順などを指示するほか，実行者も決める等していたという事案につき，この実行者が実行できないでいたことから，多数の組員が現場付近にいることはまずいと考え，新たに実行担当者となった共同者に，皆をとにかく連れて帰るよう指示したことを理由に，「本件殺人事件の実行着手前に当初の共謀より脱退し，本件殺人の実行行為は同被告人を除いたその余の被告人らの新たな共謀に基づきなされたものである」と主張したのを斥け，「共謀関係の離脱というためには，自己と他の共謀者との共謀関係を完全に解消することが必要であって，殊に離脱しようとするものが共謀者団体の頭にして他の共謀者を統制支配しうる立場にあるものであれば，離脱者において共謀関係がなかった状態に復元させなければ，共謀関係の解消がなされたとはいえないというべきである」とした。指導者的立場の若頭なのであれば，撤収の指示があれば配下の者はそれに従うはずだとみれば，これで足りると考える余地もないではないが，実際にはそうなっていないのであるし，何より報復計画自体が撤回されていない以上，功を焦るあまり実行がなされるおそれは消えていないのであるから，松江地裁の判断は妥当なように思われる[16]。

## 3．着手後の離脱の場合

西田教授が説かれるように，着手後の場合は，すでに犯意の一部が客観化されており，離脱者の意思とは無関係に既遂結果に対する影響力を持ちうるから，単純な離脱，意思連絡の解消だけでは，共同正犯関係の解消を認めることはできないこととなる[17]。筆者の立場から，このことを捉え直すと，ともに禁止規範を突破してくれるという期待に基づく規範的障害という心理的障壁の除去効果により，共同者が着手してしまった以上，あとは事態が自然に経過す

---

[16] さらに，旭川地判平成 15・11・14 LEX/DB 28095059 は，「積極的に共犯関係を作り出し，犯行実現に大きな原動力を生じさせた首謀者について共犯関係からの離脱が認められるためには，単に共謀者に対し，犯行中止の意思を表明したとか，犯行中止について一部共犯者の了承を得たというだけでは足りず，成立した共謀を解消させて共謀関係がなかった状態に復元させるなどの相当な措置を取ることが必要であるというべきである」と判示している。

[17] さらに橋爪隆『刑法総論の悩みどころ』（有斐閣，2020 年）360 頁以下。

れば既遂に至るだけのことであり，事態が共謀者の寄与分を含んだ全体行為として，障壁を超えて進展し始めているのだということになる。曲田教授が「積分的危険」という言い方をされ，解消の原則的困難さを指摘されたのは，この限りで十分に理解できる。

　それゆえ，実際問題としては，説得によって他の共同者の実行の継続を中止させたり，警察や被害者への通報によって他の共同者の実行を阻止したりすることが，要件として考えられることになる。

　もっとも，このような価値判断は，着手後の事案に限って妥当するわけではなく，形式的には着手前であっても，実質的には一連の犯行に着手したとみられる実態があり，事態が自然に経過すれば既遂に至るだけだと言えるような場合には，共同正犯関係の解消を認めるのに慎重であってよいであろう。このようなことが問題となったのは，最決平成21・6・30刑集63巻5号475頁である。事案は，共同者数名とともに住居に侵入して強盗に及ぶことを共謀した被告人が，共同者の一部が住居に侵入した後強盗に着手する前に，（共に離脱しようとした）見張り役の共犯者において，住居内に侵入していた共同者に電話で「犯行をやめた方がよい，先に帰る」などと一方的に告げただけで，被告人において格別それ以後の犯行を防止する措置を講ずることなく，待機していた現場から見張り役らとともに離脱したというものである。最高裁は，「被告人は，共犯者数名と住居に侵入して強盗に及ぶことを共謀したところ，共犯者の一部が家人の在宅する住居に侵入した後，見張り役の共犯者が既に住居内に侵入していた共犯者に電話で『犯行をやめた方がよい，先に帰る』などと一方的に伝えただけで，被告人において格別それ以後の犯行を防止する措置を講ずることなく待機していた場所から見張り役らと共に離脱したにすぎず，残された共犯者らがそのまま強盗に及んだものと認められる。そうすると，被告人が離脱したのは強盗行為に着手する前であり，たとえ被告人も見張り役の上記電話内容を認識した上で離脱し，残された共犯者らが被告人の離脱をその後知るに至ったという事情があったとしても，当初の共謀関係が解消したということはできず，その後の共犯者らの強盗も当初の共謀に基づいて行われたものと認めるのが相当である」と判示し，強盗についても共同正犯の罪責を負うべきものと結論付けている。この事案においては，住居侵入強盗という，一連一体をなす犯行計画であり，共同者の一部がすでに住居内に入っており，事態が一定程

度進展していたことが重要である。担当調査官が説かれるように、本件は、「最高裁平成元年決定の応用事例ともいえる」のであり、「実質的には実行着手後の離脱に近い状況であるともいえる」のである[18]。そうすると、島田教授が説かれるように、「被告人が準備行為や謀議に積極的に参加していたばかりでなく、立ち去った時点で、謀議に基づいて、実行者がすでに被害者宅に侵入し、しかも他の共犯者のための侵入口を確保していた本件では、被告人の加功が、すでに侵入強盗を容易にする形で『客観化』されていたのだから、被告人がそれを解消しなかった以上、離脱が否定されるのは、当然の結論」[19]と言えることとなろう[20]。

## III．増加させた危険が残るものの解消が認められるべき場合

### 1．遮断の規範化によるアプローチ

IIでみたのは、自らの加功による危険増加をなかったものとすることにより、共同正犯関係の解消が認められる場合であったが、この場合にしか解消が認められないとすると、結論的に妥当でないと思われる場合が少なくない。

十河教授は、離脱型、自然消滅型、排除型、計画変更型に分けて、これまでの多数の裁判例につき明快な整理・分析を行われ、そこでは、従前の加功による物理的・心理的影響力が残存しているにもかかわらず解消が認められてきている例があることを的確に指摘されている[21]。それでは、こうしたケースにつき、これまでの学説はどのように対応してきたのであろうか。

多くの見解は、因果関係遮断説に立ったうえで、「遮断の規範化」により、対応してきたものと思われる[22]。例えば、塩見教授は、問われているのは、

---

18) 任介辰哉「判解」最判解刑事篇平成21年度181頁。
19) 島田聡一郎「共犯からの離脱・再考」研修741号（2010年）5頁。
20) さらに橋爪・前掲注17)364頁以下。
21) 十河太朗「共謀の射程と共同正犯関係の解消」同志社法学67巻4号（2015年）1752頁以下。
22) 齊藤彰子「共犯からの離脱と解消」刑ジャ44号（2015年）20頁以下は、因果関係の判断は「純粋な事実的判断ではありえず、規範的評価を含むものである」との理解から、因果的遮断説を基礎として、基準の精緻化に努められた労作である。

「先行する関与行為の結果に対する作用が現実に失われたかではなく、介在する自らの中止措置……が規範的に離脱と評価できるかである」、「その者がとった行動や態度の離脱としての適格性……にこそ意味がある」とされたうえ、「『行為者の立場でなし得る、通常であれば行為者が生じさせた危険を消滅させるに足る』措置がとられれば、異常な経過か否かを検討することなく、そのこと自体で離脱が肯定されることになろう」[23]と結論付けられる。また、近時、橋爪教授は、共犯の因果性とは事実的因果関係に尽きるわけではなく、危険の実現という観点から一定の規範的な内容を含むものだとの理解から、被告人の関与と（ほかの共犯者による）結果惹起との間に事実的な関連性は否定できないとしても、①被告人の犯行防止に向けた措置が新たな阻害要因として介入することによって、当初の共謀通りに犯罪が実現されることが著しく困難になった場合、②被告人の翻意、撤回などによって、そもそも共謀段階の影響力が大幅に減殺されており、それが実行分担者の意思決定を支配・誘発しているとは評価できないような場合などについては、実行分担者のそれ以降の犯行は共謀の危険実現とはいえないと評価する余地があるとされている[24]。

しかし、十河教授が言われるように、自らの加功による因果的影響力が残存している以上、それにもかかわらず解消を認めるというのでは、因果的共犯論を基礎とする因果関係遮断説の出発点と相いれないであろう[25]。十河教授が、単独犯の場合には、殺人の実行に着手した後、翻意して救急車を呼んだが、予想外の事故により救急車の到着が遅れ、被害者が死亡した場合でも、殺人既遂罪の成立が認められることとの均衡からすれば、因果性の遮断を規範的評価と捉えたとしても、通常であれば危険を消滅させるに足る措置をとったことをもって因果性の遮断を認めることには無理があるとされるのは妥当と思われる[26]。

また、十河教授が指摘されるとおり、自然消滅型、計画変更型、排除型の事例においては、危険を消滅させる行為が行われないのであるし、離脱型の事案においても、通常であれば危険を消滅させるに足りる措置がとられていなくても解消が肯定された例はある。そうだとすれば、塩見教授や橋爪教授のような

---

23) 塩見・前掲注13)136頁。
24) 橋爪・前掲注17)366頁。
25) さらに葛原力三「判批」平成21年度重判解180頁も参照。
26) 十河・前掲注21)1767頁。

解決策は，問題となるケースのカバー率が低く，さらなる解決策を用意しなければならないこととなる[27]。

## 2. 別個の犯罪事実（Tat）論からのアプローチ

　島田教授も，遮断の規範化論に批判的なスタンスをとられ，ドイツの議論を参考にして，別個の犯罪事実論を提唱される[28]。これは，実行正犯が実現したのが新たな行為決意に基づく「別個の犯罪事実」と評価される場合には，当初の行為のみに関与した者は，離脱行為の有無にかかわらず，新たな犯罪事実について罪責を負わないとするものである[29]。これは，因果関係遮断説の基本的発想を正当としたうえで，これと並んで主張されている枠組みであり，「別個の犯罪事実」については，寄与撤回の有無にかかわらず，罪責を問えないとするものであるため，排除型などについても，適切な結論を確保しうるものだと言えよう。

　島田教授は，ここでの問題は，離脱者が当初加担した行為に，その後同人が直接関わっていない結果惹起行為およびそこから生じた結果まで帰属させるべきか，ということであり，この判断にあたっては，離脱後の行為時において残余の者により離脱者の離脱前の行為にどのような意味付けが与えられていたかが問われるべきだとされる。そして，具体的には，離脱後の行為時において，離脱者を排除して犯行がなされた場合には，離脱後の行為と排除されてしまった離脱者の離脱前の行為との関連は切断され，たとえ物理的因果性が事実として認められたとしても，離脱後の行為およびそこから生じた結果について，離脱者は離脱前の行為に関与したことを理由として罪責を問われるべきではないとされたのである[30]。

　例えば，名古屋高判平成 14・8・29 判時 1831 号 158 頁は，被告人が，A 主導のもとで，A・B らとともに被害者を暴行するとの共謀を遂げ，被害者を連

---

27) 実際，両教授は，例えば排除型につき別の枠組みからの問題解決を図っておられる。
28) 重要な研究としてさらに原口伸夫『未遂犯論の諸問題』（成文堂，2018 年）305 頁以下も参照。
29) 島田・前掲注 19)7 頁。
30) 島田・前掲注 19)11 頁。

れ出して共同して第1暴行を行ったが，いったん暴行を中止した際に，被告人が被害者をベンチに連れて行って「大丈夫か」などと問いかけたところ，勝手なことをしていると考えて立腹したAに殴打されて失神した後，さらに別の場所でA・Bらによる第2暴行が行われたという事案について，「Aを中心とし被告人を含めて形成された共犯関係は，被告人に対する暴行とその結果失神した被告人の放置というA自身の行動によって一方的に解消され，その後の第2の暴行は被告人の意思・関与を排除してA，Bらのみによってなされたものと解するのが相当である」と結論付けているが，このことは別個の犯罪事実論によれば妥当なものとして支持されることになる[31]。

しかしながら，島田教授の見解も，客観的帰属の否定の枠組みで問題を捉えるもののように思われ，明快さに欠けるところがある。物理的因果性がしっかり残っているにもかかわらず，客観的帰属が否定されると言われても，それでは，論者の当罰性判断が，別個の犯罪事実という抽象度の高い指導原理のもとで示されただけのことであり，十分な説得力は認められないように思われる。

### 3．共謀の射程論からのアプローチ

こうしてみてくると，ここでの問題の焦点は，自らの加功により及ぼした因果的影響力，筆者の見解によれば危険増加をなかったものとできなかった場合に，なお共同正犯関係の解消が認められるか，なのであるから，実行担当者の行為が当初の共謀に基づいて行われたかを端的に問う十河教授のアプローチに，より説得力が認められるように思われる。そして，教授によれば，共同正犯関係の解消の有無は，実行行為が当初の共謀に基づいて行われたといえるか，それとも，当初の共謀とは別の新たな共謀ないし犯意に基づいて実行行為が行われたのかという基準により判断するのが妥当であるとされ，これが共謀の射程という視点だとされている。

もっとも，共謀の射程論が，どのような理論的基礎に立つのかをさらに突き詰めて考えると，共謀と離脱等の後の行為およびそれによる結果との法的因果

---

31) これに対し，名古屋高裁の結論に反対し，本件は「別個の犯罪事実」論の出る幕でもないとされるものとして，小林憲太郎『刑法総論の理論と実務』（判例時報社，2018年）580頁。

関係あるいは客観的帰属の問題だとの捉え方も有力である[32]から，言い方の違いだけのように思われるところもないではない。

　しかし，因果関係遮断説のもとでは，とくに着手後の離脱事案を想定すると，共謀を遂げた後に事態が進展したことで生じる因果的影響力も含め，これをなかったものとすることができるかが問われるのに対し，共謀の射程というアプローチを前面に押し出すことにより，問題はそこではなく，当該行為・結果が当初の共謀の実現と言えるかという形で，共謀との関係性を端的に論じるべきことを明示する点で，問題状況の設定として優れているように思われる。

　橋爪教授によれば，共犯関係の解消の問題では，他の関与者に対する因果的影響がなお存続しているため，それを積極的に遮断する離脱行為が必要とされるのに対して，共謀の射程が否定される場面とは，他の関与者が独自の意思決定に基づいて「別個の犯罪事実」に出ることによって，当初の共謀に基づく因果性が外在的に消滅する状況として整理することができるとされる[33]。ここで指摘されているように，共謀の射程論は，別個の犯罪事実論を内部に回収可能なものであり，また，遮断行為による因果的影響力，筆者の見解によれば危険増加の解消が問題となる局面とは異なった場面を扱うものであることが，土俵として確保されている点において，メリットがあるように思われる。

## 4．共謀の射程論による具体的な問題解決

　最後に，具体的な問題解決の指針を提供すべく，十河教授による問題解決を紹介しつつ，検討を行うこととしたい。

　十河教授は，新たな共謀あるいは犯意に基づいて実行行為がなされたかどうかを確定する際，具体的には，①客観的な事情として，(a)従前の行為の寄与度・影響力とその除去，(b)当初の共謀と実行行為の関連性などを，②主観的な事情として，(a)犯意の断絶，共同犯行の意識の消滅・減退，(b)動機・目的の変化などが，それぞれ考慮されることになろうとされている[34]。これに基づき，ここでは自然消滅型，排除型につき見ておくことにしたい。

---

32）成瀬幸典「共謀の射程について」刑ジャ44号（2015年）11頁以下参照。
33）橋爪・前掲注17)368頁。
34）十河・前掲注21)1777頁。

自然消滅型とは、明確な離脱行為がなく、一定の時間が経過した後に残余者が犯行を実行するものである。そこで、時間的な離隔やそれに伴う状況の変化によって、従前の行為の効果がどの程度減退したか（①(a)）、共同犯行の意識が消滅したか（②(a)）、動機や目的に変化が生じたか（②(b)）が問題となる。

　例えば、東京地判昭和52・9・12判時919号126頁は、Xら5名は、経済的に困窮していたところ、Xが、勤め先の工事現場に放置されているトルエン6缶を売れば儲かると提案し、Yらは即座にこれに同意し、トルエンを窃取した際、Xら5名は、「6缶のうち1缶は皆で使用し、他の5缶は売却する。誰がどれだけ売っても金は皆で公平に分ける」旨の共謀をし、その2か月余り後に、Yがそのうちの1缶を販売したという事案において、5名全員が、毒物及び劇物取締法違反（販売）の共同正犯で起訴されたというものであるが、「共謀が暗黙のうちに解消していたのではないかとの疑いが濃い」と判示している。これを受けて、十河教授は、共謀から実行行為まで2か月という長期間が経過しており、その間に、共同生活していたXらがけんかなどにより分かれて生活するようになったり、Xらが経済的に安定しトルエン販売の必要性が乏しくなったりするなど、共謀の背景にあった事情が大きく変化していること、Xらがトルエン販売について話し合った形跡もなく、また、Xらはトルエンの保管や販売に無関心であり、実行の着手前に共同犯行の意識は消失していたと評価され、Yのトルエン販売は、新たな犯意に基づいて行われたものであり、共謀の射程外の行為であるとされているが、妥当な分析と思われる[35][36]。

　次に、排除型については、すでにみた名古屋高裁平成14年判決がある。ここで十河教授は、従前の行為の影響力がどの程度残存しているか（①(a)）を考慮しつつ、排除行為によって共同犯行の意識が消失したかどうか（②(a)）が重要となろうが、ここでは、犯行を継続する者が他の者を排除しているため、その後の犯行は、当初の共謀とは関係なく新たな犯意や共謀に基づいて行われたと言える場合が多いであろうとされている。これを受けて、十河教授は、名古屋高裁平成14年判決におけるAの暴行につき、これは被告人を排除して残余者だけでその後の犯行を継続するという強い意思の表れであり、もはや共同犯

---

35) 以上につき十河・前掲注21)1782頁。
36) 別個の犯罪事実論から、東京地裁の結論に賛成されるものとして、原口・前掲注28)307頁。

行の意識は完全に消滅したと言えるとされ，共同正犯関係の解消を肯定されている[37]が，これも妥当と思われる。

　筆者は，かつて，「自らの及ぼした因果的影響力を解消できているか」という形で，この議論のポイントを一言で把握していれば，この問題に関するあらゆるバリエーションに対応できて有益であり，かつそれが把握できているということが，この問題の本質・ポイントを理解できたということなのだと書いたことがある[38]が，以上の検討の結果，これを大幅に撤回することとなった。

　共同正犯関係の解消の問題は，共同正犯の一部実行全部責任の基礎付けの裏返しの問題だから，全体行為説の立場からは，全体行為に対する危険増加の裏返しとして，増加させた危険をなかったことにすればよいというのが1つの軸である。しかしそれだけでは，そうした危険が残存していてもなお解消が認められるべき場合があるのではないかという問題には答えることができない。そこについては，別個の犯罪事実論の考え方を取り込みつつ，共謀の射程論による解決が別途図られるべきであるというのが，本章の結論である。

---

[37] 十河・前掲注21)1783頁。
[38] 安田拓人「刑法を学ぶということ」法教404号（2014年）37頁。

# 第24章　不作為による共犯

CHAPTER 24

> **POINT**
> ・作為正犯に不作為で関与した者の罪責について，共謀共同正犯が認められる場合，同時正犯が認められる場合，幇助犯が認められる場合があることを理解する。
> ・共謀共同正犯が認められる場合に，不作為関与者につき作為義務が認められる必要があるかを理解する。
> ・作為正犯に不作為で関与した者につき，どのように正犯・共犯が区別されるかを理解する。

## はじめに

　本章では，作為正犯に不作為で関与した者の罪責について，包括的な検討を行う。一口に作為正犯への不作為による関与と言っても，問題となる事例群は様々であり，それぞれに応じた検討が必要となってくるが，大まかに言えば，次のような流れで考えていくことになるものと思われる。

　まず，第1に，当該不作為による関与者につき，作為正犯者との意思連絡が認められれば，寄与の重要性に応じて，共謀共同正犯もしくは幇助犯として可罰的となる。この場合には，当該不作為者は，不作為による寄与ではなく，意思連絡を通じた心理的寄与，すなわち作為的貢献による責任を問われるのであるから，当該不作為者につき保障人的地位・義務が認められることは，要件とならない。なお，意思連絡が認められない場合には，片面的共同正犯を認める立場からのみ，共同正犯を肯定することが可能となるが，片面的共同正犯は判例上認められておらず [1]，心理的結びつきを通じた全体行為の危険増加を一部

---
1) 大判大正11・2・25刑集1巻79頁。

実行全部責任の原則の根拠とする筆者の見解からも，これを認めることはできない。

　第2に，意思連絡が認められない場合には，当該不作為は不作為犯として処罰されるのであるから，その前提要件として，当該の不作為者に保障人的地位・義務が認められるかが問題となる。認められれば，不作為犯として可罰的となるが，認められなければ，そのことをもってただちに不可罰となる。

　そして最後に，第3に，保障人的地位・義務が認められた場合，こうした不作為による寄与が，正犯となるのか幇助となるのかが問題となる。ここでは意思連絡が認められないことが前提であるから，問題となるのは，同時正犯となるか，片面的幇助となるかである。

　これらの問題については，膨大な議論の蓄積があり[2]，僅かな紙幅でこれを検討することはおよそ不可能であるから，以下では，関連する比較的最近の裁判例を取り上げつつ，理論上問題となる点を指摘するにとどめることとしたい。

## I．共謀共同正犯の成否

　作為正犯に対する不作為による関与につき，共謀共同正犯の成立を認めた裁判例としては，例えば，大阪高判平成13・6・21判タ1085号292頁がある。これは，母親が1歳2か月の三女をこたつの天板に叩きつけて殺害した際に，同女を持ち上げた時点において，父親である夫Aに共謀が成立していたと認められたものである。同判決のうち，夫に関する部分では，「Aにおいても，被告人と並んで三女の親権者でその保護者たる実父であり，本件犯行当時，その場には，乳幼児らを除くと，被告人の本件犯行を制止することができる立場にあったのは，自分ただ一人であったものであるところ，こたつの前に立って三女を右肩付近にまで抱え上げて，自分の方を向いた被告人が三女をこたつの天板に叩きつけようとしているのを十分理解し，被告人の前記の発言〔「止めへんかったらどうなっても知らんから」というもの〕の意味するところも知悉し，しかも，その際，被告人が自分に制止して欲しいという気持ちを有しているこ

---

[2] 基礎的研究として，神山敏雄『不作為をめぐる共犯論』（成文堂，1994年）がある。

とまでをも熟知しながら，自らも三女に死んで欲しいという気持ちから，被告人と一旦合った目を逸らし，あえて被告人を制止しないという行動に出ることによって，被告人が三女をこたつの天板に叩きつけて殺害することを容認したといえる」ことが重視されている。重要なのは，夫による不作為は，母親の側に制止してほしいという気持ちがあった以上，作為に出ていれば作為正犯である母親の行動を制止できた可能性があるという事情だと思われる。このことが，心理的にも物理的にも作為正犯の実行の危険を大幅に高めており，もって全部責任の根拠が認められることとなるのである[3]。

　この事案では，不作為者は同居の実父であり，当然に保障人的地位・義務が認められる存在であるが，そうでなくても，共謀共同正犯は認められるか。この関係で，東京高判平成20・10・6判タ1309号292頁を見ておこう。事案は，被告人（17歳の少女）が，Vから性交渉を求められたことをAらに話したところ（Aは被告人が強姦されたと誤解した），AらはVに腹を立て，被告人においてVを呼び出し，Aらが問い詰め，逃げ出したVを探し出し，激しい暴行を加え，最終的には，池に落として殺害したというものである。ここで，高裁は，被告人の罪責を検討するにあたり，「本件のように，現場に同行し，実行行為を行わなかった者について共同正犯としての責任を追及するには，その者について不作為犯が成立するか否かを検討し，その成立が認められる場合には，他の作為犯との意思の連絡による共同正犯の成立を認めるほうが，事案にふさわしい場合があるというべきである。この場合の意思の連絡を現場共謀と呼ぶことは実務上一向に構わないが，その実質は，意思の連絡で足り，共謀者による支配型や対等関与型を根拠付けるようなある意味で内容の濃い共謀は必要でないというべきである。その代わり，不作為犯と言えるためには，不作為によって犯行を実現したと言えなければならず，その点で作為義務があったかどうかが重要となるし，不作為犯構成により犯罪の成立を限定するほうが，共謀内容をいわば薄める手法よりもより適切であるといえる」との視座を打ち出

---

[3] 島田聡一郎「不作為による共犯について(1)」立教法学64号（2003年）25頁以下は，保障人的地位がないのに心理的因果性を理由とする共謀共同正犯が認められてよいのは，行為者が正犯者に対して，決意の強化を超えた，より積極的な動機付けを与えた場合でなければならないところ，本件ではこれが認められないとされた上で，改めて，不作為犯としての検討を求められる。しかし，そのようにすればなぜ共同正犯行為が導かれるのかは理解困難であるように思われる。

している。

　しかし，西田教授が言われるように，共謀関係が認められる限り，その関与形態が殺人行為を阻止せず傍観していたという不作為であったとしても，これを不作為による共同正犯として構成する必要はないのであり，本判決のいう「作為義務」は，共謀共同正犯を認めるに足りる事情があるかの判断材料として考慮すればよいと言えよう[4]。むしろ，この事案で本当に重要であるのは，被告人がVを呼び出したというような先行行為などではなく，自らが性被害にあったと仲間に誤解させ，いわばかたき討ちという犯行動機を提供したことにある。本件犯行は，これがなければ成立しないのであり，端的にこの点を捉えて，全体行為の重大な危険増加を認定し，共謀共同正犯を肯定すればよかったものと思われる。にもかかわらず，不作為犯構成に拘ったために，「正面から共謀を認めることができない場合に，十分な検討なしに不作為犯の理論枠組みを適用して不当に刑事責任を拡張したにすぎない」[5]とか，「共謀の存否に疑問の余地ある事例に先行行為に基づく作為義務構成による不真正不作為犯を方便として利用したことを自白しているようなものである」[6]といった批判を招くことになったものと思われる。本判決も，実際には，犯行動機の提供という作為的寄与を結果的には重視しているように思われる。確かに，虚偽の事実を告げた時点では殺意はなかったのであるから，それを撤回しないという不作為が問題だという批判は理解しうるが，殺人の共謀共同正犯が認められている以上は，被告人により提供された当該動機は共謀の中に取り込まれており，さらに被告人が同行し続けたことにより，当該決定的犯行動機による犯意を維持・強化している以上，作為的寄与と解することは十分に可能であろう。このようにみれば，不作為構成をとった場合に提起される，本当のことを告げることによる阻止可能性がなかったのではないかとの疑問[7]も封じることができるように思われる。

---

[4] 西田典之『共犯理論の展開』（成文堂，2010年）159頁。
[5] 中森喜彦「判批」近畿大学法科大学院論集7号（2011年）132頁。
[6] 岩間康夫「判批」愛知大学法学部法経論集185号（2010年）45頁。
[7] 島田聡一郎「不作為による共同正犯」刑ジャ29号（2011年）47頁，小林憲太郎『刑法総論の理論と実務』（判例時報社，2018年）702頁。

## Ⅱ．保障人的地位・義務

### 1．否定例

　すでに述べたように，意思連絡が認められない場合には，当該不作為は不作為犯として処罰されるものであるから，その前提要件として，当該の不作為者に保障人的地位・義務が認められるかが問題となる。

　比較的最近の高裁判例にも，これを否定して不可罰とした例が散見される。例えば，東京高判平成11・1・29判時1683号153頁は，パチンコ店への強盗に際し，同店と経営者を同じくするゲームセンターの従業員（主任）であった被告人が，犯行計画を知らされながら警察に通報する等しなかったという事案に関するものである。これにつき，高裁は，まず，被告人の職務はゲームセンターの売上金をパチンコ店の金庫に入れるところまでで終わっており，本社への搬送は本社社員によって行われていたので，「（本社からの）集金人によって確実に本社に搬送されるよう努めるべき義務」は考えられないとし，また，強盗の対象はパチンコ店の売上金なので被告人はそもそも保護義務を負わないとした。ここまでの判断は，妥当と思われる。

　さらに，ゲームセンターの部下に対する監督義務についても，主任の職務内容は「ゲーム機の管理・点検，店内の巡視・監視，売上金及び両替用現金の管理・保管等，ゲームセンターとしての店舗の現場業務に関するものであって，そうした職務とは別途に，他の従業員らを管理・監督するような人事管理上の職務を行っていたわけではな」いので，認められないとしている。これは，後にみる義務二分論に依拠し，保護者的保障人による法益保護義務と監督者的保障人による犯行阻止義務を分けて考え，最後の点は犯行阻止義務の有無として検討したものだと思われるが，義務二分論には周知のように，保障人的地位・義務は，結果の不発生の保障という1つのものしかないのであるから，犯行阻止義務を別個独立に議論する必要はないという批判がある。橋爪教授が言われるように，上司に部下の犯行を阻止する義務があるというのは，それが会社の業務に関して行われている場合に限られるべきであり，そうだとすれば，そのような場合には，会社財産を保護する義務の存否を問題にすれば足り，あえて，部下の犯行を一般的に阻止すべき犯行阻止義務を問題にする必然性は乏し

いように思われる[8]。

## 2．肯定例

　他方，母親が夫あるいは交際相手による実子に対する暴行等を阻止しなかったという事案においては，**第5章**で述べたような筆者の立場からすれば，同居の母親であるという事実があれば，それで十分に保障人的地位・義務は認められてよいように思われるが，裁判例においては，さらなる事情が掲げられていることが多い。

　例えば，札幌高判平成12・3・16判時1711号170頁は，母親が内縁の夫Aによる次男への暴行を阻止せず，死亡させた事案につき，①「約1年8か月にわたり，Aとの内縁ないし婚姻関係を継続し，Aの短気な性格や暴力的な行動傾向を熟知しながら，Aとの同棲期間中常に次男らを連れ，Aの下に置いていたこと」，②「わずか3歳6か月の次男の唯一の親権者であったこと」，③「Aが次男にせっかんを加えようとしているのを認識したこと，Aが本件せっかんに及ぼうとした際，室内には，Aと次男のほかには，4歳8か月の長男，生後10か月の長女及び被告人しかおらず，次男がAから暴行を受けることを阻止し得る者は被告人以外存在しなかったこと」等を指摘し，「次男の生命・身体の安全の確保は，被告人のみに依存していた状態にあ」ったと判示して，作為義務を肯定している。

　しかしながら，①と③の事情（さらには②における「唯一の」という文言）は，理論的にみて問題があるか，余計であるかのいずれかであり，掲げる必要はないものと思われる。まず①であるが，被告人が，内縁の夫の危険な性格・行動傾向を熟知しながら，次男をそのもとに置いたことは，危険な先行行為と評価できるものであるかもしれない。しかし，ここで問題となっている危険は，内縁の夫という他者による故意の暴行の危険であるから，自然現象による危険をもたらした場合とは異なっている。獰猛な動物のいる檻の中に，そのことを熟知しながら次男を放り込んだら，どのような故意があったかに応じ，作為による殺人／傷害致死等が成立し得ようが，それが答責的な他者の場合に

---

[8]　橋爪隆『刑法総論の悩みどころ』（有斐閣，2020年）429頁。

第24章　不作為による共犯　｜　429

は，故意の犯行の前提状況を作出すれば当該犯罪の阻止義務を介して不作為責任を負うと考えることは，必ずしも妥当とは言えないように思われる。なお，こうした判断の背景には，暴力的な傾向を熟知しながら自らの欲望を優先し，わが子を犠牲にした母親に対する裁判所のネガティヴな評価が窺われるところもある。名古屋高判平成17・11・7裁判所Webは，「被告人は，B〔当時4歳の子〕の実母であり，唯一の親権者として同児と同居して監護していたものであって，同児を養育する義務の中には，当然ながら同児の安全を保護すべき義務も含まれていたと解される。にもかかわらず，被告人は，性的欲望の赴くままにまだ未成年の男子高校生であったAと交際を始め，被告人自身とBの生活の本拠であった自宅にAを引き入れ，同人が頻繁に被告人方に出入りするようになった平成15年7月以降，同人がBに繰り返し暴行を加えるようになって，同児の安全が脅かされる事態となり，そのことを察知した保育園関係者から，BのためにAを遠ざけるよう忠告されていたことが認められる。そうすると，被告人は，Bの親権者として同児を保護すべき立場にありながら，自らの意思で同児の生活圏内にAの存在という危険な因子を持ち込んだものであり，自らの責めにより同児を危険に陥れた以上，Aとの関係においてはその危険を自らの責任で排除すべき義務をも負担するに至ったと解される」としている。しかしながら，一般に，シングルマザーの生活は厳しく，良いパートナーに恵まれる可能性が必ずしも高くないことも考慮すれば，例えば，この男子高校生を，粗暴だが妻と死別等した扶養能力のある男性に入れ替えた場合に，同様の断定ができるのか，してよいのかは，より悩ましい問題となるように思われる。

　次に③（さらには②における「唯一の」という文言）であるが，これは，当該事案においてそうだったという指摘を超えて，そうでなければならないということまで意味するのだとすれば，いわゆる排他的・単独支配を要件とするものであって，妥当ではないように思われる。例えば，父親と母親が意思連絡なく子供を見殺しにした場合には，それぞれに不作為の殺人の同時犯が成立すると解すべきであり，この場合に，排他的・単独支配を要件とすることにより，他方の存在を根拠として，不作為犯の成立を否定するとすればおよそ妥当とは思われない。中森教授が言われるように，これは，「人の役割の多様性を重視せず，社会を孤立した個人の集積に過ぎないと見ることに帰すものであって，妥

当とは言えない」[9]のである。

　また，百歩譲って，単独正犯の場合に，排他的・単独支配を要件とすることができたとしても，作為正犯がいる場合に，それを阻止しなかった不作為者に，こうした排他的・単独支配を認めうるかは疑問だと思われる。共犯の場合についても，この要件を堅持すべきだとされる林教授は，「排他的支配とは，他人がおよそ側にいないことを意味するのではなく，救助『可能』な他人がいないことを意味するのであり，その可能性の判断にあたっては，側に人がいるときには，その意思をも判断の基盤に置かなければならない。およそ救助の意思のない者が側にいるからといって，排他的支配がないなどといえないことは，当然のことである」[10]とされ，こうした趣旨の判例として，前掲札幌高裁平成12年判決などを挙げておられる。しかし，もともと，排他的・単独支配の要件は，「作為と不作為の存在論的同価値性を保障するもの」として要求されていたのであり，作為において当該結果に至る因果の流れを起動した者だけに「正犯」が認められるのとパラレルな形で，因果の流れを掌中に収めていたことが求められていたのである。そうだとすれば，少なくとも作為正犯がいる場合に，こうした支配が認められることはあり得ないであろう。不作為による幇助の成立要件として，排他的・単独支配を要求することは，端的に言って無理であるし，そもそも必要のないことだと思われる[11]。

## III．正犯・共同正犯と幇助犯の区別

### 1．片面的な不作為による関与の場合

#### (1) 区別のための理論

　作為正犯に意思連絡なく，不作為で関与した場合に，理論的に成立可能性があるのは，単独正犯か幇助犯かである。この議論の前提として，ここで，片面的幇助はありうることを確認しておこう。大判大正14・1・22刑集3巻921頁

---

9) 中森・前掲注5)130頁。
10) 林幹人『判例刑法』（東京大学出版会，2011年）224頁以下。
11) 早くからこのことを指摘されていたものとして島田聡一郎「不作為犯」法教263号（2002年）114頁以下。

は、「從犯成立ノ主觀的要件トシテハ從犯者ニ於テ正犯ノ行爲ヲ認識シ之ヲ幇助スルノ意思アルヲ以テ足リ從犯者ト正犯者トノ間ニ相互的ノ意思連絡アルコトヲ必要トセルヲ以テ正犯者カ從犯ノ幇助行爲ヲ認識スルノ必要ナキモノトス」と判示し，明示的に片面的幇助を肯定する立場をとっているが，妥当と思われる。この場合は，確かに，正犯者が幇助行為を認識していないから，心理的因果性は認められないが，物理的因果性が及んでいることはありうるのであるし，幇助の場合の因果的寄与は，一方的なもので足り，相互性は不要だからである。

学説上は，作為正犯を不作為で阻止しなかったような事案について，原則的に正犯だと考える見解も有力である。不作為犯については，保障人が結果を阻止しなかったということだけが重要であり，保障人である限り，正犯性の要件は充足されており，正犯の成立を否定する理由はないというのである[12]。しかし，これに対しては，結果を発生させたのが自然現象か答責的な人間かという違いが，関与者の罪責に影響しないのはおかしいのではないか，とか，作為で正犯を援助すれば幇助なのに，不作為だと正犯になるというのは不均衡ではないか，といった批判が向けられており，あまり支持されていない。

これに対し，わが国で（サイレントマジョリティも含めて）支配的だと思われるのは，原則的に幇助だとする見解である。すなわち，作為正犯は積極的作為により結果との直接的因果関係があり，強い原因力をもつのに対し，不作為による関与は，作為正犯を介しての間接的な因果関係しかなく，原因力も弱く従たる役割にとどまるというのである[13]。しかし，**第 5 章**でみたように，わが国では，不真正不作為犯も結果を「惹起」したものとして作為犯と同様に処罰されるものと考えるほかはないのであるから，不作為の劣位性を当然の前提とした立論は支持し得ないように思われる。さらに言えば，保障人の不作為が作為との同価値性をもつ場合に，その正犯性が他の作為者がいることによって幇助に格下げになるというのは，結論的にみて不当だと思われる。

他方，故意かつ有責に構成要件を実現した者が正犯で，その背後で影響を与

---

12) 井田良『講義刑法学・総論〔第 2 版〕』（有斐閣，2018 年）548 頁，阿部純二「不作為による従犯に関する最近の判例について」研修 639 号（2001 年）9 頁以下，など。

13) 内藤謙『刑法講義総論(下)Ⅱ』（有斐閣，2002 年）1444 頁以下，今井猛嘉ほか『刑法総論〔第 2 版〕』（有斐閣，2012 年）405 頁〔島田聡一郎〕，など。

えた者は共犯だとする遡及禁止論的な発想から，故意かつ有責な作為者が正犯で，不作為による関与者はその共犯だとする理解も見られる[14]。しかし，不作為による関与を一律に背後者として捉えるべき必然性はなく，結果発生の不阻止，すなわち，直接的な惹起として考えるべき場合はあるように思われる。

こうして，不作為者の寄与度に応じ，正犯となりうる場合と幇助となりうる場合があることを認める見解が妥当と思われる。

これに関し，学説上は，作為義務の性質によって正犯となるか幇助となるかを区別する見解も有力に主張されている[15]。この見解によれば，保護者的保障人の場合には原則として正犯が，監督者的保障人の場合には原則として幇助が成立する。保護者的保障人は，保護されるべき法益に対して特別の関係があるため，それがどのような形で攻撃されるかに関わりなく，法益が存続するようあらゆる侵害から保護すべき者である。それゆえ，結果発生を阻止することだけが重要で，それを怠れば正犯となる。これに対し，監督者的保障人は，侵害原因となる要因に対して責任を負っており，その危険源を義務に反して監督しなかったことにより責任を問われる者であり，他人の犯罪を阻止することだけが重要だから，それに関わった者として幇助となるというのである。

しかしながら，こうした見解は，保障人的地位・義務がこれら2つの場合に区分でき，これに正犯・共犯の区別が対応することをいわば自明のものとしており，それら2つの義務がそれぞれどのように基礎付けられるのかの論証は，わが国においてのみならずドイツにおいても見られないように思われる。それをさておいても，法益を保護することと法益に対する危険源を監督することは重なりうるから，保護者的保障人と監督者的保障人は，明確には区別できないように思われるし，そもそも，不作為犯が処罰されるのは，結果の不発生を保障しなかったことが理由であるから，他人の犯罪を阻止することだけが保障人的義務の内容だというのは，おかしいように思われる[16]。

このように見てくると，当該不作為が犯罪実現過程においてもつ支配力等により個別的に判断していく見解が妥当と思われる。例えば，西田教授は，不作

---

14) 松生光正「不作為による関与と犯罪阻止義務」刑法36巻1号（1996年）160頁以下。
15) 中義勝『講述犯罪総論』（有斐閣，1980年）266頁，高橋則夫『刑法総論〔第5版〕』（成文堂，2022年）552頁。
16) 松生・前掲注14)154頁以下も参照。

第24章　不作為による共犯

為による正犯と共犯の作為義務を共通のものとする前提に立ちつつ，両者を区別するという正当な問題意識から出発され，因果関係の質的差異に着目すべきだとされる。そして，「不作為者が作為にでていれば『確実に』結果を回避できたであろう場合には不作為の同時正犯，結果発生を『困難にした可能性』がある場合には不作為による幇助と解すべきことになる」と主張されている[17]。この基準は，意思連絡ある場合をも視野に入れ，共同正犯と幇助犯の区別基準としても用いようとすれば，正犯となる場合を過度に狭めるものであるが，西田教授が念頭に置かれているのは，作為正犯者との意思連絡がない場合における，同時正犯と片面的幇助の区別の基準であり，そうだとすれば，結論的にもこれで妥当であるように思われる。

(2) **事例による検証**

以上のことを，具体例において検証してみよう。ここで取り上げるのは，前掲札幌高裁平成12年判決である。原審の釧路地判平成11・2・12判時1675号148頁は，まず，「罪刑法定主義の見地から不真正不作為犯自体の拡がりに絞りを掛ける必要がある上，不真正不作為犯を更に拡張する幇助犯の成立には特に慎重な絞りが必要であることにかんがみると，Aの暴行を阻止すべき作為義務を有する被告人に具体的に要求される作為の内容としては，Aの暴行をほぼ確実に阻止し得た行為，すなわち結果阻止との因果性の認められる行為を想定するのが相当である」との前提に立つ。そして，検察官が作為義務を履行する行為として挙げる，Aと次男の側に寄ってAが次男に暴行を加えないように監視する行為，あるいは，Aの暴行を言葉で制止する行為については，「いずれもそれ自体ではAの暴行をほぼ確実に阻止し得たとはいえないものであり，結果阻止との因果性の認められないものであるから，右2つの行為を被告人に具体的に要求される作為の内容として想定することは相当でないというべきである」とする。こうして，「被告人に具体的に要求される作為の内容としては，Aの暴行を実力をもって阻止する行為」だけが残ることとなる。「被告人が身を挺して制止すれば，Aの暴行をほぼ確実に阻止し得たはずであるから，被告人がAの暴力を実力をもって阻止することは，不可能ではなかっ

---

[17) 西田・前掲注4)154頁以下。

た」と言えるからである。しかしながら、地裁は、「被告人がAから激しい暴行を受けて負傷していた相当の可能性のあったことを否定し難く、場合によっては胎児の健康にまで影響の及んだ可能性もあった上、被告人としては、Aの暴行を実力により阻止することが極めて困難な心理状態にあったのであるから、被告人がAの暴行を実力により阻止することは著しく困難な状況にあったというべきである」として、作為に出ることの困難さを理由として、不可罰の結論を導いたのである。

しかし、この地裁判決は、幇助犯の成立要件を過度に限定しているように思われる。この点、控訴審の札幌高裁は、「原判決が掲げる『犯罪の実行をほぼ確実に阻止し得たにもかかわらず、これを放置した』という要件は、不作為による幇助犯の成立には不必要というべきである」とする。すなわち、「不作為による幇助犯は、正犯者の犯罪を防止しなければならない作為義務のある者が、一定の作為によって正犯者の犯罪を防止することが可能であるのに、そのことを認識しながら、右一定の作為をせず、これによって正犯者の犯罪の実行を容易にした場合に成立し、以上が作為による幇助犯の場合と同視できることが必要と解される」というのである。

もっとも、この高裁の判示は、相当に理解が困難である。作為による幇助は、正犯行為を容易にすれば足り、その遂行に必要不可欠な助力を与えることまでは必要ではない[18]。言い換えれば、作為の幇助は、それがなくても正犯の犯行は完遂可能であるところを、容易にするだけのものにすぎないのである。これとパラレルに不作為による幇助を考えると、不作為による幇助は、阻止等の作為に出ないことにより、作為正犯の行為を容易にするものであれば足り、作為の場合にその存在が必要不可欠のものでなくてもよいことを逆転させるならば、作為に出ていたならば結果防止は確実であったというところまでは明らかに不要であるように思われる[19]。そうだとすれば、高裁が、「一定の作

---

18) 大判大正2・7・9刑録19輯771頁。
19) 中森喜彦「判批」現代刑事法29号（2001年）97頁以下は、作為の幇助からの類推を戒め、「幇助者に正犯者の場合以上の負担を課すことは妥当でないとの考慮」から、犯行阻止の確実性を不作為による幇助の要件としても要求されるが、処罰範囲の限定化という目標が先行しているためか、その論理は明快ではない。不作為による幇助を作為の幇助とパラレルに捉えることは、同じものは同じように扱うという基本的な正義の要請に適っており、このことには特段の論証を要しないであろう。

第24章 不作為による共犯 | 435

為によって正犯者の犯罪を防止することが可能であるのに」という条件を付けたことは、不作為による幇助の成立範囲を必要以上に狭めるもののように思われ、西田教授が説かれるように、結果発生を「困難にした可能性」があれば足りるように思われる[20]。

次に、正犯か幇助かについてみてみると、高裁の認定によっても、「被告人が身を挺して制止すれば、Aの暴行をほぼ確実に阻止し得たことは明らかである」ことが重要である。地裁は、この行為に出ることは困難であると認定したのに対し、高裁は、「右作為に出た場合には、Aの反感を買い、自らが暴行を受けて負傷していた可能性は否定し難いものの、Aが、被告人が妊娠中のときは、胎児への影響を慮って、腹部以外の部位に暴行を加えていたことなどに照らすと、胎児の健康にまで影響の及んだ可能性は低く、……被告人がAの暴行を実力により阻止することが著しく困難な状況にあったとはいえないことを併せ考えると、右作為は、Aの犯罪を防止するための最後の手段として、なお被告人に具体的に要求される作為に含まれるとみて差し支えない」と判示しており、この点の違いもまた、地裁と高裁の結論の違いに大きく影響している。ときに、作為の「容易性」が不作為犯の成立要件として要求されることがある。例えば藤木博士は、「作為義務違反は、作為の可能性を前提とする。みずから重大な損失や危険を受けることなく、比較的容易に結果防止のための作為をすることができるときに作為が可能であると判断すべきである。……作為が可能である、ということは、論理的に可能であるというだけでは足りない。作為が容易であることが必要である」[21]と説かれている。これに従えば、本件事案において、身を挺して制止する行動に出ることは容易ではないとして、作為可能性が否定され、この選択肢は考慮外に置かれることとなろう。しかし、高裁はそうはしなかった。これは妥当なものと思われる。作為可能性とは、要するに、作為への期待可能性のことである。母親であれば、実の子供の命がかかっているのであれば、殴られることが分かっていても、体を張って暴行を阻

---

20) 西田・前掲注4)154頁。神山・前掲注2)463頁も、ドイツの判例において完全に防止または阻止することができなくてもそれを困難にすることが可能であればよいとされていることを指摘されたうえで、幇助犯は正犯を容易にする場合であるので、こうした立場が妥当だとされている。
21) 藤木英雄『刑法講義総論』（弘文堂、1975年）135頁など。

止するべきだとの価値判断が，高裁の結論を支えていることは，改めて確認されるべきであろう。

　そうすると，身を挺して制止する行為は，選択肢として考慮されることになる。そして，当該不作為者がこの作為に出ていたとすれば，犯行を確実に阻止できていたのであるから，当該不作為は作為正犯に匹敵する重要性をもつこととなる。そうだとすれば，この判例の事案の被告人は，作為正犯との同時正犯として処理されるべきであったように思われる[22]。

## 2. 意思連絡ある不作為による関与の場合

　意思連絡ある不作為による関与の場合は，共謀共同正犯の可能性が検討されることになるが，これに当たらなければ幇助の成立にとどめられるべきことになる。

　この点については，実は，不作為による関与に特殊な問題は存在しない。なぜなら，ここでは，現実に与えた心理的影響力の評価が問題の中心であり，そうだとすれば，作為による関与としての寄与度が評価対象となるからである[23]。

## IV. 補論：不作為による共同正犯

　最後に，不作為による共同正犯につき，簡単な検討を行っておくこととする。

　まず，不作為にとどまった保障人が複数いた場合のうち，それぞれが単独でも結果発生を阻止できたであろう場合には，それぞれに不作為による単独正犯（同時犯）を認めることも可能である。例えば，さいたま地判平成18・5・10裁判所Webは，母親が，同棲相手のミュージシャンAが子供を迷惑がるので，嫌われないようロフト上に隠し，食事を極端に減らすなどして必要な保護

---

[22] 齊藤彰子「判批」百選Ｉ〔5版〕（2003年）167頁。
[23] 不作為の寄与度の判断方法に関する重要な研究として，齊藤彰子「作為正犯者による犯罪実現過程への不作為による関与について」川端博ほか編『理論刑法学の探求⑧』（成文堂，2015年）37頁以下。

を与えず死亡させたが，相手もこのことを認識し，意思を通じながら放置していた事案につき，不作為の殺人の共同正犯を肯定している。Aにも，数か月にわたり監護養育を分担していた限りで保障人的地位・義務が認められるとすれば，同時正犯という結論もあり得たものと思われる。こうした例としては，さらに，最決平成17・7・4刑集59巻6号403頁のシャクティ事件がある。これは，父親の後遺症を治すため，長男が入院中の父親を連れ出し「シャクティ治療」を受けさせるべくBに委ねたが，Bは生命を維持するには必要な医療措置を受けさせないといけないことを認識しながら放置し，父親を死亡させるに至った事案であり，最高裁は，保護責任者遺棄（不保護）致死罪の限度で共同正犯を肯定しているが，不作為による単独正犯（同時犯）もあり得たものと思われる。

　これに対し，2人以上の者が協力しないと結果発生を阻止できない場合には，不作為犯に共同正犯があり得なければどちらも結果に対する責任を免れることになる。例えば，保線作業員が2人で協力しないと動かせないような石を放置し事故が起きた場合がそうである。こうした場合には，不作為の共同正犯として可罰性を認めるべきだとするのが多数の見解であるように思われるが，理由付けを示すものはほとんどみられない。

　そのような中，齊藤教授は，①結果阻止の態様に着目した不作為の正犯・共犯の区別を考え，それを②不作為の共同正犯の判断基準に応用しようとされた。すなわち，①正犯とは，自ら直接的に結果発生を阻止することができた者であり，共犯とは，他者に結果発生を阻止するよう働きかけることによって間接的に結果発生を阻止することしかできない者だとされたうえ，②誰も1人では結果発生を阻止できず2人以上で協力しないと阻止できない場合には，結果発生を直接阻止できる者がいないから共同正犯が認められるとの論証を行われたのである[24]。

　しかし，誰も1人では結果発生を阻止できない場合に，①の区別基準をそのまま適用するのでは，共同幇助しか基礎付けられないように思われる。このようなことになったのは，不作為犯の単独正犯の基準で不作為の共同正犯を論証しようとされたからのように思われる。

---

[24] 齊藤彰子「不作為の共同正犯（2・完）」論叢149巻5号（2001年）38頁以下。

いずれにせよ，ここでの先決問題は，共同責任の基礎となる共同性の基礎付けであろう。その際には，金子教授が，各関与者の答責領域が結合され，その結合された答責領域から結果が発生したかが決定的であり，共同性とは各行為者に客観的帰属可能な集団的義務違反に基づく関係を表現したものだとされるところ[25]が，示唆に富むように思われる。そうした関係性が認められる場合に，各関与者が全体行為の危険を著しく高めていれば，共同正犯が認められるべきことになろう。

---

25) 金子博「不作為犯の共同正犯(2・完)」立命館法学 347 号（2013 年）193 頁以下，同「過失犯の共同正犯について──『共同性』の規定を中心に」立命館法学 326 号（2009 年）858 頁以下。

# 第25章　共同正犯と違法性の判断

CHAPTER 25

## POINT

- 最判平成6・12・6の事案では，共同正犯関係の解消論によっては妥当な解決が得られないことを理解し，共謀の射程論による解決がなされるべきことを理解する。
- 最決平成4・6・5の事案では，共同正犯の一部実行全部責任の基礎付けにおける個別行為説と全体行為説の対立が，事案の解決の仕方に決定的に影響することを理解する。
- 共同正犯関係がある場合における，正当防衛，誤想防衛の判断がどのようになされるべきかにつき理解する。

## はじめに

　本書の最後に，本章では，共同正犯における違法性の判断，とりわけ，共同正犯における正当防衛の判断について，平成期の重要判例を取り上げ，議論を整理してみることにしたい。この問題においては，やはり，共同正犯の一部実行全部責任の基礎付けにおける個別行為説と全体行為説の対立が，問題の解決に決定的に影響してくるように思われるのであり，まずはこれを前提とした議論の整理がなされる必要があるものと思われる。

## I．共同正犯関係の解消と事後的過剰防衛の交錯

### 1．最判平成6・12・6刑集48巻8号509頁の事案と判旨

　まずは，最判平成6・12・6刑集48巻8号509頁を取り上げよう。事案は，以下のようなものであり，デニーズ事件と呼ばれているものである。被告人ら

は，歩道上で談笑していたところ，このうちのA女が，酩酊して通りかかった男性から髪をつかまれ，引き回される等の乱暴を受けたため，これを制止するために，被告人ら4名が意思連絡のうえ，男性に暴行を加えたところ，男性は髪から手を離したが，「馬鹿野郎」などと悪態をつき，なおも応戦する気配を示しながら後ずさるように移動し，被告人らはその後を追った。その際，B，Cがさらに男性を殴ろうとするのをDが止めたが，直後にBが男性の顔面を殴打し，男性はコンクリート床に転倒して重傷を負った（その時点で被告人は暴行を加える気持ちはなくなっていた）。Dを除く，被告人・B・Cの3名が，傷害罪で起訴された。この事案につき，最高裁は，「本件のように，相手方の侵害に対し，複数人が共同して防衛行為としての暴行に及び，相手方からの侵害が終了した後に，なおも一部の者が暴行を続けた場合において，後の暴行を加えていない者について正当防衛の成否を検討するに当たっては，侵害現在時と侵害終了後とに分けて考察するのが相当であり，侵害現在時における暴行が正当防衛と認められる場合には，侵害終了後の暴行については，侵害現在時における防衛行為としての暴行の共同意思から離脱したかどうかではなく，新たに共謀が成立したかどうかを検討すべきであって，共謀の成立が認められるときに初めて，侵害現在時及び侵害終了後の一連の行為を全体として考察し，防衛行為としての相当性を検討すべきである」と判示し，被告人については，「反撃行為については正当防衛が成立し，追撃行為については新たに暴行の共謀が成立したとは認められないのであるから，反撃行為と追撃行為とを一連一体のものとして総合評価する余地はな」いとして，無罪を言い渡した。

## 2. 従属性原理からのアプローチ

このような結論は，侵害現在時においては正当な行為がなされており，犯罪事象が始まったのは侵害終了後であるから，そこでの共謀がなければ，犯罪事象についての共同責任は問うことができないという，シンプルな発想を基礎とすれば十分に理解できるものである。

このことを刑法理論上基礎付けるとすれば，従属性原理によることが考えられる。教唆犯・幇助犯については，これが成立するためには，正犯が構成要件該当・違法な行為に及んだことが必要であるとする制限従属性説の考え方を共

同正犯にも及ぼせば,「正当防衛の共同正犯」という事象はないこととなる。

そうすると, 侵害現在時の行為については共同正犯は成立しておらず, 単独犯・同時犯であるから, 侵害終了後における新たな共謀がなければ, 暴行を自ら行っていない本件被告人は不可罰となる, という結論が容易に導かれることになる。このことをはっきりと説かれるのは, 船山教授である。教授は, 制限従属性説の根拠となる考え方は共同正犯にも当てはまるとされ,「共同正犯が成立するためには, 2人以上の者が共謀の上で, 違法な構成要件該当行為を共同して行」うことが必要だとされるのである[1)2)]。因果的共犯論からの共同正犯論のように, 共同正犯も教唆犯や幇助犯の仲間だと考える場合には, 本来的にはこうした考え方に至るのが自然なようにも思われる。

しかしながら, 佐伯教授が説かれるように, 共同正犯における一部実行全部責任が成り立つかどうかと, 行為の違法性の有無とは無関係であるように思われる。すなわち, 共犯者間での役割分担による目的の効率的実行や, 仲間がいるという心強さや団結による規律の影響力といったことは, 共同して行われた行為が正当防衛であれ過剰防衛であれ変わりはないと考えられるのである[3)]。こうして, 正犯原理が働くべき共同正犯においては, 要素従属性の意味における従属性原理は働かないと解すべきだと思われる。

他方, こうした見解の背景には, 規範的障害となるような他人の行為と共同してこそ, その者の行為についても責任を負うこととなるという理解があるようにも思われる。悪い仲間と結託することは悪いことだからやめておくべきなのに, そうしてしまったからこそ, そうした仲間のやったことにも, 責任を負うべきこととなるというのであろう[4)]。しかし, 共同の成果物は, 必ずしも悪いことをやろうと結託したことからしか産まれないわけではない。研究者の間における共同研究などは, その最たるものであろう。

こうして, 共同正犯には, 制限従属性説の適用はなく, その構成要件該当性は, 自らの行為の違法性あるいは共同者の行為の違法性の有無とは関わりなく

---

1) 船山泰範「判批」判評448号(判時1561号)(1996年)70頁以下。
2) 結論同旨：植松正『再訂刑法概論Ⅰ 総論』(勁草書房, 1974年)173頁, 野村稔「判批」法教177号(1995年)73頁など。
3) 佐伯仁志「判批」ジュリ1125号(1997年)149頁。
4) 野村・前掲注2)73頁。さらに高橋則夫『刑法総論〔第5版〕』(成文堂, 2022年)519頁。

判断されることになるから、正当防衛の共同正犯は理論上ありうることとなる。下級審にも、結論として、正当防衛の共同正犯を認めたものがある。東京高判昭和50・1・30高刑集28巻1号43頁は、被告人両名が、自治会の常任委員会に際し、酒に酔って議事妨害に及んだ傍聴人Aを退出させるために、Aの腕をもって立たせて後退させたという事案につき、原判決の東京地八王子支判昭和49・4・5高刑集28巻1号69頁参照が、上記経過後のAの致傷との因果関係を認め、傷害罪の共同正犯を認めたのを破棄自判し、暴行の限度での構成要件該当性を認めたうえで、当該暴行は、いわば公共的な団体である自治会の常任委員会の平穏で円滑な運営という集会の自由等の観点からみて法的保護に値する利益に対する急迫不正な侵害に対する正当防衛であったとして、無罪を言い渡している。この点が明示的に争点化されたわけではないものの、結論的には、正当防衛の共同正犯を認めたことになるものと思われる。

## 3. 共同正犯関係の解消からのアプローチ

このように、侵害終了後に新たに犯罪事象が始まったのだから、そこで新たに共謀が成立したかを論じればよいという事案の捉え方が難しいとすれば、共謀に基づく暴行は侵害現在時から開始されているが、侵害終了後の暴行はそれとは別ものなのだと捉える必要があることになる。

そこで、被告人が増加させた危険をなかったものとし、もって共同正犯関係の解消が認められるかが問題となるが、結論的には、これは難しいように思われる。最決平成元・6・26刑集43巻6号567頁は、共同者においてなお制裁を加えるおそれが消滅していなかったのに、被告人において格別これを防止する措置を講ずることなく、成り行きに任せて現場を去ったにすぎない場合は、当該共同者との間の当初の共犯関係がその時点で解消したということはできず、当該共同者のさらなる暴行およびそこから生じた結果についても、当初の共謀に基づくものとして、被告人にも帰責されるとの判断を下している。

そうすると、デニーズ事件の被告人は、最高裁の認定によれば、「自ら暴行を加えてはいないが、他の者の暴行を制止しているわけでもない」というのであるから、共同正犯関係の解消のうち、増加させた危険をなかったものとできているかという判断枠組みによって、被告人を処罰から解放することは困難だ

と言わざるを得ないのである[5]。しかし，それでは，防衛行為の共同実行を共謀し，それを遂げただけの被告人にとって酷な結論になることは明らかであり，事案の評価として不適切であろう。最高裁が，「本件のように，相手方の侵害に対し，複数人が共同して防衛行為としての暴行に及び，相手方からの侵害が終了した後に，なおも一部の者が暴行を続けた場合において，後の暴行を加えていない者について正当防衛の成否を検討するに当たっては，侵害現在時と侵害終了後とに分けて考察するのが相当であり，侵害現在時における暴行が正当防衛と認められる場合には，侵害終了後の暴行については，侵害現在時における防衛行為としての暴行の共同意思から離脱したかどうかではな」い仕方で判断すべきだとしたことの実質的な根拠は，この点に求められるように思われる。すなわち，担当調査官が述べるように，「救助の目的を達したとしてその段階で攻撃意思を放棄する者の存在も十分考えられる……以上，その者が自己又は第三者の権利の防衛という適法行為に関与したことで不当にも追撃行為にも関与したとされてしまうことのないよう，追撃行為についてはあらためて攻撃意思，さらには共同遂行意思の存在を厳格に再確認する必要があるのである」[6]。

もっとも，解消が否定されたとしても，侵害現在時の共同者には，正当防衛の認識しかなかったのだとすれば，誤想防衛について故意が阻却されるとする判例・通説からは，侵害現在時において故意が阻却されるから，侵害終了後の行為について共同正犯としての責任を問うためには新たな共謀が必要だとする理解[7]によれば，デニーズ事件判決と同様の結論に至ることは可能であるのかもしれない。しかし，わが国の判例・多数説は，事後的過剰防衛の事案で，侵害現在時の反撃行為と侵害終了後の追撃行為を，構成要件レベルで一連一体のものと評価し，1個の過剰防衛を認めるのであり，そうだとすればデニーズ事件のような事案に限って，行為を分断してよい理由がさらに説明される必要があろう。行為を分断できるからこそ，侵害現在時には正当防衛にあたるべき事

---

5) 只木誠「判批」百選Ⅰ〔5版〕(2003年) 191頁。これに対し，佐伯・前掲注3)150頁は，本判決の事案を前提として判断しても，物理的因果性の面でも心理的因果性の面でも，当初の共謀は追撃行為に因果的影響力を有しておらず，B・Cの追撃行為は，当初の共謀に基づく反撃行為とは別個独立の行為とみることができるとされている。
6) 川口政明「判解」最判解刑事篇平成6年度223頁。
7) 嶋矢貴之「判批」百選Ⅰ〔6版〕(2008年) 197頁。

実の認識しかないとの評価が可能になるのであり，筆者のように，侵害終了時に必ず行為を分断し，現在時の反撃行為については必ず正当防衛として不可罰とする見解によるのでもない限り，このような見解は，共同正犯＋事後的過剰防衛の事案に限って特殊なルールを設けるものであり，整合的な解決が確保できていないように思われる。

## 4．共謀の射程論からのアプローチ

　こうして，本件の解決は，共謀の射程論に求められるべきことになる。

　十河教授は，おそらく，事後的過剰防衛につき一連一体の行為と捉える前提からであろうが，共謀の射程論による解決を主導される。教授は，新たな共謀ないし犯意に基づいて実行行為がなされたかどうかを確定する際，具体的には，①客観的な事情として，(a)離脱前の行為の寄与度・影響力とその除去，(b)当初の共謀と離脱後の行為の関連性，法益侵害の量・程度の変更，行為態様・行為状況の相違，時間的・場所的離隔などを，②主観的な事情として，(a)犯意の断絶，共同犯行の意識の消滅・減退，(b)動機・目的の変更などを考慮すべきだとされる。そのうえで，事後的過剰防衛の事案において侵害終了後の行為についても共同正犯が成立するかを判断するにあたって，当初の共謀や侵害現在時の行為による因果的影響力が侵害終了後に残存していたかは，もちろん，重要な考慮事情の1つとなる（①(a)）が，それとともに，急迫不正の侵害が継続していたかどうか（①(b)：客観的事情としての行為状況の相違に関係する），防衛する意思があったかどうか（②(b)：主観的事情としての動機・目的の変更に関係する）も考慮する必要があるとされる。そして，これによると，急迫不正の侵害がすでに終了した後の行為は当初の共謀とは別の犯意に基づいて行われたと言えることが多いであろうし，侵害終了後は権利を防衛する意思が喪失し，専ら攻撃の意思で行為をしたときには，通常，その行為は当初の共謀とは別個の犯意に基づいて行われたものということになろうとされるのである[8]。

　もっとも，こうした見解は，侵害現在時の反撃行為と侵害終了後の追撃行為

---

[8] 十河太朗「共謀の射程と量的過剰防衛」『川端博先生古稀祝賀論文集(上)』（成文堂，2014年）721頁以下。

を一連一体のものとして評価する，判例および支配的な理解を前提としたもののように思われ，その限りで，支持できない前提から出発しているように思われる。

　これに対し，筆者の見解によれば，事後的過剰防衛は，侵害現在時の反撃行為と侵害終了後の追撃行為とを分断して考察すべきであり，前者には正当防衛を認めたうえ，さらに後者には過剰防衛を認めるべきであるように思われる。このように考えるときには，共謀はそもそも反撃行為にしか向けられていないことになるのであり，追撃行為については必ず新たな共謀が必要となる。筆者自身も，これまでは事後的過剰防衛に関する自説の射程につき十分理解が及んでいなかったが，筆者の見解をとれば，デニーズ事件判決のように，追撃行為につき新たな共謀がなければ，被告人がそれにつき責任を問われないのは当然の帰結となるように思われる。そして，新たな共謀が遂げられた場合は，同判決が「共謀の成立が認められるときに初めて，侵害現在時及び侵害終了後の一連の行為を全体として考察し，防衛行為としての相当性を検討すべきである」とするのとは異なり，反撃行為は正当防衛として不可罰となる一方で，追撃行為は過剰防衛の共同正犯となると解されるべきであるように思われる。

## II．共同正犯と正当防衛・過剰防衛

### 1．急迫不正の侵害について

#### (1) 問題となる状況の確認

　急迫不正の侵害が認められるかについては，侵害を受けた側が共同で反撃する場合，すなわち，防衛行為を実行共同正犯の形で実行する場合（より厳密には現場で反撃行為を共同する場合）については，特別な問題はないものと思われる。例えば，デニーズ事件の事案では，酩酊した男性からのA女に対する暴行，さらにはBに対する暴行もあったのであり，これらが共同者全員にとり「自己又は他人の権利」を防衛するための正当防衛・緊急救助状況になる。また，東京地判平成14・11・21判時1823号156頁の事案は，粗暴な長男が酩酊のうえ次男や母親に暴力を振るってきたので，鎮静化させるため，いつものように（長女も加わり）家族3人で体を押さえつけていたところ，次男が後頸部

を強く押さえつけていたため，長男を窒息死させたというものであるが，最初は次男，後には母親に対する暴行があり，それが共同者全員にとり正当防衛・緊急救助状況になるものと思われる。

これに対し，難しい問題となるのは，反撃行為に及んだ者とそうでない者が共同正犯の関係に立つ場合，すなわち，共謀共同正犯の場合（より厳密には現場で反撃行為を共同しない場合）である。例えば，いじめに遭った側の保護者がいじめた側の保護者を訪問して謝罪を求めようとする際，相手方が粗暴であり，謝罪を求めようとするものなら，いきなり殴りかかってくることが想定された場合である。いじめに遭った側の保護者としては，相手方を訪問し謝罪を求めることは社会通念上相当と思われるから，最決平成29・4・26刑集71巻4号275頁のように，「行為者と相手方との従前の関係，予期された侵害の内容，侵害の予期の程度，侵害回避の容易性，侵害場所に出向く必要性」等を考慮して刑法36条の趣旨に照らし許容されなければ，急迫性を否定するという枠組みによったとしても，急迫性は否定されないであろう。この場合に，いじめに遭った側の父親だけが相手方の家に向かい，母親はそのような事態に至るであろうことを予想しながら，必要な限度で反撃に及ぶことを了解していたとすれば，このような状況が認められることになる。それでは，この母親については，正当防衛は認められるのだろうか。

(2) **最決平成4・6・5刑集46巻4号245頁の事案と決定要旨**

この点を論じるにあたっては，最決平成4・6・5刑集46巻4号245頁を検討しておくことが，不可欠の前提となる。事案は，女友達の勤務先の店長Aに侮辱されて憤激した被告人が積極的加害意図をもって同行者Bに反撃を指示し，自らは少し離れた場所で待機していたが，Bは店の入口付近に向かったところでAに被告人と間違えられて暴行を受けたため，防衛の意思でもって包丁で突き刺して殺害したというものであり，フィリピンパブ事件と呼ばれている。最高裁は，「共同正犯が成立する場合における過剰防衛の成否は，共同正犯者の各人につきそれぞれその要件を満たすかどうかを検討して決するべきであって，共同正犯者の一人について過剰防衛が成立したとしても，その結果当然に他の共同正犯者についても過剰防衛が成立することになるものではない」としたうえ，「被告人は，Aの攻撃を予期し，その機会を利用してBをし

て包丁でAに反撃を加えさせようとしていたもので，積極的な加害の意思で侵害に臨んだものであるから，AのBに対する暴行は，積極的な加害の意思がなかったBにとっては急迫不正の侵害であるとしても，被告人にとっては急迫性を欠くものであって……，Bについて過剰防衛の成立を認め，被告人についてこれを認めなかった原判断は，正当として是認することができる」と結論付けている。

すでに指摘されているように，この論理は，急迫性の有無を問題とするものであるから，直接実行者について正当防衛が成立する場合にも妥当するはずである。それでは，共謀者につきどのように個別に正当防衛・過剰防衛の成否を判断すればよいのだろうか。そもそもそんなことはできるのだろうか。

### (3) 橋爪教授の見解

　この点につき，わが国で最も深く鋭い検討を行われたのは，橋爪教授である。教授は，まず，事前の指示行為（共謀行為）を基準として正当防衛の成否を判断する可能性を検討されるが，これは消極に解される。確かに，忍び返しの設置の場合は侵入者が登場した段階で急迫性が肯定されることからすれば，共謀行為の内容が実行されれば実行段階で急迫性が肯定されると考えることは可能であろうが，指示行為については，防衛行為の相当性を判断することはできず，指示に基づいてどのような防衛行為が惹起されたかを基準として相当性を判断せざるを得ないというのである。そこで，教授は，次に，共同実行を仮定的に考慮する可能性を検討されるが，これも消極に解される。背後の共謀共同正犯は，現実には実行行為を分担していないにもかかわらず，「かりに背後者が実行行為を行っていたら」という仮定によって，正当防衛の要件を判断するというのは，フィクションにすぎないというのである。こうして，教授は，「防衛行為を現実に分担していない者について，正当防衛の成立要件を個別に判断することは困難であり，正当防衛の成否は，現実に防衛行為を担当している者の行為を基準として判断せざるを得ない」とされたうえ，「実行分担者に正当防衛が成立する場合に，その違法性阻却の効果を背後者に連帯的に作用させるべきか，それとも違法性阻却の効果が個別的・属人的に作用する余地を認めるか」の検討を行うべきだとされるのである[9]。

　しかしながら，この主張には，個別行為説＋因果的共犯論の影響が色濃く出

ているように思われる。こうした見解からすれば，共謀共同正犯における共謀者は，直接実行者に対して教唆・幇助的な因果的影響を及ぼすことを通じて結果とつながっていることになる。個別行為説は，こうした因果の起点としての個別行為を問責対象行為として重視することとなるので，正当化の段階でも共謀行為・指示行為自体に正当防衛が成立しなければならないというような発想が出てくるのであろう。しかし，共謀行為・指示行為自体が正当防衛の要件を満たすことはあり得ないし，このような理解から，「かりに背後者が実行行為を行っていたら」と想定して正当防衛の要件を検討するのはまさにフィクションとなるように思われる。

この点，照沼教授は，「意思連絡に基づいて各人が分担した客観的寄与それぞれが結果帰属の起点となり，正犯性判断の基礎となる」という理解から，共謀共同正犯の場合における共謀者についても，「〔共謀者〕における共同正犯の成否，及び防衛行為の存否についても，こうした〔共謀者〕自身の寄与を基礎として判断されるべき」だとの理解を示されている[10]。

しかし，個人責任を強調し，共謀者の寄与を別個独立に捉えた場合には，急迫性等の判断ができないことは明らかだと思われる。こうした個々の共同正犯者の因果的寄与を踏まえて個別判断が可能なのは，せいぜい，防衛行為が「やむを得ずにした行為」と言えるかの判断だけであろうが，後述するように，この判断を個別に行うことが妥当だとも思われない。個々の共同正犯者の因果的寄与を切り出して，正当防衛の成否を個別に検討する試みには，やはり無理があるように思われる。

**(4) 全体行為説からの解決**

これに対し，全体行為説の立場からは，共謀者にとっても，問責対象行為は全体行為であり，それが正当化されるか否かだけが問題となるように思われるところ，全体行為説に立たれる橋本教授は，「実行を担当せずに現場にいない

---

9) 橋爪隆『刑法総論の悩みどころ』（有斐閣，2020年）406頁以下，さらに同「正当防衛状況における複数人の関与」『神山敏雄先生古稀祝賀論文集(1)』（成文堂，2006年）648頁以下。
10) 照沼亮介「共同正犯と正当防衛」慶應法学37号（2017年）262頁以下。引用箇所は263頁。

共同正犯があるとき，非実行者について急迫不正の侵害に対応するやむをえない行為であるとして違法性阻却を認めることは，妥当性を欠くように思われる」とされる[11]。しかし，妥当性を欠くように思われる事案というのは，相手方に暴行を加えることを共謀し，実行担当者が相手方の元に出向いたところ，意外にも急迫不正の侵害を受け，反撃行為に及んだような場合なのではないだろうか。確かに，こうした場合に，共謀者を含めて，正当防衛だとすることには，違和感がありえよう。しかしながら，この場合には，当該反撃行為に及んだことは共謀者にとって想定外の事態であり，原則として共謀の射程外となるはずだから，現場での（反撃）行為は，そもそも共謀者に帰属されないこととなり，それゆえに，それに正当防衛が成立するかどうかに関わりなく，共謀者は責任を負わないと解すべきであるように思われる。

　このような場合を除き，最初から防衛行為を共謀しているような場合を想定すると，全体行為説の立場からは，まさしく忍び返しを設置した場合に，泥棒がやってきた時点で急迫性が判断されるのと同様に，直接実行者が侵害にさらされた時点で全体行為者に対する急迫性が肯定され，直接実行者の反撃行為及びその結果が，全体行為として共謀者にも帰属されることとなる。それゆえ，共謀者にも，正当防衛が成立するものと考えてよいように思われる。

　難しい問題となるのは，フィリピンパブ事件におけるように，背後者から実行者に殺人の共謀の申込みがなされたが，実行者はそこまで指示を真摯に受け止めていなかったところ，現場で侵害に直面した段階ではじめて申込みを受諾し，共謀を遂げたというような，やや技巧的とも思われる構成をとって，共謀が認定されるような場合である。ここでは，実行者はまさに不意の侵害に直面し，防衛の意思で反撃に及んでいるが，背後者には侵害の予期や積極的加害意思があったがゆえに，判例理論によれば，急迫性が否定され，正当防衛・過剰防衛が成立しないのではないかが問題となるのである。

　もっとも，最初に確認されるべきは，学説上の議論の盛り上がり[12]に反比例して，このような内容での共謀が認められることは，極めてレアケースであ

---

11) 橋本正博『刑法総論』（新世社，2015年）295頁以下。
12) 研究者のよくないところである。実務上ほとんど問題となり得ないケースを想定して，議論を戦わせるというのは，そもそもあまり生産的なこととは思われないし，学生の皆さんが，こうした議論に付き合う必要性はあまり認められないように思われる。

ろうということであり，実務上の意義は極めて乏しいということである。フィリピンパブ事件は，素直にみれば，橋田教授が言われるように，実行者Bは，Aの攻撃を受けてはじめて「主としては身の安全を守るため」に殺意を抱いたのであるから，この時点で被告人と意思を相通じたとは言えないように思われる[13]。

　このことを確認したうえで，あえてフィリピンパブ事件決定の事実認定を基礎として検討を進めると，全体行為説に立つ以上，実行者の反撃行為が共同者全員にとっての全体行為としての反撃行為と捉えられるべきであるように思われる。それゆえ，急迫不正の侵害が客観的にあったか，防衛行為の必要性・相当性が認められるか，といった判断の結論は，共同者全体を通じて共通のものとなると考えてよいように思われる。これに対し，急迫性が予期 + $a$ という主観面も含んだ事情により否定されると考える場合には，急迫性の有無は共同者間で相対化することとなるし，防衛の意思が主観的正当化要素として要求される以上，その有無が共同者間で相対化することは，当然に認められるのであり，この限りで違法性判断の相対化が生じることはあってよいように思われる。それゆえ，フィリピンパブ事件においては，共謀が認められたという前提で考えると，実行者Bは，不意を突かれて侵害を受けたのであるから，問題なく急迫性が肯定され，ただ反撃が過剰に及んだがゆえに過剰防衛が認められるのに対し，被告人は，最初から店長Aをやっつけるつもりだったのであるから，積極的加害意思が認められ，予期 + 積極的加害意思の場合に限って急迫性の否定を認める筆者の見解によっても問題なく急迫性が否定されてよいこととなる。

　この点，坂下准教授は，問題の所在は，上記のところよりはむしろ，「侵害の予期 + $a$ 」による正当防衛の制限につき，対抗行為者の事情を基準とするのか，それとも被侵害者の事情を基準とするのか，という対立軸にあり，橋爪教授の見解を支えているのは，後者の被侵害者基準説であるとの理解を示されている[14]。

　しかし，ここで忘れられているのは，共謀共同正犯の事例においては，全体

---

13) 橋田久「判批」甲南法学35巻1号（1994年）113頁注2は，このような理解から，結論を留保されつつも，被告人がBに包丁の携行を指示した点を捉えて，幇助の成立を認めるのが最も素直な見方だとされている。

第25章　共同正犯と違法性の判断 | 451

行為説をとらない限り，共謀者を含めて侵害の急迫性等を判断することはできないという事実である。准教授は，「共同正犯の『一部実行全部責任』の法理は，共同者の行為全体を各行為者に帰属することであると理解することも可能であ」るとして，橋爪教授の見解からもこうした理解に至りうる可能性が示唆されている15)が，因果的共犯論をベースとした個別行為説のアプローチからこうした行為の相互帰属論に至ることは困難だと思われる。

　確かに，坂下准教授の設定された対立軸は，単独正犯の緊急救助型や実行共同正犯のケースでは，これらの者が正当防衛状況を作出したような場合でも，正当防衛を認めないと，被侵害者の保護の切り下げになるのではないかという問題が生じる限りで，重要な意味がありうる。全体行為説から，フィリピンパブ事件において，共謀者につき最終的に正当防衛を否定する場合でも，同事件においては，共謀者は比較的近いところにおり，救助的に介入し得た可能性があるわけであり，それにもかかわらず，正当防衛を否定したのでは，被侵害者である直接実行者の保護が切り下げられているのではないかがさらに問われるべきであるようにも思われないではない。

　しかし，フィリピンパブ事件における共謀者による正当防衛を可能にしても，利益衝突状況に巻き込まれてしまった直接実行者を確実に保護できる保証はないのであり，確実に保護するにはそもそもそうした利益衝突状況に直接実行者を巻き込まないようにすべきなのである。共謀者につき正当防衛を否定すべきだとの結論は，利益衝突状況発生の契機として直接実行者を利用することを禁止し，そうすることで侵害に直面する前の直接実行者やその他の潜在的な被侵害者の保護を優先するものであり，直接実行者の保護の仕方として必ずしも不合理ではない16)ように思われる。また，坂下准教授の想定と異なり，この共謀者が，緊急救助的に介入できないような場所にいた場合は，この者に正当防衛を否定することで，被侵害者の保護が切り下げられるという問題はおよそ生じ得ないことには，重々留意が必要だと思われる。

---

14) 坂下陽輔「複数人が正当防衛状況に関与する場合の処理に関する覚書」慶應法学51号（2024年）87頁。
15) 坂下・前掲注14)86頁。
16) 伊藤嘉亮「複数人関与事例における正当防衛」刑ジャ79号（2024年）36頁以下における，単独正犯の緊急救助型を想定した記述に全面的に依拠している。

なお，筆者の見解では，正当防衛・過剰防衛を肯定するための前提となる急迫性は，全体行為者である実際の防衛行為者に即して判断される一方で，予期＋積極的加害意思論による考慮は，共謀者に即してなされていることとなるから，不自然だとの見方はありえよう。しかしながら，前者は，原則的に成立する正当防衛の成立要件であり，これは，一部実行全部責任を基礎付ける全体行為を構成する要素としての反撃行為に即して判断されるべきであるのに対し，後者は，共同者の各人につき，いわば正当防衛状況を積極的な加害の手段として利用したという手段・目的関係のゆえに例外的に正当防衛を規範的に否定するかという問題を，「急迫性」という要件を借りて論じているだけであるから，その判断の対象がずれること自体は，問題とならないように思われる。

## 2．やむを得ずにした行為の要件について

　学生の皆さんの中には，フィリピンパブ事件決定の「共同正犯が成立する場合における過剰防衛の成否は，共同正犯者の各人につきそれぞれその要件を満たすかどうかを検討して決するべきであって，共同正犯者の一人について過剰防衛が成立したとしても，その結果当然に他の共同正犯者についても過剰防衛が成立することになるものではない」というフレーズを，このやむを得ずにした行為の判断にも転用し，反撃行為を共同した場合に，これがやむを得ずにした行為に当たるかの判断は，共同者1人1人の行為について，別個独立に判断すべきだと考えている方もいるかもしれないが，これは端的に言って誤りである。例えば，A・B・Cの3人が，相手方の侵害に対し，それぞれ30，30，50の力で反撃したが，実際は30の力で足りたとした場合に，A・Bは正当防衛で，Cだけが過剰防衛だと直ちに結論付けることはおかしいであろう。3人の力を合わせれば110の力になっているのであり，全体としてみればやり過ぎになっているからである。

　例えば，前掲東京地裁平成14年判決は，次男の行為の過剰性を認定しているが，その際には，この反撃行為の危険性が認定されているだけでなく，3名によって長男が押さえつけられていたという状況にあったことも認定されている。これまで，3人がかりで押さえつけ，クールダウンするのを待つことで対応できていたことからすれば，そこまでは許容されやすい事案であったものと

思われ，にもかかわらず，次男が後頸部を強く押さえるという危険性の高い行為に及んだからこそ，過剰だとの判断がなされたものと思われるのであり，次男の行為が別個独立に判断されているわけではなく，他の共同者の対応を踏まえ，力の総和として判断がなされていることは，よく理解されるべきだと思われる。

また，デニーズ事件判決も，侵害現在時における「被告人らの反撃行為についてみるに，男性のAに対する行為は，女性の長い髪をつかんで幹線道路である不忍通りを横断するなどして，少なくとも20メートル以上も引き回すという，常軌を逸した，かつ，危険性の高いものであって，これが急迫不正の侵害に当たることは明らかであるが，これに対する被告人ら4名の反撃行為は，素手で殴打し又は足で蹴るというものであり，また，記録によれば，被告人ら4名は，終始，男性の周りを取り囲むようにしていたものではなく，B及びCがほぼ男性とともに移動しているのに対して，被告人は，一歩遅れ，Dについては，更に遅れて移動していることが認められ，その間，被告人は，男性をAから離そうとして男性を数回蹴っているが，それは6分の力であったというのであり，これを否定すべき事情もない。その他，男性が被告人ら4名の反撃行為によって特段の傷害を負ったという形跡も認められない。以上のような諸事情からすれば，右反撃行為は，いまだ防衛手段としての相当性の範囲を超えたものということはできない」と判断している。ここでは，被告人ら4名の反撃行為の総和が，酩酊した男性からの侵害行為に対する反撃としてやむを得ずにしたものと言えるかという仕方で判断されており，妥当と思われる。被告人の力が6分であったことが認定されているのは，4名の力の総和が，相手方を負傷させるほどのものではない，控え目なものであったことを裏付ける一事情としてのものであり，個別の行為について別個独立に判断しているということではないように思われる。

この点，橋爪教授は，やむを得ずにした行為と言えるかは防衛行為の必要最小限度性の問題だと解する前提から，共同して行為に出た場合，いかなる行為がもっとも軽微な防衛手段であったかという観点から，判断されるべきだとされる。それゆえ，素手で相手を取り押さえることのできるXと，単独であればナイフでもって防戦するしかないYが，共に侵害を受ける立場であった場合，Yがナイフで防戦すれば，必要最小限度の防衛行為と評価されず，X・Y

にはともに過剰防衛が成立することとなると説かれている[17]。

しかし，このような見解に従えば，デニーズ事件では，4人もいたのだから，2人で相手の腕を取り押さえ，残る2人で髪をつかんでいる手を離させるといった防御的な防衛手段がとれたのではないか，といったぎりぎりの要求をなすこととなり，防衛行為者の側に厳しい結果となりかねないおそれがある。調査官も説かれるように，「各人がとっさの判断で必要と思った行為に出たのに，数人の行為を全体としてみると行き過ぎとみられないではないからといって，直ちに過剰防衛と認めてしまうのでは，いささか酷に過ぎる場合がある。緊急事態の下で数人が相互間で取り得る連携には自ずから限界があるのであって，より危険の小さい代替手段を採りえたか否かの判断に際しては，この点を十分に考慮に入れるべき」[18]であるように思われる。

以上の判断を理論的に整理しておこう。反撃行為を共同した場合における，やむを得ずにした行為と言えるかの判断枠組みは，個別行為説か全体行為説かの対立と関わっているように思われる。島田教授は，共同正犯において「行為」として扱われるのは，あくまで自分自身が行った行為のみであり，他の共同正犯者の行為は，一種の因果経過，結果であるという理解からすれば，自分自身としては相当な行為を行ったならば，防衛行為の相当性を肯定すべきとの結論に至りうることを指摘されている[19]。これは，個別行為説＋因果的共犯論の帰結であろう。しかし，このような判断は，以上でみたように問題があり，判例においてもとられていない。

島田教授によれば，判例の根底にある考え方は，共同正犯が認められる場合には，共同正犯者は，他の共同正犯者の行為をも，あたかも自らが行ったかのように扱われるというものである[20]。これは，因果的共犯論を基礎理論とされる同教授からすれば，ぎりぎりの説明であろう。しかし，このことは，端的に言えば，一部実行全部責任の原則に関する全体行為説によって説明されるべきであろう。すなわち，東京地裁平成14年判決の事案におけるように，1人が過剰な行為に及んだとしても，それが全体行為を構成する限りで，全員に帰

---

17) 橋爪・前掲注9)神山古稀656頁以下。
18) 川口・前掲注6)221頁。
19) 島田聡一郎「判批」刑ジャ5号（2006年）125頁。
20) 島田・前掲注19)125頁以下。

第25章　共同正犯と違法性の判断 | 455

属され，全員にとって過剰な行為となると考えるのが，妥当なように思われるのである。

## 3．誤想防衛について

### (1) 単独犯の場合

　以上のように，全体行為として過剰であるか，言い換えれば，共同者の反撃行為の力の総和として，やむを得ずにした行為に当たるかの判断を行った結果，共同者全員が過剰防衛になると考えた場合でも，過剰性を基礎付ける事実の認識がなければ，その者については誤想防衛とならないかがさらに問題となる。

　このことが問題になったのは，前掲東京地裁平成14年判決の事案である。そこでは，家族に対して暴力を振るう長男に対し，全員で押さえつけてクールダウンさせることで，乗り切ってきた経緯がある中で，その日に限って次男が後頸部を強く押さえるという生命に危険な行為に及んだために，長男を死亡させるに至っているのだから，過剰性を基礎付けるのはこの次男の行為だということになる。

　下級審裁判例には，胸倉を両手で締め付けるというAからの侵害に対する反撃として刺身包丁で殴打し，加療31日間の傷害を負わせた行為が，やむを得ずにした行為と言えるかにつき，「被告人には反撃の手段が棒のような物という認識しかなかったのであり，本件のように，防衛行為の手段について客観的事実と行為者の認識との間に食い違いがある場合には，行為者の認識を基準として防衛行為の相当性を判断すべきである。そうすると，被告人が認識したような棒のような物でAの右肩付近を1回殴打する行為は，被告人の胸ぐらを両手で締めつけるAの攻撃に対する反撃として，社会通念上相当な範囲にあると評価することができる」として，正当防衛を認めたものがある[21]が，これは他にみられない例外的判断であり，判例上は，一般に，客観的に存在した事情を基礎にした判断がなされているものとみられる[22]。最判昭和24・4・

---

21) 大阪地判平成3・4・24判タ763号284頁。
22) 佐伯仁志「判批」判例セレクト'91（法教138号付録）32頁。

5刑集3巻4号421頁は，斧を棒様のものと誤認してこれを用いて頭部を数回殴りつけるという反撃行為に及び，相手方を死亡させたという事案につき，「当時74歳……の老父……が棒を持って打ってかかって来たのに対し斧だけの重量のある棒様のもので頭部を原審認定の様に乱打した事実はたとえ斧とは気付かなかったとしてもこれを以て過剰防衛と認めることは違法とはいえない」と判示しており，最高裁は，過剰性の有無は，行為者の主観に関わりなく，客観的事実に基づき決せられるとの立場をとっているものと考えられる[23]。しかしながら，これはこれで防衛行為者に酷な結論となりうる。中森教授が，「侵害を受けた者は，緊急状況下で，利益を守るためのとっさの行動を迫られるのであるから，行為の違法性はこの事情を斟酌して判断される必要がある」のであり，「その場合には，窮迫状況にある行為者が現に認識した事情だけを判断の基礎に置くのは妥当でないが，冷静な第三者の立場から判断するのも酷であり，そのような状況に置かれた者が一般的に見て容易に認識し得た事情を基礎に判断するのが妥当ではないか」[24]とされるところが，妥当だと思われる。

　このように考える場合は，客観的判断（筆者の見解によれば一般人基準）と行為者の判断のずれが誤想防衛だということになる。下級審裁判例には，反撃行為として侵害者の首を絞めて死に至らせた事案において，このことの認識がなかったとして，故意を否定した例がみられる。盛岡地一関支判昭和36・3・15下刑集3巻3＝4号252頁は，「右腕を同人の頸部にまわし，死に致さない程度に絞めた行為までは，正に防衛のための相当な行為」であり，「被告人は防衛に相当な行為，即ち〔相手方〕を死に致さない程度にその頸部を扼する行為をするつもりでいたものであって，……死に致す程度まで強く絞めることについての認識を有していたと認むべき証拠はない。従って被告人には右の行為につき暴行又は傷害の犯意が存しなかったものといわざるを得ず，結局被告人に対し傷害致死の刑責を負わせることはできない」としている。しかし，中森教授が言われるように，このような単独犯の場合には，「行為者が結果を生じさせるに足る力を認識して投入したことは否定できず，ただ，その力が結果を生じ

---

23) 町野朔「誤想防衛・過剰防衛」警察研究50巻9号（1979年）39頁以下。
24) 中森喜彦「防衛行為の相当，過剰，その認識」町野朔先生古稀記念『刑事法・医事法の新たな展開(上)』（信山社，2014年）145頁以下。

第25章　共同正犯と違法性の判断　｜　457

させうるという評価において誤ったに過ぎない」のであり，「行為者が行使する力がそのまま被害者に伝わるこのような行為形態の場合，結果の認識と行為の認識を峻別し，前者だけを決定的なものと見ることには疑問がありうる」[25]ところである[26]。

### (2) 共同正犯の場合

これに対し，東京地裁平成14年判決のように，反撃行為を共同している際に，他の誰かが力を出しすぎていた場合に，そのことにつき認識が及んでいないということは，十分に考えられることである。この場合には，まさしく，過剰性を基礎付ける事実（他の誰かのやりすぎ）の認識がなく，適法な事実の認識しかないということになるのである。

東京地裁は，「急迫不正の侵害に対して反撃行為を行った場合，客観的には，それが防衛行為の相当性の範囲を逸脱して過剰防衛とみられる場合であっても，その行為者において，相当性判断の基礎となる事実，すなわち，過剰性を基礎づける事実に関し錯誤があり，その認識に従えば相当性の範囲を逸脱していないときには，誤想防衛の一場合として，行為者に対し，生じた結果についての故意責任を問うことはできない。そして，複数の者が，そのような反撃行為を共同して行った場合，相当性判断の基礎となる事実の認識の有無は，各人について個別に判断すべきものと解されるから，そのうちの1人の反撃行為が，防衛行為の相当性の範囲を逸脱したものであり，そのような反撃行為により生じた結果につき，客観的には，共同して反撃行為を行った他の者の行為との間の因果関係を否定し得ない場合であっても，共同して反撃行為を行った者において，相当性判断の基礎となる事実に関し錯誤があり，その認識に従えば相当性の範囲を逸脱していないときには，誤想防衛の一場合として，その者に対し，生じた結果についての故意責任を問うことはできないものというべきである」との前提から，次男以外の2名については，次男が長男の後頸部を強く

---

[25] 中森・前掲注24)138頁以下。
[26] 大阪地判平成23・7・22判タ1359号251頁は，「〔相手方〕の首を締めているという認識があったと認定することはできず，〔相手方〕の首の辺りを腕で押さえ込み，〔相手方〕の動きを封じようとする認識にとどまっていたという前提」での判断を行っているが，これにも同様の問題がありえよう。

押さえつけている事実を認識していなかったと判断し,「被告人両名については,いずれも,〔次男〕が〔長男〕の後頸部を右手で強く押さえつける行為に及んでいるという,本件における防衛行為の相当性判断の基礎となる事実,すなわち,過剰性を基礎づける事実についての認識に欠けていたとみるほかはない」と結論付けているが,これは,判例における誤想防衛の解決策を前提とする限り,妥当なものと思われる[27]。

---

27) なお付言すれば,筆者の見解からは,主観面での行為反価値が否定され,違法性が阻却されることとなる。

# 事項索引

## INDEX

### あ 行

アポ電強盗 ………………………………… 325
alis 構成 …………………………………… 273
alic 構成 …………………………………… 273
異常さと正常さの力比べ ………………… 265
一故意犯説 ………………………………… 64
一部実行全部責任の原則 ………… 216,368
一連の行為 ………………………………… 185
一般予防 …………………………………… 13
移転された故意（移転犯意）の法理 …… 60
違法性阻却事由 …………………… 177,220
違法性の錯誤 ……………………………… 283
違法相対論 ………………………………… 125
違法多元論 ………………………………… 125
違法に振る舞う自然 ……………………… 128
違法は客観・責任は主観 ………………… 118
因果関係
　——の錯誤 ………………………… 10,27
　——論 …………………………………… 2
　不作為の—— …………………………… 79
因果関係遮断説 ……………………… 351,406
因果的影響力 ……………………………… 406
　——の解消 ……………………………… 413
因果的共犯論 ……………………………… 375
ウェーバーの概括的故意 ………………… 20
大阪南港事件 ……………………………… 5
遅すぎた構成要件実現 …………………… 20

### か 行

害の均衡 …………………………………… 132
回避可能性説 ……………………………… 272
外務省秘密漏洩事件 ……………………… 121
確実な予期 ………………………………… 166
角膜移植事例 ……………………………… 239
過剰性を基礎づける事実 ………………… 203

過剰避難 …………………………………… 194
過剰防衛 ……………………………… 167,185
　——の刑の減免根拠論 ………………… 193
仮定的蓋然性説 …………………………… 328
仮定的事実の存在可能性 ………………… 335
可罰的違法性 ……………………………… 127
空ピストル事件 …………………………… 345
空ベッド事例 ……………………………… 345
空ポケット事件 …………………………… 333
カルネアデスの板事例 …………………… 233
官憲への救助要請義務 …………………… 151
間接故意論 ………………………………… 72
間接正犯類似説 …………………… 273,382
完全犯罪共同説 …………………………… 390
観念的競合 ………………………………… 68
危惧感説 …………………………………… 110
危険増加 …………………………………… 380
　——の解消 ……………………………… 413
危険の現実化説 …………………………… 2
危険の認識可能性 ………………………… 107
既遂故意 …………………………………… 32
既遂に至る危険性 ………………………… 347
偽装心中 …………………………………… 238
期待可能性 ………………………………… 262
　——の判断 ……………………………… 194
機能的行為支配 …………………………… 378
規範的自律 ………………………………… 248
規範的責任論 ……………………………… 268
規範の問題 ………………………………… 204
欺　罔 ……………………………………… 236
客体の錯誤 ………………………………… 57
　——と方法の錯誤の区別 ……………… 70
客体の不能 ………………………………… 328
客観説〔中止犯〕 ………………………… 360
客観的違法論 ……………………………… 118
客観的帰属論 ……………………………… 2

| | | | |
|---|---|---|---|
| 客観面と主観面の統合体 | 34 | 結果回避義務 | 94 |
| 旧過失論 | 94 | 結果行為 | 272 |
| 　修正―― | 95 | 結果的加重犯 | 8 |
| 強　制 | 236 | 結果の重大性〔正当防衛〕 | 180 |
| 共通構成要件 | 43 | 結果発生の切迫性 | 308 |
| 共同意思主体説 | 370 | 結果反価値論 | 7,114 |
| 共同正犯 | 368 | 原因行為 | 272 |
| 　――関係の解消 | 406 | 原因において自由な行為 | 272 |
| 　――と教唆犯の区別 | 374,431 | 　――（alic） | 273 |
| 　――に準じた関係 | 358 | 　――の理論 | 153 |
| 　実行―― | 368 | 厳格責任説 | 205 |
| 　承継的―― | 342,388 | 現実的危険性 | 305 |
| 　正当防衛の―― | 442 | 限定積極説 | 390 |
| 　不作為による―― | 437 | 現場に滞留する利益 | 138 |
| 　片面的―― | 424 | 権利行為 | 141 |
| 共犯の因果性 | 375 | 故　意 | |
| 京踏切事件 | 106 | 　――の可能性 | 103 |
| 共謀共同正犯 | 368 | 　――の構成要件関連性 | 38 |
| 　――否定説 | 370 | 　――の体系的地位 | 204 |
| 共謀の射程 | 420 | 　――の提訴機能 | 204 |
| 　――論 | 420 | 故意規制機能 | 45 |
| 緊急救助 | 136 | 故意的な危険創出 | 66 |
| 緊急状態の錯誤 | 240 | 故意の規範化論 | 72 |
| 緊急避難 | 128,219 | 行為規範 | 9,117 |
| 　攻撃的―― | 219 | 行為態様の共通性 | 53 |
| 　防御的―― | 219 | 行為態様の同一性 | 294 |
| 禁止規範 | 78 | 行為反価値論 | 7,114 |
| 近鉄生駒トンネル事件 | 104 | 構成要件 | |
| 空気注射殺人未遂事件 | 331 | 　――と違法性の関係 | 204 |
| 具体的危険説 | 7,305,328,331 | 　――の実質的重なり合い | 53 |
| 具体的事実の錯誤 | 58 | 構成要件関連性 | 39 |
| 具体的符合説 | 57 | 　故意の―― | 38 |
| 具体的法定符合説 | 57 | 構成要件的過失 | 210 |
| クロロホルム事件 | 30 | 構成要件的故意 | 210 |
| 傾向犯 | 119 | 構成要件モデル | 276 |
| 形式的客観説〔未遂犯〕 | 312 | 高速道路侵入事件 | 17 |
| 刑事政策説 | 348 | 高速道路停車事件 | 69 |
| 刑罰適応性 | 262 | 誤想防衛 | 196,202 |
| 刑罰の本質 | 256 | 国家の基本権保護義務 | 147 |
| 刑法上の所有論 | 125 | 国家の実力独占 | 144 |
| 結果回避可能性 | 103 | 国家標準説 | 269 |

個別行為説 ……………………………… 368

# さ 行

罪刑法定主義 …………………………… 39
作為義務 ………………………………… 76
作為との同価値性 ……………………… 77
作為への排他的期待 …………………… 93
殺害の権利 …………………………… 132
砂末吸引事件 …………………………… 21
時間的切迫性基準 …………………… 304
時間的・場所的接着性 ………………… 22
事後的過剰 …………………………… 185
自己保存・保全の利益（自己保存の利益）… 136
自招危難 ……………………………… 223
自招侵害 ……………………………… 150
自招防衛 ……………………………… 151
事前責任論 …………………………… 285
事態が行為者の有利に変化した場合〔中止犯〕
　……………………………………… 363
死体刺突事件 ………………………… 333
実行共同正犯 ………………………… 216
実行行為 ………………………………… 7
　──途中からの責任能力低下 …… 287
　──の流用・転用 ………………… 62
実行の着手 …………………… 7,32,304
　特殊詐欺における── …………… 313
自動性・確実性 ………………… 37,296
　──基準 …………………………… 304
　構成要件実現への── …………… 310
社会功利主義 ………………………… 219
社会全体の利益の最大化の要請 …… 135
社会通念上の共通性 ………………… 53
社会的相当性 ………………………… 115
社会的に1個のエピソード …………… 22
社会倫理秩序違反 …………………… 121
社会連帯原理 ………………………… 219
シャクティ事件 ………………………… 92
遮断の規範化 ………………………… 417
住居権 ………………………………… 244
住居侵入罪 …………………………… 244
　──の保護法益 …………………… 244

自由主義 ………………………………… 83
修正された客観的危険説 ………… 305,328
従属性原理 …………………………… 441
柔道整復師事件 ………………………… 14
自由な意思決定の実現 ……………… 279
重要な中間行為 ……………………… 325
重要な役割 …………………………… 375
自由論モデル ………………………… 141
主観主義 ……………………………… 329
主観説〔中止犯〕 …………………… 360
　限定── …………………………… 361
主観説〔不能犯〕 …………………… 329
主観的違法要素 ………………… 115,118
受忍義務 ……………………………… 212
消極説〔承継的共同正犯〕 ………… 392
消極的構成要件要素 ………………… 204
　──の理論 ………………………… 204
承継的共同正犯 ………………… 342,388
条件関係的錯誤説 …………………… 235
条件説 ………………………………… 12
情報収集義務 ………………………… 95
侵害回避義務 ………………………… 141
侵害に先行する事情 ………………… 131
侵害の終了 …………………………… 186
侵害の予期＋α ……………………… 150
人格の手段化禁止 …………………… 229
新過失論 ……………………………… 94
心神耗弱 ……………………………… 257
心神喪失 ……………………………… 257
進捗度説 ……………………………… 304
侵入窃盗 ……………………………… 320
数故意犯説 …………………………… 63
すり替え窃盗 ………………………… 304
スワット事件 ………………………… 385
制限従属性説 ………………………… 441
正常な精神機能 ……………………… 266
精神鑑定 ……………………………… 271
精神の障害 …………………………… 256,260
性的自己決定権 ……………………… 247
性的自己決定の自由 ………………… 247
性的同意 ……………………………… 247

事項索引　｜　463

正当化事情 …………………………… 204
　　──の錯誤 ………………………… 202
正当防衛
　　──に際しての第三者侵害 ………… 202
　　──の共同正犯 …………………… 442
　　──の社会化 ……………………… 135
　　──の正当化根拠 ………………… 130
正当防衛制限論 ………………………… 133
制度的保障 ………………………………… 90
正は不正に譲歩する必要はない ……… 131
生命危険共同体 ………………………… 219
責任故意 ………………………………… 206
責任主義 ………………………………… 257
責任説 …………………………………… 283
責任阻却事由 …………………………… 169
　　──説 ……………………………… 226
責任能力 …………………………… 236,256
積極的加害意思 ………………………… 156
絶対的不能 ……………………………… 330
　　──・相対的不能区別説 ……… 306,328
先行行為 …………………………………… 77
　　──説 ………………………………… 79
全体行為 ………………………………… 217
　　──説 ……………………………… 368
全体的評価 ……………………………… 189
相対的不能 ……………………………… 330
　　絶対的不能・──区別説 ……… 306,328
相当因果関係説 …………………………… 2
それ自体において自由な行為（alis）…… 273

## た　行

退避義務 …………………………… 132,167
対物防衛 …………………………… 128,230
他害原理 ………………………………… 121
他行為可能性 …………………………… 258
ダンプカー事件 ………………………… 317
着手後の離脱 …………………………… 415
着手前の離脱 …………………………… 413
中止故意 ………………………………… 360
中止行為 ………………………………… 347
　　──の真摯性 …………………… 356

中止犯 …………………………………… 347
抽象的事実の錯誤 ………………………… 38
抽象的符合説 ……………………………… 48
抽象的法定符合説 ………………………… 57
挑　発
　　意図的── …………………………… 150
　　故意的── …………………………… 150
直接不可欠性 …………………………… 317
デニーズ事件 …………………………… 440
同　意
　　強制による── ……………………… 249
　　錯誤に基づく── …………………… 235
　　被害者の── ………………………… 235
同一の意思の発動 ……………………… 294
同一法益主体の間での利益対立 ……… 252
同意能力 ………………………………… 235
洞窟探検家事例 ………………………… 232
同時傷害の特例 ………………………… 388
同時的コントロール …………………… 289
特殊詐欺 ………………………………… 304
　　──における実行の着手 ………… 313
登山家事例 ……………………………… 231
トランク監禁事件 ………………………… 18

## な　行

西船橋駅事件 …………………………… 184
二重売買と横領罪 ……………………… 128
荷台乗車事件 …………………………… 105
二分説 …………………………………… 227
任意性 …………………………………… 347
認識・制御能力 ………………………… 256
練馬事件 ………………………………… 385
能力低下行為の自招性 ………………… 299
能力低下前の行為の重大性 …………… 299

## は　行

排他的（単独）支配 ……………………… 81
抜管事件 …………………………………… 16
バックアップ規範 ……………………… 127
早すぎた構成要件実現 …………………… 20
判断基底 …………………………………… 10

464 | INDEX

| | |
|---|---|
| 被害者の自己答責性 …………………… 4 | 客体の錯誤と——の区別 …………………… 70 |
| 被害者の同意 …………………… 235 | 方法の不能 …………………… 306,328 |
| 被害者の特殊事情 …………………… 10 | 法律的病気概念 …………………… 260 |
| 被害者領域への介入 …………………… 324 | 保護法益の共通性 …………………… 52 |
| 必要最小限度性〔正当防衛〕 …………………… 167 | ポジティヴな義務 …………………… 88 |
| 必要性・相当性〔正当防衛〕 …………………… 172 | 補充性の要件 …………………… 128 |
| 非難可能性 …………………… 256 | 保障人 |
| 鋲打ち銃事件 …………………… 66 | 　監督者的—— …………………… 433 |
| 広い意味での後悔 …………………… 361 | 　保護者的—— …………………… 433 |
| フィリピンパブ事件 …………………… 447 | |
| 武器対等の原則 …………………… 181 | **ま 行** |
| 不合理決断説 …………………… 364 | マックノートンルール …………………… 264 |
| 不作為 | 見せかけの構成要件要素 …………………… 51 |
| 　——による共同正犯 …………………… 437 | 密接性 …………………… 320 |
| 　——による共犯 …………………… 424 | 命令規範 …………………… 78 |
| 　——の因果関係 …………………… 79 | 猛獣射殺事例 …………………… 239 |
| 不真正不作為犯 …………………… 76 | 目的説 …………………… 100 |
| 不正・対・正の関係 …………………… 150 | 目的的行為論 …………………… 62 |
| 不同意性交等罪 …………………… 246 | 目的犯 …………………… 119 |
| 不能犯 …………………… 7,328,330 | もともとの人格 …………………… 266 |
| 　——論 …………………… 305 | |
| 部分的犯罪共同説 …………………… 390 | **や 行** |
| ブーメラン現象 …………………… 202 | 薬害エイズ帝京大事件 …………………… 97 |
| 平均人標準説 …………………… 269 | 弥彦神社事件 …………………… 108 |
| 別個の犯罪事実（Tat）論 …………………… 419 | やむを得ずにした行為 …………………… 167 |
| ベランダ事件 …………………… 24 | 優越的利益 …………………… 117 |
| 片面的共同正犯 …………………… 424 | 　——の原則 …………………… 123 |
| 片面的幇助 …………………… 431 | 有楽町サウナ事件 …………………… 104 |
| 防衛行為の相当性 …………………… 179 | 許された危険 …………………… 94 |
| 防衛行為の必要性 …………………… 175 | 許されない危険の創出 …………………… 7 |
| 防衛事象的性格 …………………… 192 | 要素従属性 …………………… 442 |
| 防衛の意思 …………………… 190 | 予期＋積極的加害意思＝急迫性否定 …………………… 157 |
| 法益関係の錯誤説 …………………… 235 | 予見可能性 …………………… 94 |
| 法益状態の不良変更 …………………… 5 | 　因果関係の基本的部分の—— …………………… 108 |
| 法益処分の自由 …………………… 242 | 余命の錯誤 …………………… 244 |
| 法益の脆弱さ …………………… 92 | |
| 法確証・法秩序の防衛の利益（法確証の利益） | **ら 行** |
| 　…………………… 136 | 利益衡量 …………………… 100 |
| 法秩序の統一性 …………………… 114 | リーガルモラリズム …………………… 121 |
| 法定的符合説 …………………… 57 | 量的過剰 …………………… 185 |
| 方法の錯誤 …………………… 57 | |

事項索引 | 465

# 判例索引

## CASE INDEX

### 大審院・最高裁判所

| | |
|---|---|
| 大判大正 2・7・9 刑録 19 輯 771 頁 | 435 |
| 大判大正 2・9・22 刑録 19 輯 884 頁 | 11 |
| 大判大正 2・11・18 刑録 19 輯 1212 頁 | 360 |
| 大判大正 3・7・24 刑録 20 輯 1546 頁［空ポケット事件］ | 333,344,346 |
| 大判大正 5・8・11 刑録 22 輯 1313 頁 | 59 |
| 大判大正 6・9・10 刑録 23 輯 999 頁［硫黄殺人未遂事件］ | 307,330 |
| 大判大正 6・12・14 刑録 23 輯 1362 頁 | 59 |
| 大判大正 9・3・29 刑録 26 輯 4 巻 211 頁 | 48 |
| 大判大正 11・2・25 刑集 1 巻 79 頁 | 424 |
| 大判大正 12・4・30 刑集 2 巻 378 頁［砂末吸引事件］ | 21,22,26,27,28,29 |
| 大判大正 14・1・22 刑集 3 巻 921 頁 | 431 |
| 大判大正 14・7・3 刑集 4 巻 470 頁 | 11 |
| 大判大正 14・12・15 新聞 2524 号 5 頁 | 199 |
| 大判大正 15・5・28 大審院判例拾遺 1 巻刑 53 頁 | 174 |
| 大判昭和 2・12・20 法律学説判例評論全集 17 巻刑法 18 頁 | 174 |
| 大判昭和 4・4・11 新聞 3006 号 15 頁［京踏切事件］ | 106 |
| 大判昭和 4・9・17 刑集 8 巻 446 頁 | 358 |
| 大判昭和 6・12・3 刑集 10 巻 682 頁 | 257,267,268 |
| 大判昭和 9・10・19 刑集 13 巻 1473 頁 | 321 |
| 大判昭和 12・6・25 刑集 16 巻 998 頁 | 354,355,357 |
| 大判昭和 12・9・21 刑集 16 巻 1303 頁 | 360 |
| 大判昭和 13・11・18 刑集 17 巻 839 頁 | 389,395 |
| 最大判昭和 23・3・12 刑集 2 巻 3 号 191 頁 | 133 |
| 最判昭和 23・4・17 刑集 2 巻 4 号 399 頁 | 321 |
| 最判昭和 23・5・1 刑集 2 巻 5 号 435 頁 | 390 |
| 最判昭和 23・5・20 刑集 2 巻 5 号 489 頁 | 246 |
| 最判昭和 23・10・23 刑集 2 巻 11 号 1386 頁 | 53 |
| 最判昭和 24・1・20 刑集 3 巻 1 号 47 頁［青酸カリ殺人未遂事件］ | 330 |
| 最判昭和 24・4・5 刑集 3 巻 4 号 421 頁 | 456 |
| 最判昭和 24・7・9 刑集 3 巻 8 号 1174 頁 | 360 |
| 最大判昭和 24・7・22 刑集 3 巻 8 号 1363 頁 | 246 |
| 最判昭和 25・3・31 刑集 4 巻 3 号 469 頁 | 11 |
| 最判昭和 25・8・31 刑集 4 巻 9 号 1593 頁 | 331 |
| 最大判昭和 26・1・17 刑集 5 巻 1 号 20 頁 | 282 |

| 最判昭和 31・6・26 刑集 10 巻 6 号 874 頁 | 129 |
| --- | --- |
| 最決昭和 32・9・10 刑集 11 巻 9 号 2202 頁 | 360 |
| 最大判昭和 33・5・28 刑集 12 巻 8 号 1718 頁［練馬事件］ | 385 |
| 最判昭和 33・11・21 刑集 12 巻 15 号 3519 頁 | 238 |
| 最判昭和 34・2・5 刑集 13 巻 1 号 1 頁 | 196 |
| 最判昭和 37・3・23 刑集 16 巻 3 号 305 頁［空気注射殺人未遂事件］ | 37,307,330,345 |
| 最決昭和 42・5・25 刑集 21 巻 4 号 584 頁［弥彦神社事件］ | 108 |
| 最決昭和 43・2・27 刑集 22 巻 2 号 67 頁 | 282 |
| 最判昭和 44・12・4 刑集 23 巻 12 号 1573 頁 | 176,177,178,179 |
| 最決昭和 45・7・28 刑集 24 巻 7 号 585 頁［ダンプカー事件］ | 310,316,321,323,325,326 |
| 最大判昭和 45・10・21 民集 24 巻 11 号 1560 頁 | 127 |
| 最判昭和 46・6・17 刑集 25 巻 4 号 567 頁 | 11 |
| 最判昭和 46・11・16 刑集 25 巻 8 号 996 頁 | 155,156,165 |
| 最決昭和 52・7・21 刑集 31 巻 4 号 747 頁 | 155,156,158,160,164,165 |
| 最決昭和 53・5・31 刑集 32 巻 3 号 457 頁［外務省秘密漏洩事件］ | 121 |
| 最判昭和 53・7・28 刑集 32 巻 5 号 1068 頁［鋲打ち銃事件］ | 66 |
| 最決昭和 54・3・27 刑集 33 巻 2 号 140 頁 | 54 |
| 最判昭和 54・4・13 刑集 33 巻 3 号 179 頁 | 390 |
| 最決昭和 54・11・19 刑集 33 巻 7 号 728 頁［有楽町サウナ事件］ | 104 |
| 最決昭和 59・1・30 刑集 38 巻 1 号 185 頁 | 165 |
| 最決昭和 59・7・3 刑集 38 巻 8 号 2783 頁 | 265 |
| 最決昭和 61・6・9 刑集 40 巻 4 号 269 頁 | 39 |
| 最決昭和 61・7・18 刑集 40 巻 5 号 438 頁 | 125 |
| 最決昭和 63・5・11 刑集 42 巻 5 号 807 頁［柔道整復師事件］ | 14 |
| 最決平成元・3・14 刑集 43 巻 3 号 262 頁［荷台乗車事件］ | 104,105 |
| 最決平成元・6・26 刑集 43 巻 6 号 567 頁 | 408,417,443 |
| 最判平成元・11・13 刑集 43 巻 10 号 823 頁 | 178,179 |
| 最決平成 2・2・9 判時 1341 号 157 頁 | 45,46 |
| 最決平成 2・11・16 刑集 44 巻 8 号 744 頁［川治プリンスホテル事件］ | 107 |
| 最決平成 2・11・20 刑集 44 巻 8 号 837 頁［大阪南港事件］ | 5,6,16 |
| 最決平成 4・6・5 刑集 46 巻 4 号 245 頁［フィリピンパブ事件］ | 216,447,450,451,452,453 |
| 最決平成 5・11・25 刑集 47 巻 9 号 242 頁［ホテル・ニュージャパン事件］ | 107 |
| 最判平成 6・12・6 刑集 48 巻 8 号 509 頁［デニーズ事件］ | 440,443,444,446,454,455 |
| 最判平成 9・6・16 刑集 51 巻 5 号 435 頁 | 180 |
| 最決平成 12・12・20 刑集 54 巻 9 号 1095 頁［近鉄生駒トンネル事件］ | 104,105 |
| 最決平成 15・1・24 判時 1806 号 157 頁［黄色点滅信号事件］ | 98 |
| 最決平成 15・5・1 刑集 57 巻 5 号 507 頁［スワット事件］ | 385 |
| 最決平成 15・7・16 刑集 57 巻 7 号 950 頁［高速道路進入事件］ | 17 |
| 最決平成 16・2・17 刑集 58 巻 2 号 169 頁［抜管事件］ | 16,17 |
| 最決平成 16・3・22 刑集 58 巻 3 号 187 頁［クロロホルム事件］ | 30,34,35,36,278,304,307,308,309,310,311,313,321,323,325 |

判例索引

最決平成 16・10・19 刑集 58 巻 7 号 645 頁 [高速道路停車事件] ……………………………… 68
最決平成 17・7・4 刑集 59 巻 6 号 403 頁 [シャクティ事件] ………………………… 92,390,409,438
最決平成 18・3・27 刑集 60 巻 3 号 382 頁 [トランク監禁事件] ……………………………… 18
最決平成 20・5・20 刑集 62 巻 6 号 1786 頁 ………………………………………… 151,153,154,155
最決平成 20・6・25 刑集 62 巻 6 号 1859 頁 ………………………… 185,188,190,191,193,196,197,198
最決平成 21・2・24 刑集 63 巻 2 号 1 頁 ………………………………………………………… 185
最決平成 21・6・30 刑集 63 巻 5 号 475 頁 ……………………………………………………… 416
最決平成 21・12・8 刑集 63 巻 11 号 2829 頁 …………………………………………………… 265
最決平成 24・11・6 刑集 66 巻 11 号 1281 頁 ……………………………………… 389,390,391,392,400
最決平成 29・4・26 刑集 71 巻 4 号 275 頁 ………………… 134,145,151,155,156,161,162,164,165,447
最決平成 29・6・12 刑集 71 巻 5 号 315 頁 [福知山線脱線事故] …………………………… 106
最大判平成 29・11・29 刑集 71 巻 9 号 467 頁 ………………………………………………… 119
最決平成 29・12・11 刑集 71 巻 10 号 535 頁 ………………………… 307,342,389,391,392,395,400,409
最判平成 30・3・22 刑集 72 巻 1 号 82 頁 …………………………… 305,313,314,315,316,319,320,323,325
最決平成 30・10・23 刑集 72 巻 5 号 471 頁 ……………………………………………………… 384
最決令和 2・9・30 刑集 74 巻 6 号 669 頁 ………………………………………………………… 403
最決令和 4・2・14 刑集 76 巻 2 号 101 頁 ……………………………………… 305,306,317,319,320,321

## 高等裁判所

東京高判昭和 25・9・14 高刑集 3 巻 3 号 407 頁 ………………………………………………… 413
名古屋高判昭和 25・11・14 高刑集 3 巻 4 号 748 頁 …………………………………………… 321
東京高判昭和 26・10・29 判特 25 号 11 頁 ……………………………………………………… 414
福岡高判昭和 28・1・12 高刑集 6 巻 1 号 1 頁 …………………………………………………… 414
札幌高判昭和 28・6・30 高刑集 6 巻 7 号 859 頁 ………………………………………………… 389
福岡高判昭和 28・11・10 判特 26 号 58 頁 [空ピストル事件] ………………………… 345,346
広島高判昭和 29・6・30 高刑集 7 巻 6 号 944 頁 ………………………………………………… 251
名古屋高判昭和 30・12・13 高刑特 2 巻 24 号 1276 頁 ………………………………………… 126
東京高判昭和 30・12・21 判タ 55 号 47 頁 ……………………………………………………… 414
名古屋高判昭和 31・4・19 高刑集 9 巻 5 号 411 頁 ……………………………………………… 282
仙台高判昭和 32・4・18 刑集 10 巻 6 号 491 頁 ………………………………………………… 246
東京高判昭和 35・2・17 下刑集 2 巻 2 号 133 頁 ………………………………………………… 89
広島高判昭和 35・6・9 高刑集 13 巻 5 号 399 頁 …………………………………………… 187,204
福岡高判昭和 35・7・20 下刑集 2 巻 7＝8 号 994 頁 …………………………………………… 361
広島高判昭和 36・7・10 高刑集 14 巻 5 号 310 頁 [死体刺突事件] …………………… 333,344
東京高判昭和 38・6・27 東高刑時報 14 巻 6 号 105 頁 ………………………………………… 67
大阪高判昭和 40・10・26 下刑集 7 巻 10 号 1853 頁 …………………………………………… 390
東京高判昭和 41・10・26 刑集 21 巻 8 号 1123 頁 [米兵ひき逃げ事件] ………………… 3
大阪高判昭和 44・5・20 刑月 1 巻 5 号 462 頁 …………………………………………………… 27
大阪高判昭和 44・10・17 判タ 244 号 290 頁 ………………………………………………… 356,358
大阪高判昭和 45・10・27 刑月 2 巻 10 号 1025 頁 ……………………………………………… 390
福岡高判昭和 47・11・22 刑月 4 巻 11 号 1803 頁 ……………………………………………… 128

| 判例 | 頁 |
|---|---|
| 東京高判昭和 50・1・30 高刑集 28 巻 1 号 43 頁 | 443 |
| 名古屋高判昭和 50・7・1 判時 806 号 108 頁 | 390 |
| 札幌高判昭和 51・3・18 高刑集 29 巻 1 号 78 頁［北大電気メス事件］ | 108 |
| 東京高判昭和 51・7・14 判時 834 号 106 頁 | 351 |
| 東京高判昭和 54・5・15 判時 937 号 123 頁 | 288,293,294,297,298 |
| 大阪高判昭和 56・1・20 刑月 13 巻 1＝2 号 6 頁 | 157 |
| 東京高判昭和 56・1・27 刑月 13 巻 1＝2 号 50 頁 | 246 |
| 名古屋高判昭和 58・1・13 判時 1084 号 144 頁 | 390 |
| 福岡高判昭和 61・3・6 判時 1193 号 152 頁 | 361 |
| 大阪高判昭和 62・7・10 高刑集 40 巻 3 号 720 頁 | 391,402 |
| 東京高判昭和 62・7・16 判時 1247 号 140 頁 | 352 |
| 福岡高宮崎支判平成元・3・24 高刑集 42 巻 2 号 103 頁 | 251 |
| 名古屋高判平成 2・7・17 判タ 739 号 243 頁 | 354 |
| 東京高判平成 8・2・7 判時 1568 号 145 頁 | 155 |
| 東京高判平成 11・1・29 判時 1683 号 153 頁 | 428 |
| 福岡高判平成 11・9・7 判時 1691 号 156 頁 | 351 |
| 札幌高判平成 12・3・16 判時 1711 号 170 頁 | 90,429,431,435 |
| 大阪高判平成 13・1・30 判時 1745 号 150 頁 | 162 |
| 東京高判平成 13・2・20 判時 1756 号 162 頁［ベランダ事件］ | 24,25 |
| 大阪高判平成 13・6・21 判タ 1085 号 292 頁 | 425 |
| 名古屋高判平成 14・8・29 判時 1831 号 158 頁 | 419,422 |
| 大阪高判平成 14・9・4 判タ 1114 号 293 頁 | 213 |
| 東京高判平成 14・12・25 判タ 1168 号 306 頁 | 69 |
| 東京高判平成 15・8・8 無罪事例集 9 集 241 頁 | 218 |
| 広島高判平成 17・4・19 高検速報 (平 17) 号 312 頁 | 90 |
| 名古屋高判平成 17・11・7 高検速報 (平 17) 号 292 頁 | 90,430 |
| 名古屋高判平成 19・2・16 判タ 1247 号 342 頁 | 311 |
| 東京高判平成 20・10・6 判タ 1309 号 292 頁 | 426 |
| 東京高判平成 21・10・8 判タ 1388 号 370 頁 | 161 |
| 東京高判平成 24・11・28 東高刑時報 63 巻 1＝12 号 254 頁 | 390 |
| 東京高判平成 25・8・28 高刑集 66 巻 3 号 13 頁 | 54 |
| 仙台高判平成 27・2・19 LEX/DB 25505914 | 311 |
| 東京高判平成 27・7・15 判時 2301 号 137 頁 | 186 |
| 名古屋高判平成 28・9・21 判時 2363 号 120 頁 | 341 |
| 福岡高判平成 29・5・31 刑集 71 巻 10 号 562 頁 | 341 |
| 仙台高判平成 29・8・29 高検速報 (平 29) 号 309 頁 | 341 |
| 大阪高判平成 29・10・10 LEX/DB 25561419 | 342 |
| 東京高判平成 29・11・10 高検速報 (平 29) 号 208 頁 | 341 |
| 名古屋高判平成 30・12・18 高検速報 (平 30) 号 409 頁 | 316 |
| 東京高判令和 2・1・10 判タ 1478 号 110 頁 | 358 |

## 地方裁判所

京都地判大正 10・12・19 新聞 1928 号 10 頁 ......................................................... 180
盛岡地一関支判昭和 36・3・15 下刑集 3 巻 3 = 4 号 252 頁 ............................... 203,457
東京地判昭和 38・3・16 下刑集 5 巻 3 = 4 号 244 頁 ........................................... 246
和歌山地判昭和 38・7・22 下刑集 5 巻 7 = 8 号 756 頁 ........................................ 361
福岡地判昭和 40・2・24 下刑集 7 巻 2 号 227 頁 .................................................. 390
東京地判昭和 40・4・28 下刑集 7 巻 4 号 766 頁 .......................................... 351,355
福岡地久留米支判昭和 46・3・8 判タ 264 号 403 頁 ............................................... 86
東京地八王子支判昭和 49・4・5 高刑集 28 巻 1 号 69 頁 ...................................... 443
大阪地判昭和 51・3・4 判時 822 号 109 頁 ........................................................... 282
松江地判昭和 51・11・2 判時 845 号 127 頁 ......................................................... 414
東京地判昭和 52・9・12 判時 919 号 126 頁 ......................................................... 422
大阪地判昭和 58・3・18 判時 1086 号 158 頁 ............................................ 294,297,299
横浜地判昭和 58・7・20 判時 1108 号 138 頁 ......................................................... 30
千葉地判昭和 62・9・17 判時 1256 号 3 頁 ［西船橋駅事件］ ................................. 184
大阪地判平成 3・4・24 判タ 763 号 284 頁 ........................................................... 456
長崎地判平成 4・1・14 判時 1415 号 142 頁 .......................... 289,290,293,294,296,297,300
浦和地判平成 4・2・27 判タ 795 号 263 頁 ..................................................... 361,364
津地判平成 5・4・28 判タ 819 号 201 頁 ............................................................... 196
釧路地判平成 11・2・12 判時 1675 号 148 頁 ....................................................... 434
東京地判平成 13・3・28 判時 1763 号 17 頁 ［薬害エイズ帝京大事件］ ...................... 97
東京地判平成 14・1・16 判時 1817 号 166 頁 ....................................................... 363
東京地判平成 14・1・22 判時 1821 号 155 頁 ....................................................... 353
東京地判平成 14・11・21 判時 1823 号 156 頁 ........................... 217,446,453,455,456,458
旭川地判平成 15・11・14 LEX/DB 28095059 ....................................................... 415
東京地判平成 16・12・7 LEX/DB 28105356 ......................................................... 363
さいたま地判平成 18・5・10 裁判所 Web ............................................................ 437
和歌山地判平成 18・6・28 判タ 1240 号 345 頁 ................................................... 363
仙台地判平成 20・1・8 裁判所 Web ..................................................................... 90
名古屋地判平成 20・12・18 判例集未登載 ............................................................. 55
東京地判平成 23・5・18 LEX/DB 25473549 ......................................................... 266
大阪地判平成 23・7・22 判タ 1359 号 251 頁 .................................................. 203,458
仙台地判平成 25・1・29 LLI/DB L06850125 ........................................................ 403
福岡地判平成 28・9・12 刑集 71 巻 10 号 551 頁 .................................................. 341
札幌地判令和 2・3・18 裁判所 Web ..................................................................... 55

著者紹介　安田 拓人（やすだ たくと）
　　　　　1970 年　三重県に生まれる
　　　　　1993 年　京都大学法学部卒業
　　　　　1997 年　京都大学大学院法学研究科博士後期課程中途退学
　　　　　2007 年　博士（法学・京都大学）

　　　　　1997 年　金沢大学法学部助教授
　　　　　2001 年　大阪大学大学院法学研究科助教授（2007 年より准教授）
　　　　　2008 年　京都大学大学院法学研究科教授

　　　　　主要著作
　　　　　『刑事責任能力の本質とその判断』（弘文堂，2006 年）
　　　　　『テキストブック刑法総論』（有斐閣，2009 年）〔共著〕
　　　　　『ひとりで学ぶ刑法』（有斐閣，2015 年）〔共著〕
　　　　　『ケースブック刑法〔第 3 版〕』（有斐閣，2017 年）〔共著〕
　　　　　『刑法事例演習教材〔第 3 版〕』（有斐閣，2020 年）〔共著〕

【法学教室ライブラリィ】
## 基礎から考える刑法総論
Fundamentals of Criminal Law: General Part

2024 年 12 月 20 日　初版第 1 刷発行

著　者　安田拓人
発行者　江草貞治
発行所　株式会社有斐閣
　　　　〒101-0051 東京都千代田区神田神保町 2-17
　　　　https://www.yuhikaku.co.jp/
装　丁　嶋田典彦（PAPER）
印　刷　株式会社暁印刷
製　本　大口製本印刷株式会社
装丁印刷　株式会社亨有堂印刷所

落丁・乱丁本はお取替えいたします。定価はカバーに表示してあります。
©2024, Takuto Yasuda.
Printed in Japan　ISBN 978-4-641-13972-5

本書のコピー，スキャン，デジタル化等の無断複製は著作権法上での例外を除き禁じられています。本書を代行業者等の第三者に依頼してスキャンやデジタル化することは，たとえ個人や家庭内の利用でも著作権法違反です。

JCOPY　本書の無断複写（コピー）は，著作権法上での例外を除き，禁じられています。複写される場合は，そのつど事前に，(一社)出版者著作権管理機構（電話03-5244-5088，FAX03-5244-5089，e-mail:info@jcopy.or.jp）の許諾を得てください。